职通中文

Access to Vocational Chinese

计算机应用技术

Computer Application Technology

郁云峰 总主编

于天琪 谭方正 龙杰 副总主编

扬州工业职业技术学院 编

初级篇
Elementary

中国教育出版传媒集团

高等教育出版社·北京

图书在版编目（CIP）数据

职通中文．计算机应用技术．初级篇 / 郁云峰总主编；扬州工业职业技术学院编． -- 北京：高等教育出版社，2025.3． -- ISBN 978-7-04-063544-7

Ⅰ．H195.4

中国国家版本馆 CIP 数据核字第 2024LJ9512 号

ZHITONG ZHONGWEN JISUANJI YINGYONG JISHU CHUJIPIAN

策划编辑	李　玮	责任编辑	杨　漾	封面设计	张　楠	版式设计	张丽南
责任校对	蔡　丹	责任印制	沈心怡				

出版发行	高等教育出版社	网　　址	http://www.hep.edu.cn
社　　址	北京市西城区德外大街 4 号		http://www.hep.com.cn
邮政编码	100120	网上订购	http://www.hepmall.com.cn
印　　刷	运河（唐山）印务有限公司		http://www.hepmall.com
开　　本	787mm×1092mm　1/16		http://www.hepmall.cn
印　　张	17.5		
字　　数	290 千字	版　　次	2025 年 3 月第 1 版
购书热线	010-58581118	印　　次	2025 年 3 月第 1 次印刷
咨询电话	400-810-0598	定　　价	98.00 元

前　言

　　为进一步推动各国学习者中文语言能力和专业技能深度融合，提升学习者围绕特定行业场景、典型工作任务使用中文进行沟通和交流的能力，持续满足中文学习者的职业规划和个人发展需求，实现优质教育资源共享，促进多彩文明交流互鉴，教育部中外语言交流合作中心联合有色金属工业人才中心，根据各国"中文＋职业技能"教学发展实际需求，以中国职业院校为依托，组织职业教育、国际中文教育、出版和相关企业等领域的专家，共同研发"职通中文"系列教材及配套教学资源。

　　"职通中文"系列教材参照《国际中文教育中文水平等级标准》和《职业中文能力等级标准》，分为初、中、高三个等级。各等级均遵循"语言和技能相融合""好学、好教、好用"的编写理念，依据相关职业的典型工作场景、工作任务和高频用语，设计课文、会话、语言点和练习等板块，不断提升学习者在职业技术领域的中文应用水平和关键技能能力，为学习者尽快熟悉和适应工作环境提供帮助。本系列教材适用于在中国企业从事相关专业的各国员工，同样适用于在华留学生或长短期培训人员，也适用于有意向了解中国语言文化和职业技能的学习者。

　　《职通中文 计算机应用技术 初级篇》是"职通中文"系列教材之一，通过学习本教材，学习者能够具备基本的中文交际能力、技能操作水平，在从事相关工作时能够与中国员工或客户用中文进行简单的工作交流，掌握办公软件操作技能，按照中文岗位说明书完成工作内容。

　　本教材紧扣目标学习者的工作需要，以培养实际操作能力为主线、学习中文表达为辅线进行编写，内容涵盖计算机基本操作、办公自动化软件应用。全书共 30 课，每课包括复习、热身、生词、课文、语法、汉字、拓展和小结等八个部分，同时配有丰富的图片，力求以图文并茂的形式呈现真实的职业场景，此外还配套开发了音频、视频等资源，帮助学习者掌握在职业场景中用中文进行基本交际的能力。

学习者学习本教材后应当可以：

1. 具备基本的中文理解和运用能力，为职场应用和中文进阶学习打下基础；

2. 掌握计算机办公常用的基本词汇、专业术语及常用表达，并应用到日常交际及工作岗位中；

3. 对中国文化具有基本的理解和认识，能够注意到与中国客户沟通交流时的文化差异，提升职业竞争力。

本教材由扬州工业职业技术学院计算机应用技术教学团队负责人石范锋和国际中文教学团队负责人李经宁担任主编，仲伟明、刘琳、胡沁伶、王靖雯、宋菁、刘川、周依依参与编写。在编写过程中，本书得到了教育部中外语言交流合作中心、有色金属工业人才中心和专家组的支持，我们在此表示衷心感谢。本教材还得益于扬州工业职业技术学院和高等教育出版社的鼎力支持和精心指导，在此一并表示感谢。

"职通中文"系列教材的出版和应用能够促进各国"中文＋职业技能"人才的培养，推动当地经济发展，从而为构建人类命运共同体做出积极贡献。由于项目团队学识和相关经验有限，加之时间紧迫，本书肯定有许多疏漏、不足有待完善。恳请本书的使用者将发现的问题反馈给我们，以便再版和编写相关教材时改进。

本书编写组
2024 年 7 月

Preface

In order to further promote the deep integration of Chinese language proficiency and professional skills among learners from various countries and enhance their ability to communicate and interact in Chinese in specific industry scenarios and typical work tasks, the Center for Language Education and Cooperation under the Ministry of Education, in collaboration with China Nonferrous Metal Industry Talent Center, has organized experts from vocational education, international Chinese education, publishing, and related enterprises to jointly develop the "Access to Vocational Chinese" series of textbooks and supporting teaching resources. Based on the actual needs of "Chinese + Vocational Skills" teaching development in various countries and relying on Chinese vocational colleges, the series aims to continuously meet the career planning and personal development needs of Chinese learners, realize the sharing of high-quality educational resources, and promote exchanges and mutual learning among diverse civilizations.

In reference to the *Chinese Proficiency Grading Standards for International Chinese Language Education* and the *Chinese Proficiency Standards for Vocational Education*, the "Access to Vocational Chinese" series of textbooks is divided into three levels: elementary, intermediate, and advanced. All levels follow the writing philosophy of "integrating language and skills" and "being easy to learn, teach, and use." The textbooks are designed around typical work scenarios, work tasks, and high-frequency terms of relevant professions, with sections on texts, conversations, language points, and exercises, continuously improving learners' Chinese application skills and key technical abilities in the vocational and technical fields, providing assistance for learners to quickly familiarize themselves with and adapt to the work environment. This series of textbooks is suitable for international employees engaged in relevant professions in Chinese companies, international students or trainees in China, as well as learners interested in Chinese language, culture, and vocational skills.

Computer Application Technology (Elementary Level) is one of the textbooks in the "Access to Vocational Chinese" series. Through learning this textbook, learners will acquire basic Chinese communication skills and technical proficiencies, enabling them to engage in simple work-related communication with colleagues or clients in Chinese, to master office software operating skills, and to complete job tasks according to Chinese job descriptions.

This textbook is closely aligned with the work requirements of target learners, with the primary focus on developing practical operating skills, and supplemented by learning Chinese expressions, which covers the basic knowledge of computer operation and office automation software. The textbook consists of 30 lessons, each of which includes eight sections: review, warm-up, new vocabulary, text, grammar, writing, extension, and summary. It is richly illustrated with pictures to present real work scenarios in a visually engaging manner. In addition, audio, video and other resources have been developed to help learners acquire the ability to perform basic communication in Chinese within vocational contexts.

After studying this textbook, learners should be able to:

1. Develop basic ability to understand and use Chinese, laying a foundation for workplace application and advanced Chinese learning;
2. Master basic vocabulary, technical terms, and common expressions used in computer application, and apply them to daily communication and work exchanges;
3. Gain a basic knowledge of Chinese culture, recognize cultural differences when communicating with Chinese clients, and improve professional competitiveness.

This textbook is developed by Yangzhou Polytechnic Institute. It is co-edited by Mr. Shi Fanfeng, the head of computer application technology teaching team, and Mr. Li Jingning, the head of international Chinese language teaching team, with the participation of Zhong Weiming, Liu Lin, Hu Qinling, Wang Jingwen, Song Jing, Liu Chuan and Zhou Yiyi. During the compilation, this book has received great support from the Center for Language Education and Cooperation under the Ministry of Education, China Nonferrous Metal Industry Talent Center, and the expert panel, for which we would like to express our sincere gratitude. We also acknowledge the invaluable support and meticulous guidance provided by Yangzhou Polytechnic Institute and Higher Education Press.

The publication and application of the "Access Vocational Chinese" series of textbooks aim to develop talents with "Chinese + Vocational Skills" across the globe, promote local economies, and make positive contributions to building a community with a shared future. Due to limited knowledge and related experience of the project team, as well as time constraints, this book is bound to have many deficiencies that need improvement. We sincerely invite users of this book to provide feedback on any issues discovered, so that we can make improvements in future editions and related materials.

Compiling team,
July 2024

目　录　Contents

第1课
Lesson 1

Wǒ shì xīn yuángōng
我是新员工
I Am a New Employee

热身 Warming Up

看图片，认读词语。**Look at the pictures and read the words.**

1 gōngsī 公司 company	**2** bàngōngshì 办公室 office	**3** yìqǐ 一起 together	**4** yuángōng 员工 colleague

---

学习生词 Words and Expressions 🎧 1-1

1	新	xīn	*adj.*	new
2	员工	yuángōng	*n.*	employee
3	马丁	Mǎdīng	*proper noun*	Martin
4	公司	gōngsī	*n.*	company
5	这	zhè	*pron.*	this

1

6	的	de	*aux.*	(used with an adjective or attribute phrase)
7	我们	wǒmén	*pron.*	we
8	办公室	bàngōngshì	*n.*	office
9	有	yǒu	*v.*	have
10	主管	zhǔguǎn	*n.*	supervisor
11	组长	zǔzhǎng	*n.*	team leader
12	组员	zǔyuán	*n.*	team member
13	一起	yìqǐ	*adv.*	together
14	工作	gōngzuò	*v.*	work

词语练习 Words Exercises

1. 将图片与对应词语连线。 **Match the pictures with corresponding words.**

1		•		•	zǔzhǎng 组长
2		•		•	bàngōngshì 办公室
3		•		•	gōngsī 公司
4		•		•	yuángōng 员工
5		•		•	gōngzuò 工作
6		•		•	yìqǐ 一起

2. 选择正确的答案。**Choose the correct answers.**

1 主管＿＿＿＿＿＿＿＿　　A office　　　　B supervisor

2 组长＿＿＿＿＿＿＿＿　　A team leader　　B team member

3 组员＿＿＿＿＿＿＿＿　　A team leader　　B team member

4 工作＿＿＿＿＿＿＿＿　　A work　　　　　B together

🌐 **学习课文 Text** 🎧 1-2

Wǒ shì xīn yuángōng
我是新 员工

Wǒ jiào Mǎdīng, shì gōngsī de xīn yuángōng. Zhè shì wǒmen de
我叫马丁，是公司的新员工。这是我们的
bàngōngshì. Wǒmen bàngōngshì yǒu zhǔguǎn, zǔzhǎng, zǔyuán. Wǒmen
办公室。我们办公室有主管、组长、组员。我们
yìqǐ gōngzuò.
一起工作。

I Am a New Employee

I am Martin, a new employee of the company. This is our office. There are a supervisor, a team leader and other members in our office. We work together.

📖 **课文练习** Text Exercises

1. 判断正误。True or false.

1️⃣ 我是新员工。

2️⃣ 我叫乌丁。

3️⃣ 我们办公室有组员。

4️⃣ 我们一起工作。

2. 选词填空。Fill in the blanks with the correct words.

A 组长	B 公司	C 工作	D 办公室

1️⃣ 我是_____的新员工。

2️⃣ 这是我们的_____。

3️⃣ 我们办公室有_____、组员。

4️⃣ 我们一起_____。

💻 **学习语法** Grammar

🔤 **语法点 1** Grammar Point 1

结构助词：的　Structural particle：的

一般用于连接定语与名词。常用结构为：定语＋的＋名词。

It is generally used to connect the attribute with the noun. The common structure is: attribute ＋ 的 ＋ noun.

例句： 1 我叫马丁，是公司的新员工。I am Martin, a new employee of the company.

Wǒ jiào Mǎdīng, shì gōngsī de xīn yuángōng.

2 马丁是我的新组员。Martin is a new team member of mine.

Mǎdīng shì wǒ de xīn zǔyuán.

3 我是马丁的主管。I'm Martin's supervisor.

Wǒ shì Mǎdīng de zhǔguǎn.

语法练习1 Grammar Exercise 1

把"的"放在句中合适的位置。Put 的 in the right place in the sentence.

1 他＿＿＿是＿＿＿我＿＿＿老师。

2 我＿＿＿主管＿＿＿叫马明（Mǎ Míng）。

3 马丁＿＿＿是＿＿＿公司＿＿＿新员工。

4 我＿＿＿新同学（tóngxué, classmate）＿＿＿叫＿＿＿王天。

语法点2 Grammar Point 2

特殊句型："有"字句 Special sentence pattern: the 有 -sentence

表示某处存在某物或某人，常用结构为：处所＋有＋名词性短语。

It is used to express the existence of something or someone in some place. The common structure is: location + 有 + noun phrase.

- -

例句： 1 我们办公室有主管、组长、组员。There are a supervisor, a team leader and other members in our office.

Wǒmen bàngōngshì yǒu zhǔguǎn, zǔzhǎng, zǔyuán.

2 我们公司有三个主管。There are three supervisors in our company.

Wǒmen gōngsī yǒu sān gè zhǔguǎn.

3 我们公司有四个新员工。There are four new employees in our company.

Wǒmen gōngsī yǒu sì gè xīn yuángōng.

语法练习 2 Grammar Exercise 2

按照正确的语序连词成句。**Make sentences in correct orders with the given words or phrases.**

1 ①组长　②我们公司　③有　④十个

_____

2 ①我们办公室　②两个　③新员工　④有

_____

3 ①有　②主管　③他们公司　④四个

_____

4 ①三个　②他们办公室　③组员　④有

_____

汉字书写 Writing Chinese Characters

yī　一

èr　二 二

sān　三 三 三

shàng　上 上 上

文化拓展 Culture Insight

Tea

Tea is an ancient and valuable plant product that originated in China. It is made from the leaves of the tea plant, which are harvested and processed. Tea is widely recognized as one of the most commonly consumed beverages in the world, not only because of its delicious and refreshing taste, but also because of its potential health benefits. There are different types of tea, such as green tea, black tea, white tea and oolong tea, each with its own unique flavor and characteristic.

小结 Summary

词语 Words

朗读词语。 **Read the words aloud.**

办公室	主管	我们
组员	组长	工作
一起	公司	员工

语法 Grammar

按照正确的语序连词成句。**Make sentences in correct orders with the given words or phrases.**

1 ①是　②马丁　③我　④组长　⑤的

_____

2 ①主管　②他　③我　④的　⑤是

_____

3 ①四个　②新员工　③有　④我们　⑤公司

_____

4 ①有　②主管　③办公室　④我们　⑤一个

_____

课文理解 Text Comprehension

根据课文内容选词填空。**Fill in the blanks with correct words according to the text.**

A 新员工	B 是	C 叫	D 工作	E 办公室

我_____马丁，_____公司的_____。我们_____有主管、组长、组员。我们一起_____。

Wǒmen de bàngōngqū
我们的办公区
Our Working Area

复习 Revision

朗读词语。**Read the words aloud.**

公司	新	员工	办公室
一起	组长	组员	工作

热身 Warming Up

读词语，选择正确的图片。**Read the words, and choose the right pictures.**

1	jìsuànjī 计算机	computer	
2	huìyìshì 会议室	conference room	
3	jiēdài 接待	receive (clients)	
4	kèhù 客户	client	
5	lǐmiàn 里面	inside	
6	bàngōngqū 办公区	working area	

学习生词 Words and Expressions 🎧 2-1

1	办公区	bàngōngqū	*n.*	working area
2	里面	lǐmiàn	*n.*	inside
3	计算机	jìsuànjī	*n.*	computer
4	那	nà	*pron.*	that
5	会议室	huìyìshì	*n.*	conference room
6	在	zài	*prep.*	in, at, on
7	那儿	nàr	*pron.*	there
8	开会	kāihuì	*v.*	have a meeting
9	也	yě	*adv.*	also
10	接待	jiēdài	*v.*	receive (clients)
11	客户	kèhù	*n.*	client

词语练习 Words Exercises

1. 将图片与对应词语连线。 Match the pictures with corresponding words.

1	kèhù 客户
2	bàngōngqū 办公区
3	huìyìshì 会议室
4	jìsuànjī 计算机

2. 将中文词语和对应的拼音及英文连线。 Match the Chinese words with corresponding *pinyin* and English words.

1	也	•	•	jìsuànjī	•	•	there
2	那儿	•	•	yě	•	•	also
3	计算机	•	•	nàr	•	•	computer
4	开会	•	•	kāihuì	•	•	have a meeting

11

学习课文 Text 🎧 2-2

Wǒmen de bàngōngqū
我们的办公区

Zhè shì wǒmen de bàngōngqū, lǐmiàn yǒu jìsuànjī. Nà shì
这是我们的办公区，里面有计算机。那是
wǒmen de huìyìshì, wǒmen zài nàr kāihuì, yě zài nàr jiēdài
我们的会议室，我们在那儿开会，也在那儿接待
kèhù.
客户。

Our Working Area

This is our working area. There are computers in it. That is our conference room, where we have meetings and also receive clients.

课文练习 Text Exercises

1. 连线组句。Match the two columns to make sentences.

1	办公区里面	•	•	办公区
2	这是我们的	•	•	我们的会议室
3	我们在	•	•	会议室接待客户
4	那是	•	•	有计算机

2. 选择正确的答案。**Choose the correct answers.**

1️⃣ 办公区里面有_____。　　　　　A 计算机　　B 也

2️⃣ 我们在_____开会。　　　　　　A 计算机　　B 会议室

3️⃣ 我们_____在会议室接待客户。　A 会议室　　B 也

4️⃣ 这是我们的_____。　　　　　　A 办公区　　B 也

学习语法 Grammar

语法点 1 Grammar Point 1

介词：在　Preposition：在

用于引出动作发生的场所，常用结构为：主语＋在＋处所＋（动词性短语）。

It is used to draw out the place where the action takes place. The common structure is: subject + 在 + location + (verb phrase).

例句：

1️⃣ Wǒmen zài nàr kāihuì.
我们在那儿开会。We have meetings there.

2️⃣ Wǒmen zài huìyìshì jiēdài kèhù.
我们在会议室接待客户。We receive clients in the conference room.

3️⃣ Mǎdīng zài zhège bàngōngshì gōngzuò.
马丁在这个办公室工作。Martin works in this office.

语法练习 1 Grammar Exercise 1

按照正确的语序连词成句。**Make sentences in correct orders with the given words or phrases.**

1️⃣ ①我们　②在　③组长　④开会　⑤会议室

2 ①这个　②办公室　③他们主管　④在　⑤工作

_____

3 ①工作　②也在　③马丁　④我们　⑤公司

_____

4 ①接待　②会议室　③马丁　④在　⑤客户

_____

语法点 2 Grammar Point 2

副词：也　Adverb：也

表示两个事物相同或并列，"也"一般用在后一分句中。

It indicates that two things are the same or in the same situations. 也 is usually used in the latter clause.

- -

例句：

1 Wǒmen zài nàr kāihuì,　yě zài nàr jiēdài kèhù.
我们在那儿开会，也在那儿接待客户。We have meetings there and also receive clients there.

2 Mǎdīng shì zǔyuán.　wǒ yě shì zǔyuán.
马丁是组员，我也是组员。Martin is a member of the team and so am I.

3 Mǎdīng zài huìyìshì,　wǒ yě zài huìyìshì.
马丁在会议室，我也在会议室。Martin is in the conference room, and so am I.

语法练习 2 Grammar Exercise 2

用"也"完成句子。Complete the following sentences with 也.

1 我们在会议室接待客户，他们_____。

2 马丁在办公室，我_____。

3 我在工作，马丁_____。

4 我们在会议室开会，_____接待客户。

✎ 汉字书写 Writing Chinese Characters

bā 八 八
八 | 八 | 八 | 八 | 八 | | | | | |

rén 人 人
人 | 人 | 人 | 人 | 人 | | | | | |

rù 入 入
入 | 入 | 入 | 入 | 入 | | | | | |

dà 大 大 大
大 | 大 | 大 | 大 | 大 | | | | | |

⚛ 职业拓展 Career Insight

Flash Drive

Flash drive, also known as USB flash drive, originated in Shenzhen, China in 1997 and was jointly developed by Deng Guoshun and Cheng Xiaohua, two founders of Langke Technology. They have successfully solved the recognition and communication problems of USB flash drives through multiple experiments and addressed the problem of data transmission. In 2000, the LANCO flash drive became the official configuration of IBM laptops, quickly occupying the global market, replacing the optical and floppy drives, making computers more lightweight. Flash drives not only solve the problem of storage capacity, but also greatly improve the convenience and speed of data transmission. Nowadays, they have become indispensable portable storage devices in our daily life and work.

小结 Summary

词语 Words

朗读词语。**Read the words aloud.**

也	那儿	在	客户	里面
办公区	那	计算机	会议室	接待

语法 Grammar

把"在"或"也"放在句中合适的位置。**Put 在 or 也 in the right place in the sentence.**

1 新员工____这个____办公室____。

2 主管____会议室____开会____。

3 马丁____是组员，我____是组员____。

4 我们____在会议室开会，____在____会议室接待客户。

课文理解 Text Comprehension

朗读句子。**Read the sentences aloud.**

　　这是我们的办公区。那是我们的会议室，我们在那儿开会，也在那儿接待客户。

Yòngdiàn ānquán

用电安全

Electrical Safety

复习 Revision

将中文词语和对应的拼音连线。**Match the Chinese words with corresponding *pinyin*.**

1. 办公区 •
2. 里面 •
3. 那儿 •
4. 会议室 •
5. 接待 •
6. 客户 •

• lǐmiàn

• huìyìshì

• jiēdài

• nàr

• kèhù

• bàngōngqū

热身 Warming Up

读词语，选择正确的图片。**Read the words, and choose the right pictures.**

A

B

C

	guānbì		
1	关闭	turn off	
	chātóu		
2	插头	plug	
	diànyuán		
3	电源	power supply	
	chāzuò		
4	插座	socket	
	zhùyì		
5	注意	pay attention to	
	chùdiàn		
6	触电	get an electric shock	

学习生词 Words and Expressions 3-1

1	用	yòng	*v.*	use
2	电	diàn	*n.*	electricity
3	安全	ānquán	*n.*	safety
4	时候	shíhou	*n.*	moment
5	要	yào	*v.*	need
6	注意	zhùyì	*v.*	pay attention to
7	打开	dǎkāi	*v.*	turn on
8	电源	diànyuán	*n.*	power supply

9	插头	chātóu	*n.*	plug
10	插座	chāzuò	*n.*	socket
11	避免	bìmiǎn	*v.*	avoid
12	触电	chùdiàn	*v.*	get an electric shock
13	结束	jiéshù	*v.*	finish
14	关闭	guānbì	*v.*	turn off

词语练习 Words Exercises

1. 将图片与对应的词语和拼音连线。**Match the pictures with corresponding words and *pinyin*.**

1 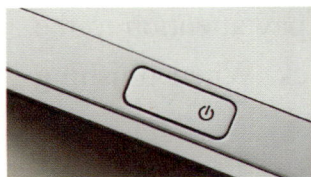 • • 插座 • • guānbì

2 • • 插头 • • diànyuán

3 • • 电源 • • chātóu

4 • • 关闭 • • chāzuò

2. 词语搭配连线。Match the word collocations.

1	zhùyì 注意	•	•	chùdiàn 触电
2	dǎkāi 打开	•	•	diàn 电
3	yòng 用	•	•	ānquán 安全
4	bìmiǎn 避免	•	•	diànyuán 电源

学习课文 Text 🎧 3-2

Yòngdiàn ānquán
用电 安全

Gōngzuò de shíhou, yào zhùyì yòngdiàn ānquán. Dǎkāi diànyuán de

工作的时候，要注意用电安全。打开电源的

shíhou, yào zhùyì chātóu, chāzuò, bìmiǎn chùdiàn. Gōngzuò jiéshù

时候，要注意插头、插座，避免触电。工作结束

de shíhou, yào guānbì diànyuán.

的时候，要关闭电源。

Electrical Safety

We need to pay attention to the electrical safety when we are working. When turning on the power supply, pay attention to the plug and the socket to avoid the electric shock. When finishing working, turn off the power supply.

课文练习 Text Exercises

1. 判断正误。True or false.

1 工作的时候，要注意用电安全。

2 打开电源的时候，要避免触电。

3 工作的时候，要关闭电源。

4 工作结束的时候，要打开电源。

2. 根据课文内容选词填空。Fill in the blanks with correct words according to the text.

A 结束	B 触电	C 插头	D 注意

1 工作的时候要＿＿＿＿＿用电安全。

2 注意＿＿＿＿＿、插座。

3 工作＿＿＿＿＿的时候要关闭电源。

4 打开电源的时候要避免＿＿＿＿＿。

学习语法 Grammar

语法点 1 Grammar Point 1

（当）……的时候

用于表示在某一特定时点或时段内，在句中作状语。"……时"多用于书面。

It is used in the sense of "at a particular point in time or period of time" and is used as an adverbial modifier in a sentence. ... 时 is mostly used in the written language.

例句：

1 Gōngzuò de shíhou, yào zhùyì yòngdiàn ānquán.
工作的时候，要注意用电安全。We need to pay attention to the electrical safety when we are working.

2 Dāng dǎkāi diànyuán de shíhou, yào zhùyì bìmiǎn chùdiàn.
当打开电源的时候，要注意避免触电。When turning on the power supply, pay attention to avoid the electric shock.

3 Gōngzuò jiéshù shí, yào guānbì diànyuán.
工作结束时，要关闭电源。When finishing working, turn off the power supply.

语法练习 1 Grammar Exercise 1

把"的时候"放在句中合适的位置。Put 的时候 in the right place in the sentence.

1 工作_____，要_____避免触电_____。

2 打开电源_____，要_____注意用电安全_____。

3 工作_____结束_____，要_____关闭计算机_____。

4 开会_____，要_____用计算机_____。

语法点 2 Grammar Point 2

能愿动词：要   Modal verb: 要

用在动词前，表示应该做某事。可以用于提出要求。

It is used before a verb, indicating that something should be done. It can be used to make a request.

例句：

1 Wǒmen yào zhùyì yòngdiàn ānquán.
我们要注意用电安全。We should pay attention to the electrical safety.

Gōngzuò jiéshù de shíhou yào guānbì diànyuán.
2 工作结束的时候要关闭电源。When finishing working, turn off the power supply.

Yòngdiàn de shíhou, wǒmen yào zhùyì chātóu hé chāzuò.
3 用电的时候，我们要注意插头和插座。When using electricity, we need to pay attention to the plug and the socket.

语法练习 2 Grammar Exercise 2

按照正确的语序连词成句。**Make sentences in correct orders with the given words or phrases.**

1 ①我们　②用电安全　③注意　④要

_____

2 ①接待客户　②在　③会议室　④要　⑤主管

_____

3 ①在　②要　③马丁　④这个办公室　⑤工作

_____

4 ①我们　②工作　③一起　④要

_____

汉字书写 Writing Chinese Characters

shí

十　十

十　十　十　十　十

gōng 工 工 工

工 工 工 工 工

tǔ 土 土 土

土 土 土 土 土

shì 士 士 士

士 士 士 士 士

文化拓展 Culture Insight

Chinese History

China has a long and rich history dating back more than 5,000 years. Early civilizations originated in the Yellow River Basin and the Yangtze River Basin. China's history has witnessed the rise and fall of several dynasties, such as the Tang, Song, Yuan, Ming and Qing. China contributed to the world with great inventions such as the movable type printing, the papermaking, the gunpowder and the compass, etc. On October 1, 1949, the People's Republic of China (PRC) was founded, which ushered in a new era in Chinese history.

小结 Summary

词语 Words

朗读词语。**Read the words aloud.**

用	安全	注意	打开	电源
插头	插座	避免	触电	结束

语法 Grammar

按照正确的语序连词成句。**Make sentences in correct orders with the given words or phrases.**

1 ①工作　②要　③的时候　④用电安全　⑤注意

_____

2 ①打开电源　②避免　③要　④触电　⑤的时候

_____

3 ①工作结束　②关闭电源　③要　④的时候

_____

4 ①要　②接待　③客户　④主管

_____

课文理解 Text Comprehension

朗读句子。**Read the sentences aloud.**

1 工作的时候，要注意用电安全。

2 打开电源的时候，要注意插头、插座，避免触电。

Jìsuànjī de zhǒnglèi

计算机的种类

Computer Types

复习 Revision

将中文词语和对应的英文连线。**Match the Chinese words with corresponding English.**

1. 安全 •
2. 打开 •
3. 避免 •
4. 触电 •
5. 注意 •
6. 插头 •

• avoid

• pay attention to

• safety

• plug

• turn on

• get an electric shock

热身 Warming Up

读词语，选择正确的图片。**Read the words, and choose the right pictures.**

D

E

F

	jiànpán	
1	键盘	keyboard
2	táishìdiànnǎo 台式电脑	desktop computer
3	bǐjìběn diànnǎo 笔记本电脑	laptop
4	xiǎnshìqì 显示器	monitor
5	shǔbiāo 鼠标	mouse
6	zhǔjī 主机	host

学习生词 Words and Expressions 🎧 4-1

1	种类	zhǒnglèi	*n.*	type
2	就	jiù	*adv.*	exactly
3	常	cháng	*adv.*	often
4	说	shuō	*v.*	say
5	电脑	diànnǎo	*n.*	computer
6	它	tā	*pron.*	it
7	由	yóu	*prep.*	by
8	主机	zhǔjī	*n.*	host
9	键盘	jiànpán	*n.*	keyboard
10	鼠标	shǔbiāo	*n.*	mouse
11	显示器	xiǎnshìqì	*n.*	monitor

12	组成	zǔchéng	*v.*	consist of
13	台式	táishì	*adj.*	desktop (computer)
14	便携式	biànxiéshì	*adj.*	portable
15	笔记本电脑	bǐjìběn diànnǎo	*n.*	laptop
16	种	zhǒng	*measure word*	type

词语练习 Words Exercises

1. 看图片，认读词语。**Look at the pictures and read the words.**

1	2	3	4
shǔbiāo 鼠标	jiànpán 键盘	xiǎnshìqì 显示器	zhǔjī 主机

2. 将图片与对应词语连线。**Match the pictures with corresponding words.**

1 •

       táishì　diànnǎo
       • 台式电脑

2 •

       bǐjìběn　diànnǎo
       • 笔记本电脑

3 •

       jiànpán
       • 键盘

4 •

       xiǎnshìqì
       • 显示器

学习课文 Text 🎧 4-2

Jìsuànjī   de zhǒnglèi
计算机的种类

Jìsuànjī   jiù shì wǒmen cháng shuō de diànnǎo,   tā yóu zhǔjī,
计算机就是我们常说的电脑，它由主机、

jiànpán,   shǔbiāo,   xiǎnshìqì zǔchéng.   Jìsuànjī   de zhǒnglèi yǒu
键盘、鼠标、显示器组成。计算机的种类有

táishì,   biànxiéshì.   Bǐjìběn   diànnǎo jiù shì biànxiéshì   jìsuànjī   de
台式、便携式。笔记本电脑就是便携式计算机的

yì zhǒng.
一种。

Computer Types

Computer is what we call "diannao". A computer is composed of a host, a keyboard, a mouse and a monitor. Commonly used computers include desktop computers and portable computers. The laptop is one kind of the portable computers.

课文练习 Text Exercises

1. 判断正误。**True or false.**

1 计算机就是电脑。

2 计算机由主机、显示器、打印机组成。

3 计算机的种类有台式、便携式。

4 便携式计算机就是笔记本电脑的一种。

2. 按照正确的语序连词成句。Make sentences in correct orders with the given words or phrases.

1 ①计算机　②常说的　③就是　④电脑

_____

2 ①主机、键盘、鼠标、显示器　②计算机　③由　④组成

_____

3 ①种类　②计算机的　③有　④台式、便携式

_____

4 ①便携式计算机　②的一种　③就　④是　⑤笔记本电脑

_____

学习语法 Grammar

语法点1 Grammar Point 1

强调的方法：用"就"表示强调　Way of expressing emphasis: using 就 to express emphasis

用副词"就"表示加强肯定。

The adverb 就 can be used to reinforce an affirmative tone.

例句：**1** 计算机就是我们常说的电脑。Computer is what we call "diannao".

Jìsuànjī jiù shì wǒmen cháng shuō de diànnǎo.

2 笔记本电脑就是便携式计算机的一种。The laptop is one kind of the portable computers.

Bǐjìběn diànnǎo jiù shì biànxiéshì jìsuànjī de yì zhǒng.

3 我们就在会议室接待客户。We receive clients right in the conference room.

Wǒmen jiù zài huìyìshì jiēdài kèhù.

语法练习 1 Grammar Exercise 1

把"就"放在句中合适的位置。Put 就 in the right place in the sentence.

1 计算机____是____我们常说____的电脑。

2 我____是____马丁____。

3 我们____在____会议室____开会。

4 这____是____我们的____办公区____。

语法点 2 Grammar Point 2

固定格式：……由……组成 Fixed structure: ... 由 ... 组成

表示几个部分构成一个整体。

It is a common expression used to describe that something is composed of some parts or elements.

- - - - - - - - - -

例句：1 计算机由主机、键盘、鼠标、显示器组成。A computer is composed of a host, a keyboard, a mouse and a monitor.

Jìsuànjī yóu zhǔjī, jiànpán, shǔbiāo, xiǎnshìqì zǔchéng.

2 公司的员工由主管、组长、组员组成。The company's employees are composed of supervisors, team leaders and team members.

Gōngsī de yuángōng yóu zhǔguǎn, zǔzhǎng, zǔyuán zǔchéng.

3 办公区由我们的办公室、会议室组成。The working area consists of our offices and meeting rooms.

Bàngōngqū yóu wǒmen de bàngōngshì, huìyìshì zǔchéng.

 **语法练习 2** Grammar Exercise 2

按照正确的语序连词成句。**Make sentences in correct orders with the given words or phrases.**

1 ①由 ②计算机 ③组成 ④主机、键盘、鼠标、显示器

_____

2 ①会议室、办公室 ②办公区 ③由 ④组成

_____

3 ①我们公司的员工 ②组成 ③主管、组长、组员 ⑤由

_____

4 ①我们 ②由 ③组长、组员 ④组（zǔ，team） ⑤组成

_____

✏️ 汉字书写 Writing Chinese Characters

gān
干　干 干 干
干　干　干　干　干

qiān
千　千 千 千
千　千　千　千　千

wáng
王　王 王 王 王
王　王　王　王　王

yú
于　于 于 于
于　于　于　于　于

职业拓展 Career Insight

Artificial Intelligence

In recent years, artificial intelligence (AI) referring to the technology that endows computers with human intelligence characteristics has become popular. Artificial intelligence has been widely applied in many fields, such as providing 24/7 online intelligent customer services, self-driving vehicles, and identifying objects or text in the pictures. In this regard, it can be seen that its emergence and development have greatly changed the way humans live and work, and have exerted a profound influence on the future of humanity.

小结 Summary

词语 Words

朗读词语。Read the words aloud.

种类	常	电脑	它
主机	键盘	显示器	台式
便携式	组成		

语法 Grammar

把"就"或"由"放在句中合适的位置。Put 就 or 由 in the right place in the sentence.

1. 我们＿＿在会议室＿＿接待客户＿＿。
2. 计算机＿＿是我们＿＿常说的电脑＿＿。
3. 计算机＿＿主机、键盘、鼠标、显示器＿＿组成＿＿。
4. 公司的＿＿员工＿＿主管、组长、组员＿＿组成。

课文理解 Text Comprehension

根据课文内容选择句子填空。Fill in the blanks with correct sentences according to the text.

> A 计算机的种类有台式、便携式
>
> B 它由主机、键盘、鼠标、显示器组成

计算机就是我们常说的电脑，＿＿＿＿＿＿。＿＿＿＿＿＿，笔记本电脑就是便携式计算机的一种。

第5课 Lesson 5

Jìsuànjī de zhuōmiàn

计算机的桌面

The Computer Desktop

复习 Revision

朗读词语。 **Read the words aloud.**

电脑	种类	主机	鼠标
键盘	显示器	台式	便携式

热身 Warming Up

读词语，选择正确的图片。 **Read the words, and choose the right pictures.**

1	túbiāo 图标	icon		
2	bèijǐng 背景	background		
3	yùnxíng 运行	run		
4	rènwùlán 任务栏	taskbar		
5	zhuōmiàn 桌面	desktop		
6	diǎnjī 点击	click on		

学习生词 Words and Expressions 🎧 5-1

1	桌面	zhuōmiàn	n.	desktop
2	任务栏	rènwùlán	n.	taskbar
3	图标	túbiāo	n.	icon
4	背景	bèijǐng	n.	background
5	显示	xiǎnshì	v.	display
6	正在	zhèngzài	adv.	in the process/course of
7	运行	yùnxíng	v.	run
8	程序	chéngxù	n.	program

9	可以	kěyǐ	*v.*	can
10	点击	diǎnjī	*v.*	click on
11	中	zhōng	*n.*	inside
12	双击	shuāngjī	*v.*	double-click on

词语练习 Words Exercises

1. 朗读词语搭配。**Read the collocations.**

yùnxíng
运行

xiǎnshì （zhèngzài yùnxíng de）
显示（正在运行的）

chéngxù
程序

run the program

display the programs
(that are running)

diǎnjī
点击

shuāngjī
双击

túbiāo
图标

click on the icon

double-click on the icon

2. 将中文词语和对应的拼音及英文连线。**Match the Chinese words with corresponding *pinyin* and English words.**

1 桌面 •   • zhuōmiàn •   • taskbar

2 背景 •   • kěyǐ •   • can

3 可以 •   • rènwulán •   • desktop

4 任务栏 •   • bèijǐng •   • background

学习课文 Text 🎧 5-2

Jìsuànjī de zhuōmiàn
计算机的桌面

Jìsuànjī de zhuōmiàn yǒu rènwulán, túbiāo, bèijǐng.
计算机的桌面有任务栏、图标、背景。

Rènwulán kěyǐ xiǎnshì zhèngzài yùnxíng de chéngxù. Yào yùnxíng xīn
任务栏可以显示正在运行的程序。要运行新

chéngxù, kěyǐ diǎnjī rènwulán zhōng de túbiāo, yě kěyǐ shuāngjī
程序，可以点击任务栏中的图标，也可以双击

zhuōmiàn de túbiāo.
桌面的图标。

The Computer Desktop

There are the taskbar, icons and the background on the computer desktop. The taskbar can display the programs that are running. If you want to run a new program, you can click on the icon on the taskbar, or double-click on the icon on the desktop.

课文练习 Text Exercises

1. 连线组句。Match the two columns to make sentences.

① 计算机桌面   •   • 可以双击桌面的图标

② 任务栏可以显示   •   • 有任务栏

③ 点击任务栏上的图标 •   • 正在运行的程序

④ 要运行新程序   •   • 可以运行程序

2. 选择正确的答案。Choose the correct answers.

① 计算机桌面有任务栏、_____。   A 背景   B 鼠标

② _____可以显示正在运行的程序。   A 背景   B 任务栏

③ _____任务栏中的图标可以运行程序。   A 点击   B 鼠标

④ _____桌面的图标可以运行程序。   A 背景   B 双击

学习语法 Grammar

语法点 1 Grammar Point 1

能愿动词：**可以**   Modal verb: **可以**

用在动词前面，表示某事能够发生或主观上允许发生。

It is used before a verb to indicate that something may happen or is allowed to happen.

例句：

1 Yào yùnxíng xīn chéngxù, kěyǐ diǎnjī rènwulán zhōng de túbiāo.
要运行新程序，可以点击任务栏中的图标。If you want to run a new program, you can click on the icon on the taskbar.

2 Yào yùnxíng xīn chéngxù, yě kěyǐ shuāngjī zhuōmiàn túbiāo.
要运行新程序，也可以双击桌面图标。If you want to run a new program, you can also double-click on the icon on the desktop.

3 Yuángōng kěyǐ zài huìyìshì jiēdài kèhù.
员工可以在会议室接待客户。Employees can receive clients in the conference room.

语法练习 1 Grammar Exercise 1

按照正确的语序连词成句。**Make sentences in correct orders with the given words or phrases.**

1 ①可以　②在　③会议室　④我们　⑤工作

_____

2 ①图标　②点击　③桌面的　④我　⑤可以

_____

3 ①程序　②可以　③新　④运行　⑤图标　⑥双击

_____

4 ①会议室　②在　③可以　④组长和组员们　⑤开会

_____

语法点 2 Grammar Point 2

时间副词：正在　Adverb of time: 正在

用在动词前，表示动作行为正在进行中。

It is used before a verb to indicate that the action is in progress.

例句：
1 <ruby>任务栏<rt>Rènwulán</rt></ruby> <ruby>可以<rt>kěyǐ</rt></ruby> <ruby>显示<rt>xiǎnshì</rt></ruby> <ruby>正在<rt>zhèngzài</rt></ruby> <ruby>运行<rt>yùnxíng</rt></ruby> <ruby>的<rt>de</rt></ruby> <ruby>程序<rt>chéngxù</rt></ruby>。The taskbar can display the programs that are running.

2 <ruby>主管<rt>Zhǔguǎn</rt></ruby> <ruby>正在<rt>zhèngzài</rt></ruby> <ruby>接待<rt>jiēdài</rt></ruby> <ruby>客户<rt>kèhù</rt></ruby>。The supervisor is receiving clients.

3 <ruby>我们<rt>Wǒmen</rt></ruby> <ruby>正在<rt>zhèngzài</rt></ruby> <ruby>开会<rt>kāihuì</rt></ruby>。We are having a meeting.

语法练习 2 Grammar Exercise 2

把"正在"放在句中合适的位置。Put 正在 in the right place in the sentence.

1 任务栏＿＿＿可以显示＿＿＿运行的＿＿＿程序。

2 马丁＿＿＿工作＿＿＿。

3 员工＿＿＿会议室＿＿＿里面＿＿＿开会＿＿＿。

4 主管＿＿＿接待＿＿＿客户。

汉字书写 Writing Chinese Characters

kǒu
口 口 口
口 口 口 口 口

mù
木 木 木 木
木 木 木 木 木

dāi
呆 呆 呆 呆 呆 呆 呆
呆 呆 呆 呆 呆

xìng
杏 杏 杏 杏 杏 杏 杏
杏 杏 杏 杏 杏

文化拓展 Culture Insight

Beijing Duck

Beijing Duck is a delicious dish that originated in China. It is unique in the way that the skin of the duck is roasted until it is golden brown and crispy, while maintaining the tenderness of the meat. Beijing Duck is a complex dish that begins with a series of treatments and is then hung in an oven and roasted over a slow fire. Typically, the duck is sliced thinly and served with pancakes, scallion slices, cucumber strips, and sweet bean sauce.

小结 Summary

词语 Words

朗读词语。Read the words aloud.

桌面	任务栏	背景	显示	运行
正在	可以	点击	双击	图标

语法 Grammar

按照正确的语序连词成句。**Make sentences in correct orders with the given words or phrases.**

1 ①可以　②程序　③运行　④电脑

_____

2 ①可以　②在　③会议室　④我　⑤里面　⑥接待客户

_____

3 ①正在　②主管　③接待客户

_____

4 ①我们　②开会　③正在　④会议室

_____

课文理解 Text Comprehension

根据课文内容选词填空。**Fill in the blanks with correct words according to the text.**

A 背景	B 双击	C 任务栏	D 运行

　　计算机的桌面有_____、图标、_____。任务栏可以显示正在运行的程序。要_____新程序，可以点击任务栏中的图标，也可以_____桌面的图标。

Cāozuò　　shǔbiāo

操作鼠标
Operating the Mouse

复习 Revision

朗读句子。**Read the sentences aloud.**

1 计算机的桌面有任务栏、图标和背景。

2 要运行新程序，可以点击任务栏中的图标，也可以双击桌面的
图标。

热身 Warming Up

读词语，选择正确的图片。**Read the words, and choose the right pictures.**

D

E

F

1	yòu 右	right	
2	wéndàng 文档	document	
3	gǔnlún 滚轮	scroll wheel	
4	shǒu 手	hand	
5	zuǒ 左	left	
6	càidān 菜单	menu	

学习生词 Words and Expressions 🎧 6-1

1	操作	cāozuò	*v.*	operate
2	键	jiàn	*n.*	button
3	左	zuǒ	*n.*	left
4	右	yòu	*n.*	right
5	和	hé	*conj.*	and
6	滚轮	gǔnlún	*n.*	scroll wheel
7	一般	yìbān	*adj.*	general
8	手	shǒu	*n.*	hand
9	选择	xuǎnzé	*v.*	select
10	对象	duìxiàng	*n.*	object

11	快捷	kuàijié	*adj.*	quick
12	菜单	càidān	*n.*	menu
13	滚动	gǔndòng	*v.*	scroll
14	浏览	liúlǎn	*v.*	browse
15	文档	wéndàng	*n.*	document

词语练习 Words Exercises

1. 将图片与对应词语连线。Match the pictures with corresponding words.

1 •
• wéndàng
   文档

2 •
• shǒu
   手

3 •
• càidān
   菜单

4 •
• gǔnlún
   滚轮

2. 词语搭配连线。Match the word collocations.

1 cāozuò
  操作 •
• càidān
  菜单

2 diǎnjī
  点击 •
• shǔbiāo
  鼠标

3 dǎkāi
  打开 •
• zuǒjiàn
  左键

4 gǔndòng
  滚动 •
• gǔnlún
  滚轮

🌐 学习课文 Text 🎧 6-2

Cāozuò shǔbiāo
操作 鼠标

Shǔbiāo yǒu sān ge jiàn: zuǒjiàn、 yòujiàn hé gǔnlún. Wǒmen
鼠标有三个键：左键、右键和滚轮。我们
yìbān yòng yòushǒu cāozuò shǔbiāo: diǎnjī zuǒjiàn xuǎnzé duìxiàng; diǎnjī
一般用右手操作鼠标：点击左键选择对象；点击
yòujiàn dǎkāi kuàijié cāozuò càidān; gǔndòng gǔnlún liúlǎn wéndàng.
右键打开快捷操作菜单；滚动滚轮浏览文档。

Operating the Mouse

A mouse has three buttons: the left button, the right button
and the scroll wheel. We generally use our right hand to operate
the mouse: click on the left button to select an object; click on
the right button to open the shortcut menu; scroll the wheel to
browse the document.

📖 课文练习 Text Exercises

1. 判断正误。**True or false.**

1️⃣ 鼠标有六个键。

2️⃣ 鼠标有左键和右键。

3 我们一般用左手操作鼠标。

4 滚动滚轮浏览文档。

2. 选择正确的答案。Choose the correct answers.

1 _____有三个键。   A 键盘   B 鼠标

2 鼠标有_____、右键和滚轮。   A 左键   B 滚轮

3 点击鼠标右键打开_____。   A 文档   B 快捷操作菜单

4 滚动鼠标滚轮浏览_____。   A 文档   B 键盘

学习语法 Grammar

语法点 1 Grammar Point 1

连词：和   Conjunction: 和

连接词或短语，表示并列的关系。

It connects two words or phrases to indicate an equal relation.

例句：

1 Shǔbiāo yǒu sān ge jiàn: zuǒjiàn、yòujiàn hé gǔnlún.
鼠标有三个键：左键、右键和滚轮。A mouse has three buttons: the left button, the right button and the scroll wheel.

2 Zhè liǎng gè rén shì wǒmen de zhǔguǎn hé zǔzhǎng.
这两个人是我们的主管和组长。The two persons are our supervisor and team leader.

3 Nàr shì wǒmen gōngsī de bàngōngshì hé huìyìshì.
那儿是我们公司的办公室和会议室。That's our company office and conference room.

语法练习 1 Grammar Exercise 1

把"和"放在句中合适的位置。**Put 和 in the right place in the sentence.**

1 电脑由主机、＿＿＿键盘、＿＿＿鼠标＿＿＿显示器组成。

2 计算机的桌面有任务栏、＿＿＿图标＿＿＿背景。

3 鼠标有左键、＿＿＿右键＿＿＿滚轮。

4 我们办公室有主管、＿＿＿组长＿＿＿组员。

语法点 2 Grammar Point 2

特殊句型：连动句 Special sentence pattern: the sentence with a serial verb construction

由两个或两个以上的动词或动词性短语充当谓语的句子，表示两个或多个动作先后发生。

It is a sentence whose predicate consists of two or more verbs or verb phrases, indicating the actions happen in sequence.

例句：

1 Wǒmen yìbān yòng yòushǒu cāozuò shǔbiāo.
我们一般用右手操作鼠标。We generally use our right hand to operate the mouse.

2 Diǎnjī yòujiàn dǎkāi kuàijié càidān.
点击右键打开快捷菜单。Right-click the right button to open the shortcut menu.

3 Dǎkāi diànnǎo liúlǎn wéndàng.
打开电脑浏览文档。Turn on the computer to view the document.

语法练习 2 Grammar Exercise 2

按照正确的语序连词成句。**Make sentences in correct orders with the given words or phrases.**

1 ①滚轮 ②滚动 ③浏览 ④我 ⑤文档

2 ①鼠标　②点击　③用　④图标

_____

3 ①左键　②鼠标　③打开　④程序　⑤双击

_____

4 ①运行　②打开　③我　④程序　⑤电脑

_____

汉字书写 Writing Chinese Characters

ér　几 几

几	几	几	几	几						

jǐ　几 几

几	几	几	几	几						

fán　凡 凡 凡

凡	凡	凡	凡	凡						

duǒ　朵 朵 朵 朵 朵 朵

朵	朵	朵	朵	朵						

职业拓展 Career Insight

Virtual Reality

Virtual reality (VR) is a simulated environment created through computer technology that allows users to interact with the virtual world by wearing specialized equipment, such as head-mounted displays and joysticks. VR technology is widely used in gaming, training, healthcare, and architecture to provide users with an immersive experience and interactivity.

小结 Summary

词语 Words

朗读词语。Read the words aloud.

操作	键	左	右
滚轮	对象	菜单	滚动
浏览	文档		

语法 Grammar

按照正确的语序连词成句。**Make sentences in correct orders with the given words or phrases.**

1 ①会议室　②和　③那儿　④办公室　⑤是

_____

2 ①组长　②工作　③一起　④组员　⑤和

_____

3 ①他　②电脑　③打开　④工作

_____

4 ①左键　②鼠标　③点击　④对象　⑤选择

_____

课文理解 Text Comprehension

根据课文内容给下列句子排序。**Put the following statements in the correct order according to the text.**

① 点击左键选择对象。

② 鼠标有三个键：左键、右键和滚轮。

③ 我们一般用右手操作鼠标。

④ 点击右键打开快捷操作菜单；滚动滚轮浏览文档。

_____

查看文档
Chákàn wéndàng
Viewing the Document

复习 Revision

朗读词语。 **Read the words aloud.**

操作	滚轮	选择	对象
快捷	菜单	滚动	浏览

热身 Warming Up

将中文词语和对应的拼音及英文连线。 **Match the Chinese words with corresponding *pinyin* and English words.**

1	单击	•	•	dānjī	•	•	use
2	查看	•	•	ránhòu	•	•	content
3	最后	•	•	shǐyòng	•	•	click
4	内容	•	•	nèiróng	•	•	at last
5	使用	•	•	chákàn	•	•	then
6	然后	•	•	zuìhòu	•	•	view

学习生词 Words and Expressions 🎧 7-1

1	查看	chákàn	*v.*	view
2	使用	shǐyòng	*v.*	use
3	先	xiān	*adv.*	first
4	然后	ránhòu	*conj.*	then
5	向	xiàng	*prep.*	towards
6	上	shàng	*n.*	up
7	下	xià	*n.*	down
8	内容	nèiróng	*n.*	content
9	最后	zuìhòu	*n.*	at last
10	单击	dānjī	*v.*	click on
11	角	jiǎo	*n.*	corner

词语练习 Words Exercises

1. 选择正确的答案。Choose the correct answers.

1 向 xiàng _____   A towards   B content

2 上 shàng _____   A on   B up

3 下 xià _____   A down   B use

4 角 jiǎo _____   A corner   B click

2. 词语搭配连线。Match the word collocations.

1 单击 dānjī •   • 鼠标 shǔbiāo

2 使用 shǐyòng •   • 图标 túbiāo

3 查看 chákàn •   • 角 jiǎo

4 右上 yòushàng •   • 内容 nèiróng

学习课文 Text 🎧 7-2

Chákàn wéndàng
查看 文档

Shǐyòng shǔbiāo chákàn wéndàng shí, xiān shǐyòng shǔbiāo de zuǒ
使用 鼠标 查看 文档 时, 先 使用 鼠标 的 左
jiàn, shuāngjī wéndàng túbiāo, dǎkāi wéndàng; ránhòu xiàngshàng,
键, 双击 文档 图标, 打开 文档; 然后 向上、
xiàngxià gǔndòng shǔbiāo de gǔnlún, chákàn nèiróng; zuìhòu shǐyòng
向下 滚动 鼠标 的 滚轮, 查看 内容; 最后 使用
shǔbiāo de zuǒjiàn, dānjī yòushàngjiǎo de túbiāo, guānbì wéndàng.
鼠标 的 左键, 单击 右上角 的 × 图标, 关闭 文档。

Viewing Documents

When using the mouse to view a document, you firstly double-click on the document icon with the left button of the mouse to open it, then scroll the mouse wheel upward and downward to view the content, and finally click on the × icon in the upper right corner with the left button of the mouse to close the document.

课文练习 Text Exercises

1. 判断正误。True or false.

1️⃣ 双击文档图标,打开文档。

② 向上向下滚动鼠标的滚轮，查看内容。

③ 单击左上角的 × 图标可以关闭文档。

④ 使用键盘查看文档。

2. 选词填空。**Fill in the blanks with the correct words.**

A 双击	B 滚轮	C 单击	D 鼠标

① 使用_____查看文档。

② _____文档图标打开文档。

③ 向上向下滚动鼠标的_____，查看文档内容。

④ _____右上角的 × 图标，关闭文档。

学习语法 Grammar

语法点 1 Grammar Point 1

介词：向　Preposition: 向

用于引出动作的方向。常用结构为：向 + 名词 + 动词。

It is used to draw out the direction of an action. The common structure is: 向 + noun + verb.

例句：

① Ránhòu xiàngshàng、xiàngxià gǔndòng shǔbiāo de gǔnlún，chákàn nèiróng.
然后 向上、向下滚动鼠标的滚轮，查看内容。Then scroll the mouse wheel upward and downward to view the content.

② Xiàng nàr zǒu，nà shì zhǔguǎn de bàngōngshì.
向那儿走，那是主管的办公室。Walk over there. That's the supervisor's office.

③ Nǐ xiàng huìyìshì lǐmiàn kàn，yuángōngmen zhèngzài kāihuì.
你向会议室里面看，员工们正在开会。Look inside the conference room, the staff are in a meeting.

📄 语法练习 1 Grammar Exercise 1

把"向"放在句中合适的位置。Put 向 in the right place in the sentence.

1. 现在＿＿可以＿＿上＿＿滚动＿＿鼠标的滚轮。

2. 你＿＿左＿＿看，＿＿那是＿＿我们的办公室。

3. 你＿＿下＿＿滚动滚轮，＿＿查看＿＿文档。

4. 你＿＿里面＿＿看，组员们＿＿正在＿＿开会。

📄 语法点 2 Grammar Point 2

先……，然后……，最后……

表达几个动作行为在时间上先后进行。

It indicates the sequence of the actions.

例句：
1.
Xiān shǐyòng shǔbiāo de zuǒjiàn dǎkāi wéndàng; ránhòu gǔndòng shǔbiāo de gǔnlún,
先使用鼠标的左键打开文档；然后滚动鼠标的滚轮，
shàngxià chákàn nèiróng; zuìhòu shǐyòng shǔbiāo de zuǒjiàn guānbì wéndàng.
上下查看内容；最后使用鼠标的左键关闭文档。Firstly, you double-click on the document icon with the left button of the mouse to open the document, then scroll the mouse wheel upward and downward to view the content, and finally click on the left button of the mouse to close the document.

2.
Xiān dǎkāi diànnǎo, ránhòu yùnxíng chéngxù, zuìhòu guānbì diànnǎo.
先打开电脑，然后运行程序，最后关闭电脑。Turn on the computer first, then run the program, and finally turn off the computer.

3.
Xiān dǎkāi diànyuán, ránhòu gōngzuò, zuìhòu guānbì diànyuán.
先打开电源，然后工作，最后关闭电源。Turn on the power first, then work, and finally turn off the power.

语法练习 2 Grammar Exercise 2

选择正确的答案。Choose the correct answers.

1. 先_____，然后_____，最后_____。

   A 点击文档图标　　　B 查看文档　　　　　　　C 打开计算机

2. 先_____，然后_____，最后_____。

   A 打开快捷菜单　　　B 点击右键　　　　　　　C 选择对象

3. 先_____，然后_____，最后_____。

   A 滚动滚轮查看内容　B 使用鼠标左键打开文档　C 关闭文档

4. 先_____，然后_____，最后_____。

   A 点击任务栏的图标　B 打开程序　　　　　　　C 点击关闭

汉字书写 Writing Chinese Characters

yòu　又 又

又　又　又　又　又

yì　义 义 义

义　义　义　义　义

chā　叉 叉 叉

叉　叉　叉　叉　叉

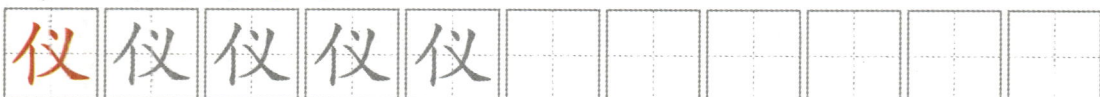

yí　仪 仪 仪 仪 仪

仪　仪　仪　仪　仪

文化拓展 Culture Insight

WeChat

WeChat (Weixin) is an instant messaging and social media application developed and launched by Tencent in China. It was officially launched on January 21, 2011, and has now become one of the world's largest social media platforms. WeChat has a wide range of functions, including sending text, voice, images, videos, and making payments.

小结 Summary

词语 Words

朗读词语。**Read the words aloud.**

查看	使用	先
上	然后	向
内容	最后	单击
角		

59

语法 Grammar

选词填空。**Fill in the blanks with correct words.**

A 先	B 然后	C 最后	D 向

1 你_____那儿看，经理在开会。

2 你可以_____下滚动鼠标的滚轮，查看文档。

3 _____点击图标，_____运行程序，最后关闭程序。

4 _____打开电源，然后工作，_____关闭电源。

课文理解 Text Comprehension

朗读课文选段。**Read the following sentences from the text.**

使用鼠标查看文档时：先使用鼠标的左键，双击文档图标，打开文档；然后查看内容；最后使用鼠标的左键，单击右上角的 × 图标，关闭文档。

Shūrù wénběn
输入文本
Entering Texts

复习 Revision

将中文词语和对应的拼音连线。**Match the Chinese words with corresponding** *pinyin.*

1 查看 •
2 使用 •
3 然后 •
4 内容 •
5 最后 •
6 单击 •

• shǐyòng
• chákàn
• dānjī
• zuìhòu
• nèiróng
• ránhòu

热身 Warming Up

读词语，选择正确的图片。**Read the words, and choose the right pictures.**

A

B

C

D

E

F

1	<ruby>字母<rt>zìmǔ</rt></ruby>	letter	
2	<ruby>移动<rt>yídòng</rt></ruby>	move	
3	<ruby>错误<rt>cuòwù</rt></ruby>	error	
4	<ruby>按<rt>àn</rt></ruby>	press	
5	<ruby>输入<rt>shūrù</rt></ruby>	enter	
6	<ruby>删除<rt>shānchú</rt></ruby>	delete	

学习生词 Words and Expressions 🎧 8-1

1	输入	shūrù	v.	enter
2	文本	wénběn	n.	text
3	按	àn	v.	press
4	一下	yíxià		once
5	键	jiàn	n.	key
6	大写	dàxiě	n.	upper-case
7	字母	zìmǔ	n.	letter

8	小写	xiǎoxiě	*n.*	lower-case
9	错误	cuòwù	*n.*	error
10	把	bǎ	*prep.*	(used to introduce the object in a 把 -senentce)
11	光标	guāngbiāo	*n.*	cursor
12	移动	yídòng	*v.*	move
13	到	dào	*v.*	(used as a verb complement to indicate the result of an action)
14	后面	hòumiàn	*n.*	behind; after
15	删除	shānchú	*v.*	delete

词语练习 Words Exercises

1. 看图片，认读词语。**Look at the pictures and read the words.**

àn 按	zìmǔ 字母	shūrù 输入	shānchú 删除

2. 选择正确的答案。**Choose the correct answers.**

1 _____ jiàn 键 A àn 按 B bǎ 把

2 _____ wénběn 文本 A dānjī 单击 B shūrù 输入

3 _____ cuòwù 错误 A shānchú 删除 B gǔndòng 滚动

4 _____ guāngbiāo 光标 A yídòng 移动 B hòumiàn 后面

学习课文 Text 🎧 8-2

输入文本
Shūrù wénběn

Shǐyòng jiànpán shūrù wénběn:　　　　　　xiān àn yíxià
使用键盘输入文本 Computer：先按一下 Caps

jiàn, shūrù dàxiě zìmǔ;　　　ránhòu àn yíxià
Lock 键，输入大写字母 C；然后按一下 Caps

jiàn, shūrù xiǎoxiě zìmǔ.　　　Shūrù cuòwù de
Lock 键，输入小写字母 omputer。输入错误的

shíhou, bǎ guāngbiāo yídòng dào cuòwù nèiróng hòumiàn, àn
时候，把光标移动到错误内容后面，按

jiàn shānchú.
Backspace 键删除。

Entering Texts

To use the keyboard to enter the text "Computer", first press the Caps Lock key and enter the upper-case letter "C"; then press the Caps Lock key again and enter the lower-case letters "omputer". If there is an input error, move the cursor after the wrongly input letters and press the Backspace key to delete it.

课文练习 Text Exercises

1. 选择正确的答案。Choose the correct answers.

1 按一下_____键输入大写字母 C。

A Shift　　　　　B Backspace　　　　　C Enter　　　　　D Caps Lock

2 输入大写字母时要先按一下_____键。

A Shift　　　　　B Backspace　　　　　C Enter　　　　　D Caps Lock

3 输入错误的时候，把鼠标光标移动到错误内容_____面。

A 上　　　　　B 后　　　　　C 左　　　　　D 下

4 按_____键可以删除错误内容。

A Shift　　　　　B Backspace　　　　　C Enter　　　　　D Caps Lock

2. 根据课文内容给下列句子排序。Put the following statements in the correct order according to the text.

①然后按一下 Caps Lock 键，输入小写字母 omputer。

②按 Backspace 键删除。

③输入错误的时候，把光标移动到错误内容后面。

④先按一下 Caps Lock 键，输入大写字母 C。

学习语法 Grammar

语法点 1 Grammar Point 1

数量词：一下　Quantifier: 一下

用在动词后面，表示做一次或试着做。常用结构为：动词 + 一下（+ 宾语）。

It is used after a verb to indicate to do it once or to try to do it. The common structure is: verb + 一下 (+ object).

例句： **1** Xiān àn yíxià jiàn, shūrù dàxiě zìmǔ.
先按一下 Caps Lock 键，输入大写字母。
First press the Caps Lock key and enter the upper-case letter.

2 Dānjī yíxià shǔbiāo zuǒjiàn, ránhòu shūrù wénběn.
单击一下鼠标左键，然后输入文本。
Click on the left mouse button once and then enter the text.

3 Wǒ yào guānbì yíxià diànnǎo.
我要关闭一下电脑。
I'm going to shut down the computer.

语法练习 1 Grammar Exercise 1

把"一下"放在句中合适的位置。**Put 一下 in the right place in the sentence.**

1 我要＿＿＿关闭＿＿＿电源＿＿＿。

2 我＿＿＿要＿＿＿运行＿＿＿程序。

3 双击＿＿＿图标＿＿＿，然后＿＿＿打开程序。

4 滚动＿＿＿滚轮＿＿＿，就可以浏览文档＿＿＿。

语法点 2 Grammar Point 2

特殊句型："把"字句 Special sentence pattern: the 把 -sentences

表示通过动作行为使人或事物的位置或状态发生改变。常用结构为：主语＋把＋宾语＋动词性短语。

The sentence pattern indicates that the position or state of a person or a thing is changed by an action. The common structure is: subject ＋ 把 ＋ object ＋ verb phrase.

例句： **1** Wǒ bǎ guāngbiāo yídòng dào cuòwù nèiróng hòumian.
我把光标移动到错误内容后面。
I move the cursor after the wrongly input letters.

Wǒ bǎ wéndàng bǎocún   zài zhuōmiàn shang.

2 我把文档保存（save）在桌面上。

I save the document on the desktop.

Zhǔguǎn bǎ wénběn shūrù dào wéndàng lǐmiàn.

3 主管把文本输入到文档里面。

The supervisor enters the text in the document.

语法练习 2 Grammar Exercise 2

按照正确的语序连词成句。**Make sentences in correct orders with the given words or phrases.**

1 ①桌面上　②把　③图标　④到　⑤移动

_____

2 ①光标　②移动　③把　④右上角　⑤到

_____

3 ①到　②把　③文档里面　④大写字母　⑤输入

_____

4 ①光标　②把　③移动　④任务栏　⑤到

_____

汉字书写 Writing Chinese Characters

rì　日　日　日　日

日　日　日　日　日

mù　目　目　目　目　目

目　目　目　目　目

zì

自 | 自 | 自 | 自 | 自 | 自 | 自

自 自 自 自 自

jù

具 | 具 | 具 | 具 | 具 | 具 | 具 | 具

具 具 具 具

职业拓展 Career Insight

The Internet of Things

The Internet of Things (IoT) is a network that connects various physical devices and objects via the internet. The IoT enables objects to connect and exchange data with each other through sensors, tags, wireless communication, and other technologies. Applications of the IoT include smart homes, smart cities, intelligent transportation systems, etc.

小结 Summary

词语 Words

朗读词语。Read the words aloud.

输入	文本	一下	大写	字母
小写	错误	光标	移动	后面

语法 Grammar

把 "一下" 或 "把" 放在句中合适的位置。**Put 一下 or 把 in the right place in the sentence.**

1. 单击＿＿＿鼠标左键，然后＿＿＿输入文本＿＿＿。

2. 我要＿＿＿关闭＿＿＿电脑＿＿＿。

3. 我＿＿＿文件＿＿＿保存＿＿＿到桌面。

4. 主管＿＿＿文本输入＿＿＿到文档＿＿＿里面。

课文理解 Text Comprehension

根据课文内容选择句子填空。**Fill in the blanks with correct sentences according to the text.**

> A 把光标移动到错误内容后面，按 Backspace 键删除
>
> B 先按一下 Caps Lock 键，输入大写字母 C

使用键盘输入 Computer 文本：＿＿＿＿＿＿；然后关闭 Caps Lock 键，输入小写字母 omputer。输入错误的时候，＿＿＿＿＿＿。

Guānbì　　jìsuànjī
关闭计算机
Shutting Down the Computer

复习　Revision

朗读句子。**Read the sentences aloud.**

1 先按一下 Caps Lock 键，输入大写字母 C。

2 输入错误的时候，把光标移动到错误内容后面，按 Backspace 键删除。

热身　Warming Up

将中文词语和对应的拼音及英文连线。**Match the Chinese words with corresponding *pinyin* and English words.**

1	需要 •	• jíshí	• save
2	保存 •	• xūyào	• document
3	及时 •	• ànniǔ	• in time
4	关机 •	• wénjiàn	• button
5	按钮 •	• guānjī	• need
6	文件 •	• bǎocún	• shut down the computer

学习生词 Words and Expressions 🎧 9-1

1	前	qián	*n.*	before
2	需要	xūyào	*v.*	need
3	及时	jíshí	*adv.*	in time
4	保存	bǎocún	*v.*	save
5	文件	wénjiàn	*n.*	file
6	下方	xiàfāng	*n.*	bottom
7	关机	guānjī	*v.*	shut down the computer
8	另外	lìngwài	*conj.*	furthermore
9	还	hái	*adv.*	in addition
10	按钮	ànniǔ	*n.*	button

词语练习 Words Exercises

1. 选择正确的答案。Choose the correct answers.

1 下方_____　　A xiàfāng　　B shàngfāng

2 另外_____　　A bǎocún　　B lìngwài

3 前_____　　A qián　　B hái

4 还_____　　A cè　　B hái

2. 词语搭配连线。Match the word collocations.

1 及时 (jíshí) •　　• 文件 (wénjiàn)

2 关闭 (guānbì) •　　• 保存 (bǎocún)

3 保存 (bǎocún) •　　• 计算机 (jìsuànjī)

4 电源 (diànyuán) •　　• 图标 (túbiāo)

学习课文 Text 🎧 9-2

关闭计算机

Guānbì jìsuànjī qián, xūyào jíshí bǎocún wénjiàn. Xiān diǎnjī
关闭计算机前，需要及时保存文件。先点击
jìsuànjī zhuōmiàn shang de túbiāo, ránhòu dānjī càidān
计算机桌面 上 的 Windows 图标，然后单击菜单
xiàfāng de diànyuán túbiāo, zuìhòu xuǎnzé guānjī túbiāo. Lìngwài,
下方的电源图标，最后选择关机图标。另外，
táishìjī hái xūyào àn yíxià xiǎnshìqì de diànyuán ànniǔ guānbì
台式机还需要按一下显示器的电源按钮关闭
xiǎnshìqì.
显示器。

Shutting Down the Computer

Before shutting down the computer, all files need to be saved in time. First click on the Windows icon on the computer desktop, then click on the power icon on the bottom of the menu, and finally select the shutdown icon. Furthermore, press the power button on the monitor of the desktop computer to turn off the monitor.

课文练习 Text Exercises

1. 判断正误。True or false.

1 关闭计算机前，需要及时保存文件。

2 双击菜单下方的电源图标，然后选择关机图标。

3 台式机关机前还需要按一下显示器上的电源按钮。

4 点击计算机桌面上的 Windows 图标就可以关闭计算机。

2. 选择正确的答案。Choose the correct answers.

1 关闭计算机前，需要＿＿＿＿＿文件。

   A 删除　　　　　　　　B 保存

2 关闭计算机需要先点击桌面上的＿＿＿＿＿图标。

   A Windows　　　　　　B Backspace

3 电源图标在菜单的＿＿＿＿＿。

   A 上方　　　　　　　　B 下方

4 关闭台式机还需要按一下＿＿＿＿＿的电源按钮。

   A 主机　　　　　　　　B 显示器

学习语法 Grammar

语法点 1 Grammar Point 1

固定格式：（在）……前 / 以前　Fixed structure: (在) ... 前 / 以前

表示早于某个特定的时间，在句中作状语。常用结构为：（在）＋时间 / 动词性短语＋前 / 以前。

It indicates the meaning of "earlier than a certain time" and is used as an adverbial modifier in a sentence. The common structure is: (在) + time/verb phrase + 前 / 以前 .

例句：

1 Guānbì jìsuànjī qián, xūyào jíshí bǎocún wénjiàn.
关闭计算机前，需要及时保存文件。Before shutting down the computer, all files need to be saved in time.

2 Kāihuì yǐqián, zǔyuán yào dǎkāi huìyìshì lǐmiàn de diànnǎo.
开会以前，组员要打开会议室里面的电脑。Before the meeting, a team member need to turn on the computer in the conference room.

3 Zài qù zhè jiā gōngsī qián, wǒ shì yí ge lǎoshī.
在去这家公司前，我是一个老师。Before going to this company, I was a teacher.

语法练习1 Grammar Exercise 1

连线组句。**Match the two columns to make sentences.**

1 使用电脑前，	•	• 要关闭显示器的电源。
2 关闭电脑以前，	•	• 要打开电源。
3 运行新程序前，	•	• 要及时保存文件。
4 台式机关闭前，	•	• 要点击任务栏中的图标。

语法点2 Grammar Point 2

连词：**另外** Conjunction: **另外**

补充说明别的事情，连接上下文。

It is used to add something else, connecting the context.

例句：

1 Diǎnjī guānjī túbiāo, lìngwài, àn yíxià diànyuán ànniǔ.
点击关机图标，另外，按一下电源按钮。Click on the shutdown icon. Besides, press the power button.

2 Guānbì diànnǎo, lìngwài, hái yào guānbì yíxià diànyuán.
关闭电脑，另外，还要关闭一下电源。Turn off your computer. Besides, you need to turn off the power.

3 Dǎkāi diànyuán, lìngwài, zhùyì yòngdiàn ānquán.
打开电源，另外，注意用电安全。Turn on the power. In addition, pay attention to the electrical safety.

语法练习 2 Grammar Exercise 2

选择正确的答案。Choose the correct answers.

1 选择关机图标关闭电脑，_____，按一下显示器电源按钮。

　　A 另外　　　　　　　　　B 及时

2 按一下 Caps Lock 键，_____输入大写字母。

　　A 另外　　　　　　　　　B 然后

3 打开电源，_____，把会议室的电脑也打开。

　　A 另外　　　　　　　　　B 最后

4 组员们先在办公室开会，_____在会议室接待客户。

　　A 另外　　　　　　　　　B 然后

汉字书写 Writing Chinese Characters

xiǎo　小 小 小

小　小　小　小　小

shǎo　少 少 少 少

少　少　少　少　少

shuǐ　水 水 水 水

水　水　水　水　水

yǒng　永 永 永 永 永

永　永　永　永　永

文化拓展 Culture Insight

Confucius

Confucius (551–479 BC) is a great thinker, educater and philosopher of ancient China. He was the founder of Confucianism, and his teachings, which emphasized etiquette, morality, loyalty, and family values, laid the foundation of Confucianism. The ideas promoted by Confucius have strongly influenced Chinese history, shaping the country's social and political system in ways that continue to this day.

小结 Summary

词语 Words

朗读词语。**Read the words aloud.**

按钮	前	需要	及时	保存
下方	关机	另外	还	文件

语法 Grammar

选择正确的答案。**Choose the correct answers.**

1 使用电脑_____，先按电脑电源。

　A 另外　　　　　　　　　B 前

2 下班的时候要关闭电源，_____，还需要关闭办公室的门（mén, door）。

A 另外　　　　　　　　　B 前

3 关闭台式机_____还需要关闭显示器上的电源按钮。

A 另外　　　　　　　　　B 前

4 关闭计算机_____，先保存文件。

A 另外　　　　　　　　　B 前

课文理解 Text Comprehension

根据课文内容选词填空。**Fill in the blanks with correct words according to the text.**

A 另外	B 关机	C 下方	D 前

　　关闭计算机_____，需要及时保存文件。先点击计算机桌面上的 Windows 图标，然后单击菜单_____的电源图标，最后选择_____图标。_____，台式机还需要按一下显示器的电源按钮关闭显示器。

Xīnjiàn   wénjiàn
新建文件
Creating a New File

复习 Revision

读词语，选择正确的拼音。Read the words, and choose the right *pinyin*.

A wénjiàn B guānjī C bǎocún D xūyào E xiàfāng F ànniǔ

1 按钮 ☐   2 需要 ☐   3 关机 ☐
4 下方 ☐   5 文件 ☐   6 保存 ☐

热身 Warming Up

读词语，选择正确的图片。Read the words, and choose the right pictures.

A

B

C

文件名称(N)： document1.docx
文件类型(T)： Microsoft Word 文件(*.docx)

1	yòujī 右击	right-click
2	xīnjiàn 新建	create
3	zhǎo 找	find
4	wánchéng 完成	complete
5	míngchēng 名称	name
6	wèizhì 位置	location

学习生词 Words and Expressions 🎧 10-1

1	新建	xīnjiàn	*v.*	create
2	如果	rúguǒ	*conj.*	if
3	想	xiǎng	*v.*	want
4	找	zhǎo	*v.*	look for
5	创建	chuàngjiàn	*v.*	create
6	位置	wèizhì	*n.*	location
7	右击	yòujī	*v.*	right-click
8	空白	kōngbái	*n.*	blank space
9	处	chù	*n.*	place
10	类型	lèixíng	*n.*	type
11	名称	míngchēng	*n.*	name

📖 **词语练习** **Words Exercises**

1. 将图片与对应词语连线。**Match the pictures with corresponding words.**

1  • • yòujī
右击

2  • • wèizhì
位置

3 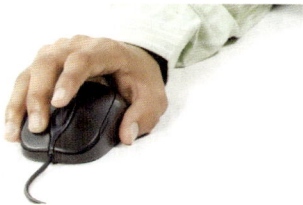 • • xīnjiàn
新建

4 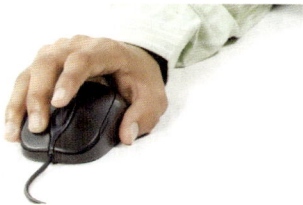 • • míngchēng
名称

2. 词语搭配连线。**Match the word collocations.**

1 kòngbái
空白 • • míngchēng
名称

2 zhǎo
找 • • wénjiàn
文件

3 xīnjiàn
新建 • • chù
处

4 wénjiàn
文件 • • dào
到

🌐 学习课文 Text 🎧 10-2

Xīnjiàn wénjiàn
新建文件

Rúguǒ nǐ xiǎng yào xīnjiàn yí ge wénjiàn, jiù xūyào xiān zhǎodào
如果你想要新建一个文件，就需要先找到
chuàngjiàn zhège wénjiàn de wèizhi, ránhòu shǐyòng shǔbiāo yòujī kòngbái
创建 这个文件的位置，然后使用鼠标右击空白
chù, diǎnjī "xīnjiàn" ànniǔ, xuǎnzé xiǎng yào chuàngjiàn de wénjiàn
处，点击"新建"按钮，选择想要创建的文件
lèixíng, zuìhòu shūrù wénjiàn míngchēng.
类型，最后输入文件名称。

Creating a New File

If you want to create a new file, you need to find the location for it, then right-click on the blank space with the mouse, click on the "New" button, select the file type you want to create, and finally enter the file name.

🔍 课文练习 Text Exercises

1. 连线组句。Match the two columns to make sentences.

1 如果想要新建一个文件，　•

2 使用鼠标右击空白处，　•

3 选择想要创建的文件类型，•

• 最后输入文件名称。

• 就需要先找到创建这个文件的位置。

• 点击"新建"按钮。

2. 根据课文内容给下列句子排序。Put the following statements in the correct order according to the text.

①选择想要创建的文件类型。

②然后使用鼠标右击空白处，点击"新建"按钮。

③最后输入文件名称。

④如果想要新建一个文件，就需要先找到创建这个文件的位置。

学习语法 Grammar

语法点 1 Grammar Point 1

假设复句：如果……，就…… Suppositive complex sentences: 如果 ...，就 ...

"如果……，就……"连接两个分句，第一个分句表示假设的前提，第二个分句表示在该前提下能够得到的结果。

如果 ...，就 ...connects two clauses, the first posing a hypothesis and the second presenting the result under that hypothesis.

例句：
1 Rúguǒ nǐ xiǎng yào xīnjiàn yí ge wénjiàn, jiù xūyào xiān zhǎodào chuàngjiàn zhège
如果你想要新建一个文件，就需要先找到创建这个
wénjiàn de wèizhi.
文件的位置。If you want to create a new file, you need to find the location for it.

2 Rúguǒ shūrù cuòwù, jiù yào shānchú.
如果输入错误，就要删除。If the input is incorrect, it has to be deleted.

3 Rúguǒ xiǎng yào liúlǎn wéndàng, jiù yào gǔndòng shǔbiāo gǔnlún.
如果想要浏览文档，就要滚动鼠标滚轮。If you want to navigate through the document, you have to scroll the scroll wheel of the mouse.

语法练习 1 Grammar Exercise 1

按照正确的语序连词成句。Make sentences in correct orders with the given words or phrases.

1 ①要注意　②要避免触电　④用电安全　⑤如果　⑥就

_____

2 ①点击图标　②运行　③如果　④程序　⑤想　⑥就

_____

3 ①如果　②保存文件　③就先　④要关机

_____

4 ①按　②要关闭　③关机按钮　④显示器　⑤就　⑥如果

_____

语法点 2 Grammar Point 2

能愿动词：想　　Modal verb: 想

用在其他动词前面，表示希望、打算做某事。

It is used before a verb to indicate the hope or intention to do something.

- -

例句：

1 Rúguǒ xiǎng yào xīnjiàn yí ge wénjiàn, jiù xūyào xiān zhǎodào chuàngjiàn de wèizhi.
如果想要新建一个文件，就需要先找到创建的位置。
If you want to create a new file, you need to find the location for it.

2 Wǒ xiǎng xuéxí shǐyòng shǔbiāo.
我想学习（learn）使用鼠标。I want to learn to use a mouse.

3 Wǒ xiǎng yùnxíng zhuōmiàn de chéngxù.
我想运行桌面的程序。I want to run the program on the desktop.

语法练习 2 Grammar Exercise 2

把 "想" 放在句中合适的位置。Put 想 in the right place in the sentence.

1 主管____在____会议室____接待客户。

2 我____关闭____计算机。

3 如果____运行程序____就____双击图标。

4 我____打开____电脑的____电源。

汉字书写 Writing Chinese Characters

le 了 了
了 了 了 了 了

zǐ 子 子 子
子 子 子 子 子

zì 字 字 字 字 字 字
字 字 字 字 字

zǎi 仔 仔 仔 仔 仔
仔 仔 仔 仔 仔

职业拓展 Career Insight

Data Backup

Data backup is to copy important data from one storage device to another for the recovery in case the original data is lost or corrupted. Backing up data helps protect data integrity and availability in the events like hardware failure, malware infection, accidental deletion. A sound data backup strategy includes backing up regularly, using multiple backup locations and media, choosing reliable backup software or services, and verifying the integrity of backups.

小结 Summary

词语 Words

朗读词语。Read the words aloud.

新建	如果	找	创建
位置	空白	右击	类型
名称	处		

语法 Grammar

按照正确的语序连词成句。**Make sentences in correct orders with the given words or phrases.**

1 ①就要 ②新建一个文件 ③找到创建这个文件的位置 ④如果要

_____

2 ①输入错误 ②如果 ③就要 ④删除

_____

3 ①我 ②要 ③想 ④新建一个文件

_____

4 ①想 ②马丁 ③用主管的电脑 ④编辑文档

_____

课文理解 Text Comprehension

朗读课文选段。**Read the following sentences from the text.**

　　如果想要新建一个文件，就需要先找到创建这个文件的位置，然后使用鼠标右击空白处，点击"新建"按钮，选择想要创建的文件类型，最后输入文件名称。

Yídòng   wénjiàn

移动文件
Moving the File

复习 Revision

朗读词语。**Read the words aloud.**

新建	如果	找到	创建
位置	右击	空白处	类型

热身 Warming Up

将拼音和对应的中文词语及英文连线。**Match *pinyin* with the corresponding Chinese words and English words.**

1. xuǎnzé •   • 粘贴 •   • paste
2. zhāntiē •   • 目标 •   • target
3. tuōdòng •   • 再次 •   • drag
4. mùbiāo •   • 选择 •   • cut
5. zàicì •   • 拖动 •   • again
6. jiǎnqiē •   • 剪切 •   • choose

学习生词 Words and Expressions 🎧 11-1

1	除了	chúle	*prep.*	except
2	着	zhe	*aux.*	(used after a verb or an adjective to indicate the continuation of an action or a state)
3	拖动	tuōdòng	*v.*	drag
4	目标	mùbiāo	*n.*	target
5	以外	yǐwài	*n.*	except
6	剪切	jiǎnqiē	*v.*	cut
7	选项	xuǎnxiàng	*n.*	option
8	再次	zàicì	*adv.*	again
9	粘贴	zhāntiē	*v.*	paste

词语练习 Words Exercises

1. 朗读词语搭配。Read the collocations.

yídòng 移动		move the file
ànzhe 按着	wénjiàn 文件	hold down the file
tuōdòng 拖动		drag the file
diǎnjī 点击		click on the file

2. 选择正确的答案。Choose the correct answers.

1️⃣ 拖动_____　　　　A mùbiāo　　B tuōdòng

2️⃣ 剪切_____　　　　A jiǎnqiē　　B tuōdòng

3 选项_____   A zhāntiē   B xuǎnxiàng

4 粘贴_____   A zhāntiē   B zàicì

🌐 学习课文 Text 🎧 11-2

Yídòng wénjiàn
移动文件

Yídòng wénjiàn de shíhou, wǒmen chúle kěyǐ ànzhe shǔbiāo zuǒ
移动文件的时候，我们除了可以按着鼠标左
jiàn bǎ wénjiàn tuōdòng dào mùbiāo wèizhi （yǐwài）, hái kěyǐ shǐyòng
键把文件拖动到目标位置（以外），还可以使用
shǔbiāo yòujiàn diǎnjī zhège wénjiàn, xuǎnzé "jiǎnqiē" xuǎnxiàng,
鼠标右键点击这个文件，选择"剪切"选项，
ránhòu zài mùbiāo wèizhi zàicì yòujī shǔbiāo, xuǎnzé "zhāntiē"
然后在目标位置再次右击鼠标，选择"粘贴"
xuǎnxiàng.
选项。

Moving Files

When moving a file, besides holding down the left button of the mouse and dragging the file to the target location, we can also use the right button of the mouse to click on the file, select the "Cut" option, and then right-click on the mouse again at the target location and select "Paste" option.

课文练习 Text Exercises

1. 判断正误。True or false.

1 移动文件的时候，可以按着鼠标右键把文件拖动到目标位置。

2 我们可以使用鼠标右键点击文件，选择"粘贴"选项。

3 在目标位置再次右击鼠标，选择"剪切"选项。

4 移动文件有 3 种方法。

2. 选择正确的答案。Choose the correct answers.

1 移动文件有_____种方法。

  A 2   B 3

2 _____鼠标左键可以把文件拖动到目标位置。

  A 按着   B 右击

3 可以使用鼠标_____点击文件选择"剪切"选项。

  A 左键   B 右键

4 可以在目标位置点击鼠标_____选择"粘贴"选项。

  A 左键   B 右键

学习语法 Grammar

语法点 1 Grammar Point 1

固定格式：除了……（以外），……还／也…… Fixed structure: 除了 ... （以外），... 还／也 ...

表示排除已知内容，补充别的内容。

The structure excludes the known content, and supplements something else.

例句：

1 Chúle shǔbiāo zuǒjiàn, hái kěyǐ shǐyòng shǔbiāo yòujiàn.
除了鼠标左键，还可以使用鼠标右键。Besides the left button of the mouse, we can also use the right button of the mouse.

2 Jìsuànjī chúle táishì, hái yǒu biànxiéshì.
计算机除了台式，还有便携式。Besides the desktop, there are portable computers.

3 Chúle diǎnjī rènwùlán de túbiāo, hái kěyǐ shuāngjī zhuōmiàn de túbiāo.
除了点击任务栏的图标，还可以双击桌面的图标。Besides clicking on icons in the taskbar, you can also double-click on icons on the desktop.

语法练习 1 Grammar Exercise 1

按照正确的语序连词成句。**Make sentences in correct orders with the given words or phrases.**

1 ①办公室 ②除了 ③有会议室 ④还有 ⑤那儿

_____

2 ①还可以 ②在里面接待客户 ③在会议室开会 ④我们 ⑤除了

_____

3 ①字母 ②除了 ③大写 ④还可以 ⑤小写 ⑥以外

_____

4 ①台式 ②便携式 ③计算机 ④除了 ⑤还有

_____

语法点 2 Grammar Point 2

动作的持续态：动词 + 着　The continuous aspect of an action: verb + 着

表示动作的持续状态。

It indicates the continuation of an action.

例句：

1 Kěyǐ ànzhe shǔbiāo zuǒjiàn bǎ wénjiàn tuōdòng dào mùbiāo wèizhi. 可以按着鼠标左键把文件拖动到目标位置。You can hold down the left button of the mouse and drag the file to the target location.

2 Gǔndòngzhe shǔbiāo gǔnlún liúlǎn wéndàng. 滚动着鼠标滚轮浏览文档。Scroll the mouse wheel to view the document.

3 Ànzhe jiàn shānchú cuòwù nèiróng. 按着 Backspace 键删除错误内容。Press the Backspace key to delete the error.

语法练习 2 Grammar Exercise 2

把"着"放在句中合适的位置。Put 着 in the right place in the sentence.

1 看＿＿＿＿显示器＿＿＿＿输入＿＿＿＿文本。

2 你＿＿＿＿可以按＿＿＿＿鼠标左键＿＿＿＿拖动＿＿＿＿文件。

3 电脑＿＿＿＿显示＿＿＿＿正在＿＿＿＿运行的＿＿＿＿程序。

4 用左键＿＿＿＿拖＿＿＿＿文件移动＿＿＿＿。

汉字书写 Writing Chinese Characters

gǔ

古 古 古 古 古 古

占 占 占 占 占 占

yòu

右 右 右 右 右 右

hòu

后 后 后 后 后 后 后

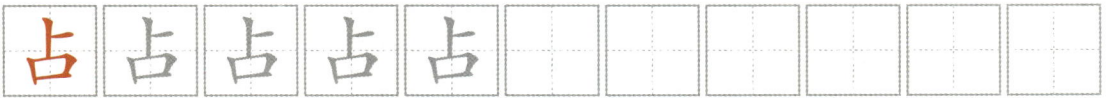

文化拓展 Culture Insight

Laozi

Laozi (c.6th century BC) is an ancient Chinese philosopher and thinker, and the founder of Taoism. His masterpiece is the *Tao Te Ching*, a book that explores the concept of the Tao and emphasizes the laws of nature, letting things take their own course, reflecting on life, peace and balance. Laozi's thought focuses on humility, non-competition, and opposition to excesses of power and desire, and advocates following the way of nature to achieve inner peace.

小结 Summary

词语 Words

朗读词语。**Read the words aloud.**

除了	着	拖动
目标	以外	剪切
选项	再次	粘贴

语法 Grammar

按照正确的语序连词成句。**Make sentences in correct orders with the given words or phrases.**

1 ①左键 ②按着鼠标 ③除了 ④使用 ⑤还可以 ⑥鼠标右键

_____

2 ①除了 ②计算机 ③台式 ④便携式 ⑤还有

_____

3 ①错误 ②内容 ③Backspace 键 ④按 ⑤着 ⑥删除

_____

4 ①拖动　②按　③文件　④着　⑤左键

课文理解 **Text Comprehension**

朗读课文选段。 **Read the following sentences from the text.**

1 我们除了可以按着鼠标左键把文件拖动到目标位置（以外），
还可以使用鼠标右键点击这个文件。

2 选择"剪切"选项，然后在目标位置再次右击鼠标，选择"粘
贴"选项。

第12课
Lesson 12

Chārù hé báchū yōupán
插入和拔出优盘
Inserting and Pulling Out the USB Flash Drive

 复习 **Revision**

将中文词语和对应的拼音连线。**Match the Chinese words with corresponding *pinyin*.**

1	除了 •	• mùbiāo	
2	拖动 •	• xuǎnxiàng	
3	目标 •	• chúle	
4	以外 •	• jiǎnqiē	
5	剪切 •	• yǐwài	
6	选项 •	• tuōdòng	

 热身 **Warming Up**

读词语，选择正确的图片。**Read the words, and choose the right pictures.**

1	数据 shùjù	data
2	损坏 sǔnhuài	damage
3	侧面 cèmiàn	side
4	硬件 yìngjiàn	hardware
5	丢失 diūshī	lose
6	优盘 yōupán	USB flash drive

学习生词 Words and Expressions 🎧 12-1

1	插入	chārù	v.	insert
2	拔出	báchū	v.	pull out
3	优盘	yōupán	n.	USB flash drive
4	确保	quèbǎo	v.	make sure
5	已	yǐ	adv.	already
6	开机	kāijī	v.	start up
7	侧面	cèmiàn	n.	side
8	或（或者）	huò	conj.	or

9	端口	duānkǒu	*n.*	port
10	轻	qīng	*adj.*	gentle
11	地	de	*aux.*	(used with an adverb or adverbial phrase)
12	完毕	wánbì	*v.*	finish
13	硬件	yìngjiàn	*n.*	hardware
14	数据	shùjù	*n.*	data
15	丢失	diūshī	*v.*	lose
16	损坏	sǔnhuài	*v.*	damage

词语练习 Words Exercises

1. 将中文词语和对应的拼音及英文连线。**Match the Chinese words with corresponding *pinyin* and English words.**

1 拔出 •　　　• duānkǒu •　　　• make sure

2 开机 •　　　• báchū •　　　• port

3 端口 •　　　• kāijī •　　　• start up

4 确保 •　　　• quèbǎo •　　　• pull out

2. 判断正误。**True or false.**

1	2	3	4
yōupán 优盘	shùjù 数据	duānkǒu 端口	báchū 拔出

学习课文 Text 🎧 12-2

Chārù hé báchū yōupán
插入和拔出优盘

Quèbǎo jìsuànjī yǐ kāijī, zhǎodào jìsuànjī cèmiàn huò hòumian
确保计算机已开机，找到计算机侧面或后面

de duānkǒu, ránhòu qīngqīng de bǎ yōupán chārù duānkǒu
的 USB 端口，然后轻轻地把优盘插入 USB 端口

zhōng. Yōupán shǐyòng wánbì, báchū yōupán qián, wǒmen xūyào xiān
中。优盘使用完毕，拔出优盘前，我们需要先

diǎnjī "ānquán shānchú yìngjiàn", bìmiǎn yōupán lǐ de shùjù diūshī
点击"安全删除硬件"，避免优盘里的数据丢失

huò sǔnhuài.
或损坏。

Inserting and Pulling Out the USB Flash Drive

Make sure the computer is started up, find the USB port on the side or back of the computer and then gently insert the USB flash drive into the USB port. After finishing using the flash drive, before pulling it out, we need to click on the "Safely Remove Hardware" icon to avoid data loss or damage of the flash drive.

📖 **课文练习 Text Exercises**

1. 判断正误。True or false.

1️⃣ 找到显示器的侧面或后面的 USB 端口。

2️⃣ 确保计算机已关机，轻轻地把优盘插入 USB 端口中。

3️⃣ 拔出优盘前，我们需要先点击"安全删除硬件"。

4️⃣ 点击"安全删除硬件"，可以避免优盘里的数据丢失或损坏。

2. 选择正确的答案。Choose the correct answers.

1️⃣ USB 端口在电脑的＿＿＿＿＿。

A 上面　　　　　　　B 侧面或后面

2️⃣ 计算机开机后，把优盘＿＿＿＿＿计算机的 USB 端口中。

A 插入　　　　　　　B 打开

3️⃣ 拔出优盘前需要＿＿＿＿＿"安全删除硬件"。

A 关闭　　　　　　　B 点击

4️⃣ 点击"安全删除硬件"可以避免优盘里的数据＿＿＿＿＿。

A 丢失或损坏　　　　B 剪切

🖥️ **学习语法 Grammar**

📄 **语法点 1 Grammar Point 1**

单音节形容词重叠：AA　Reduplication of monosyllabic adjectives: AA
汉语中有一部分形容词可以重叠，重叠后表示性质、状态的程度加深。单音节形容词按 AA 式重叠。口语中，有些形容词重叠后第二个音节变为第一声并儿化。形容词重叠后作状语时常加"地"。

There are some adjectives which can be reduplicated to express the deepening of its nature, state or degree. Monosyllabic adjectives are reduplicated as the form of AA. In oral language, the second syllable of some words will be pronounced as the first tone and rhotic after reduplication. The reduplication of adjectives are often followed by 地 when serving as adverbials.

例句：

1 Qīngqīng de bǎ yōupán chārù duānkǒuzhōng.
轻轻地把优盘插入 USB 端口中。Gently insert the flash drive into the USB port.

2 Wǒ qīngqīng de diǎnjī zuǒjiàn.
我轻轻地点击左键。I gently clicked on the left button.

3 Qǐng nǐ hǎohǎo de kàn yíxià zhège wéndàng.
请你好好地看一下这个文档。Please take a good look at this document.

语法练习 1 Grammar Exercise 1

按照正确的语序连词成句。**Make sentences in correct orders with the given words or phrases.**

1 ①移动　②轻轻　③地　④鼠标　⑤我

_____

2 ①拔出　②轻轻　③主管　④优盘　⑤地

_____

3 ①按　②地　③关机　④我轻轻　⑤按钮　⑥一下

_____

4 ①笔记本电脑　②地　③打开　④轻轻　⑤组长

_____

语法点 2 Grammar Point 2

连词：或（或者）　Conjunction: 或（或者）

连接词或短语，表示选择关系。
It connects words or phrases to indicate an alternative relation.

例句：

1 Zhǎodào diànnǎo cèmiàn huò hòumian de duānkǒu.
找到电脑侧面或后面的 USB 端口。Find the USB port on the side or back of the computer.

2 Shǐyòng shǔbiāo zuǒjiàn, tuōdòng huòzhě shuāngjī wénzì xuǎnzé wénběn.
使用鼠标左键，拖动或者双击文字（text），选择文本。Use the left button of the mouse to drag or double-click on the text to select it.

3 Shuāngjī zhuōmiàn túbiāo huòzhě dānjī rènwùlán zhōng de túbiāo.
双击桌面图标或者单击任务栏中的图标。Double-click on the desktop icon or click on the icon in the taskbar.

语法练习 2 Grammar Exercise 2

把"或"放在句中合适的位置。**Put 或 in the right place in the sentence.**

1 你＿＿＿可以＿＿＿在会议室＿＿＿办公室＿＿＿工作。

2 员工们会用＿＿＿台式＿＿＿便携式电脑＿＿＿办公。

3 要想打开程序＿＿＿你可以＿＿＿单击任务栏的图标＿＿＿双击桌面图标。

4 主管＿＿＿在办公室＿＿＿会议室＿＿＿接待客户。

汉字书写 Writing Chinese Characters

wàn
万 万 万
万 | 万 | 万 | 万 | 万

fāng
方 方 方 方
方 | 方 | 方 | 方 | 方

lì
历 历 历 历
历 | 历 | 历 | 历 | 历

厉 | 厉 厉 厉 厉 厉

厉 | 厉 | 厉 | 厉 | 厉 | | | | | |

 **职业拓展** **Career Insight**

Cloud Computing

Cloud computing is a model for delivering computing resources and services over the internet. It allows users to access data and applications stored in the cloud anytime, anywhere without relying on the computing power of local devices. The benefits of cloud computing include elastic scalability, cost effectiveness and high availability. It has become an important tool for both business and personal use.

 小结 **Summary**

词语 **Words**

朗读词语。**Read the words aloud.**

插入	拔出	优盘	侧面	端口
确保	开机	轻	完毕	丢失

语法 Grammar

选词填空。**Fill in the blanks with the correct words.**

A 前	B 地	C 或	D 轻轻

1 我_____地点击左键。

2 关闭文件_____，需要及时保存。

3 可以在笔记本电脑侧面插入_____拔出优盘。

4 马丁轻轻_____移动鼠标。

课文理解 Text Comprehension

根据课文内容选择句子填空。**Fill in the blanks with correct sentences according to the text.**

A 拔出优盘前

B 然后轻轻地把优盘插入 USB 端口中

C 避免优盘里的数据丢失或损坏

确保计算机已开机，找到计算机的侧面或后面的 USB 端口，_____。优盘使用完毕，_____，我们需要先点击"安全删除硬件"，_____。

Shǐyòng   yōupán
使用优盘
Using the USB Flash Drive

复习 Revision

朗读句子。**Read the sentences aloud.**

1 找到电脑侧面或后面的 USB 端口，然后轻轻地把优盘插入 USB 端口中。

2 拔出优盘前，我们需要先点击"安全删除硬件"，避免优盘里的数据丢失或损坏。

热身 Warming Up

将拼音和对应的中文词语及英文连线。**Match the *pinyin* with corresponding Chinese words and English words.**

1 cúnchǔ ·	· 扫描 ·	· list
2 sǎomiáo ·	· 存储 ·	· scan
3 xiédài ·	· 列表 ·	· virus
4 lièbiǎo ·	· 病毒 ·	· store
5 fùzhì ·	· 携带 ·	· copy
6 bìngdú ·	· 复制 ·	· carry

学习生词 Words and Expressions 🎧 13-1

1	列表	lièbiǎo	*n.*	list
2	既	jì	*conj.*	as well as
3	能	néng	*v.*	can
4	直接	zhíjiē	*adj.*	direct
5	编辑	biānjí	*v.*	edit
6	存储	cúnchǔ	*v.*	store
7	复制	fùzhì	*v.*	copy
8	杀毒	shādú	*v.*	eliminate viruses
9	软件	ruǎnjiàn	*n.*	software
10	扫描	sǎomiáo	*v.*	scan
11	携带	xiédài	*v.*	carry
12	病毒	bìngdú	*n.*	virus

词语练习 Words Exercises

1. 看图片，认读词语。Look at the pictures and read the words.

1	2	3	4
fùzhì 复制	bìngdú 病毒	sǎomiáo 扫描	lièbiǎo 列表

2. 选择正确的答案。**Choose the correct answers.**

1　_____文件　　A 插入　　B 点击　　C 确保　　D 编辑

2　扫描_____　　A 粘贴　　B 侧面　　C 键盘　　D 病毒

3　_____软件　　A 数据　　B 杀毒　　C 确保　　D 拔出

4　_____病毒　　A 开机　　B 携带　　C 可以　　D 完毕

学习课文 Text 🎧 13-2

Shǐyòng　yōupán
使用 优盘

Chārù　yōupán　hòu,　shuāngjī zhuōmiàn shang de　"jìsuànjī"
插入 优盘 后，双击 桌面 上 的 "计算机"

túbiāo,　zài　lièbiǎo　zhōng zhǎodào　yōupán　xuǎnxiàng,　ránhòu　diǎnjī.
图标，在 列表 中 找到 优盘 选项，然后 点击。

Wǒmen　jì　néng　zhíjiē　zài　yōupán　lǐ　liúlǎn,　biānjí　wénjiàn,　yě
我们 既 能 直接 在 优盘 里 浏览、编辑 文件，也

néng　bǎ　cúnchǔ　zài　yōupán　lǐmian　de　wénjiàn　fùzhì　dào　jìsuànjī
能 把 存储 在 优盘 里面 的 文件 复制 到 计算机

lǐ.　Lìngwài,　wǒmen　hái　kěyǐ　yùnxíng　shādú ruǎnjiàn,　sǎomiáo
里。另外，我们 还 可以 运行 杀毒软件，扫描

yōupán　xiédài　de　bìngdú.
优盘 携带 的 病毒。

Using the USB Flash Drive

After inserting the USB flash drive, we double-click on the "Computer" icon on the desktop, find and click on the flash drive in the list. We can browse and edit the stored files directly in the flash drive, or copy the files which stored in the flash drive to the computer. Furthermore, we can run antivirus software to scan the flash drive for viruses.

课文练习 Text Exercises

1. 根据课文内容选词填空。Fill in the blanks with correct words according to the text.

A 文件	B 复制	C 计算机	D 软件

1️⃣ 双击桌面上的"_____"图标，在列表中找到优盘选项，然后点击。

2️⃣ 我们能直接在优盘里浏览、编辑_____。

3️⃣ 我们还可以运行杀毒_____，扫描优盘携带的病毒。

4️⃣ 我们能把存储在优盘里面的文件_____到计算机里。

2. 根据课文内容选择句子填空。Fill in the blanks with correct sentences according to the text.

1️⃣ 插入优盘后，_____。

2️⃣ 在列表中找到优盘选项，_____。

3 我们能直接在优盘里_____。

4 运行杀毒软件，_____。

A 然后点击

B 扫描优盘携带的病毒

C 双击桌面上的"计算机"图标

D 浏览、编辑存储的文件

学习语法 Grammar

语法点 1 Grammar Point 1

并列复句：既……，也……　Coordinate complex sentence: 既 …，也 …

连接两个分句，表示两种情况兼而有之。

It connects two clauses to indicate a combination of both.

例句：

1 Wǒmen jì néng zhíjiē zài yōupán lǐ liúlǎn, biānjí wénjiàn, yě néng bǎ cúnchǔ
我们既能直接在优盘里浏览、编辑文件，也能把存储
zài yōupán lǐmian de wénjiàn fùzhì dào jìsuànjī lǐ.
在优盘里面的文件复制到计算机里。We can browse and edit the stored files directly in the flash drive, or copy the files which stored in the flash drive to the computer.

2 Wǒmen jì kěyǐ zài huìyìshì lǐmiàn kāihuì, yě kěyǐ zài lǐmiàn jiēdài
我们既可以在会议室里面开会，也可以在里面接待
kèhù.
客户。We can both have meetings and receive clients in the conference room.

3 Jì kěyǐ dānjī, yě kěyǐ shuāngjī.
既可以单击，也可以双击。Either click or double-click.

语法练习 1 Grammar Exercise 1

连线组句。 **Match the two columns to make sentences.**

1 字母既包括大写字母，　　　　　　　•　　•　也要按显示器的电源按钮。

2 关闭台式机时既要点击
关机图标，　　　　　　　　　　•　　•　也包括小写字母。

3 你既可以点击任务栏中的
图标，　　　　　　　　　　　•　　•　也能使用鼠标右键剪
切粘贴这个文件。

4 你既能按着鼠标左键
把文件拖动到目标位置，　　　•　　•　也可以双击桌面图标。

语法点 2 Grammar Point 2

能愿动词：能　Modal verb: 能

表示有能力、条件做或情理上允许。

It indicates the ability or condition to do something or it is resonable and permissible to do something.

例句：
1 Shādú ruǎnjiàn néng sǎomiáo yōupán xiédài de bìngdú.
杀毒软件能扫描优盘携带的病毒。Antivirus software can scan for viruses carried by the flash drive.

2 Shǐyòng shǔbiāo shuāngjī túbiāo, jiù néng dǎkāi wéndàng.
使用鼠标双击图标，就能打开文档。Double-clicking on the icon with the mouse can open the document.

3 Diǎnjī shǔbiāo yòujiàn jiù néng dǎkāi kuàijié cāozuò càidān.
点击鼠标右键就能打开快捷操作菜单。Right-clicking on the mouse can open the shortcut menu.

语法练习 2 Grammar Exercise 2

按照正确的语序连词成句。Make sentences in correct orders with the given words or phrases.

1 ①主管和组员　②工作　③在会议室　④能

_____

2 ①能　②用电安全　③避免　④注意　⑤触电

_____

3 ①文档　②滚轮　③能　④滚动　⑤查看

_____

4 ①文本　②按　③输入　④就能　⑤键盘上的键

_____

汉字书写 Writing Chinese Characters

tián

田　田 田 田 田　田 田 田 田

yóu

由　由 由 由 由　由 由 由 由

jiǎ

甲　甲 甲 甲 甲　甲 甲 甲 甲

lǐ

里　里 里 里 里 里 里 里　里 里 里 里

文化拓展 Culture Insight

Panda

The Panda, a rare animal unique to China, is famous for its adorable image and peaceful character. They eat bamboo as their main food and are very cute with their black and white appearance and black eyes on their round faces. The panda has long been a symbol of China and one of the most popular animals in the world. The panda has also become a symbol of peace and international friendship, as many countries are cooperating with China in panda conservation and research.

小结 Summary

词语 Words

朗读词语。 Read the words aloud.

列表	既	直接	编辑
存储	复制	杀毒	软件
扫描	携带		

语法 Grammar

把"既"或"能"放在句中合适的位置。Put 既 or 能 in the right place in the sentence.

1 我们＿＿＿＿可以在会议室里面开会，也可以在里面＿＿＿＿接待客户。

2 ＿＿＿＿可以＿＿＿＿单击，也可以＿＿＿＿双击。

3 ＿＿＿＿杀毒软件＿＿＿＿扫描优盘＿＿＿＿携带的＿＿＿＿病毒。

4 使用鼠标＿＿＿＿双击图标，＿＿＿＿打开＿＿＿＿文档。

课文理解 Text Comprehension

根据课文内容选词填空。Fill in the blanks with correct words according to the text.

A 软件	B 直接	C 复制	D 编辑

　　插入优盘后，双击桌面上的"计算机"图标，在列表中找到优盘选项，然后点击。我们既能＿＿＿＿在优盘里浏览、＿＿＿＿文件，也能把存储在优盘里面的文件＿＿＿＿到计算机里。另外，我们还可以运行杀毒＿＿＿＿，扫描优盘携带的病毒。

Géshìhuà yōupán
格式化优盘
Formatting the USB Flash Drive

复习 Revision

读词语，选择正确的图片。Read the words, and choose the right pictures.

A

B

C
COPY

D

E

F

1 列表 ☐

2 软件 ☐

3 病毒 ☐

4 存储 ☐

5 复制 ☐

6 杀毒 ☐

热身 Warming Up

读词语，选择正确的图片。Read the words, and choose the right pictures.

1	juànbiāo 卷标	volume label	
2	bèifèn 备份	backup	
3	kāishǐ 开始	start	
4	jǐnggào 警告	warning	
5	tánchū 弹出	pop out	
6	quèrèn 确认	confirm	

学习生词 Words and Expressions 🎧 14-1

1	格式化	géshìhuà	v.	format
2	备份	bèifèn	v.	backup
3	好	hǎo	adv.	(used after a verb to express readiness, completion, etc.)

4	重要	zhòngyào	*adj.*	important
5	进行	jìnxíng	*v.*	conduct
6	对话框	duìhuàkuàng	*n.*	dialog box
7	系统	xìtǒng	*n.*	system
8	卷标	juànbiāo	*n.*	volume label
9	等	děng	*aux.*	and so on
10	设置	shèzhì	*v.*	set
11	确认	quèrèn	*v.*	confirm
12	后	hòu	*n.*	after
13	开始	kāishǐ	*v.*	start
14	弹出	tánchū	*v.*	pop out
15	警告	jǐnggào	*v.*	warn
16	完成	wánchéng	*v.*	complete

词语练习 Words Exercises

1. 选择正确的答案。Choose the correct answers.

1 格式化＿＿＿＿＿＿ A juànbiāo　B quèrèn　　C bèifèn　　D géshìhuà

2 重要＿＿＿＿＿＿ A juànbiāo　B zhòngyào　C kāishǐ　　D dànchū

3 卷标＿＿＿＿＿＿ A tánchū　　B quèrèn　　C juànbiāo　D bèifèn

4 开始＿＿＿＿＿＿ A quèrèn　　B bèifèn　　C kāishǐ　　D juànbiāo

2. 词语搭配连线。Match the word collocations.

1 备份 bèifèn •　　　　　　• 设置 shèzhì

2 格式化 géshìhuà •　　　　　• 数据 shùjù

3 弹出 tánchū •　　　　　　• 优盘 yōupán

4 确认 quèrèn •　　　　　　• 警告 jǐnggào

学习课文 Text 🎧 14-2

格式化优盘
Géshìhuà yōupán

Xiān bèifèn hǎo zhòngyào shùjù, ránhòu jìnxíng yōupán géshìhuà.
先备份好重要数据，然后进行优盘格式化。

Yòu jī "yōupán" túbiāo, xuǎnzé "géshìhuà". Zài duìhuàkuàng
右击"优盘"图标，选择"格式化"。在对话框

zhōng xuǎnzé wénjiàn xìtǒng lèixíng, juànbiāo děng shèzhì. Quèrèn shèzhì
中选择文件系统类型、卷标等设置。确认设置

hòu diǎnjī "kāishǐ", xìtǒng tánchū "shùjù shānchú" jǐnggào,
后点击"开始"，系统弹出"数据删除"警告，

diǎnjī "quèrèn" wánchéng géshìhuà.
点击"确认"完成格式化。

Formatting the USB Flash Drive

Backup important data first, and then format the USB flash drive. Right-click on the flash drive icon and select "Format", and select file system type, volume label and other settings in the dialog box. After confirming the settings, click on "Start". The system will pop up a "Data Delete" warning. Click on "Confirm" to complete the formatting.

课文练习 Text Exercises

1. 判断正误。True or false.

1️⃣ 先备份好重要数据，然后进行优盘格式化。

2️⃣ 左击"优盘"图标，选择"格式化"。

3️⃣ 在图标中选择文件系统类型、卷标等设置。

4️⃣ 系统弹出"数据删除"警告，点击"确认"完成格式化。

2. 选择正确的答案。Choose the correct answers.

1️⃣ 我们先_____重要的数据，然后进行优盘格式化。

　　A 选择　　　　　B 点击　　　　　C 确认　　　　　D 备份

2️⃣ 右击优盘图标，选择"_____"。

　　A 格式化　　　B 警告　　　　　C 设置　　　　　D 点击

3️⃣ 在对话框中选择文件系统类型、_____等设置。

　　A 卷标　　　　B 点击　　　　　C 确认　　　　　D 警告

4️⃣ 系统弹出"_____"警告，点击"确认"完成格式化。

　　A 格式化　　　B 开始　　　　　C 数据删除　　　D 警告

学习语法 Grammar

语法点 1 Grammar Point 1

结果补语：动词 + 好　Complement of result: verb + 好

表示动作完成或达到完善的地步。

It indicates that the action is completed or to a perfect and satisfactory degree.

例句：
① Xiān bèifèn hǎo zhòngyào shùjù.
先备份好重要数据。Backup your important data first.

② Biānjí hǎo wénběn, ránhòu bǎocún.
编辑好文本，然后保存。Edit the text and save it.

③ Guānbì diànnǎo qián xūyào bǎocún hǎo wénjiàn.
关闭电脑前需要保存好文件。You need to save your files before shutting down your computer.

语法练习 1 Grammar Exercise 1

按照正确的语序连词成句。**Make sentences in correct orders with the given words or phrases.**

1 ①文档　②先创建　③好　④输入文本　⑤然后

_____

2 ①编辑　②先　③文本　④好　⑤然后　⑥保存

_____

3 ①重要　②好　③备份　④数据　⑤先

_____

4 ①好　②然后　③选择　④双击　⑤图标

_____

语法点 2 Grammar Point 2

固定格式：（在）……后 / 以后　Fixed structure: (在) ... 后 / 以后

表示晚于某个特定的时间，在句中作状语。常用结构为：（在）＋时间 / 动词性短语＋后 / 以后。

It indicates the meaning of "later than a certain time" and is used as an adverbial modifier in a sentence. The common structure is: (在) + time/verb phrase + 后 / 以后 .

119

例句：
1 确认设置后点击开始。Confirm the settings and click on "Start".
Quèrèn shèzhì hòu diǎnjī kāishǐ.

2 删除错误后保存。Delete the error and save.
Shānchú cuòwù hòu bǎocún.

3 找到 创建 的位置后新建文件。Find the location and create a new file.
Zhǎodào chuàngjiàn de wèizhi hòu xīnjiàn wénjiàn.

语法练习 2 Grammar Exercise 2

选择正确的答案。Choose the correct answers.

1 双击桌面的图标_____，就能打开程序。　　A 前　B 后

2 拖动目标_____，先按着鼠标左键。　　A 前　B 后

3 点击"开始"_____，先确认设置。　　A 前　B 后

4 选择想要创建的文件类型_____，输入文件名称。A 前　B 后

汉字书写 Writing Chinese Characters

shī　尸

hù　户

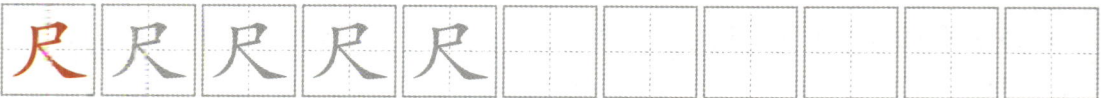

chǐ　尺

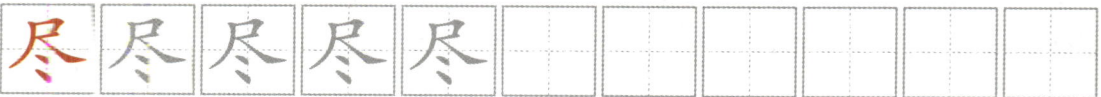

jìn　尽

职业拓展 Career Insight

Web Browser

A web browser is a tool that we often use when surfing the internet. It is like a door that can bring us into the world of the internet. Through the browser, we can access various web pages, search for information, watch videos, send and receive emails, shop, and so on.

The interface of a browser usually consists of an address bar, navigation buttons and a display area. We can enter a web address or a search term into the address bar, and the browser will automatically load the web page we specify into the display area.

小结 Summary

词语 Words

朗读词语。Read the words aloud.

格式化	备份	重要	好
系统	等	卷标	确认
开始	警告		

语法 Grammar

选择正确的答案。**Choose the correct answers.**

1 确认设置＿＿＿＿＿点击开始。　　　A 前　　　B 后　　　C 好

2 先备份＿＿＿＿＿重要数据。　　　　A 前　　　B 后　　　C 好

3 删除错误＿＿＿＿＿保存。　　　　　A 前　　　B 后　　　C 好

4 编辑＿＿＿＿＿文本要存储。　　　　A 前　　　B 后　　　C 好

课文理解 Text Comprehension

根据课文内容给下列句子排序。**Put the following statements in the correct order according to the text.**

① 确认设置后点击"开始"，系统弹出"数据删除"警告，点击"确认"完成格式化。

② 先备份好重要数据，然后进行优盘格式化：

③ 右击"优盘"图标，选择"格式化"。

④ 在对话框中选择文件系统类型、卷标等设置。

新建Word文档
Xīnjiàn wéndàng

Creating a New Word Document

复习 Revision

将中文词语和对应的英文连线。**Match the Chinese words with corresponding English.**

1 格式化 •
2 备份 •
3 重要 •
4 系统 •
5 卷标 •
6 确认 •

• system
• volume label
• important
• confirm
• backup
• format

热身 Warming Up

读词语，选择正确的图片。**Read the words, and choose the right pictures.**

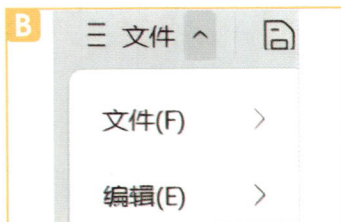

A Enter

B 三 文件 ∧ 回
文件(F) >
编辑(E) >

C possible

D

1	Microsoft E:
2	
	Microsoft
1	Excel
2	

E

F

1 学习 (xuéxí) learn

2 菜单栏 (càidānlán) menu bar

3 空白 (kòngbái) blank

4 回车键 (huíchējiàn) Enter key

5 修改 (xiūgǎi) modify

6 换行 (huànháng) wrap a line

学习生词 Words and Expressions 🎧 15-1

1	最	zuì	*adv.*	most
2	常用	cháng yòng		commonly used
3	所有	suǒyǒu	*adj.*	all
4	都	dōu	*adv.*	without exception
5	应该	yīnggāi	*v.*	should
6	学习	xuéxí	*v.*	learn
7	菜单栏	càidānlán	*n.*	menu bar
8	放	fàng	*v.*	put
9	地方	dìfang	*n.*	place

10	修改	xiūgǎi	v.	modify
11	换行	huànháng	v.	wrap a line
12	回车键	huíchējiàn	n.	Enter key

词语练习 Words Exercises

1. 将中文词语和对应的拼音及英文连线。**Match the Chinese words with corresponding *pinyin* and English words.**

1 学习 •	• cháng yòng •	• modify
2 常用 •	• xuéxí •	• all
3 所有 •	• xiūgǎi •	• commonly used
4 修改 •	• suǒyǒu •	• learn

2. 选择正确的答案。**Choose the correct answers.**

1 _____ 使用 Word
　 shìyòng

　A 插入 chārù　　B 点击 diǎnjī　　C 学习 xuéxí　　D 复制 fùzhì

2 打开 _____
　 dǎkāi

　A 常用 cháng yòng　　B 菜单栏 càidānlán　　C 键盘 jiànpán　　D 病毒 bìngdú

3 _____ 文本内容
　 wénběn nèiróng

　A 数据 shùjù　　B 换行 huànháng　　C 修改 xiūgǎi　　D 拔出 báchū

4 按 _____
　 àn

　A 回车键 huíchējiàn　　B 优盘 yōupán　　C 数据 shùjù　　D 地方 dìfang

学习课文 Text 🎧 15-2

新建 Word 文档

Word 是最常用的办公软件，所有员工都应该学习使用。先双击打开Word，点击"文件"打开菜单栏，选择"新建"，就可以创建空白文档。然后把光标放在需要编辑的地方，输入或修改文本内容。如果要换行，就按回车键。

Creating a Word Document

Microsoft Word is the most commonly used office software and all employees should learn to use it. You can double-click to open Word, click on "File" to open the menu bar, and select the "New" option to create a blank document. Place the cursor where you want to edit, and then enter or modify the text. If you need to wrap a line, you can press the Enter key.

课文练习 Text Exercises

1. 判断正误。True or false.

1️⃣ 所有员工都应该学习使用 Word。

2️⃣ 单击 Word，点击"文件"打开菜单栏，选择"新建"，创建空白文档。

3️⃣ 把光标放在需要编辑的地方，输入或修改文本内容。

4️⃣ 如果要换行，就按删除键。

2. 选择正确的答案。Choose the correct answers.

1️⃣ Word 是最常用的_____软件。

    A 杀毒   B 办公

2️⃣ 先_____打开 Word。

    A 双击   B 单击

3️⃣ 把光标放在需要_____的地方，输入或修改文本内容。

    A 编辑   B 删除

4️⃣ 如果需要换行，就按_____键。

    A 删除   B 回车

学习语法 Grammar

语法点 1 Grammar Point 1

形容词：所有   Adjective: 所有

表示全部、没有例外。常用结构为：所有（的）＋名词。

It means all, without exception. The common structure is: 所有（的）＋ noun.

倒句：

1 所有 员工 都 应该 学习 使用 Word。All employees should learn to use Microsoft Word.
Suǒyǒu yuángōng dōu yīnggāi xuéxí shǐyòng.

2 我 所有 的 员工 都 在 办公室。All of my employees are in the office.
Wǒ suǒyǒu de yuángōng dōu zài bàngōngshì.

3 工作 结束 的 时候，所有 电源 都 应该 关闭。After finishing the work, all power should be turned off.
Gōngzuò jiéshù de shíhou, suǒyǒu diànyuán dōu yīnggāi guānbì.

语法练习 1 Grammar Exercise 1

按照正确的语序连词成句。**Make sentences in correct orders with the given words or phrases.**

1 ①文档　②需要备份　③所有　④都

_____

2 ①一起　②组员　③所有　④工作

_____

3 ①你　②文件　③需要　④查看　⑤所有的

_____

4 ①删除　②我要　③大写字母　④所有的

_____

语法点 2 Grammar Point 2

副词：都　Adverb: 都

表示总括，所指范围内没有例外。除疑问句外，所总括的对象放在"都"前。

It means that all is included, indicating there is no exception within a given scope. Except in interrogative sentences, the objects being included are placed before 都 .

例句： ① Word 是 最 常 用 的 办公软件，所有员工都应该学习
shì zuì chángyòng de bàngōng ruǎnjiàn. suǒyǒu yuángōng dōu yīnggāi xuéxí
使用。 Microsoft Word is the most commonly used office software
and all employees should learn to use it.
shǐyòng.

② 我们 都 在 会议室 开会。 We're all having a meeting in the
conference room.
Wǒmen dōu zài huìyìshì kāihuì.

③ 我们都是新 员工。 We're all new employees.
Wǒmen dōu shì xīn yuángōng.

语法练习 2 Grammar Exercise 2

把 "都" 放在句中合适的位置。 Put 都 in the right place in the sentences.

① 我们＿＿＿在＿＿＿那儿＿＿＿开会。

② 马丁＿＿＿和＿＿＿我＿＿＿是＿＿＿新员工。

③ 员工＿＿＿能＿＿＿使用＿＿＿这个软件。

④ 我＿＿＿和＿＿＿主管＿＿＿在办公室＿＿＿。

汉字书写 Writing Chinese Characters

mù
木 木 木 木
木　木　木　木　木

běn
本 本 本 本 本
本　本　本　本　本

shù
术 术 术 术 术
术　术　术　术　术

mǐ 米 米 米 米 米 米

米 米 米 米 米

文化拓展 Culture Insight

Ceramic

Ceramic is an ancient and versatile man-made material, usually made from clay, quartz and other natural minerals fired at high temperatures. It is characterized by high hardness, abrasion resistance, corrosion resistance, and high temperature resistance. Ceramics are widely used to make utensils, decorative items, building materials and industrial parts. Chinese traditional ceramic techniques have a long history, and pottery culture is unique in China, such as Chinese blue and white porcelain.

小结 Summary

词语 Words

朗读词语。Read the words aloud.

学习	最	常用	应该	换行
菜单栏	回车键	地方	修改	都

语法 Grammar

把"所有"或"都"放在句中合适的位置。Put 所有 or 都 in the right place in the sentences.

1 ＿＿＿员工＿＿＿都＿＿＿应该＿＿＿学习使用 Word。

2 工作结束的时候，＿＿＿电源＿＿＿都＿＿＿应该＿＿＿关闭。

3 ＿＿＿我们＿＿＿在＿＿＿那儿＿＿＿开会。

4 马丁＿＿＿和＿＿＿我＿＿＿能＿＿＿使用电脑。

课文理解 Text Comprehension

朗读句子。Read the sentences aloud.

1 Word 是最常用的办公软件，所有员工都应该学习使用。

2 先双击打开 Word 文档，点击"文件"打开菜单栏，选择"新建"，创建空白文档。

第16课
Lesson 16

Shèzhì wénzì géshì
设置文字格式
Formatting Texts

复习 Revision

将中文词语和对应的拼音连线。**Match the Chinese words with corresponding** *pinyin.*

1 学习 •
2 常用 •
3 应该 •
4 所有 •
5 修改 •
6 地方 •

• suǒyǒu
• yīnggāi
• dìfang
• xuéxí
• chángyòng
• xiūgǎi

热身 Warming Up

读词语，选择正确的图片。**Read the words, and choose the right pictures.**

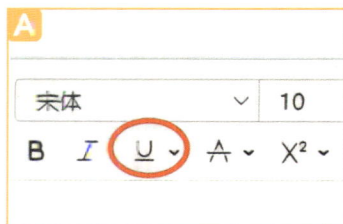

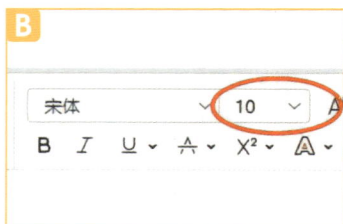

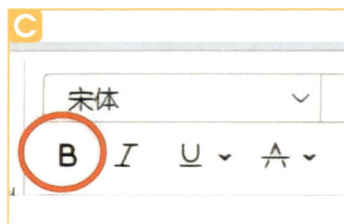

A

宋体   ∨   10

B   *I*   U ∨   A ∨   X²

B

宋体   ∨   10   ∨   A

B   *I*   U ∨   A ∨   X²   A ∨

C

宋体   ∨

B   *I*   U ∨   A ∨

132

D

宋体	∨	10
B *I* U ∨ A ∨ X² ∨		

E

F

这是一句话。|

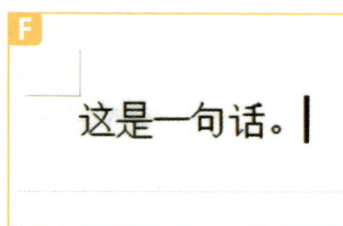

1	wénzì 文字	text
2	xiàhuáxiàn 下划线	underline
3	jiācū 加粗	make... bold
4	zìhào 字号	font size
5	zìtǐ 字体	font
6	gōngjùlán 工具栏	toolbar

学习生词 Words and Expressions 🎧 16-1

1	文字	wénzì	*n.*	text
2	格式	géshì	*n.*	format
3	工具栏	gōngjùlán	*n.*	toolbar
4	字体	zìtǐ	*n.*	font
5	字号	zìhào	*n.*	font size
6	加粗	jiācū	*v.*	make... bold
7	下划线	xiàhuáxiàn	*n.*	underline
8	什么的	shénmede	*aux.*	and so forth
9	下拉菜单	xiàlā càidān	*n.*	dropdown menu
10	应用	yìngyòng	*v.*	apply

📖 **词语练习** Words Exercises

1. 看图片，认读词语。Look at the pictures and read the words.

1	2	3	4
jiācū 加粗	zìtǐ 字体	xiàhuáxiàn 下划线	zìhào 字号

2. 判断正误。True or false.

1 文字 wénzì	2 格式 géshì
3 应用 yīnggāi	4 工具栏 càidānlán

🌐 **学习课文** Text 🎧 16-2

Shèzhì wénzì géshì
设置文字格式

Wénzì géshì kěyǐ xiūgǎi ma? Kěyǐ. Xiān dǎkāi yào xiūgǎi
文字格式可以修改吗？可以。先打开要修改

wénzì géshì de wéndàng, ránhòu ànzhe shǔbiāo zuǒjiàn
文字格式的 Word 文档，然后按着鼠标左键

tuōdòng guāngbiāo xuǎnzé yào xiūgǎi de wénběn, huòzhě shuāngjī wénzì
拖动光标选择要修改的文本，或者双击文字

xuǎnzé wénběn. Zài de kuàijié gōngjùlán zhōng yǒu zìtǐ,
选择文本。在 Word 的快捷工具栏中有字体、

zìhào, jiācū, xiàhuáxiàn shénmede, diǎnjī yào xiūgǎi de
字号、加粗、下划线什么的，点击要修改的

xuǎnxiàng, huòzhě diǎnjī dǎkāi xiàlā càidān, yìngyòng géshì xiūgǎi.
选项，或者点击打开下拉菜单，应用格式修改。

Formatting Texts

Can the text format be modified? Sure. Open the Word document first, and hold down the left mouse button to drag the cursor to select the text you want to modify or double-click to select the text. In the shortcut toolbar, there are options such as font, font size, bold, underline, etc. Click on the format option you need, or click on the drop-down menu to apply format modifying.

课文练习 Text Exercises

1. 根据课文内容选词填空。**Fill in the blanks with correct words according to the text.**

A 下划线	B 应用	C 选择	D 文字

1 打开要修改_____格式的 Word 文档。

2 按着鼠标左键拖动光标_____要修改的文本。

3 在快捷工具栏中有字体、字号、加粗、_____什么的。

4 点击要修改的选项，或者点击打开下拉菜单，_____格式修改。

2. 根据课文内容给下列句子排序。Put the following statements in the correct order according to the text.

① 先打开要修改文字格式的 Word 文档。

② 在 Word 的快捷工具栏中有字体、字号、加粗、下划线什么的。

③ 点击要修改的选项，或者点击打开下拉菜单，应用格式修改。

④ 然后按着鼠标左键拖动光标选择要修改的文本，或者双击文字选择文本。

学习语法 Grammar

语法点 1 Grammar Point 1

提问的方法：用"吗"提问　Way of asking questions: questions with 吗

"吗"用在陈述句句末构成是非问句。

吗 can be added at the end of a declarative sentence to form a yes-no question.

- -

例句：
1
Wénzì géshì kěyǐ xiūgǎi ma?
文字格式可以修改吗？ Can the text format be modified?

2
Nǐ néng shǐyòng ma?
你能使用 Word 吗？ Can you use Microsoft Word?

3
Zhǔguǎn zài huìyìshì ma?
主管在会议室吗？ Is the supervisor in the conference room?

语法练习 1 Grammar Exercise 1

用 "吗" 完成对话。Complete the dialogues with 吗.

1 A：_____?

B：我能使用计算机。

2 A：_____?

B：主管在接待客户。

3 A：_____?

B：他是组长。

4 A：_____?

B：这是我的笔记本电脑。

语法点 2 Grammar Point 2

固定短语：什么的　Set phrase: 什么的

用在一个成分或并列的几个成分之后，表示列举未尽，常用于口语。

It is used after a phrase or several phrases in parallel to indicate the list is not exhaustive. It is often used in spoken language.

例句：

1 在 Word 的快捷工具栏中有字体、字号、加粗、下划线什么的。In the the shortcut toolbar of Word, there are options such as font, font size, bold, underline, etc.

2 快捷工具栏中的选项可以修改字体字号什么的。The options in the shortcut toolbar can modify the font, font size and so on.

3 插入优盘后，我们可以浏览、编辑文件什么的。After inserting the flash drive, we can browse, edit files and so on.

语法练习 2 Grammar Exercise 2

按照正确的语序连词成句。**Make sentences in correct orders with the given words or phrases.**

1 ①可以设置　②在对话框中　③卷标什么的　④文件系统类型

_____

2 ①用鼠标　②文档内容什么的　③查看　④你可以

_____

3 ①关闭计算机　④什么的　②要保存文件　③之前

_____

4 ①使用优盘时　②要避免　③数据什么的　④丢失或损坏

_____

汉字书写 Writing Chinese Characters

zhōng

中 中 中 中

中　中　中　中　中

shēn

申 申 申 申

申　申　申　申　申

chōng

冲 冲 冲 冲 冲 冲

冲　冲　冲　冲　冲

zhǒng

种 种 种 种 种 种 种 种 种

种　种　种　种　种

职业拓展 Career Insight

Real-time Collaboration Tools

Real-time collaboration tools are software tools that enable team members to work together, collaboratively edit, communicate and share files at the same time online. These tools provide real-time communication, real-time editing, and real-time collaboration to help teams work together across regions and time.

小结 Summary

词语 Words

朗读词语。**Read the words aloud.**

文字	或者	工具栏
字体	字号	加粗
下划线	什么的	应用

语法 Grammar

按照正确的语序连词成句。**Make sentences in correct orders with the given words or phrases.**

1 ①公司 ②主管 ③吗 ④在

_____

2 ①可以 ②文字格式 ③修改 ④吗

_____

3 ①字体、字号、加粗、下划线 ②在快捷工具栏中有 ③什么的

_____

4 ①我们可以浏览、编辑文件 ②插入优盘后 ③什么的

_____

课文理解 Text Comprehension

根据课文内容选择句子填空。**Fill in the blanks with correct sentences according to the text.**

> A 加粗、下划线什么的
>
> B 按着鼠标左键拖动光标选择要修改的文本，或者双击文字
>
> C 或者点击打开下拉菜单

　　先打开要修改文字格式的 Word 文档，然后_____，选择文本。在快捷工具栏中有字体、字号，_____，找到选项，点击要修改的选项，_____，应用格式修改。

Shèzhì   duànluò   géshì
设置段落格式
Formatting Paragraphs

复习 Revision

朗读句子。**Read the sentences aloud.**

1 打开要修改文字格式的 Word 文档，然后按着鼠标左键拖动光标选择要修改的文本，或者双击文字选择文本。

2 点击要修改的选项，或者点击打开下拉菜单，应用格式修改。

热身 Warming Up

读词语，选择正确的图片。**Read the words, and choose the right pictures.**

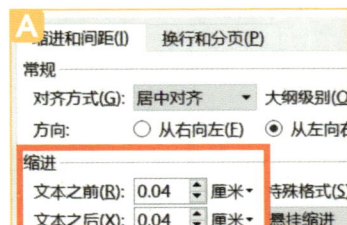

A
缩进和间距(I)   换行和分页(P)
常规
对齐方式(G): 居中对齐   大纲级别(Q
方向: ○ 从右向左(F) ⊙ 从左向右
缩进
文本之前(R): 0.04 ▢ 厘米▾ 特殊格式(S)
文本之后(X): 0.04 ▢ 厘米▾ 悬挂缩进

B
确定   取消

C
行距(N):   设置值(A):
单倍行距 ▾   1 ▢ 倍
与网格对齐(W)

	duìhuàkuàng	
1	对话框	dialog box
2	quèdìng 确定	confirm
3	yòuxiàjiǎo 右下角	bottom right corner
4	fāngkuàng 方框	box
5	hángjiānjù 行间距	line space
6	suōjìn 缩进	indent

学习生词 Words and Expressions 🎧 17-1

1	段落	duànluò	*n.*	paragraph
2	会	huì	*v.*	be able to
3	选	xuǎn	*v.*	choose
4	中	zhòng	*v.*	fit exactly
5	页面	yèmiàn	*n.*	page
6	布局	bùjú	*n.*	layout
7	选项卡	xuǎnxiàngkǎ	*n.*	tab
8	方框	fāngkuàng	*n.*	box

9	对齐	duìqí	v.	align
10	方式	fāngshì	n.	way
11	缩进	suōjìn	v.	indent
12	行间距	hángjiānjù	n.	line space
13	确定	quèdìng	v.	confirm

词语练习 Words Exercises

1. 选择正确的答案。Choose the correct answers.

1 段落_____
   duànluò

   A paragraph   B system   C layout   D format

2 布局_____
   bùjú

   A backup   B box   C align   D layout

3 页面_____
   yèmiàn

   A label   B page   C method   D indent

4 缩进_____
   suōjìn

   A indent   B dialog box   C tab   D drag

2. 词语搭配连线。Match the word collocations.

1 段落 •   duànluò   • 布局 bùjú

2 页面 •   yèmiàn   • 方框 fāngkuàng

3 对齐 •   duìqí   • 格式 géshì

4 小 •   xiǎo   • 方式 fāngshì

学习课文 Text 🎧 17-2

Shèzhì duànluò géshì
设置段落格式

Nǐ huì shèzhì duànluò géshì ma? Xiān xuǎnzhòng xiǎng yào shèzhì de
你会设置段落格式吗？先 选中 想要设置的
duàn uò, ránhòu dǎkāi gōngjùlán shàng de "yèmiàn bùjú" xuǎnxiàng
段落，然后打开工具栏上的"页面布局"选项
kǎ. Zài "duànluò" zhōng, diǎnjī yòuxiàjiǎo de xiǎo fāngkuàng, dǎkāi
卡。在"段落"中，点击右下角的小 方框，打开
"duànluò" duìhuàkuàng. Zài duìhuàkuàng zhōng shèzhì duìqí fāngshì,
"段落"对话框。在对话框中设置对齐方式、
suōjǐn hé hángjiānjù děng. Zuìhòu diǎnjī "quèdìng", wánchéng
缩进和行间距等。最后点击"确定"，完成
shèzhì.
设置。

Formatting Paragraphs

Can you format paragraphs? Select the paragraph you want to format first, and then click on the "Page Layout" tab on the toolbar. Click on the "Paragraph Settings" button in the bottom right corner of the "Paragraph" section to open the "Paragraph" dialog box, setting alignment, line spacing, incentation, etc. Finally click on "Confirm" to complete the settings.

课文练习 Text Exercises

1. 根据课文内容选择句子填空。**Fill in the blanks with correct sentences according to the text.**

> A 完成设置
>
> B 设置对齐方式、缩进和行间距等。
>
> C 打开"段落"对话框
>
> D 然后打开工具栏上的"页面布局"选项卡

1 先选中想要设置的段落，_____。

2 在"段落"中，点击右下角的小方框，_____。

3 在对话框中_____。

4 最后点击"确定"，_____。

2. 选择正确的答案。**Choose the correct answers.**

1 先选中想要设置的段落，然后打开工具栏上的"页面布局"

_____。

    A 方式　　　　　　　　B 选项卡

2 在"段落"中，点击右下角的小方框，打开"_____"对话框。

    A 段落　　　　　　　　B 页面布局

3 在_____中设置对齐方式、缩进和行间距等。

    A 对话框　　　　　　　B 对齐

4 点击"_____"，完成设置。

    A 开始　　　　　　　　B 确定

学习语法 Grammar

语法点 1 Grammar Point 1

能愿动词：会　Modal verb: 会

表示通过学习获得某种技能。

It indicates the acquisition of a certain skill through learning.

例句：

1. Nǐ huì shèzhì duànluò géshì ma?
你会设置段落格式吗？　Do you know how to format paragraphs?

2. Gōngsī suǒyǒu de yuángōng dōu huì shǐyòng diànnǎo.
公司所有的员工都会使用电脑。All employees of the company can operate computers.

3. Wǒ huì jìnxíng yōupán géshìhuà.
我会进行优盘格式化。I know how to format a flash drive.

语法练习 1 Grammar Exercise 1

选择正确的答案。Choose the correct answers.

1. 你_____创建新文档吗？　　　　　A 会　B 能

2. 杀毒软件_____扫描优盘携带的病毒。　A 会　B 能

3. 我_____设置行间距。　　　　　A 会　B 能

4. 点击右键_____打开快捷操作菜单。　A 会　B 能

语法点 2 Grammar Point 2

结果补语：动词 + 中　Complement of result: verb + 中

表示动作的结果与预期吻合。

It indicates that the result of the action matches what was expected.

例句：
1 　Xuǎnzhòng xiǎng yào shèzhì de duànluò.
选中　想要设置的段落。Select the paragraph you want to set.

2 　Xuǎnzhòng yào shānchú de nèiróng, àn jiàn shānchú
选中要删除的内容，按 delete 键删除。Select what you want to delete and press Delete to delete it.

3 　Wǒ kànzhòng zhè tái diànnǎo.
我看中这台电脑。I have my eye on this computer.

 **语法练习 2 Grammar Exercise 2**

选词填空。**Fill in the blanks with correct words.**

A 好	B 到	C 中

1 主管选_____我去接待客户。

2 先编辑_____文本，然后存储。

3 先找_____错误内容，然后移动鼠标光标，按 Backspace 键删除。

4 先选_____要删除的内容，然后按 Delete 键删除。

✏️ **汉字书写 Writing Chinese Characters**

dāo
刀 刀

lì
力 力

rèn 刃 刃 刃

刃 | 刃 | 刃 | 刃 | 刃

wé 为 为 为 为

为 | 为 | 为 | 为 | 为

文化拓展 Culture Insight

China Space Stations

China's space station is a national space laboratory independently built by China, with an orbital altitude of 400~450 kilometers, an inclination angle of 42~43 degrees, a design life of 10 years, a long-term residence of 3 people, and a maximum expansion of 180 tons of six-cabin combination, with an overall configuration of T-shaped, for large-scale space applications.

China's space station has five main parts, including the Tianhe core module, the manned spacecraft, the cargo spacecraft, the Wentian experimental module, and the Mengtian experimental module.

小结 Summary

词语 Words

朗读词语。Read the words aloud.

段落	会	布局	选项卡	页面
方框	对话框	对齐	方式	缩进

语法 Grammar

选词填空。**Fill in the blanks with correct words.**

A 会	B 中

1 你＿＿＿＿＿＿＿设置段落格式吗？

2 公司选＿＿＿＿＿＿＿马丁做组长。

3 我＿＿＿＿＿＿＿使用鼠标查看文档。

4 我看＿＿＿＿＿＿＿这个显示器。

课文理解 Text Comprehension

根据课文内容选词填空。**Fill in the blanks with correct words according to the text.**

A 右下角	B 页面布局	C 对齐	D 段落

　　你会设置＿＿＿＿＿＿＿格式吗？选中想要设置的段落，点击工具栏上的"＿＿＿＿＿＿＿"选项卡。在"段落"中，点击＿＿＿＿＿＿＿的小方框，打开"段落"对话框。在对话框中设置＿＿＿＿＿＿＿方式、缩进和行间距等。点击"确定"，完成设置。

Chārù bìng tiáozhěng túpiàn
插入并调整图片
Inserting and Adjusting Pictures

复习 Revision

朗读词语。Read the words aloud.

段落	布局	方框	选项卡
缩进	对齐	对话框	方式

热身 Warming Up

将拼音和对应的中文词语及英文连线。Match the *pinyin* with corresponding Chinese words and English words.

tiáozhěng •	• 调整 •	• picture
túpiàn •	• 并 •	• adjust
shèbèi •	• 处理 •	• equipment
kuāndù •	• 图片 •	• width
bìng •	• 设备 •	• process
chǔlǐ •	• 宽度 •	• furthermore

学习生词 Words and Expressions 🎧 18-1

1	并	bìng	*conj.*	furthermore
2	调整	tiáozhěng	*v.*	adjust
3	图片	túpiàn	*n.*	picture
4	尽管	jǐnguǎn	*conj.*	despite
5	款	kuǎn	*n.*	type
6	处理	chǔlǐ	*v.*	process
7	但是	dànshì	*conj.*	but
8	此	cǐ	*pron.*	this
9	宽度	kuāndù	*n.*	width
10	高度	gāodù	*n.*	height

词语练习 Words Exercises

1. 朗读词语搭配。 **Read the collocations aloud.**

chārù 插入		insert pictures
tiáozhěng 调整	túpiàn 图片	adjust pictures
chǔlǐ 处理		process pictures
diǎnjī 点击		click on the picture

2. 选择正确的答案。**Choose the correct answers.**

1　jǐnguǎn　　　A 尽管　　　B 调整

2　cànshì　　　A 处理　　　B 但是

3　shèbèi　　　A 设备　　　B 宽度

4　gāodù　　　A 图片　　　B 高度

学习课文　Text　🎧 18-2

Chārù bìng tiáozhěng túpiàn
插入并 调整图片

Jǐnguǎn　　　　shì yì kuǎn wénzì chǔlǐ ruǎnjiàn,　dànshì zài
尽管 Word 是一款文字处理软件，但是在
wéndàng zhōng yě　kěyǐ　chārù bìng tiáozhěng túpiàn.
Word 文档 中也可以插入并 调整 图片。
Chārù túpiàn shí:
插入图片时：
Diǎnjī　"chārù",　xuǎnzé　"túpiàn" túbiāo;
1. 点击"插入"，选择"图片"图标；
Zài tánchū de duìhuàkuàng lǐ xuǎnzé hǎo túpiàn,　ránhòu diǎnjī
2. 在弹出的对话框里选择好图片，然后点击
"chārù",　chārù cǐ túpiàn.
"插入"，插入此图片。
Tiáozhěng túpiàn shí:
调整 图片时：
Diǎnjī túpiàn, xuǎnzé "géshì" xuǎnxiàngkǎ;
1. 点击图片，选择"格式"选项卡；
Tiáozhěng túpiàn de kuāndù hé gāodù děng.
2. 调整 图片的宽度和高度等。

Inserting and Adjusting Pictures

Although Microsoft Word is a text processing software, we can also insert and adjust pictures in Word documents.

When inserting a picture:

1. Click on the "Insert" option and select the "Picture" icon.

2. Choose the picture you want to insert from the pop-out dialog box, and click on the "Insert" option to insert this picture.

When adjusting a picture:

1. Click on the picture and select the "Format" option;

2. Adjust the width and height of the picture, etc.

课文练习 Text Exercises

1. 选择正确的答案。**Choose the correct answers.**

插入图片的时候你可以_____。

A 点击"插入"，选择"图片"图标。

B 点击图片，选择"格式"选项卡。

C 在弹出的对话框里选择好图片，然后点击"插入"。

D 调整图片的宽度和高度等。

2. 判断正误。**True or false.**

1 Word 不能插入图片。

2 插入图片时，先点击"图片"，然后选择"插入"图标。

3 在弹出的对话框里选择好图片，然后点击"插入"。

4 点击图片，选择"格式"选项卡，调整图片宽度和高度等。

学习语法 Grammar

语法点 1 Grammar Point 1

转折复句：尽管……，但是…… Adversative complex sentence: 尽管 ...，但是 ...

表示有某种事实，但是事情的结果或结论却相反或部分相反。

It means that, regardless of a certain fact, the result or conclusion of something is adverse or partly adverse.

例句：

1 尽管 Word 是一款文字处理软件，但是在 Word 文档 中也可以插入并 调整 图片。Although Microsoft Word is a text processing software, we can also insert and adjust pictures in Word documents.

2 尽管点击关机图标就能关机，但是台式机还需要关闭显示器电源。Even though computers can be shut down by clicking on the shutdown icon, desktops still need to shut down the monitor.

③ Jǐnguǎn néng zhíjiē báchū yōupán, dànshì wǒmen xūyào xiān diǎnjī "ānquán

尽管能直接拔出优盘，但是我们需要先点击"安全

shānchú yìngjiàn", bìmiǎn wénjiàn sǔnhuài.

删除硬件"，避免文件损坏。Although we can pull out the flash drive directly, we still need to click on "Safely Remove Hardware" to avoid file damage.

语法练习1 Grammar Exercise 1

按照正确的语序连词成句。Make sentences in correct orders with the given words or phrases.

1 ①Word 是常用的办公软件 ②但是我还 ③尽管 ④不会使用

_____

2 ①尽管 ②但是 ③我们也能在这儿开会 ④这儿是办公室

_____

3 ①电源关闭 ②要注意插头和插座的安全使用 ③但是也 ④尽管

_____

4 ①文件损坏 ②我们已备份好数据 ③但是 ④尽管

_____

语法点2 Grammar Point 2

连词：并 Conjunction：并

用于连接词或短语，表示更进一步。

It connects words or phrases, indicating something further in meaning.

Zài wéndàng zhōng yě kěyǐ chārù bìng tiáozhěng túpiàn.

例句：**1** 在 Word 文档 中也可以插入并 调整 图片。We can insert and adjust pictures in Word documents.

Jiǎnqiē wénběn bìng zhāntiē.
2 剪切文本并 粘贴。Cut and paste the text.

Zhǎodào chuàngjiàn de wèizhi bìng xīnjiàn wénjiàn.
3 找到 创建 的位置并新建文件。Find the location and create a new file.

语法练习 2 Grammar Exercise 2

把"并"放在句中合适的位置。**Put 并 in the right place in the sentence.**

1 点击＿＿＿"新建"按钮＿＿＿选择想要＿＿＿创建的文件类型。

2 点击＿＿＿"安全删除硬件"＿＿＿拔出＿＿＿优盘。

3 确认设置＿＿＿点击＿＿＿"开始。

4 把光标＿＿＿移动到＿＿＿错误的内容＿＿＿后面＿＿＿按删除键。

汉字书写 Writing Chinese Characters

jù 句 句 句 句 句
句 句 句 句 句

gōu 勾 勾 勾 勾
勾 勾 勾 勾 勾

gǒu 狗 狗 狗 狗 狗 狗 狗 狗
狗 狗 狗 狗 狗

gōu 沟 沟 沟 沟 沟 沟 沟
沟 沟 沟 沟 沟

职业拓展 Career Insight

Electronic Commerce

Electronic commerce (E-commerce) refers to the process of conducting business activities through the internet and electronic communication technologies. It includes various business practices such as online shopping, online payment, electronic marketplace, and digital marketing. The development of e-commerce makes it convenient for consumers to purchase goods and services online, and also provides merchants with a broader market and a wider customer base.

小结 Summary

词语 Words

朗读词语。 Read the words aloud.

并	调整	尽管	处理
但是	图片	此	设备
宽度	高度		

语法 Grammar

把"并"或"尽管"放在句中合适的位置。**Put 并 or 尽管 in the right place in the sentence.**

1 ＿＿剪切＿＿文本＿＿粘贴＿＿。

2 ＿＿找到＿＿创建的＿＿位置＿＿新建文件。

3 ＿＿ Word 是一款文字处理软件，＿＿但是在 Word 文档中 ＿＿也可以插入并调整图片。

4 ＿＿点击关机图标就能关机＿＿，但是台式机还需要关闭显示 器＿＿电源。

课文理解 Text Comprehension

根据课文内容给下列句子排序。**Put the following statements in the correct order according to the text.**

A 尽管 Word 是一款文字处理软件，但是在 Word 文档中也可以插 入并调整图片。

B 调整图片时：

1. 点击图片，选择"格式"选项卡；

2. 调整图片的宽度和高度等。

C 插入图片时：

1. 点击"插入"，选择"图片"图标；

2. 在弹出的对话框里选择好图片，然后点击"插入"，插入此图片。

插入与设置表格
Chārù yǔ shèzhì biǎogé
Inserting and Setting Tables

复习 Revision

根据课文内容选词填空。**Fill in the blanks with correct words according to the text.**

1 _____Word 是一款文字处理软件，_____在 Word 文档中也可以插入并_____图片。

2 调整图片的宽度和_____等。

A 调整	B 尽管
C 但是	D 高度

热身 Warming Up

读词语，选择正确的图片。**Read the words, and choose the right pictures.**

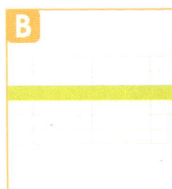

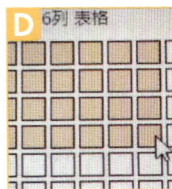

1	chǐcùn 尺寸	size		**2**	háng 行	row
3	liè 列	column		**4**	kuàngxuǎn 框选	select
5	biǎogé 表格	table		**6**	lā 拉	pull

学习生词 Words and Expressions 🎧 19-1

1	与	yǔ	*conj.*	and
2	表格	biǎogé	*n.*	table
3	方法	fāngfǎ	*n.*	method
4	框选	kuàngxuǎn	*v.*	select
5	行	háng	*n.*	row
6	数	shù	*n.*	number
7	列	liè	*n.*	column
8	另	lìng	*pron.*	another
9	尺寸	chǐcùn	*n.*	size
10	大小	dàxiǎo	*n.*	size
11	往	wǎng	*prep.*	towards
12	拉	lā	*v.*	pull
13	一直	yìzhí	*adv.*	straight
14	合适	héshì	*adj.*	appropriate
15	为止	wéizhǐ	*v.*	till

词语练习 Words Exercises

1 选择正确的答案。Choose the correct answers.

1 表格_____ A wéizhǐ B biǎogé

2 方法_____ A fāngfǎ B fāngshì

③ 框选 _____　　A kuàngxuǎn　　B chǐcùn

④ 尺寸 _____　　A héshì　　B chǐcùn

2. 词语搭配连线。Match the word collocations.

① 调整 tiáozhěng ●		● 方法 fāngfǎ
② 行 háng ●		● 合适 héshì
③ 大小 dàxiǎo ●		● 大小 dàxiǎo
④ 两种 liǎng zhǒng ●		● 数 shù

学习课文 Text 🎧 19-2

Chārù yǔ shèzhì biǎogé
插入与设置表格

　　Zài wéndàng zhōng chārù biǎogé yǒu liǎng zhǒng fāngfǎ, yì
在 Word 文档 中插入表格有两 种方法，一
zhǒng shì diǎnjī "chārù", zài "biǎogé" xuǎnxiàng zhōng kuàngxuǎn
种 是点击 "插入"，在 "表格" 选项 中 框选
hángshù hé lièshù; lìng yì zhǒng shì zài "biǎogé" xuǎnxiàng zhōng diǎnjī
行数和列数；另一种是在 "表格" 选项 中点击
"chārù biǎogé", ránhòu zài "biǎogé chǐcùn" zhōng shūrù hángshù
"插入表格"，然后在 "表格尺寸" 中输入行数
hé lièshǔ. Tiáozhěng biǎogé dàxiǎo de fāngfǎ shì: bǎ shǔbiāo yídòng dào
和列数。调整表格大小的方法是：把鼠标移动到
biǎogé yòuxiàjiǎo de wèizhi, ànzhe shǔbiāo zuǒjiàn wǎng shàng xià zuǒ yòu
表格右下角的位置，按着鼠标左键往 上下左右
lā, yìzhí lādào biǎogé dàxiǎo héshì wéizhǐ.
拉，一直拉到表格大小合适为止。

Inserting and Setting Tables

There are two ways to insert a table in a Word document. One way is to click on the "Insert" and then the "Add a Table" options to select the numbers of columns and rows you need. The other way is to click on "Insert Table" in the "Add a Table" option, and then specify the numbers of columns and rows in "Table Size". The method of adjusting the table is to move the mouse to the bottom right corner of the table, then hold down the left mouse button and pull the table until the size is appropriate.

课文练习 Text Exercises

1. 判断正误。True or false.

1. 插入表格有两种方法。

2. 插入表格的一种方法是点击"表格"，在"插入"选项中框选行数和列数。

3. 插入表格的另一种方法是在"表格尺寸"中输入行数和列数。

4. 把鼠标移动到表格右下角的位置，按着鼠标左键往上下左右拉。

2. 选择正确的答案。Choose the correct answers.

1. 在 Word 中插入表格有两种_____。

   A 方法　　　　　　　　　B 尺寸

2. 点击"插入"，在"表格"选项中框选_____和列数。

   A 行数　　　　　　　　　B 尺寸

③ 在 Word 中可以插入与_____表格。

    A 选择　　　　　　　　　　　B 设置

④ 调整表格需要按着鼠标左键往上下左右拉，一直拉到表格大小_____为止。

    A 尺寸　　　　　　　　　　　B 合适

学习语法 Grammar

语法点 1 Grammar Point 1

指示代词：另　Demonstrative pronoun: 另

意思是"另外"。可用于列举不同的情况，常用结构是：数量短语＋……，另＋数量短语＋……。

It means "the other". It can be used to name a different situation. The common structure is: numeral phrase + ..., 另 + numeral phrase + ...

例句：① 插入表格有两种方法，一种是点击"插入"，在"表格"选项中框选行数和列数；另一种是在"表格"选项中点击"插入表格"，然后在"表格尺寸"中输入行数和列数。There are two ways to insert a table. One way is to click on the "Insert" and then the "Add a Table" options to select the numbers of columns and rows you need. The other way is to click on "Insert Table" in the "Add a Table" option, and then specify the numbers of columns and rows in "Table Size".

2 Xuǎnzé wénběn yǒu liǎng zhǒng fāngfǎ, yì zhǒng shì ànzhe shǔbiāo zuǒjiàn tuōdòng
选择文本有两 种方法，一种是按着鼠标左键拖动
guāngbiāo xuǎnzé yào xiūgǎi de wénběn, lìng yì zhǒng shì shuāngjī wénzì xuǎnzé
光标 选择要修改的文本，另一种是双击文字选择
wénběn.
文本。 There are two ways to select the text, one way is to hold down
the left mouse button to drag the cursor to select the text you want to
modify, the other way is to double-click to select the text.

3 Yùnxíng chéngxù yǒu liǎng zhǒng fāngfǎ, yì zhǒng shì shuāngjī zhuōmiàn túbiāo, lìng
运行 程序 有两 种方法，一种是双击桌面图标，另
yì zhǒng shì dānjī rènwùlán zhōng de túbiāo.
一种是单击任务栏中的图标。 There are two ways to run a
program, one way is to double-click on the icon on the desktop, the
other is to click on the icon on the taskbar.

语法练习 1 Grammar Exercise 1

按照正确的语序连词成句。**Make sentences in correct orders with the given words or phrases.**

1 ①另一个是马丁　②一个是我　③公司有两个新员工

_____

2 ①另一种是小写　②一种是大写　③字母有两种

_____

3 ①另一种是剪切并粘贴文件　②移动文件　③一种是直接拖动
文件　④有两种方法

_____

4 ①可以有两种操作　②另一种是复制到计算机中浏览、编辑
③一种是直接在优盘里浏览、编辑文件　④插入优盘后

_____

语法点 2　Grammar Point 2

介词：往　Preposition: 往

用于引出动作的方向或终点。常用结构为：往＋方位名词／地点＋动词性短语。

It is used to indicate the direction or destination of an action. The common structure is: 往 + location noun/location + verb phrase.

例句：

1 Ànzhe shǔbiāo zuǒjiàn wǎng shàng xià zuǒ yòu lā.
按着鼠标左键往 上下左右拉。Hold down the left mouse button and pull the table.

2 Gǔndòng shǔbiāo de gǔnlún, kěyǐ wǎng shàng huò wǎng xià chákàn nèiróng.
滚动鼠标的滚轮，可以往 上 或 往下查看内容。Scroll the wheel of your mouse up and down to view the content.

3 Nǐ wǎng qián kàn.
你往 前看。Look forward.

语法练习 2　Grammar Exercise 2

把"往"放在句中合适的位置。Put 往 in the right place in the sentence.

1 把光标＿＿＿错误内容后面＿＿＿移动，然后＿＿＿按 Backspace 键＿＿＿删除。

2 ＿＿＿文档的右上角＿＿＿看，可以＿＿＿看到＿＿＿一个 × 图标。

3 ＿＿＿下滚动＿＿＿滚轮就可以＿＿＿浏览＿＿＿文档。

4 确保＿＿＿计算机已开机，然后＿＿＿轻轻地＿＿＿端口里面＿＿＿插入优盘。

 汉字书写　**Writing Chinese Characters**

chē

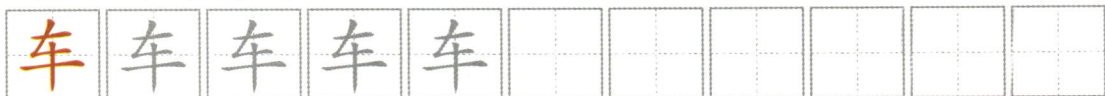

车　车　车　车

车　车　车　车　车

jūn
军 军 军 军 军 军
军 军 军 军 军

kù
库 库 库 库 库 库 库
库 库 库 库 库

zhèn
阵 阵 阵 阵 阵 阵
阵 阵 阵 阵 阵

文化拓展 Culture Insight

The Great Wall

The Great Wall, as one of the most impressive historical sites in the world, was built in China from the 7th century BC onwards, with the most iconic part constructed during the Ming Dynasty. With a total length of more than 21,000 kilometers, spanning mountains, plains, deserts and grasslands, the Great Wall is a magnificent piece of Chinese history designed to defend China from the enemy's invasions. The Great Wall represents China's spirit of resilience and is one of the symbols of Chinese culture.

小结 Summary

词语 Words

朗读词语。Read the words aloud.

用	合适	方法	框选	行
列	尺寸	往	拉	一直

语法 Grammar

选词填空。**Fill in the blanks with the correct words.**

A 一种　　　　B 另一种　　　　C 往

1. 选择文本有两种方法，_____是按着鼠标左键拖动光标选择要修改的文本，_____是双击文字。

2. 我_____办公室里面看，看到组长还在工作。

3. 按着鼠标左键_____下拉。

4. 运行程序有两种方法，一种是双击桌面图标，_____是单击任务栏中的图标。

课文理解 Text Comprehension

朗读句子。**Read the sentences.**

1. 在 Word 文档中插入表格有两种方法，一种是点击"插入"，在"表格"选项中框选行数和列数。

2. 另一种是在"表格"选项中点击"插入表格"，然后在"表格尺寸"中输入行数和列数。

3. 调整表格大小的方法是：把鼠标移动到表格右下角的位置。

4. 按着鼠标左键往上下左右下拉，一直拉到表格大小合适为止。

167

第20课
Lesson 20

Shēngchéng yǔ gēngxīn mùlù
生成与更新目录
Generating and Updating the Table of Contents

复习 Revision

将中文词语和对应的拼音连线。**Match the Chinese words with corresponding** *pinyin.*

1 表格 •   • kuàngxuǎn
2 数 •   • biǎogé
3 方法 •   • fāngfǎ
4 框选 •   • háng
5 行 •   • shù
6 列 •   • liè

热身 Warming Up

将拼音和对应的中文词语及英文连线。**Match the** *pinyin* **with corresponding Chinese words and English words.**

1 biāotí •   • 更新 •   • style
2 mùlù •   • 标题 •   • update
3 tiānjiā •   • 样式 •   • add
4 yàngshì •   • 目录 •   • heading
5 gēngxīn •   • 引用 •   • reference
6 yǐnyòng •   • 添加 •   • table of contents

168

学习生词 Words and Expressions 🔊 20-1

1	生成	shēngchéng	*v.*	generate
2	更新	gēngxīn	*v.*	update
3	目录	mùlù	*n.*	table of contents
4	添加	tiānjiā	*v.*	add
5	标题	biāotí	*n.*	heading
6	样式	yàngshì	*n.*	style
7	引用	yǐnyòng	*v.*	cite; reference
8	自动	zìdòng	*adv.*	automatically
9	了	le	*aux.*	(used at the end of a sentence to indicate a change of situation or state)
10	对	duì	*prep.*	towards

词语练习 Words Exercises

1. 判断正误。True or false.

1	生成	zìdòng	
2	更新	gēngxīn	
3	目录	tiānjiā	
4	标题	biāotí	

2. 选择正确的答案。**Choose the correct answers.**

1 更新_{gēngxīn}＿＿＿＿＿　　　A 引用_{yǐnyòng}　　B 目录_{mùlù}

2 标题的_{biāotí ce}＿＿＿＿＿　　A 目录_{mùlù}　　B 样式_{yàngshì}

3 自动_{zìdòng}＿＿＿＿＿　　　A 内容_{nèiróng}　　B 生成_{shēngchéng}

4 目录_{mùlù}＿＿＿＿＿　　　A 引用_{yǐnyòng}　　B 内容_{nèiróng}

学习课文 Text 🎧 20-2

生成 与更新目录
Shēngchéng yǔ gēngxīn mùlù

在 Word 文档中，先选中需要添加到目录中的标题，设置好标题的样式。然后把光标放在需要生成目录的位置，点击菜单栏中的"引用"，单击"目录"，选择目录样式，就能自动生成目录了。如果文本修改了，就点击"更新目录"选项，对目录内容进行更新。

Generating and Updating the Table of Contents

Select the headings that you want to add to the table of contents in a Word file and set the styles of the headings. Then put the cursor where you want to add the table of contents and click on the "References" option in the toolbar and choose the "Table of Contents" button to select an automatic style. The table of contents will be automatically generated. If the text is edited, click on the "Update Table of Contents" button to update it.

课文练习 **Text Exercises**

1. 选词填空。**Fill in the blanks with the correct words.**

A 光标	B 目录	C 修改	D 添加

1 在 Word 文档中，先选中需要_____到目录中的标题。

2 先设置好标题的样式，然后把_____放在需要生成目录的位置。

3 点击菜单栏中的"引用"，单击"_____"。

4 如果文本_____了，就点击"更新目录"选项，对目录内容进行更新。

2. 根据课文内容给下列句子排序。**Put the following statements in the correct order according to the text.**

①在 Word 文档中，先选中需要添加到目录中的标题。

②如果文本修改了，就点击"更新目录"选项，对目录内容进行更新。

③选择目录样式，就能自动生成目录了。

④设置好标题的样式，然后把光标放在需要生成目录的位置。点击菜单栏中的"引用"，单击"目录"。

学习语法 Grammar

语法点 1 Grammar Point 1

语气助词：了　Modal particle: 了

通常用于句末，表示情况出现了变化或即将出现新的情况。

It is usually used at the end of a sentence to indicate something has changed or a new situation is about to appear.

例句：

1 Xuǎnzé mùlù yàngshì, jiù néng zìdòng shēngchéng mùlù le.
选择 目录 样式，就能 自动 生成 目录了。Select an automatic style and the table of contents will be automatically generated.

2 Diǎnjī túpiàn, xuǎnzé "túpiàn géshì" xuǎnxiàngkǎ, jiù kěyǐ tiáozhěng
点击图片，选择"图片格式"选项卡，就可以 调整
túpiàn le.
图片了。Click on the picture and select the "Format" option and you can adjust the picture.

Diǎnjī   rènwùlán zhōng de túbiāo,   jiù   kěyǐ   yùnxíng chéngxù le.
3 点击任务栏中的图标，就可以运行程序了。Click on the icon in the taskbar and you can run the program.

语法练习 1 Grammar Exercise 1

连线组句。**Match the two columns to make sentences.**

1 按删除键 · · 就完成设置了

2 滚动鼠标滚轮 · · 就可以把错误删除了

3 点击"确定"键 · · 就可以运行程序了

4 双击图标 · · 就能浏览文档了

语法点 2 Grammar Point 2

介词：对 Preposition: 对

用于引出动作关涉的对象，表示对待。常用结构为：对＋名词／代词／名词性短语＋动词性短语／形容词性短语。

It is used to introduce the object of an action, indicating treatment. The common structure is: 对 + noun/pronoun/noun phrase + verb phrase/adjective phrase.

例句：
Diǎnjī   "gēngxīn mùlù"   xuǎnxiàng,   duì   mùlù   nèiróng jìnxíng gēngxīn.
1 点击"更新目录"选项，对目录内容进行更新。Click on the "Update Table of Contents" button to update it.

Nǐ kěyǐ duì wénzì de géshì jìnxíng xiūgǎi.
2 你可以对文字的格式进行修改。You can make changes to the format of the text.

Yùnxíng shādú ruǎnjiàn,   kěyǐ   duì yōupán jìnxíng sǎomiáo shādú.
3 运行杀毒软件，可以对优盘进行扫描杀毒。Run an antivirus program to scan the flash drive and eliminate the viruses.

📖 **语法练习2** Grammar Exercise 2

按照正确的语序连词成句。**Make sentences in correct orders with the given words or phrases.**

1 ①图片　②对　③你可以　④进行调整

_____

2 ①进行　②可以对　③字体、字号　④在工具栏中　⑤设置

_____

3 ①错误内容　②可以对　③按删除键　④进行删除

_____

4 ①对　②进行　③优盘　④你需要　⑤格式化

_____

✏️ **汉字书写** Writing Chinese Characters

sháo	勺 勺 勺									
勺	勺	勺	勺	勺						

xí	习 习 习									
习	习	习	习	习						

yún	匀 匀 匀 匀									
匀	匀	匀	匀	匀						

jūn	均 均 均 均 均 均 均									
均	均	均	均	均						

职业拓展 Career Insight

Computer Virus

A computer virus is a type of malware that infects a computer system by carrying potentially destructive codes. These viruses can spread through downloads, shared files, email attachments, etc., and affect the operation of the computer and data security. The viruses can delete files, corrupt systems, steal personal information or perform other malicious activities once the computer is infected.

小结 Summary

词语 Words

朗读词语。 **Read the words aloud.**

生成	了	更新	目录
添加	标题	样式	对
引用	自动		

语法 Grammar

选词填空。Fill in the blanks with correct words.

> A 对　　　　　　　　　　B 了

1. 你会_____段落格式进行设置吗？
2. 马克把电脑关闭_____。
3. 编辑好文档后_____目录进行修改。
4. 双击一下图片就打开_____。

课文理解 Text Comprehension

根据课文内容选择句子填空。Fill in the blanks with correct sentences according to the text.

> A 就点击"更新目录"选项
> B 选择目录样式
> C 然后把光标放在需要生成目录的位置

在 Word 文档中，先选中需要添加到目录中的标题，设置好标题的样式。_____，点击菜单栏中的"引用"，单击"目录"。_____，就能自动生成目录了。如果文本修改了，_____，对目录内容进行更新。

第21课
Lesson 21

Shèzhì yèmiàn bùjú

设置页面布局
Setting Page Layout

复习 Revision

将中文词语和对应的英文连线。**Match the Chinese words with corresponding English.**

1	生成 •	• style
2	更新 •	• heading
3	目录 •	• table of contents
4	添加 •	• update
5	标题 •	• generate
6	样式 •	• add

热身 Warming Up

将拼音和对应的中文词语及英文连线。**Match the *pinyin* with corresponding Chinese words and English words.**

1	fāngxiàng •	• 镜像 •	• orientation
2	jìngxiàng •	• 自定义 •	• mirror image
3	shìzhōng •	• 宽 •	• customize
4	zìdìngyì •	• 方向 •	• moderate
5	kuān •	• 依次 •	• wide
6	yīcì •	• 适中 •	• in turn

177

学习生词 Words and Expressions 🎧 21-1

1	再	zài	*adv.*	again
2	依次	yīcì	*adv.*	in turn
3	页边距	yèbiānjù	*n.*	margin
4	子菜单	zǐcàidān	*n.*	sub-menu
5	普通	pǔtōng	*adj.*	normal
6	窄	zhǎi	*adj.*	narrow
7	适中	shìzhōng	*adj.*	moderate
8	宽	kuān	*adj.*	wide
9	镜像	jìngxiàng	*n.*	mirror image
10	自定义	zìdìngyì	*v.*	customize
11	右边	yòubian	*n.*	right side
12	纸张	zhǐzhāng	*n.*	paper
13	方向	fāngxiàng	*n.*	orientation
14	成	chéng	*v.*	become
15	横向	héngxiàng	*adj.*	landscape
16	纵向	zòngxiàng	*adj.*	portrait

词语练习 Words Exercises

1. 选择正确的答案。Choose the correct answers.

1️⃣ yèbiānjù_____ 　　A 页边距 　　B 子菜单

2️⃣ pǔtōng_____ 　　A 页面 　　B 普通

③ yòubian＿＿＿＿＿＿＿　　A 右边　　　B 左边

④ héngxiàng＿＿＿＿＿＿　　A 纵向　　　B 横向

2. 将中文词语和对应的拼音连线。**Match the Chinese words with corresponding** *pinyin.*

① 再　•　　　　　　　　　　• zhǎi

② 普通　•　　　　　　　　　• zài

③ 窄　•　　　　　　　　　　• zòngxiàng

④ 纵向　•　　　　　　　　　• pǔtōng

学习课文 Text 🎧 21-2

Shèzhì yèmiàn bùjú
设置页面布局

Xiān dǎkāi wéndàng, zài yīcì diǎnjī càidānlán de
先打开 Word 文档，再依次点击菜单栏的

"yèmiàn bùjú" hé "yèbiānjù", kěyǐ zài tánchū de zǐ
"页面布局"和"页边距"，可以在弹出的子

càidān zhōng xuǎnzé "yèbiānjù" xuǎnxiàng: pǔtōng, zhǎi, shìzhōng,
菜单中选择"页边距"选项：普通、窄、适中、

kuān, jìngxiàng, yě kěyǐ xuǎnzé zìdìngyì yèbiānjù. Diǎnjī
宽、镜像，也可以选择自定义页边距。点击

"yèbiānjù" yòubian de "zhǐzhāng fāngxiàng", kěyǐ bǎ yèmiàn
"页边距"右边的"纸张方向"，可以把页面

shèzhì chéng héngxiàng huòzhě zòngxiàng.
设置成 横向或者纵向。

Setting Page Layout

Open a Word file, and then press the "Page Layout" option and click on the "Adjust Margins" button in the toolbar. You can select the margin options in the pop-up sub-menu, including Normal Margins, Narrow Margins, Moderate Margins, Wide Margins and Mirrored Margins, and you can also choose Custom Margins. Click on the "Change Page Orientation" button which is on the right of the "Adjust Margins" button, to change the page to landscape or portrait orientation.

课文练习 Text Exercises

1. 判断正误。True or false.

1 先依次点击菜单栏的"页面布局"和"页边距"，再打开 Word 文档。

2 我们可以在弹出的子菜单中选择"页边距"选项。

3 我们可以选择自定义页边距。

4 点击"页边距"上的"纸张方向"，可以把页面设置成横向或者纵向。

2. 选择正确的答案。Choose the correct answers.

1 先打开 Word 文档，再依次点击菜单栏的"页面布局"和"_____"。

A 页边距   B 文件

2 可以在弹出的_____中选择"页边距"选项：普通、窄、适中、宽、镜像。

    A 对话框   B 子菜单

3 可以在弹出的子菜单中选择_____页边距。

    A 普通   B 自定义

4 点击"页边距"右边的"纸张方向"，可以把页面设置成横向或者_____。

    A 纵向   B 回车

学习语法 Grammar

语法点 1 Grammar Point 1

关联副词：再 Correlative adverb: 再

表示一个动作发生在另一个动作之后。常用在承接复句"先……，再/然后……"中，连接两个动词性短语。

It indicates that one action happens after another action. It is often used in a successive complex sentence 先 ...，再 / 然后 ... to connect two verb phrases.

例句：

1 Xiān dǎkāi wéndàng, zài yīcì diǎnjī càidānlán de "yèmiàn bùjú"
先打开 Word 文档，再依次点击菜单栏的"页面布局"
hé "yèbiānjù"。
和"页边距"。Open a Word file, and then press the "Page Layout" option and click on the "Adjust Margins" button in the toolbar.

2 Xiān xuǎnzhòng xiǎng yào shèzhì de duànluò, zài dǎkāi gōngjùlán shàng de "yèmiàn
先选中想要设置的段落，再打开工具栏上的"页面
bùjú" xuǎnxiàngkǎ。
布局"选项卡。Select the paragraph you want to format first, and then click on the "Page Layout" tab on the toolbar.

3 Xiān bèifèn hǎo zhòngyào shùjù, zài jìnxíng yōupán géshìhuà.
先备份好重要数据，再进行优盘格式化。Backup important data first, and then format the USB flash drive.

语法练习 1 Grammar Exercise 1

连线组句。**Match the two columns to make sentences.**

1 先单击菜单右侧的电源图标 • • 再输入大写字母

2 先点击"安全删除硬件" • • 再选择关机图标

3 先找到创建的位置 • • 再拔出优盘

4 先按一下 Caps Lock 键 • • 再用鼠标右击空白处新建文件

语法点 2 Grammar Point 2

结果补语：动词 + 成　Complement of result: verb + 成
表示动作使状态发生改变。常用在"把"字句中。
It indicates the action changes the state. It is often used in the 把 -sentence.

例句： **1** Kěyǐ bǎ yèmiàn shèzhì chéng héngxiàng huòzhě zòngxiàng.
可以把页面设置成横向或者纵向。Pages can be set to landscape or portrait orientation.

2 Xūyào bǎ zìtǐ shèzhì chéng jiācū de géshì.
需要把字体设置成加粗的格式。The font needs to be set to a bold format.

3 Yào bǎ túpiàn tiáozhěng chéng héshì de dàxiǎo.
要把图片调整成合适的大小。To adjust the image to appropriate size.

语法练习 2 Grammar Exercise 2

按照正确的语序连词成句。Make sentences in correct orders with the given words or phrases.

1 ①页边距　②可以把　③窄的　④成　⑤设置

_____

2 ①设置　②可以把　③纵向　④页面　⑤成

_____

3 ①设置　②对齐的格式　③需要把　④段落　⑤成

_____

4 ①把　②加粗的格式　③修改　④文本　⑤成

_____

汉字书写 Writing Chinese Characters

huí
回 回 回 回 回 回
回 回 回 回 回

wèn
问 问 问 问 问 问
问 问 问 问 问

jiān
间 间 间 间 间 间 间
间 间 间 间 间

zhá
闸 闸 闸 闸 闸 闸 闸 闸
闸 闸 闸 闸 闸

文化拓展 Culture Insight

Compass

The compass is a simple and ancient navigation tool. It uses the Earth's geomagnetic field to determine direction. It usually consists of a magnetic needle suspended from an axis that will point towards the magnetic north pole of the Earth. By observing the direction of the magnetic needle, one can determine the direction they are facing. As early as the Spring and Autumn Period, the Chinese people gradually learned about magnets in mining and smelting. In the Warring States Period, some people had the whimsical idea of making a magnet into a tool to determine the direction, which was called "Sinan" at that time. This is the earliest compass.

小结 Summary

词语 Words

朗读词语。 Read the words aloud.

页面	依次	子菜单	普通	窄
适中	宽	镜像	右边	成

语法 Grammar

按照正确的语序连词成句。**Make sentences in correct orders with the given words or phrases.**

1 ①选中想要设置的段落　②再　③先　④点击工具栏上的"页面布局"选项卡

_____

2 ①备份好重要数据　②进行优盘格式化　③先　④再

_____

3 ①把　②成　③字体　④设置　⑤加粗的格式

_____

4 ①把图片　②调整　③要　④成合适的大小

_____

课文理解 Text Comprehension

根据课文内容选词填空。**Fill in the blanks with correct words according to the text.**

A 成	B 子菜单	C 普通	D 依次

　　先打开 Word 文档，再_____点击菜单栏的"页面布局"和"页边距"，可以在弹出的_____中选择"页边距"选项：_____、窄、适中、宽、镜像，也可以选择自定义页边距。点击"页边距"右边的"纸张方向"，可以把页面设置_____横向或者纵向。

第22课 Lesson 22

Bǎocún wéndàng
保存文档
Saving Files

复习 Revision

朗读词语。**Read the words aloud.**

页面	依次	页边距	普通
适中	镜像	自定义	右边

热身 Warming Up

将拼音和对应的中文词语及英文连线。**Match the *pinyin* with corresponding Chinese words and English words.**

1	tígōng	•	•	功能	•	•	current
2	gōngnéng	•	•	当前	•	•	default
3	kāiqǐ	•	•	提供	•	•	function
4	fēnzhōng	•	•	默认	•	•	minute
5	dāngqián	•	•	开启	•	•	provide
6	mòrèn	•	•	分钟	•	•	turn on

学习生词 Words and Expressions 🎧 22-1

1	当前	dāngqián	*n.*	current
2	原	yuán	*adj.*	original
3	提供	tígōng	*v.*	provide
4	功能	gōngnéng	*n.*	function
5	开启	kāiqǐ	*v.*	turn on
6	默认	mòrèn	*v.*	default
7	每	měi	*pron.*	every
8	隔	gé	*v.*	separate
9	分钟	fēnzhōng	*measure word*	minute
10	次	cì	*measure word*	time

词语练习 Words Exercises

1. 选择正确的答案。Choose the correct answers.

1	当前_____	A yǐhòu	B dāngqián
2	原_____	A yuán	B měi
3	隔_____	A gé	B cì
4	次_____	A cì	B cè

2. 将中文词语和对应的英文连线。**Match the Chinese words with corresponding English words.**

1 每 •	• provide
2 隔 •	• separate
3 提供 •	• time
4 次 •	• every

学习课文 Text 🎧 22-2

Bǎocún wéndàng
保存文档

Wéndàng biānjí hǎo yǐhòu, diǎnjī càidānlán shàng de
文档编辑好以后，点击菜单栏上的

"wénjiàn". Xuǎnzé "bǎocún", jiù kěyǐ bǎ dāngqián wéndàng
"文件"。选择"保存"，就可以把当前文档

cúnchù zài yuán wèizhì. yě tígōng zìdòng bǎocún gōngnéng. Zài
存储在原位置。Word 也提供自动保存功能。在

de zuǒshàngjiǎo zhǎodào "zìdòng bǎocún" ànniǔ, dānjī cǐ
Word 的左上角找到"自动保存"按钮，单击此

ànniǔ kāiqǐ zìdòng bǎocún. Xìtǒng mòrèn měi gé shí fēnzhōng zìdòng
按钮开启自动保存。系统默认每隔十分钟自动

bǎocún yí cì.
保存一次。

Saving Files

After you have finished editing the text, press the "File" option on the toolbar and click on the "Save" button to save the current file in its original location. Microsoft Word also provides auto save settings. Click on the "Autosave" button in the upper left corner of the Word file to turn on the autosave function. The files will be automatically saved every ten minutes by default.

课文练习 Text Exercises

1. 判断正误。True or false.

1 文档编辑好以后，点击菜单栏上的"插入"进行保存。

2 选择"保存"，即可把当前文档存储在原位置。

3 Word 不提供自动保存功能。

4 在 Word 右下角找到"自动保存"按钮，单击此按钮开启自动保存。

2. 选择正确的答案。Choose the correct answers.

1 文档编辑好以后，点击菜单栏上的"文件"，选择"_____"，就可以把当前文档存储在原位置。

A 保存　　　　　　　B 插入

2 Word 也提供_____功能。

    A 默认保存   B 自动保存

3 在 Word 的_____找到"自动保存"按钮，单击此按钮开启

自动保存。

    A 左下角   B 左上角

4 系统默认每隔_____自动保存一次。

    A 十分钟   B 一分钟

学习语法 Grammar

语法点1 Grammar Point 1

动量词：次　Verbal measure word: 次

在动词后表示动作的数量。用于可以反复出现的事情。常用结构为：动词＋数词＋次。

It is used after a verb to indicate the amount of the action. It is used for things that can recur.

The common structure is: verb + numeral + 次 .

例句：

1 Xìtǒng mòrèn měi gé shí fēnzhōng zìdòng bǎocún yí cì.
系统默认每隔十分钟自动保存一次。The files will be automatically saved every ten minutes by default.

2 Shuāngjī jiù shì diǎnjī liǎng cì.
双击就是点击两次。Double-clicking means clicking twice.

3 Wǒ xiǎng zài kàn yí cì.
我想再看一次。I'd like to see it again.

语法练习 1　Grammar Exercise 1

按照正确的语序连词成句。Make sentences in correct orders with the given words or phrases.

1　①我要　②一　③再　④回　⑤次　⑥公司

_____

2　①一　②单击　③点击　④就是　⑤次

_____

3　①运行　②次　③这个　④两　⑤程序　⑥了

_____

4　①一　②文件　③每隔十分钟　④保存　⑤次

_____

语法点 2　Grammar Point 2

副词：每　Adverb：每

用在动词前面，表示同一动作行为有规律地反复出现。

It is used before a noun to indicate the action or behavior recurs regularly.

例句：

1　Xìtǒng mòrèn měi gé shí fēnzhōng zìdòng bǎocún yí cì.
系统默认每隔十分钟自动保存一次。The files will be automatically saved every ten minutes by default.

2　Yīnggāi měi gé liǎng ge xīngqī yùnxíng yí cì shādú ruǎnjiàn.
应该每隔两个星期（week）运行一次杀毒软件。You should run antivirus software every two weeks.

3　Tā měi gé wǔ fēnzhōng shuō yí cì.
他每隔五分钟说一次。He says it every five minutes.

191

📖 **语法练习2 Grammar Exercise 2**

按照正确的语序连词成句。**Make sentences in correct orders with the given words or phrases.**

1 ①自动保存　②一　③十分钟　④次　⑤每隔

_____

2 ①次　②五分钟　③每隔　④一　⑤说

_____

3 ①运行　②一个月　③每　④关机　⑤一次

_____

4 ①二十分钟　②每　③一次　④更新　⑤隔

_____

✏️ **汉字书写 Writing Chinese Characters**

tāi 台 台 台 台 台

台	台	台	台	台					

he 合 合 合 合 合 合

合	合	合	合	合					

hán 含 含 含 含 含 含 含

含	含	含	含	含					

shě 舍 舍 舍 舍 舍 舍 舍 舍

舍	舍	舍	舍	舍					

职业拓展 Career Insight

Block Chain

Block Chain is a distributed ledger technology that enables decentralized data storage and sharing by linking transaction records into a single, tamper-proof block. It is transparent, secure, and efficient, and can be used in cryptocurrency, smart contracts, supply chain management, and other fields. This technology provides a new solution for the digital economy, making transactions more open and transparent, while also bringing innovation and change to the fields of finance, logistics, and copyright protection.

小结 Summary

词语 Words

朗读词语。Read the words aloud.

次	当前	原	提供
隔	开启	功能	默认
每	分钟		

语法 Grammar

把"次"或"每"放在句中合适的位置。**Put 次 or 每 in the right place in the sentence.**

1. 双击____就是____点击____两____。
2. 文件____隔____十分钟____保存一次。
3. 每____十分钟____自动保存____一____。
4. ____隔____五分钟____说____一次____。

课文理解 Text Comprehension

根据误文内容给下列句子排序。**Put the following statements in the correct order according to the text.**

A 选择"保存",就可以把当前文档存储在原位置。

B 在 Word 的左上角找到"自动保存"按钮,单击此按钮开启自动保存。

C Word 也提供自动保存功能。

D 文档编辑好以后,点击菜单栏上的"文件"。

E 系统默认每隔十分钟自动保存一次。

Xīnjiàn 新建PowerPoint

wéngǎo 文稿

Creating a New PowerPoint Presentation

复习 Revision

朗读句子。**Read the sentences aloud.**

1️⃣ 文档编辑好以后，点击菜单栏上的"文件"。

2️⃣ 在 Word 的左上角找到"自动保存"按钮，单击此按钮开启自动保存。

热身 Warming Up

看图片，认读词语。**Look at the pictures and read the words.**

1	2	3	4	5	6
huàndēngpiān 幻灯片 slide	tóngshí 同时 at the same time	suōlüètú 缩略图 thumbnail	gēnggǎi 更改 change	fàngyìng 放映 display	bōfàng 播放 play

学习生词 Words and Expressions 🎧 23-1

1	演示 yǎnshì	v.	show
2	文稿 wéngǎo	n.	file
3	幻灯片 huàndēngpiān	n.	slide
4	被 bèi	prep.	by (used in the passive voice to introduce the doer of the action)
5	同时 tóngshí	conj.	at the same time
6	张 zhāng	measure word	(used for paper, paintings, etc.)
7	缩略图 suōlüètú	n.	thumbnail
8	更改 gēnggǎi	v.	change
9	版式 bǎnshì	n.	layout
10	放映 fàngyìng	v.	display
11	播放 bōfàng	v.	play

词语练习 Words Exercises

1. 选择正确的答案。Choose the correct answers.

1 yǎnshì _____   A 演示   B 版式

2 tóngshí _____   A 更改   B 同时

3 huàndēngpiān _____   A 幻灯片   B 缩略图

4 bōfàng _____   A 放映   B 播放

2. 词语搭配连线。Match the words collocations.

1 yī 一 •

2 huàndēngpiān 幻灯片 •

3 gēnggǎi 更改 •

4 bōfàng 播放 •

• huàndēngpiān 幻灯片

• bǎnshì 版式

• zhāng 张

• fàngyìng 放映

学习课文 Text 🎧 23-2

新建 PowerPoint 文稿
Xīnjiàn PowerPoint wéngǎo

打开 PowerPoint 软件，选择"空白演示
Dǎkāi ruǎnjiàn, xuǎnzé "kòngbái yǎnshì

文稿"，新的演示文稿（PPT）就被创建好了，
wéngǎo", xīn de yǎnshì wéngǎo (PPT) jiù bèi chuàngjiàn hǎo le,

同时文稿中有一张空白的幻灯片。右击幻灯片
tóngshí wéngǎo zhōng yǒu yì zhāng kòngbái de huàndēngpiān. Yòujī huàndēngpiān

缩略图，可以选择新建、复制或删除幻灯片，也
suōlüètú, kěyǐ xuǎnzé xīnjiàn, fùzhì huò shānchú huàndēngpiān, yě

可以更改幻灯片版式。点击 PowerPoint 右下角的
kěyǐ gēnggǎi huàndēngpiān bǎnshì. Diǎnjī PowerPoint yòuxiàjiǎo de

"幻灯片放映"图标，就可以播放幻灯片了。
"huàndēngpiān fàngyìng" túbiāo, jiù kěyǐ bōfàng huàndēngpiān le.

Creating a New PowerPoint Presentation

Open Microsoft PowerPoint, select "Blank Presentation", and a new presentation (PPT) is created with a blank slide in it. Right-click on the slide thumbnail, you can create, copy, or delete a slide, or change the slide layout. Click on the "Slide Show" button in the lower right corner to display the slide show.

📖 课文练习 Text Exercises

1. 根据课文内容选择句子填空。Fill in the blanks with correct sentences according to the text.

1️⃣ 打开 PowerPoint 软件，_____，新的演示文稿（PPT）就被创建好了。

2️⃣ 右击幻灯片缩略图，_____。

3️⃣ 同时文稿中_____。

4️⃣ 点击 PowerPoint 右下角的"幻灯片放映"图标，_____。

> A 有一张空白的幻灯片
>
> B 可以选择新建、复制或删除幻灯片
>
> C 就可以播放幻灯片了
>
> D 选择"空白演示文稿"

2. 选择正确的答案。Choose the correct answers.

1️⃣ 打开 PowerPoint 软件，选择"空白演示文稿"，_____新的演示文稿。

    A 复制　　　　B 删除　　　　C 创建　　　　D 放映

2️⃣ 选择"空白演示文稿"，同时文档中有一张_____的幻灯片。

    A 插入　　　　B 演示　　　　C 空白　　　　D 更新

3️⃣ 右击幻灯片_____可以更改幻灯片版式。

    A 图标　　　　B 按钮　　　　C 选项　　　　D 缩略图

4️⃣ 点击"幻灯片_____"图标，就可以播放幻灯片。

    A 插入　　　　B 放映　　　　C 演示　　　　D 更新

学习语法 Grammar

语法点 1 Grammar Point 1

特殊句型：被动句 Special sentence pattern: the passive sentence

表示主语承受某种结果或受到某种影响。主语是受事，介词"被"引出动作的施事。

常用结构为：主语（受事）+ 被 + 宾语（施事）+ 动词性短语。"被"后面的施事可以省略。否定副词和能愿动词等成分只能放在"被"前面，不能放在谓语动词前面。

It indicates the subject bears a certain result or is affected by something. The subject is the object of the action. The preposition 被 introduces the agent of the action. The common structure is: subject (the object of the action) + 被 + object (the agent of the action) + verb phrase. The agent of the action after 被 can be omitted. The elements such as adverbs of negation and modal verbs must be used before 被, instead of before the predicate verb.

例句：

1 Xuǎnzé "kòngbái yǎnshì wéngǎo", xīn de yǎnshì wéngǎo jiù bèi chuàngjiàn hǎo le.
选择"空白演示文稿"，新的演示文稿（PPT）就被创建好了。Select "Blank Presentation", and a new presentation (PPT) is created.

2 Diànnǎo bèi wǒ dǎkāi le.
电脑被我打开了。The computer was turned on by me.

3 Zhège chéngxù bèi wǒ guānbì le.
这个程序被我关闭了。The program was closed by me.

语法练习 1 Grammar Exercise 1

按照正确的语序连词成句。Make sentences in correct orders with the given words or phrases.

1 ①被 ②电脑 ③了 ④打开

2 ①错误　②我　③删除　④被　⑤了

3 ①被　②优盘　③我　④插入 USB 端口　⑤了

4 ①优盘　②格式化　③被　④了

语法点 2　Grammar Point 2

连词：同时　Conjunction: 同时

连接两个分句，表示并列关系，常含有进一层的意味。

It connects two clauses and indicates the coordinate relation. It often implies a further level.

例句：

1 Xīn de yǎnshì wéngǎo jiù bèi chuàngjiàn hǎo le, tóngshí wéngǎo zhōng
新的演示文稿（PPT）就被创建好了，同时文稿中
yǒu yì zhāng kòngbái de huàndēngpiàn.
有一张空白的幻灯片。A new presentation (PPT) is created with a blank slide in it.

2 Bǎ yōupán qīngqīng de chārù duānkǒu zhōng, tóngshí yùnxíng shādú ruǎnjiàn,
把优盘轻轻地插入 USB 端口中，同时运行杀毒软件，
sǎomiáo yōupán xiédài de bìngdú.
扫描优盘携带的病毒。Gently insert the flash drive into the USB port and run the antivirus program to scan the flash drive for viruses.

3 Yídòng wénjiàn de shíhou kěyǐ ànzhe shǔbiāo zuǒjiàn, tóngshí tuōdòng wénjiàn.
移动文件的时候可以按着鼠标左键，同时拖动文件。
You can move a file by holding down the left mouse button while dragging it.

语法练习 **2** **Grammar Exercise 2**

连线组句。**Match the two columns to make sentences.**

1 选择关机图标，· · 同时文稿中有一张
空白的幻灯片。

2 把光标放在需要
编辑的地方，· · 同时运行杀毒软件。

同时还需要关闭显示
器的电源。

3 插入优盘，· ·

4 新的 PPT 文稿
被创建好了，· · 同时输入或修改文本
内容。

✏️ **汉字书写** **Writing Chinese Characters**

chí 池池池池池池
池 池 池 池 池

hé 河河河河河河河河
河 河 河 河 河

jiāng 江江江江江江
江 江 江 江 江

hǎi 海海海海海海海海海海
海 海 海 海 海

文化拓展 Culture Insight

Gunpowder

Gunpowder is one of the great inventions of ancient China. The main ingredients of gunpowder include saltpeter, sulfur, and charcoal, and the mixture of these three substances produces an intense burning and explosive effect. Gunpowder was widely used in the military and changed the way the war was fought, introducing artillery, rockets, and explosives. This invention had a profound impact on world history and technology, not only changing military strategy, but also spurring further developments in gunpowder technology, such as rocket science and the explosives industry.

小结 Summary

词语 Words

朗读词语。Read the words aloud.

演示	文稿	被	同时	张
幻灯片	缩略图	更改	放映	播放

语法 Grammar

按照正确的语序连词成句。Make sentences in correct orders with the given words or phrases.

1 ①按着鼠标左键　②同时　③拖动文件　④移动文件时

_____

2 ①运行　②杀毒软件　③同时　④插入优盘

_____

3 ①办公室里面的电源　②被　③我　④电源　⑤打开了

_____

4 ①了　②关闭　③被　④电脑　⑤我

_____

课文理解 Text Comprehension

朗读句子。Read the sentences.

1 打开 PowerPoint 软件，选择"空白演示文稿"，新的演示文稿（PPT）就被创建好了。

2 右击幻灯片缩略图，可以选择新建、复制或删除幻灯片，也可以更改幻灯片版式。

3 同时在文稿中有一张空白的幻灯片。

4 点击右下角的"幻灯片放映"图标，就可以播放幻灯片了。

Biānjí huàndēngpiān
编辑幻灯片
Editing Slides

复习 Revision

读词语，选择正确的图片。Read the words, and choose the right pictures.

A

B

C

D

E

F

1 演示

2 文稿

3 幻灯片

4 缩略图

5 同时

6 放映

热身 Warming Up

看图片，认读词语。Look at the pictures and read the words.

1	**2**	**3**	**4**	**5**	**6**
shìpín	dǎoháng	miànbǎn	wénběnkuàng	xíngzhuàng	túbiǎo
视频	导航	面板	文本框	形状	图表
formula	navigation	panel	textbox	shape	chart

学习生词 Words and Expressions 🎧 24-1

1	导航	dǎoháng	v.	navigation
2	面板	miànbǎn	n.	panel
3	无论	wúlùn	conj.	regardless of
4	文本框	wénběnkuàng	n.	textbox
5	还是	háishì	conj.	or
6	的话	dehuà	aux.	(used at the end of a conditional clause)
7	图表	túbiǎo	n.	chart
8	形状	xíngzhuàng	n.	shape
9	公式	gōngshì	n.	equation
10	符号	fúhào	n.	symbol
11	音频	yīnpín	n.	audio
12	视频	shìpín	n.	video

词语练习 Words Exercises

1. 判断正误。True or false.

1	公式	tāmen		2	符号	fúhào	
3	音频	yīnpín		4	视频	shípín	

2. 选择正确的答案。**Choose the correct answers.**

1

dǎoháng
A 导航　zuǒcè
B 左侧

2

wénběnkuàng
A 文本框　gōngshì
B 公式

3

xíngzhuàng
A 形状　miànbǎn
B 面板

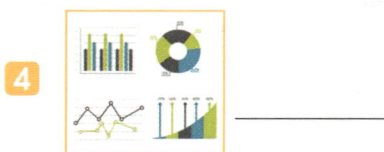

4

yīnpín
A 音频　túbiǎo
B 图表

学习课文 Text 🎧 24-2

Biānjí huàndēngpiān
编辑 幻灯片

　　Dǎkāi　　　　　wéngǎo,　　zài zuǒcè dǎoháng miànbǎn xuǎnzhòng xiǎng
打开 PPT 文稿，在左侧导航 面板 选中 想
yào biānjí de huàndēngpiān de suōlüètú.　　Wúlùn shì xiūgǎi wénběnkuàng,
要编辑的幻灯片的缩略图。无论是修改文本框，
háishì xiūgǎi túpiàn,　dōu kěyǐ zài huàndēngpiān zhōng diǎnjī tāmen,
还是修改图片，都可以在幻灯片 中点击它们，
zài jìnxíng xiūgǎi.　Xiǎng tiānjiā nèiróng dehuà.　jiù zài càidānlán
再进行修改。想添加内容的话，就在菜单栏
zhōng diǎnjī　"chārù"　ànniǔ,　ránhòu xuǎnzé xūyào tiānjiā de
中点击"插入"按钮，然后选择需要添加的
wénběnkuàng,　túbiǎo,　xíngzhuàng,　gōngshì,　fúhào,　yīnpín hé
文本框、图表、形状、公式、符号、音频和
shìpín děng.
视频等。

Editing Slides

Open a PowerPoint presentation and select the thumbnail of the slide that needs to be edited in the navigation panel at the left of the PowerPoint window. Whether you want to modify a textbox or a picture, click on it in the slide to make modifications. If you want to add something to the slide, press the "Insert" option in the menu bar, and then select what you want to add, such as textbox, chart, shape, equation, symbol, audio or video.

课文练习 Text Exercises

1. 选择正确的答案。Choose the correct answers.

A 文本框　　　　B 添加　　　　C 菜单栏　　　　D 导航

1 在左侧_____面板中选中想要编辑的幻灯片。

2 可以在幻灯片中点击想要修改的_____再进行修改。

3 _____内容的话，就在菜单栏中点击"插入"按钮。

4 "插入"按钮可以在_____中找到。

2. 判断正误。True or false.

1 编辑幻灯片需要使用 PowerPoint 软件。

2 导航面板在 PPT 文稿的右侧。

3 可以直接在幻灯片中点击文本框并进行修改。

4 幻灯片中可以添加文本框、形状、图片或图表等对象。

学习语法 Grammar

语法点 1 Grammar Point 1

条件复句：无论……，都…… Conditional complex sentence: **无论 ...，都 ...**

表示在任何条件下结果都不会改变。

It indicates that the result will not change under any circumstances.

例句：

1 Wúlùn shì xiūgǎi wénběnkuàng, háishì xiūgǎi túpiàn, dōu kěyǐ zài huàndēngpiān
无论是修改文本框，还是修改图片，都可以在 幻灯片
zhōng diǎnjī tāmen, zài jìnxíng xiūgǎi.
中 点击它们，再进行修改。Whether you want to modify a textbox or a picture, click on it in the slide to make modifications.

2 Wúlùn shì táishì háishì biànxiéshì, dōushì jìsuànjī zhōng de yìzhǒng.
无论是台式还是便携式，都是计算机 中 的一种。
Whether desktop or portable, it is one of the types of computers.

3 Wúlùn dānjī háishì shuāngjī, dōu xūyào shǐyòng shǔbiāo.
无论单击还是双击，都需要使用鼠标。Whether clicking or double-clicking, you need to use a mouse.

语法练习 1 Grammar Exercise 1

连线组句。**Match the two columns to make sentences.**

1 无论是插入还是拔出优盘，　·　　　·　都可以在幻灯片中点击它们，再进行修改。

2 无论修改字体还是字号，　·　　　·　都需要轻轻地操作。

3 无论打开还是关闭电源，　·　　　·　都需要先选中文本。

4 无论是修改文本框还是修改图片，·　　·　都要注意用电安全。

语法点 2 Grammar Point 2

假设复句：……的话，就…… Suppositive complex sentences: ... 的话，就 ...

"……的话，就……" 连接两个分句，第一个分句表示假设的前提，第二个分句表示在该前提下能够得到的结果。"的话" 带有口语色彩。

... 的话，就 ... connects two clauses, the first posing a hypothesis and the second presenting the result under that hypothesis. 的话 is a bit colloquial.

例句：

1 Xiǎng tiānjiā nèiróng dehuà, jiù zài càidānlán zhōng diǎnjī "chārù" ànniǔ.
想添加内容的话，就在菜单栏中点击 "插入" 按钮。
If you want to add something to the slide, press the "Insert" option in the menu bar.

2 Xiǎng yào xīnjiàn yí ge wénjiàn dehuà, jiù xūyào xiān zhǎodào chuàngjiàn de wèizhi.
想要新建一个文件的话，就需要先找到 创建 的位置。
If you want to create a new file, you need to find the location for the file first.

3 Yào shèzhì zìdòng bǎocún dehuà, jiù dānjī "zìdòng bǎocún" ànniǔ.
要设置自动保存的话，就单击 "自动保存" 按钮。To set up automatic saving, click the "Autosave" button.

语法练习 2 Grammar Exercise 2

把 "的话" 放在句中合适的位置。Put 的话 in the right place in the sentence.

1 如果____要换行____就按 Enter 键（回车键）。

2 想要____浏览文档____，就要____滚动____鼠标滚轮。

3 如果____要把页面____设置成纵向____，就点击 "页边距" 右边的____"纸张方向"。

4 要移动____一个文件____，就需要____先剪切____这个文件。

汉字书写 Writing Chinese Characters

cái 才　オ オ オ

jīn 斤　斤 斤 斤 斤

chì 斥　斥 斥 斥 斥 斥

chāi 拆　拆 拆 拆 拆 拆 拆 拆

职业拓展 Career Insight

Programming Language

The programming language is a tool for humans to communicate with computers by writing specific code instructions to tell the computer to accomplish a task. High-level languages (e.g., Python, Java) are easier to understand; low-level languages (e.g., machine languages, assembly languages) are closer to the underlying computer and must be understood more deeply in terms of computer architecture. Different programming languages have different characteristics and uses. Programming languages allow computers to help us achieve various tasks and create convenient and intelligent applications.

小结 Summary

词语 Words

朗读词语。Read the words aloud.

还是	导航	面板	无论
文本框	的话	图表	形状
公式	符号		

语法 Grammar

选词填空。Fill in the blanks with correct words.

A 无论	B 都	C 要	D 的话

1. _____是台式还是便携式，_____是计算机中的一种。

2. _____单击还是双击，_____需要使用鼠标。

3. _____删除错误内容_____，就按 Backspace 键。

4. _____换行_____，就按回车键。

课文理解 Text Comprehension

根据课文内容选择句子填空。**Fill in the blanks with correct sentences according to the text.**

A 就在菜单栏中点击"插入"按钮

B 无论是修改文本框

C 再进行修改

打开 PPT 文稿，在左侧导航面板选中想要编辑的幻灯片的缩略图。_____，还是修改图片，都可以在幻灯片中点击它们，_____。想添加内容的话，_____，然后选择需要添加的文本框、图表、形状、公式、符号、音频和视频等。

Shǐyòng huàndēngpiān múbǎn

使用幻灯片模板

Using Slide Templates

复习 Revision

选词填空。**Fill in the blanks with correct words.**

1 在_____导航_____选中想
要编辑的幻灯片缩略图。

2 想_____内容的话，就在菜单
栏中点击"插入"按钮，并选择
文本框、图标、形状、_____、符号、音频和视频等。

A 左侧	B 公式
C 面板	D 添加

热身 Warming Up

将拼音和对应的中文词语及英文连线。**Match the *pinyin* with corresponding Chinese words and English words.**

1 shìhé •   • 模板 •   • preset
2 zhǔtí •   • 预设 •   • design
3 múbǎn •   • 设计 •   • fit
4 shèjì •   • 适合 •   • template
5 xué   •   • 主题 •   • learn
6 yùshè •   • 学   •   • theme

学习生词 Words and Expressions 🎧 25-1

1	模板	múbǎn	*n.*	template
2	一点儿	yìdiǎnr		a little
3	不	bù	*adv.*	not
4	难	nán	*adj.*	difficult
5	预设	yùshè	*v.*	preset
6	设计	shèjì	*v.*	design
7	适合	shìhé	*v.*	fit
8	主题	zhǔtí	*n.*	theme
9	页	yè	*n.*	page
10	学	xué	*v.*	learn

词语练习 Words Exercises

1. 选择正确的答案。Choose the correct answers.

1️⃣ yìdiǎnr   A 一点儿   B 预设

2️⃣ bù   A 难   B 不

3️⃣ yè   A 页   B 学

4️⃣ shìhé   A 合适   B 适合

2. 词语搭配连线。**Match the word collocations.**

1 不 (bù) ●	● 设计 (shèjì)
2 预设的 (yùshè de) ●	● 难 (nán)
3 模板的 (múbǎn de) ●	● 会 (huì)
4 学 (xué) ●	● 模板 (múbǎn)

🌐 **学习课文 Text** 🎧 25-2

Shǐyòng huàndēngpiān múbǎn
使用 幻灯片 模板

Shǐyòng huàndēngpiān múbǎn xīnjiàn wéngǎo yìdiǎnr yě bù
使用 幻灯片 模板 新建 PPT 文稿 一点儿 也 不

nán: dǎkāi, zài "xīnjiàn" xuǎnxiàng zhōng,
难：打开 PowerPoint，在 "新建" 选项 中，

gǔndòng chákàn yùshè de múbǎn, xuǎnzé shìhé yǎnshì wéngǎo zhǔtí de
滚动 查看 预设的 模板，选择 适合 演示 文稿 主题 的

múbǎn, ránhòu diǎnjī "chuàngjiàn", shǐyòng múbǎn de wén
模板，然后 点击 "创建"，使用 模板 的 PPT 文

gǎo jiù xīnjiàn hǎo le. Nǐ yě kěyǐ xiān xīnjiàn yí ge kòngbái yǎnshì
稿 就 新建 好 了。你 也 可以 先 新建 一个 空白 演示

wéngǎo, ránhòu diǎnjī "shèjì" xuǎnxiàngkǎ chákàn bìng xuǎnzé yùshè
文稿，然后 点击 "设计" 选项卡 查看 并 选择 预设

de múbǎn. Múbǎn de shèjì hé bùjú kěyǐ zhíjiē yìngyòng dào měi yè
的 模板。模板 的 设计 和 布局 可以 直接 应用 到 每 页

huàndēngpiān zhōng. Nǐ xuéhuìle ma?
幻灯片 中。你 学会 了 吗？

Using Slide Templates

It is not difficult to use slide templates in PowerPoint. You can scroll the mouse wheel to view preset templates in the "New" option, after opening PowerPoint and select a template suitable for the presentation theme and then click on the "Create" button to create a new presentation. You can also create a blank presentation first, then click on the "Design" button to view and choose the preset templates. The design and layout of the template will be directly applied to each slide. Do you get it?

课文练习 Text Exercises

1. 判断正误。True or false.

1 使用幻灯片模板新建 PPT 文稿一点儿也不难。

2 打开 PowerPoint，在"打开"选项中，滚动查看预设的模板。

3 在演示文稿中，点击"设计"选项卡，可以查看预设的模板。

4 选择适合演示文稿主题的模板，然后点击"新建"，新建 PPT 文稿。

2. 根据课文内容给下列句子排序。**Put the following statements in the correct order according to the text.**

①打开 PowerPoint，滚动查看预设的模板。

②模板的设计和布局可以直接应用到每页幻灯片中。

③选择适合演示文稿主题的模板。

④然后点击"创建"，使用模板的 PPT 文稿就新建好了。

学习语法 Grammar

语法点 1 Grammar Point 1

强调的方法：一点儿也不……　Way of expressing emphasis: 一点儿也不 ...

强调程度低到可以忽略不计或根本没有。常用结构为：一点儿也不 + 形容词 / 动词性短语。

It emphasizes the degree is so low that it is negligible or non-existent. The common structure is: 一点儿也不 + adjective/verb phrase。

例句：

1 Shǐyòng huàndēngpiān múbǎn yìdiǎnr yě bù nán
使用 幻灯片 模板一点儿也不难。Using slide templates is not difficult at all.

2 Zhège múbǎn yìdiǎnr yě bú shìhé wǒmen de zhǔtí.
这个模板一点儿也不适合我们的主题。This template doesn't fit our theme at all.

3 Shǐyòng diànnǎo yìdiǎnr yě bù nán
使用电脑一点儿也不难。Using a computer is not difficult at all.

语法练习 1 Grammar Exercise 1

把"一点儿也不"放在句中合适的位置。Put 一点儿也不 in the right place in the sentence.

1 马丁＿＿＿对 Word 的＿＿＿操作＿＿＿熟练（shúliàn, proficient）。

2 这个文件＿＿＿的名称＿＿＿适合＿＿＿主题。

3 我＿＿＿删除的＿＿＿数据＿＿＿重要。

4 你＿＿＿设计的＿＿＿标题样式＿＿＿合适。

语法点 2 Grammar Point 2

结果补语：动词 + 会　Complement of result: verb + 会

表示动作的结果。

It indicates the result of the action.

例句：

1 Xuéhuì shǐyòng huàndēngpiān múbǎn yìdiǎnr yě bù nán.
学会使用幻灯片模板一点儿也不难。Learning to use slide templates is not difficult at all.

2 Wǒ xuéhuì shǐyòng diànnǎo le.
我学会使用电脑了。I have learned how to use a computer.

3 Wǒ xuéhuì zài wéndàng zhōng chārù túpiàn le.
我学会在 Word 文档 中插入图片了。I have learned how to insert pictures in a Word document.

语法练习 2 Grammar Exercise 2

选词填空。Fill in the blanks with correct words.

A 会	B 好	C 到

1 我学＿＿＿＿格式化优盘了。

2 关闭电脑前，要保存_____文件。

3 开会的时候，我看_____主管了。

4 我学_____使用幻灯片模板了。

汉字书写 Writing Chinese Characters

sì
四 四 四 四 四
四 四 四 四 四

xuè
血 血 血 血 血 血
血 血 血 血 血

ér
而 而 而 而 而 而
而 而 而 而 而

miàn
面 面 面 面 面 面 面 面
面 面 面 面 面

文化拓展 Culture Insight

Movable Type Printing

Movable type printing is one of the great inventions of ancient China. It was a revolutionary technology that enabled efficient book printing by carving or casting movable types and using a printing table to transfer ink to paper. Movable type printing has accelerated the spread of culture and increased the efficiency of preserving and reproducing the written works. It became a key factor in the progress of civilization and laid the foundation for modern printing technology.

小结 Summary

词语 Words

朗读词语。Read the words aloud.

模板	一点儿	不	难
预设	设计	适合	主题
学	页		

语法 Grammar

把"一点儿也不"或"会"放在句中合适的位置。Put 一点儿也不 or 会 in the right place in the sentence.

1 使用＿＿＿＿幻灯片模板＿＿＿＿难＿＿＿＿。

2 这个模板＿＿＿＿适合＿＿＿＿主题＿＿＿＿。

3 我＿＿＿＿学＿＿＿＿使用＿＿＿＿电脑了。

4 学＿＿＿＿使用＿＿＿＿幻灯片模板＿＿＿＿不难。

课文理解 **Text Comprehension**

根据课文内容选词填空。**Fill in the blanks with correct words according to the text.**

A 应用	B 设计	C 预设	D 模板

打开 PowerPoint，在"新建"选项中，滚动查看预设的_____，然后选择适合演示文稿主题的模板，点击"创建"，使用模板的 PPT 文稿就新建好了。你也可以先新建一个空白演示文稿，然后点击"_____"选项卡查看并选择_____的模板。模板的设计和布局可以直接_____到每页幻灯片中。

Zài   zhōng tiáozhěng
在PPT中调整

túpiàn
图片

Adjusting Pictures in the PPT

复习 Revision

将中文词语和对应的拼音连线。**Match the Chinese words with corresponding** *pinyin*.

1 模板 •   • xuéhuì

2 预设 •   • shìhé

3 设计 •   • zhǔtí

4 适合 •   • múbǎn

5 主题 •   • shèjì

6 学会 •   • yùshè

热身 Warming Up

将中文词语和对应的拼音及英文连线。**Match the Chinese words with corresponding *pinyin* and English words.**

1 优秀 ●	● méiyǒu	●	● therefore
2 没有 ●	● bìyào	●	● necessary
3 因此 ●	● yōuxiù	●	● excellent
4 非常 ●	● shǔxìng	●	● not have
5 必要 ●	● yīncǐ	●	● property
6 属性 ●	● fēicháng	●	● very

学习生词 Words and Expressions 🎧 26-1

1	优秀	yōuxiù	*adj.*	excellent
2	没有	méiyǒu	*v.*	not have
3	因此	yīncǐ	*conj.*	therefore
4	非常	fēicháng	*adv.*	very
5	必要	bìyào	*adj.*	necessary
6	外	wài	*n.*	outside
7	方块儿	fāngkuàir	*n.*	square
8	属性	shǔxìng	*n.*	property

📖 **词语练习** **Words Exercises**

1. 选择正确的答案。Choose the correct answers.

1	优秀_____	A fāngkuàir	B yōuxiù
2	因此_____	A méiyǒu	B yīncǐ
3	非常_____	A fēicháng	B bìyào
4	必要_____	A bìyào	B shǔxìng

2. 词语搭配连线。Match the word collocations.

1	wài 外 ●	●	bìyào 必要
2	fēicháng 非常 ●	●	fāngkuàir 方块儿
3	yōuxiù de 优秀的 ●	●	cè 侧
4	xiǎo 小 ●	●	wéngǎo 文稿

🌐 **学习课文** **Text** 🎧 26-2

Zài zhōng tiáozhěng túpiàn
在 PPT 中 调整 图片

Yōuxiù de wéngǎo bù néng méiyǒu túpiàn, yīncǐ xuéhuì zài
优秀的 PPT 文稿不能没有图片，因此学会在

zhōng tiáozhěng túpiàn fēicháng bìyào. Zài huàndēngpiàn zhōng, tiáozhěng
PPT 中 调整图片非常必要。在幻灯片 中，调整

túpiàn yǒu sān zhǒng fāngshì. Yī shì diǎnjī bìng tuōdòng túpiàn, yídòng
图片有三种方式。一是点击并拖动图片，移动

túpiàn de wèizhi. Èr shì diǎnjī túpiàn, tuōdòng túpiàn wàicè de xiǎo
图片的位置。二是点击图片，拖动图片外侧的小

fāngkuàir tiáozhěng dàxiǎo. Sān shì yòujī túpiàn, xuǎnzé " shèzhì
方块儿 调整 大小。三是 右击 图片, 选择 "设置
túpiàn géshì ", tiáozhěng túpiàn dàxiǎo hé shǔxìng.
图片 格式", 调整 图片 大小 和 属性。

Adjusting Pictures in the PPT

An excellent PPT file cannot be without pictures, so it is necessary to learn to adjust images in PPT. There are three ways to adjust a picture in a slideshow. The first is to click on and drag the picture to move its position. The second is to click on the picture and drag the small squares outside the picture to resize it. The third is to right-click on the picture and select "Format Shape" to adjust the size and properties of the picture.

课文练习 Text Exercises

1. 选择正确的答案。Choose the correct answers.

1 调整幻灯片中图片的方法有: _____

A 优秀的 PPT 文稿不能没有图片,因此学会调整图片是非常必要的。

B 点击并拖动图片,可以移动图片。

C 点击图片,拖动图片外侧的小方块儿,可以调整图片位置。

D 右击图片,选择"设置图片格式",可以调整图片的属性。

2. 判断正误。True or false.

1 优秀的 PPT 文稿不能没有图片。

2 学会在 PPT 中调整图片是非常必要的。

3 点击并拖动图片，可以调整图片的大小。

4 右击图片，选择"设置图片格式"，可以调整图片的大小。

学习语法 Grammar

语法点 1 Grammar Point 1

强调的方法：用双重否定表示强调 Way of expressing emphasis: using double negation to express emphasis

两个否定副词连用表示肯定的意思，有加强语气、强调的作用。

Two negative adverbs are used together to express a positive meaning in a strengthened, emphatic tone.

例句：

1 Yōuxiù de wéngǎo bù néng méiyǒu túpiàn.
优秀的 PPT 文稿不能没有图片。An excellent PPT file cannot be without pictures.

2 Táishì diànnǎo bù néng méiyǒu zhǔjī.
台式电脑不能没有主机。A desktop computer cannot work without a host.

3 Bù néng bù bǎocún wénjiàn jiù guānjī.
不能不保存文件就关机。You can't shut down a computer without saving the files.

语法练习 1　Grammar Exercise 1

按照正确的语序连词成句。**Make sentences in correct orders with the given words or phrases.**

1 ①不能　②员工　③公司　④没有

_____

2 ①不关闭电源　②工作结束后　③不能

_____

3 ①电脑　②显示器　③没有　④不能

_____

4 ①不能　②数据　③不备份　④格式化前

_____

语法点 2　Grammar Point 2

因果复句：……，因此……　Causative complex sentence: ...，因此 ...

前一分句说明原因，后一分句表示结果。

The first clause states the cause, and the second clause indicates the result.

例句：

1 Yōuxiù de wéngǎo bù néng méiyǒu túpiàn, yīncǐ xuéhuì zài zhōng
优秀的 PPT 文稿不能没有图片，因此学会在 PPT 中
tiáozhěng túpiàn fēicháng bìyào.
调整图片非常必要。An excellent PPT file cannot be without pictures, so it is necessary to learn to adjust images in PPT.

2 shì zuì chángyòng de bàngōng ruǎnjiàn, yīncǐ suǒyǒu yuángōng dōu yīnggāi
Word 是最常用的办公软件，因此所有员工都应该
xuéhuì shǐyòng.
学会使用。Microsoft Word is the most commonly used office software, so all employees should learn to use it.

3 Zhíjiē báchū yōupán dehuà kěnéng diūshī huò sǔnhuài shùjù, yīncǐ báchū
直接拔出优盘的话可能丢失或损坏数据，因此拔出

yōupán qián, xūyào xiān diǎnjī "ānquán shānchú yìngjiàn".
优盘前，需要先点击"安全删除硬件"。The data might get lost or damaged if we directly pull out the flash drive, so we need to click on "Safely Remove Hardware" before pulling out it.

语法练习 2 Grammar Exercise 2

判断正误。True or false.

1 用电安全很重要，因此工作的时候我们要注意插头和插座的使用。

2 文档中有错误，因此需要修改一下。

3 需要运行杀毒软件，因此优盘里面有病毒。

4 表格尺寸不合适，因此我们需要调整表格大小。

汉字书写 Writing Chinese Characters

huǒ 火 火 火 火
火 火 火 火 火

miè 灭 灭 灭 灭 灭
灭 灭 灭 灭 灭

yán 炎 炎 炎 炎 炎 炎 炎 炎
炎 炎 炎 炎 炎

dàn
淡 淡 淡 淡 淡 淡 淡 淡 淡 淡 淡

淡 淡 淡 淡 淡

职业拓展 Career Insight

Cloud Storage

Cloud storage is a technology that stores data on remote servers over the internet. Users can upload files, photos, videos, and other data to the cloud through cloud storage services instead of storing them on local devices. The uploaded data can be accessed, shared, and backed up anytime, anywhere, over the internet. Cloud storage offers convenience and flexibility, and often has data security and reliability, as data is stored on multiple servers to prevent loss.

小结 Summary

词语 Words

朗读词语。Read the words aloud.

优秀	没有	因此	外
非常	必要	方块儿	属性

语法 Grammar

按照正确的语序连词成句。**Make sentences in correct orders with the given words or phrases.**

1 ①电脑 ②没有 ③主机 ④不能 ⑤台式

_____

2 ①不能 ②我 ③就关机 ④不 ⑤保存文件

_____

3 ①不能没有图片 ②优秀的 PPT 文稿 ③非常必要 ④因此 ⑤学会在 PPT 中调整图片

_____

4 ①办公软件 ②所有员工都应该能熟练使用 ③因此 ④ Word 是最常用的

_____

课文理解 Text Comprehension

根据课文内容给下列句子排序。**Put the following statements in the correct order according to the text.**

A 在幻灯片中，调整图片有三种方式。

B 一是点击并拖动图片，移动图片的位置。

C 优秀的 PPT 文稿不能没有图片，因此学会在 PPT 中调整图片非常必要。

D 二是点击图片，拖动图片外侧的小方块儿调整大小。

E 三是右击图片，选择"设置图片格式"，调整图片大小和属性。

_____

Tiānjiā dònghuà xiàoguǒ
添加动画效果
Adding Animation Effects

复习 Revision

将中文词语和对应的英文连线。Match the Chinese words with corresponding English words.

1. 因此 ·　　　　　　· excellent
2. 非常 ·　　　　　　· small square
3. 必要 ·　　　　　　· property
4. 优秀 ·　　　　　　· therefore
5. 小方块儿 ·　　　　· necessary
6. 属性 ·　　　　　　· very

热身 Warming Up

读词语，选择正确的图片。Read the words, and choose the right pictures.

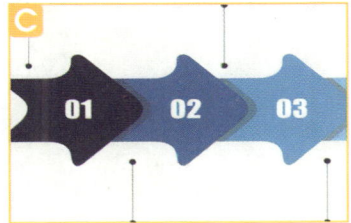

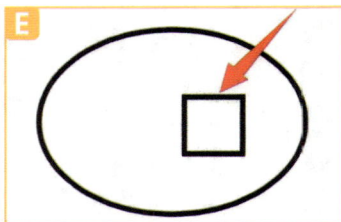

1	chóngfù 重复	repeat
2	bāokuò 包括	include
3	shùnxù 顺序	sequence
4	sùdù 速度	speed
5	duō 多	many
6	bùtóng 不同	different

学习生词 Words and Expressions 🎧 27-1

1	动画	dònghuà	n.	animation
2	效果	xiàoguǒ	n.	effect
3	动画窗格	dònghuà chuānggé	n.	animation pane
4	包括	bāokuò	v.	include
5	速度	sùdù	n.	speed
6	顺序	shùnxù	n.	sequence
7	为	wèi	prep.	for
8	多	duō	adj.	many
9	重复	chóngfù	v.	repeat

10	这些	zhèxiē	*pron.*	these
11	不同	bùtóng	*adj.*	different
12	使	shǐ	*v.*	have (sb do sth)
13	更加	gèngjiā	*adv.*	more
14	生动	shēngdòng	*adj.*	vivid
15	有趣	yǒuqù	*adj.*	interesting

词语练习 Words Exercises

1. 将中文词语和对应的拼音及英文连线。Match the Chinese words with corresponding *pinyin* and English words.

1 动画 •   • shǐ   • these

2 这些 •   • dònghuà   • for

3 使 •   • wèi   • have (sb do sth)

4 为 •   • zhèxiē   • animation

2. 词语搭配连线。Match the word collocations.

1 动画 (dònghuà) •   • 个 (gè)

2 多 (duō) •   • 效果 (xiàoguǒ)

3 重复 (chóngfù) •   • 生动 (shēngdòng)

4 更加 (gèngjiā) •   • 操作 (cāozuò)

233

学习课文 Text 🎧 27-2

添加 动画 效果
Tiānjiā dònghuà xiàoguǒ

要在幻灯片中添加动画效果，先点击想要添加动画的对象，再单击"动画"选项卡，就可以选择合适的动画效果了。动画设置可以在右侧的"动画窗格"中查看和调整，包括动画的速度和顺序等。如果要为多个对象添加动画，重复这些操作就可以了。添加不同的动画会使PPT更加生动有趣。

Adding Animation Effects

To add an animation effect to a slide, first click on the object you wish to animate in the slide, then press the "Animation" option and then you can choose a suitable animation effect. Animation settings can be viewed and adjusted in "Animation Pane" on the right of the PowerPoint window, including the speed and sequence of the animations. If you want to animate several objects, you can repeat these operations. Adding different animations will make the presentation become more vivid and interesting.

课文练习 Text Exercises

1. 根据课文内容选择句子填空。**Fill in the blanks with correct sentences according to the text.**

> A 会使 PPT 更加生动有趣
>
> B 重复这些操作就可以了
>
> C 在右侧的"动画窗格"中查看和调整
>
> D 就可以选择合适的动画效果了

1 先点击想要添加动画的对象，再单击"动画"选项卡，_____。

2 动画设置可以_____。

3 如果要为多个对象添加动画，_____。

4 添加不同的动画_____。

2. 选择正确的答案。**Choose the correct answers.**

1 在幻灯片中，点击想要添加_____的对象。

A 动画　　　　　　　　B 效果

2 单击"动画"选项卡，就可以选择合适的动画_____了。

A 动画　　　　　　　　B 效果

3 动画设置可以在_____的"动画窗格"中查看和调整。

A 左侧　　　　　　　　B 右侧

4 如果要为多个对象添加动画，_____这些操作就可以了。

A 重复　　　　　　　　B 点击

学习语法 Grammar

语法点 1 Grammar Point 1

能愿动词：会　Modal verb: 会

用在动词前，表示事件有可能发生。

It is used before a verb to indicate that the event is likely to occur.

例句：

1 Tiānjiā bùtóng de dònghuà huì shǐ gèngjiā shēngdòng yǒuqù.
添加不同的动画会使 PPT 更加 生动 有趣。Adding different animations will make the presentation more vivid and interesting.

2 Shǐyòng shǔbiāo gǔnlún liúlǎn wéndàng huì fēicháng kuàijié.
使用 鼠标滚轮浏览文档会非常快捷。It is faster to navigate through the document using the mouse wheel.

3 Dānjī yòushàngjiǎo de túbiāo, wéndàng jiù huì bèi guānbì.
单击右上角的 × 图标，文档就会被关闭。Click on the × icon in the upper right corner and the document will be closed.

语法练习 1 Grammar Exercise 1

按照正确的语序连词成句。**Make sentences in correct orders with the given words or phrases.**

1 ①不同的动画　②添加　③有趣　④更加　⑤会使 PPT

_____

2 ①就会自动生成　②目录　③并选择目录样式　④单击"目录"

_____

3 ①错误内容　②按 Backspace 键　③被删除　④就会

_____

4 ①可能会　②重要数据　③不备份的话　④丢失或损坏

语法点 2 Grammar Point 2

特殊句型：用"使"的兼语句 Special sentence pattern: the pivotal sentence in which 使 is used.

表示致使的意思。常用结构为：主语＋使＋名词＋动词性/形容词性短语。

It means "have (sb do sth)". The common structure is: subject ＋ 使 ＋ noun ＋ verb phrase/ adjective phrase.

例句：
1 Tiānjiā bùtóng de dònghuà huì shǐ gèngjiā shēngdòng yǒuqù.
添加不同的动画会使 PPT 更加 生动 有趣。Adding different animations will make the presentation more vivid and interesting.

2 Diǎnjī "quèrèn", shǐ yōupán wánchéng géshìhuà.
点击"确认"，使优盘完成 格式化。Click "Confirm" to finish formatting the flash drive.

3 Tiáozhěng wéndàng bùjú, shǐ yèbiānjù shìzhōng.
调整 文档布局，使页边距适中。Adjust the document layout to make appropriate margins.

语法练习 2 Grammar Exercise 2

把"使"放在句中合适的位置。Put 使 in the right place in the sentence.

1 点击关机＿＿＿图标＿＿＿电脑＿＿＿关闭。

2 按回车键＿＿＿文本＿＿＿换行＿＿＿。

3 拖动图片外侧的小方块儿＿＿＿图片＿＿＿宽度适中＿＿＿。

4 设置＿＿＿页面＿＿＿纸张＿＿＿横向。

汉字书写 Writing Chinese Characters

cóng 从从从从

从 | 从 | 从 | 从 | 从

zhòng 众众众众众众

众 | 众 | 众 | 众 | 众

lín 林林林林林林林林

林 | 林 | 林 | 林 | 林

sēn 森森森森森森森森森森森森

森 | 森 | 森 | 森 | 森

文化拓展 Culture Insight

Papermaking

Papermaking, one of China's four great inventions, originated in the Han Dynasty. It is the process of making paper from plant fibers such as bamboo, hemp and cotton. By soaking, crushing, pressing and drying the plant fibers, thin and tough paper was made. This invention revolutionized the way information was transmitted and recorded, replacing ancient writing media such as bamboo slips and animal skins. The popularization of papermaking promoted the spread of culture, science and knowledge, and had a profound impact on human history and social progress.

小结 Summary

词语 Words

朗读词语。Read the words aloud.

动画	效果	包括	速度	顺序
为	多	重复	这些	不同

语法 Grammar

选词填空。Fill in the blanks with correct words.

1. 点击"确认"，_____优盘完成格式化。
2. 调整文档布局，_____页边距适中。
3. 单击右上角的 × 图标，文档_____被关闭。
4. 使用鼠标滚轮浏览文档_____更加快捷。

A 会
B 使

课文理解 Text Comprehension

朗读句子。Read the sentences aloud.

1. 单击"动画"选项卡，就可以选择合适的动画效果了。
2. 动画设置可以在右侧的"动画窗格"中查看和调整，包括动画的速度和顺序等。
3. 如果要为多个对象添加动画，重复这些操作就可以了。
4. 添加不同的动画会使 PPT 更加生动有趣。

239

第28课
Lesson 28

Zài zhōng zhìzuò
在PPT中制作
jiǎndān túbiǎo
简单图表
Making Simple Charts in the PPT

复习 Revision

朗读句子。**Read the sentences aloud.**

1 动画设置可以在右侧的"动画窗格"中查看和调整，包括动画的速度和顺序等。

2 如果要为多个对象添加动画，重复这些操作就可以了。

热身 Warming Up

读词语，选择正确的图片。**Read the words, and choose the right pictures.**

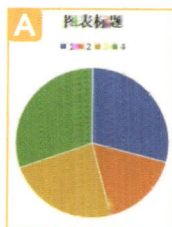

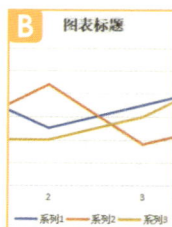

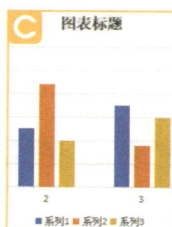

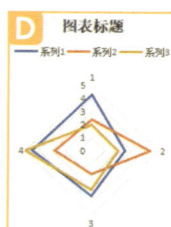

	yánsè				gǔjiàtú	
1	颜色	color		2	股价图	stock chart

	bǐngtú				zhùxíngtú	
3	饼图	pie chart		4	柱形图	bar chart

	léidátú				zhéxiàntú	
5	雷达图	radar chart		6	折线图	line chart

学习生词 Words and Expressions 🎧 23-1

1	制作	zhìzuò	v.	make
2	简单	jiǎndān	adj.	simple
3	图表	túbiǎo	n.	chart
4	例如	lìrú	v.	such as
5	柱形图	zhùzhuàngtú	n.	bar chart
6	折线图	zhéxiàntú	n.	line chart
7	饼图	bǐngtú	n.	pie chart
8	股价图	gǔpiàotú	n.	stock chart
9	雷达图	léidátú	n.	radar chart
10	对应	duìyìng	adj	corresponding
11	已经	yǐjīng	adv.	already
12	通过	tōngguò	prep.	through
13	颜色	yánsè	n.	color

词语练习 Words Exercises

1. 选择正确的答案。Choose the correct answers.

1 制作_____ A bǐngtú B zhìzuò
2 简单_____ A jiǎndān B tōngguò
3 图表_____ A túbiǎo B yánsè
4 通过_____ A tōngguò B yánsè

2. 将图片与对应词语连线。**Match the pictures with corresponding words.**

zhùxíngtú
柱形图

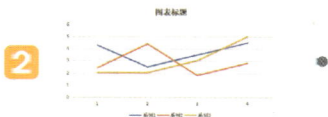

bǐngtú
饼图

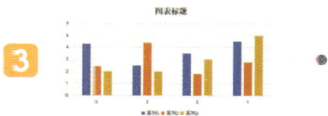

léidátú
雷达图

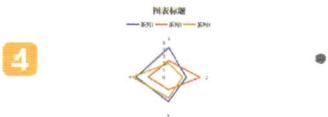

zhéxiàntú
折线图

🌐 **学习课文 Text** 🎧 28-2

Zài zhōng zhìzuò jiǎndān túbiǎo
在 PPT 中 制作 简单 图表

Zài càidānlán zhōng xuǎnzé "chārù" xuǎnxiàngkǎ, dānjī
在菜单栏中选择"插入"选项卡，单击

"túbiǎo" ànniǔ. Zài tánchū de duìhuàkuàng zhōng xuǎnzé túbiǎo
"图表"按钮。在弹出的对话框中选择图表

lèixíng, lìrú zhùxíngtú, zhéxiàntú, bǐngtú, gǔjiàtú,
类型，例如柱形图、折线图、饼图、股价图、

léidátú děng, diǎnjī "quèdìng" ànniǔ, jiù huì zìdòng shēngchéng
雷达图等，点击"确定"按钮，就会自动 生成

duìyìng de túbiǎo. Duì yǐjīng shēngchéng hǎo de túbiǎo, kěyǐ tōngguò
对应的图表。对已经 生成 好的图表，可以通过

càidānlán zhōng de "túbiǎo gōngjù" tiáozhěng túbiǎo de shùjù,
菜单栏中的"图表工具"调整图表的数据、

yàngshì, yánsè hé lèixíng děng.
样式、颜色和类型等。

Making Simple Charts in the PPT

Press the "Insert" tab in the toolbar and click on the "Add a Chart" button. Select a chart type such as bar chart, line chart, pie chart, stock chart or radar chart in the pop-up dialog box, and then click on the "Confirm" button to automatically generate the corresponding chart. As for the generated chart, we can adjust its data, style, color and type through "Chart Tools" in the menu bar.

课文练习 Text Exercises

1. 选择正确的答案。Choose the correct answers.

> A 自动生成   B 图表类型   C 图表工具   D 图表

1. 在菜单栏中选择"插入"选项卡，单击"＿＿＿＿"按钮。
2. 在弹出的对话框中选择＿＿＿＿。
3. 选择图表类型，例如柱形图等，点击"确定"按钮，就会＿＿＿＿对应的图表。
4. 对已经生成好的图表，可以通过菜单栏中的"＿＿＿＿"进行调整。

2. 根据课文内容给下列句子排序。Put the following statements in the correct order according to the text.

①点击"确定"按钮，就会自动生成对应的图表。

②在弹出的对话框中选择图表类型。

③对已经生成好的图表，可以通过菜单栏中的"图表工具"调整图表。

④在菜单栏中选择"插入"选项卡，单击"图表"按钮。

学习语法 Grammar

语法点 1 Grammar Point 1

介词：通过　Preposition: 通过

引出为达到某种目的而采用的媒介或手段。

It introduces the medium or means which is employed to achieve a certain purpose.

例句：

1 通过 PowerPoint 的 图表功能，自动 生成 图表。
Tōngguò　　　　　　de túbiǎo gōngnéng. zìdòng shēngchéng túbiǎo.
Automatically generate a chart with the help of the "Chart" function of PowerPoint.

2 通过添加不同的动画使 PPT 文稿更加有趣。Make the
Tōngguò tiānjiā bùtóng de dònghuà shǐ　　wéngǎo gèngjiā yǒuqù.
PPT more interesting by adding different animations.

3 通过"插入"功能，添加图片。Add a picture by using the
Tōngguò " chārù " gōngnéng, tiānjiā túpiàn.
"Insert" function.

语法练习 1 Grammar Exercise 1

按照正确的语序连词成句。Make sentences in correct orders with the given words or phrases.

1 ①通过　②杀毒软件　③病毒　④扫描优盘的

2 ①选项　②快捷工具栏的　③通过　④修改字体

___

3 ①复制粘贴　②文件　③我　④移动　⑤通过

___

4 ①双击　②打开程序　③桌面的图标　④通过

___

语法点 2 Grammar Point 2

时间副词：已经　Adverb of time: 已经

用在动词前，表示动作行为或某状态变化完成。

It is used before a verb to indicate the completion of an action or the change of a certain state.

例句：

1 Duì yǐjīng shēngchéng hǎo de túbiǎo, kěyǐ tōngguò càidānlán zhōng de "túbiǎo gōngjù" tiáozhěng.
对已经 生成 好的图表，可以通过菜单栏中的"图表工具"调整。As for the generated chart, we can adjust it through "Chart Tools" in the menu bar.

2 Wǒ yǐjīng bǎ diànyuán guānbì le.
我已经把电源关闭了。I have turned the power off.

3 Wǒ yǐjīng bǎ múbǎn yìngyòng dào měi yè huàndēngpiān zhōng le.
我已经把模板应用到每页幻灯片 中了。I have applied the template to each slide page.

语法练习 2 Grammar Exercise 2

把"已经"放在句中合适的位置。Put 已经 in the right place in the sentence.

1 我＿＿对目录内容＿＿进行＿＿更新了。

2 我＿＿打开＿＿电脑了。

3 确保_____把文本中_____的错误删除了。

4 确保_____新文件_____创建_____完成。

汉字书写 Writing Chinese Characters

吕 吕吕吕吕吕吕

昌 昌昌昌昌昌昌昌昌

唱 唱唱唱唱唱唱唱唱唱唱唱

晶 晶晶晶晶晶晶晶晶晶晶晶晶

职业拓展 Career Insight

Remote Desktop

Remote desktop is a technology that allows users to access and control another computer from a remote location via the internet. This technology allows users to access, manipulate, and use applications and data on a remote computer without being physically located. Typically, users need to use a remote desktop client or browser to establish a connection. This technology plays an important role in modern computing and communications, enabling collaboration and access across geographic locations.

小结 Summary

词语 Words

朗读词语。**Read the words aloud.**

制作	简单	图表	通过	柱形图
饼图	折线图	雷达图	对应	已经

语法 Grammar

按照正确的语序连词成句。**Make sentences in correct orders with the given words or phrases.**

1 ①添加不同的动画 ②通过 ③ PPT 更加有趣 ④使

_____

2 ①电源 ②关闭 ③已经 ④我 ⑤了

_____

3 ①"插入"功能　②通过　③添加　④图片

_____

4 ①我已经　②扫描　③了　④优盘

_____

📜 **课文理解** Text Comprehension

根据课文内容选择句子填空。Fill in the blanks with correct sentences according to the text.

> A 对已经生成好的图表
> B 例如柱形图、折线图、饼图、股价图、雷达图等
> C 单击"图表"按钮

　在菜单栏中选择"插入"选项卡，_____。在弹出的对话框中选择图表类型，_____，点击"确定"按钮，就会自动生成对应的图表。_____，可以通过菜单栏中的"图表工具"调整图表的数据、样式、颜色和类型等。

设置超链接

Shèzhì chāoliànjiē

Setting Hyperlinks

复习 Revision

朗读词语。**Read the words aloud.**

制作	图表	饼图	已经
简单	通过	对应	颜色

热身 Warming Up

读词语，选择正确的图片。**Read the words, and choose the right pictures.**

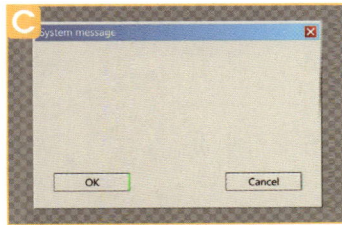

D

E

F

1 地址 dìzhǐ   address

2 电子邮件 diànzǐ yóujiàn   e-mail

3 超链接 chāoliànjiē   hyperlink

4 弹窗 tánchuāng   pop-up window

5 网页 wǎngyè   web page

6 测试 cèshì   test

学习生词 Words and Expressions 🎧 29-1

1	超链接	chāoliànjiē	*n.*	hyperlink
2	弹窗	tánchuāng	*n.*	pop-up window
3	链接	liànjiē	*v.*	link
4	现有	xiànyǒu		existing
5	网页	wǎngyè	*n.*	web page
6	本	běn	*pron.*	this

7	电子邮件	diànzǐ yóujiàn	*n.*	e-mail
8	地址	dìzhǐ	*n.*	address
9	完	wán	*v.*	finish
10	测试	cèshì	*v.*	test
11	是否	shìfǒu	*adv.*	whether
12	千万	qiānwàn	*adv.*	be sure to
13	别	bié	*adv.*	do not
14	忘记	wàngjì	*v.*	forget

📖 **词语练习** Words Exercises

1. 判断正误。True or false.

1 弹窗　　　　tánchuāng　　☐

2 网页　　　　wǎngzhǐ　　　☐

3 地址　　　　dìzhǐ　　　　☐

4 是否　　　　shìfǒu　　　　☐

2. 词语搭配连线。Match the word collocations.

1 添加 (tiānjiā)	•	• 地址 (dìzhǐ)
2 现有 (xiànyǒu)	•	• 别 (bié)
3 电子邮件 (diànzǐ yóujiàn)	•	• 超链接 (chāoliànjiē)
4 千万 (qiānwàn)	•	• 文件 (wénjiàn)

学习课文 Text 🎧 29-2

设置超链接
Shèzhì chāoliànjiē

在幻灯片上，选择需要添加超链接的对象，点击"插入"选项，单击"超链接"。在"插入超链接"的弹窗中，可以选择链接到不同的位置：现有文件或网页、本文档中的位置、新建文档和电子邮件地址。设置完以后，点击"确定"，并测试超链接是否已经生成，最后千万别忘记保存文稿。

Setting Hyperlinks

Select the object to which you want to add a hyperlink on the slide, then click on the "Insert" option and select "Add a Hyperlink". In the pop-up window of "Insert Hyperlink", you can select the location to which you want to link: the "existing file or web page", the "place in this document", the "document" or "e-mail address". After completing the settings, click on the "Confirm" button and test whether the hyperlink is generated. Finally, don't forget to save the file.

课文练习 Text Exercises

1. 判断正误。True or false.

1. 在幻灯片上不可以设置超链接。

2. 在"文件"的弹窗中，可以选择链接到不同的位置。

3. 超链接设置完以后，点击"确定"，并测试超链接是否生成。

4. 超链接设置完以后，可以不保存文档。

2. 选择正确的答案。Choose the correct answers.

1. 在幻灯片上，选择需要添加_____的对象。

   A 超链接　　　　B 文件　　　　　C 空白　　　　　D 放映

2. 在"插入超链接"的_____中，可以选择链接到不同的位置。

   A 文档　　　　　B 弹窗　　　　　C 点击　　　　　D 超链接

3. 设置完以后，点击"确定"，并_____超链接是否已经生成。

   A 图标　　　　　B 测试　　　　　C 点击　　　　　D 修改

4. 最后千万别忘记_____文稿。

   A 保存　　　　　B 检查　　　　　C 点击　　　　　D 更新

学习语法 Grammar

语法点 1 Grammar Point 1

结果补语：动词＋完　Complement of result: verb＋完

表示动作完成。

It indicates the completion of the action.

例句：
1. Shèzhì wán yǐhòu, diǎnjī "quèdìng". 设置完以后，点击"确定"。After completing the settings, click on the "confirm" button.

2. Xiūgǎi wán wéndàng yāo jíshí bǎocún. 修改完文档要及时保存。After modifying the document, you need to save it in time.

3. Yōupán shǐyòng wán hòu, báchū yōupán qián, wǒmen xūyào xiān diǎnjī "ānquán shānchú yìngjiàn". 优盘使用完后，拔出优盘前，我们需要先点击"安全删除硬件"。When we finished using the flash drive, we need to click on "Safely Remove Hardware" before pulling it out.

语法练习1 Grammar Exercise 1

选择正确的答案。Choose the correct answers.

1. 这个笔记本电脑的电已经用_____了。   A 完   B 好

2. 对已经生成_____的图表，可以通过菜单栏

   中的"图表工具"进行调整。   A 完   B 好

3. 先备份_____重要数据，再进行优盘格式化。   A 完   B 好

4. 关闭电脑前需要保存_____文件。   A 完   B 好

语法点2 Grammar Point 2

语气副词：千万　Adverb of mood：千万

表示恳切叮咛，务必做某事。多用在否定句中，常用结构为：千万＋不／别＋动词性词语。

It indicates the exhortations to do something, is usually used in negative sentences. The common structure is：千万＋不／别＋verb phrase.

例句：
1　Qiānwàn bié wàngjì bǎocún wéndàng.
千万别忘记保存文档。Don't forget to save the file.

2　Gōngzuò jiéshù hòu, qiānwàn bié wàngjì guānbì diànyuán.
工作结束后，千万别忘记关闭电源。Don't forget to turn off the power after you've done working.

3　Qiānwàn yào zhùyì yòngdiàn ānquán.
千万要注意用电安全。Always pay attention to electrical safety.

语法练习 2　Grammar Exercise 2

把"千万"放在句中合适的位置。Put 千万 in the right place in the sentence.

1　____不要____在办公区____吸烟（xīyān，smoke）。

2　____不能____直接____拔出优盘。

3　____修改好____文本后，____别忘记____更新目录。

4　____如果____没有保存好文档，就____不要____关闭电源。

汉字书写　Writing Chinese Characters

tiān
天　天 天 天 天

fū
夫　夫 夫 夫 夫

shī
失　失 失 失 失 失

guān
关　关 关 关 关 关

文化拓展 Culture Insight

Peking Opera

Peking Opera is one of the representatives of traditional Chinese opera art, which originated in the 19th century and developed in Beijing, hence its name. It combines various art forms such as singing, speaking, acting, martial art and dancing, and is based on traditional operas and dances. It emphasizes role-playing and performance techniques. Actors are often made up of traditional theater roles, portraying heroes, gods and goddesses, or folkloric characters from history, literature, and legend. Peking Opera plays an important role in Chinese culture and is also widely popular internationally.

小结 Summary

词语 Words

朗读词语。Read the words aloud.

超链接	弹窗	现有	网页
电子邮件	地址	是否	千万
别	忘记		

语法 Grammar

把"完"或"千万"放在句中合适的位置。Put 完 or 千万 in the right place in the sentence.

1. ＿＿设置＿＿以后＿＿点击＿＿"确定"。
2. ＿＿文档＿＿修改＿＿要及时＿＿保存。
3. ＿＿工作结束＿＿的时候，＿＿别忘记＿＿关闭电源。
4. ＿＿要＿＿注意＿＿用电安全＿＿。

课文理解 Text Comprehension

根据课文内容选词填空。Fill in the blanks with correct words according to the text.

A 是否　　　　B 超链接　　　　C 网页　　　　D 弹窗

　　在幻灯片上，选择需要添加＿＿＿＿的对象，点击"插入"选项，单击"超链接"。在"插入超链接"的＿＿＿＿中，可以选择链接到不同的位置：现有文件或＿＿＿＿、本文档中的位置、新建文档和电子邮件地址。设置完以后，点击"确定"，并测试超链接＿＿＿＿已经生成。最后千万别忘记保存文稿。

Fàngyìng huàndēngpiān
放映幻灯片
Showing Slides

复习 Revision

将中文词语和对应的拼音连线。**Match the Chinese words with corresponding *pinyin*.**

1 超链接 •   • qiānwàn
2 现有 •   • shìfǒu
3 电子邮件 •   • cèshì
4 是否 •   • xiànyǒu
5 千万 •   • chāoliànjiē
6 测试 •   • diànzǐ yóujiàn

热身 Warming Up

将中文词语和对应的拼音及英文连线。**Match the Chinese words with corresponding *pinyin* and English words.**

1 根据 •   • fànwéi •   • control
2 需求 •   • xūqiú •   • according to
3 第一 •   • gēnjù •   • demand
4 控制 •   • dì-yī •   • have to
5 范围 •   • děi •   • scope
6 得 •   • kòngzhì •   • first

学习生词 Words and Expressions 🎧 30-1

1	根据	gēnjù	*prep.*	according to
2	需求	xūqiú	*n.*	demand
3	从	cóng	*prep.*	from
4	第一	dì-yī	*num.*	first
5	从头	cóngtóu	*adv.*	from the beginning
6	定	dìng	*v.*	fix
7	控制	kòngzhì	*v.*	control
8	范围	fànwéi	*n.*	scope
9	得	děi	*v.*	(used before verbs to indicate the need to do something)

词语练习 Words Exercises

1. 选择正确的答案。Choose the correct answers.

1	从头_____	A cóngtóu	B fànwéi
2	定_____	A dìng	B yīng
3	得_____	A dé	B děi
4	控制_____	A kòngzhì	B shǔxìng

2. 词语搭配连线。Match the word collocations.

1	xuǎn 选 •		• kāishǐ 开始	
2	dì-yī 第一 •		• dìng 定	
3	cóngtóu 从头 •		• （不同的）需求 bùtóng de xūqiú	
4	gēnjù 根据 •		• zhāng 张	

学习课文 Text 🎧 30-2

Fàngyìng huàndēngpiān
放映 幻灯片

Diǎnjī "huàndēngpiān fàngyìng" càidān, gēnjù bùtóng de
点击"幻灯片放映"菜单，根据不同的
xūqiú, xuǎnzé fàngyìng fāngshì: rúguǒ cóng dì-yī zhāng huàndēngpiān
需求，选择放映方式：如果从第一张幻灯片
kāishǐ fàngyìng, jiù diǎnjī "cóngtóu kāishǐ". Rúguǒ cóngxuǎndìng de
开始放映，就点击"从头开始"。如果从选定的
huàndēngpiān kāishǐ fàngyìng, jiù diǎnjī "cóng dāngqián huàndēngpiān
幻灯片开始放映，就点击"从当前幻灯片
kāishǐ". Rúguǒ yào kòngzhì huàndēngpiān de fàngyìng shùnxù hé fànwéi,
开始"。如果要控制幻灯片的放映顺序和范围，
jiù děi zài "zìdìngyì huàndēngpiān fàngyìng" zhōng shèzhì.
就得在"自定义幻灯片放映"中设置。

Showing Slides

Press the "Slide Show" option to show the slides according to different demands. If you want to start the slide show from the first slide, click on the "From Beginning" button. If you want to start the slide show from the selected slide, click on the "Start From This Slide" button. If you want to control the order and scope of the slides to show, you need to click on the "Custom Slide Show" button to make relevant settings.

课文练习 Text Exercises

1. 根据课文内容选择句子填空。**Fill in the blanks with correct sentences according to the text.**

1 点击"幻灯片放映"菜单，_____。

2 如果从第一张幻灯片开始放映，_____。

3 如果从选定的幻灯片开始放映，_____。

4 如果要控制幻灯片的放映顺序和范围，_____。

A 就点击"从当前幻灯片开始"

B 就得在"自定义幻灯片放映"中设置

C 选择放映方式

D 就点击"从头开始"

2. 选择正确的答案。**Choose the correct answers.**

1 点击"幻灯片放映"菜单，选择_____。

　　A 放映方式　　　　　　　B 放映功能

2 可根据不同的_____，选择放映方式。

　　A 文件　　　　　　　　　B 需求

3 如果从第一张幻灯片开始放映，就点击"_____"。

　　A 从头开始　　　　　　　B 从当前幻灯片开始

4 如果要控制幻灯片的放映顺序和范围，就点击"_____"。

　　A 自定义幻灯片放映　　　B 设置幻灯片放映

学习语法 Grammar

语法点 1 Grammar Point 1

介词：根据　Preposition: 根据

用于引出某个动作行为的基础和前提。常用结构为：根据 + 名词性短语 / 动词性短语。

It is used to draw out the basis or precondition of a certain action. The common structure is: 根据 + noun phrase/verb phrase.

例句：

1 Kěyǐ gēnjù bùtóng de xūqiú, xuǎnzé fàngyìng fāngshì. 可以根据不同的需求，选择放映方式。You can choose the way to show the slides according to different demands.

2 Gēnjù duìhuàkuàng zhōng de xuǎnxiàng, xuǎnzé túbiǎo lèixíng. 根据对话框 中的选项，选择图表类型。Choose the chart type according to the options in the dialog box.

3 Wǒmen yào gēnjù de zhǔtí xuǎnzé héshì de móbǎn. 我们要根据 PPT 的主题选择合适的模板。We should choose the appropriate template according to the theme of the PPT.

语法练习 1 Grammar Exercise 1

按照正确的语序连词成句。Make sentences in correct orders with the given words or phrases.

1 ①要根据　②选择　③文档内容　④合适的图片

_____

2 ①选择　②要根据　③演示文稿的主题　④合适的模板

_____

3 ①修改的需求　②选择　③幻灯片缩略图　④根据　⑤在导航
面版里面

---

4 ①文档的需要　②调整　③根据　④图片的　⑤布局和大小

语法点 2 Grammar Point 2

能愿动词：得　Modal verb: 得

表示意志上或事实上的必要。

It indicates the need in the sense of will or fact.

例句：
1 Rúguǒ yào kòngzhì huàndēngpiān de fàngyìng shùnxù hé fànwéi, jiù děi zài
如果要控制幻灯片的放映顺序和范围，就得在
"zìdìngyì fàngyìng" zhōng shèzhì.
"自定义放映"中设置。If you want to control the order and
scope of the slides to show, you need to click on the "Custom Slide
Show" button to make relevent settings.

2 Yào xiǎng shānchú wénběn zhōng de cuòwù, jiù děi àn jiàn.
要想删除文本中的错误，就得按 Backspace 键。To
delete errors in the text, you have to press the Backspace key.

3 shì zuì cháng yòng de bàngōng ruǎnjiàn, yuángōng dōu děi xuéhuì shǐyòng.
Word 是最常用的办公软件，员工都得学会使用。
Microsoft Word is the most commonly used office software and all
employees have to learn how to use it.

语法练习 2 Grammar Exercise 2

把"得"放在句中合适的位置。Put 得 in the right place in the sentence.

1 要避免数据＿＿＿＿丢失，＿＿＿＿你就＿＿＿＿及时＿＿＿＿保存文档。

2 运行程序前＿＿＿＿你＿＿＿＿双击＿＿＿＿桌面的＿＿＿＿图标。

3 台式计算机＿＿＿关机时＿＿＿还＿＿＿关闭＿＿＿显示器。

4 拔出＿＿＿优盘前，＿＿＿你＿＿＿先点击＿＿＿"安全删除硬件"。

✏️ 汉字书写 Writing Chinese Characters

qiū
丘 | 丘 | 丘 | 丘 | 丘 | | | | | |

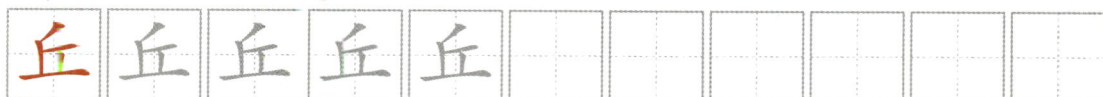

pīng
乒 | 乒 | 乒 | 乒 | 乒 | | | | | |

pāng
乓 | 乓 | 乓 | 乓 | 乓 | | | | | |

bīng
兵 | 兵 | 兵 | 兵 | 兵 | | | | | |

⚛️ 职业拓展 Career Insight

File Compression

File compression is a common data processing technique that saves storage space and speeds up file transfer by reducing the file size. It eliminates redundant data, compresses the file by using different algorithms, and the file is usually stored in the form of compressed packages, such as ZIP, RAR and so on. A compressed file can include documents, images, audio, video, etc.

The file will be restored to its original state after decompression. File compression is very useful in file transfer, backup, storage, and network communication, reducing resource consumption and increasing efficiency.

小结 Summary

词语 Words

朗读词语。**Read the words aloud.**

根据	需求	从	第一	张
定	控制	范围	得	

语法 Grammar

选词填空。**Fill in the blanks with correct words.**

> A 得 　　　　 B 根据

1. 要想删除文本中的错误，就_____按 Backspace 键。
2. Word 是最常用的办公软件，员工们都_____学会使用。
3. _____弹出的对话框，选择图表类型。
4. 我们要_____PPT 的主题选择合适的内容。

课文理解 Text Comprehension

根据课文内容给下列句子排序。Put the following statements in the correct order according to the text.

A 如果从第一张幻灯片开始放映，就点击"从头开始"。

B 如果从选定的幻灯片开始放映，就点击"从当前幻灯片开始"。

C 点击"幻灯片放映"菜单，根据不同的需求，选择放映方式。

D 如果要控制幻灯片的放映顺序和范围，就得在"自定义放映"中设置。

读者意见反馈

为收集对教材的意见建议，进一步完善教材编写并做好服务工作，读者可将对本教材的意见建议通过如下渠道反馈至我社。

咨询电话 0086-10-58581350

反馈邮箱 xp@hep.com.cn

通信地址 北京市西城区德外大街 4 号

高等教育出版社海外出版事业部（国际语言文化出版中心）

邮政编码 100120

"智慧职教"服务指南

　　"智慧职教"（www.icve.com.cn）是由高等教育出版社建设和运营的职业教育数字教学资源共建共享平台和在线课程教学服务平台，与教材配套课程相关的部分包括资源库平台、职教云平台和 App 等。用户通过平台注册，登录即可使用该平台。

　　● **资源库平台**：为学习者提供本教材配套课程及资源的浏览服务。

　　登录"智慧职教"平台，在首页搜索框中搜索"Hadoop 大数据平台构建与应用"，找到对应作者主持的课程，加入课程参加学习，即可浏览课程资源。

　　● **职教云平台**：帮助任课教师对本教材配套课程进行引用、修改，再发布为个性化课程（SPOC）。

　　1. 登录职教云平台，在首页单击"新增课程"按钮，根据提示设置要构建的个性化课程的基本信息。

　　2. 进入课程编辑页面设置教学班级后，在"教学管理"的"教学设计"中"导入"教材配套课程，可根据教学需要进行修改，再发布为个性化课程。

　　● **App**：帮助任课教师和学生基于新构建的个性化课程开展线上线下混合式、智能化教与学。

　　1. 在应用市场搜索"智慧职教 icve"App，下载安装。

　　2. 登录 App，任课教师指导学生加入个性化课程，并利用 App 提供的各类功能，开展课前、课中、课后的教学互动，构建智慧课堂。

　　"智慧职教"使用帮助及常见问题解答请访问 help.icve.com.cn。

"十四五"职业教育国家规划教材

云计算技术应用专业校企合作系列教材

Hadoop大数据平台
构建与应用

（第2版）

主　编　米　洪　陈　永

副主编　顾旭峰　蒋兰军　宋学永

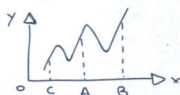

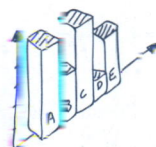

中国教育出版传媒集团

高等教育出版社·北京

内容提要

本书为"十四五"职业教育国家规划教材,也是云计算技术应用专业校企"双元"合作开发的教材。

本书基于"实际任务导向型课程模式"进行构建,以"就业岗位推荐"系统为项目原型,以项目导向、任务驱动为主线,遵循大数据分析的流程,基于 Python 语言和 Hadoop 大数据平台,完成 Hadoop 平台搭建、就业岗位网络数据及日志数据采集与存储、就业岗位数据预处理、就业岗位推荐和就业岗位数据分析与可视化等完整的大数据应用案例,以培养能力为主旨,加强学生的基本实践能力与操作技能训练,体现职业教育人才培养中的"工匠精神"要求。

本书配有微课视频、课程标准、授课用 PPT、案例源代码、习题库等丰富的数字化学习资源。与本书配套的数字课程在"智慧职教"平台(www.icve.com.cn)上线,学习者可登录平台在线学习,授课教师可调用本课程构建符合自身教学特色的 SPOC 课程,详见"智慧职教"服务指南。教师也可发邮件至编辑邮箱 143103297@qq.com 获取相关资源。

本书可作为高等职业院校云计算技术应用、大数据技术、软件技术和智能交通等专业的大数据分析等相关课程的教材,也可作为从事云计算应用、大数据分析的"数据分析师、数据架构师"岗位人员的参考用书和培训用书。

图书在版编目(ＣＩＰ)数据

Hadoop大数据平台构建与应用 / 米洪,陈永主编
. -- 2版. -- 北京 : 高等教育出版社,2023.5
ISBN 978-7-04-059691-5

Ⅰ. ①H··· Ⅱ. ①米··· ②陈··· Ⅲ. ①数据处理软件-
高等职业教育-教材 Ⅳ. ①TP274

中国国家版本馆CIP数据核字(2023)第008761号

Hadoop Dashuju Pingtai Goujian yu Yingyong

| 策划编辑 | 吴鸣飞 | 责任编辑 | 吴鸣飞 | 封面设计 | 姜 磊 | 版式设计 | 童 牛 |
| 责任绘图 | 邓 超 | 责任校对 | 高 歌 | 责任印制 | 刁 毅 | | |

出版发行	高等教育出版社	网　　址	http://www.hep.edu.cn
社　　址	北京市西城区德外大街 4 号		http://www.hep.com.cn
邮政编码	100120	网上订购	http://www.hepmall.com.cn
印　　刷	北京市大天乐投资管理有限公司		http://www.hepmall.com
开　　本	787 mm×1092 mm　1/16		http://www.hepmall.cn
印　　张	19	版　　次	2018 年 2 月第 1 版
字　　数	420 千字		2023 年 5 月第 2 版
购书热线	010-58581118	印　　次	2023 年 12 月第 3 次印刷
咨询电话	400-810-0598	定　　价	55.00 元

前　　言

一、缘起

大数据技术正日益对全球的生产、流通、分配、消费、经济运行机制和社会生产生活方式产生重大影响。信息技术与经济社会的交汇融合促进了大数据技术的迅猛发展，大数据技术通过对数量巨大、来源分散、格式多样的数据进行采集、存储和关联分析，从中发现新知识、创造新价值、提升新能力，已经发展成为新一代的信息技术和服务产业。

近年来，各职业院校把校企"双元"合作作为提升人才培养质量、打造办学特色的重要抓手，校企协同育人成为提高人才培养的突破口。本书编者团队与全国职业院校技能大赛云计算赛项合作企业江苏一道云科技发展有限公司合作，联合该企业的数据分析师和数据架构师岗位技术骨干全过程参与本书编写，紧密地将大数据技术应用类企业市场需求与学校高技能人才培养相结合，进行项目编创和任务的组织实施，充分比较所编写教材与现行同类教材的异同，对本教材的编写模式进行合理地融合和大胆地改进，内容注重引入新技术、新工具，并基于技术、理念先进性的前提，结合职业教育的规律和特点，突出工学结合特色。

二、内容

职业教育课程是形成学生职业能力的"生产线"，项目式课程作为一种新式的"生产线"，它最突出的特点之一就是"做中学"，本书注重实用性、科学性和创新性，突出现代职教特色，根据市场对大数据分析管理与运维的岗位要求，注重实践能力和技能操作训练；主要针对云计算技术应用、大数据技术、软件技术和智能交通等专业人才培养目标、业务规格（包括知识结构和能力结构）和教学标准的基本要求，结合全国职业院校技能大赛大数据赛项内容，优化整合教学内容，突出工学结合特色。

本书第 1 版于 2018 年 2 月出版后，基于广大院校师生的教学应用反馈并结合目前最新的课程教学改革成果，不断优化、更新教材内容，同时，结合党的二十大精神进教材、进课堂、进头脑的要求，本次改版将"坚持教育优先发展、科技自立自强、人才引领驱动"作为指导思想，首先在每个项目开始处设置素质目标，重点培养或提升如规范操作、精益求精的工匠精神、安全意识和创新思维等核心职业能力，通过加强行为规范与思想意识的引领作用，落实"培养德才兼备的高素质人才"要求；其次，本书在第 1 版的基础上，对软件操作平台、项目案例及数字化配套资源等依据行业企业目前最新的技术发展动态及人才培养方案进行了全新的升级和优化，具体体现为：以"就业岗位推荐"系统为项目原型，以任务驱动为主线，遵循大数据分析的流程，基于 Python 语言和 Hadoop 大数据平台，完成 Hadoop 平台搭建、就业岗位网络数据及日志数据采集与存储、就业岗位数据预处理、就业岗位推荐和就业岗位数据分析与可视化等完整的大数据应用案例，详细介绍以下目前最新的技术及项目应用案例。通过本次改版，将新技术、新工艺、新规范、典型生产案例及时纳入教学内容，进一步推动现代信息技术与教育教学深度融合，将教材建设和教书育人结合起来，着力于培养新一代大数据基础设施建设所需的复合型高技能人才，为建设社会主义现代化强国助力。

① Hadoop 与 Spark 集群环境搭建。
② 基于 Scrapy 平台的搭建与就业岗位网站数据采集与存储。
③ 基于 Flume 平台的搭建与日志数据的采集。
④ 使用 MapReduce 进行数据预处理与数据分析。
⑤ 使用 Spark 进行就业岗位推荐与岗位聚类。
⑥ 使用 ECharts 进行就业岗位数据可视化。
⑦ 使用 Flask、ECharts 进行就业岗位数据可视化。

三、使用

1. 教学内容与学时安排

本课程建议授课 64 学时，教学内容与学时安排见下表。

序号	课 程 项 目	课程模块（任务、情境）	模块学时	项目学时
1	项目 1　认识大数据并完成环境搭建	任务 1.1　认识大数据并完成 CentOS 操作系统安装	4	12
		任务 1.2　Hadoop 环境搭建	4	
		任务 1.3　Spark 环境搭建	4	
2	项目 2　就业岗位数据采集与存储	任务 2.1　认识数据采集技术并搭建 Scrapy 框架	4	12
		任务 2.2　使用网络爬虫采集招聘岗位数据	4	
		任务 2.3　上传采集数据到 HDFS	4	
3	项目 3　基于 Flume 的日志数据采集实践	任务 3.1　Flume 的安装和配置	4	8
		任务 3.2　Flume 采集数据上传到集群	4	
4	项目 4　使用 MapReduce 进行数据预处理与数据分析	任务 4.1　使用 MapReduce 清洗与规格化数据	4	8
		任务 4.2　使用 MapReduce 进行数据处理与分析	4	
5	项目 5　使用 Spark 进行数据分析	任务 5.1　使用 Spark 进行就业岗位推荐	4	8
		任务 5.2　通过协同过滤实现岗位聚类	4	
6	项目 6　就业岗位数据可视化	任务 6.1　使用 ECharts 进行数据可视化	8	16
		任务 6.2　使用 Flask、ECharts 进行数据可视化	8	
合计				64

2. 课程资源

本书为"十四五"职业教育国家规划教材，同时为云计算技术应用专业校企"双元"合作开发的教材，配有微课视频、课程标准、授课用 PPT、案例源代码、习题库等丰富的数字化学习资源。与本书配套的数字课程在"智慧职教"平台（www.icve.com.cn）上线。学习者可登录平台在线学习，授课教师可调用本课程构建符合自身教学特色的 SPOC 课程，详见"智慧职教"服务指南。教师也可发邮件至编辑邮箱 1548103297@qq.com 获取相关资源。

四、致谢

本书由南京交通职业技术学院的米洪、江苏海事职业技术学院的陈永任三编并完成统稿，由全国职业院校技能大赛云计算赛项合作企业江苏一道云科技发展有限公司的顾旭峰、蒋兰军、宋学永任副主编并完成项目实践操作的验证工作。本书的出版得到了南京交通职业技术学院的高成和、赵宇轩和孙茂泉等的大力支持，同时编者在编写本书的过程中参阅了国内外同行的相关著作和文献，在此一并表示衷心的感谢！

由于编者水平有限，书中难免存在疏漏和不足之处，恳请广大读者批评、指正。

编 者
2023 年 6 月

目　　录

项目 1

认识大数据并完成环境搭建

💡 学习目标 ••••••••••••••••••••••••••••••••••••••

【知识目标】
- 掌握大数据的概念和特征。
- 了解并熟悉大数据处理与分析流程。

【技能目标】
- 熟悉大数据处理与分析工具。
- 学会 CentOS 的安装。
- 掌握 CentOS 中常用的 Linux 命令。
- 掌握 Hadoop 的安装与配置。

【素质目标】
- 具有严谨细致的工作态度和工作作风。
- 具有良好的团队协作意识和业务沟通能力。
- 具有良好的表达能力和文档制作能力。
- 具有规范的编程意识和较好的数据洞察力。

📋 项目描述 ••••••••••••••••••••••••••••••••••••••

【学习情景】

在当今社会中，大数据正在催生以数据资产为核心的多种商业模式，并产生了巨大的应用价值。数据的生成、分析、存储、分享、检索、消费构成了大数据的生态系统，每个环节都有不同的需求，新的需求又驱动了技术和方法的创新。大数据技术逐渐应用于多种社会场景，使数据参与决策，使人们真正有效地发掘该技术的价值，并对人们未来的生活模式产生影响。近年来，伴随着物联网的兴起、移动应用的流行和社交媒体的快速发展，大数据技术展现出其独有的时代特性，并广泛应用在客户群体细分、数据搜索、虚拟现实、个性推荐、客户关系管理等方面。得益于其巨大的延伸价值，该技术将会成为时代的焦点。

　　基于对"大数据应用"的理解和认知，小华同学准备学习相关的大数据技术，为了更好地学习与实践相关技术，落实"做中学，学中做"，小华选择在 Linux 操作系统中搭建 Hadoop 环境。在 Linux 操作系统的选择上，小华了解到该操作系统的发行版本可以分为两类：一类是商业公司维护的发行版本，以 Redhat 为代表；另一类是社区组织维护的发行版本，以 Debian 为代表。Redhat 系列包括 RHEL（Redhat Enterprise Linux，即 Redhat Advance Server，收费版本）、Fedora Core（由原来的 Redhat 桌面版本发展而来，免费版本）、CentOS（免费版本）；Debian 系列包括 Debian 和 Ubuntu 等。最终小华根据本项目的特点选择了 CentOS 操作系统。

任务 1.1　认识大数据并完成 CentOS 操作系统安装

PPT:
认识大数据并
完成 CentOS 操
作系统安装

任务描述

1. 熟悉大数据的定义、基本特征及大数据处理与分析的相关技术、工具和产品等。
2. 完成 CentOS 系统环境搭建。

任务目标

1. 熟悉大数据的概念和特征。
2. 熟悉大数据分析流程和工具的使用。
3. 学会 CentOS 的安装。
4. 学会 CentOS 中常用命令的使用。
5. 学会 Hadoop 的安装与配置。

知识准备

1. 大数据背景知识

大数据已成为时下互联网行业炙手可热的名词之一，在全球引领了新一轮数据技术革命的浪潮。通过 2012 年的蓄势待发，2013 年被称为"世界大数据元年"，标志着世界已正式步入了大数据时代。移动互联网、物联网及传统互联网等每天都会产生海量的数据，人们可以使用适当的统计分析方法对收集来的大量数据进行分析，将它们加以汇总和理解，以求最大化地开发数据并发挥其作用。Hadoop 是一个由 Apache 基金会所开发的分布式系统基础架构。用户可以在不了解分布式底层细节的情况下，开发分布式程序，充分利用集群的能力进行高速运算和存储。Hadoop 框架最核心的设计就是 HDFS（Hadoop Distributed File System）和 MapReduce。HDFS 为海量的数据提供了存储，而 MapReduce 则为海量的数据提供了计算。Hadoop 与大数据结合紧密，可以高效地处理海量规模的数据。

接下来将从理论、技术、实践 3 个层面展开介绍大数据，如图 1-1 所示。具体包括：① 理论是认知的必经途径，也是被广泛认同和传播的基线。人们从大数据的特征定义出发，去理解行业对大数据的整体描绘和定性；从对大数据价值的探讨出发，去深入解析大数据的价值所在；从大数据的现在和未来出发，去洞悉大数据的发展趋势；从大数据隐私的视角出发，去审视人和数据之间的长久博弈。② 技术是大数据价值体现的手段和前进的基石。人们分别从云计算、分布式处理技术、存储技术和感知技术的发展出发，去说明大数据从采集、处理、存储到形成结果的整个过程。③ 实践是大数据的最终价值体现。人们分别从互联网、政府、企业和个人的大数据 4 个方面去描绘大数据已经展现的美好景象及即将实现的蓝图。

读书笔记

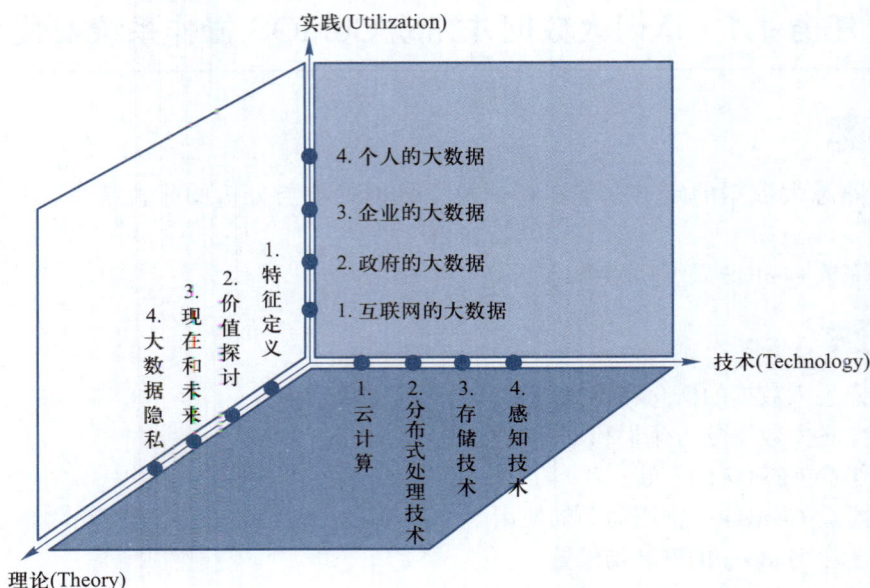

图 1-1   大数据的 3 个层面

（1）从理论层面认知大数据

① 大数据的特征。相关权威机构给出大数据的定义为：大数据是指大小超出常规的数据库工具获取、存储、管理和分析能力的数据集。

业界将大数据的特征归纳为 4 个 "V"（Volume、Variety、Value 和 Velocity），其对应的含义和具体介绍如下。

- 数据体量巨大（Volume）：大数据的起始计量单位至少是 PB（10^3 TB）、EB（10^6 TB）或 ZB（10^9 TB）。
- 数据类型繁多（Variety）：如网络日志、视频、图片、地理位置信息等。
- 价值密度低、商业价值高（Value）：由于数据采集的不及时，数据样本的不全面、数据不连续等，可能会导致数据失真，但当数据量达到一定规模时，可以通过更多的数据实现更真实全面的反馈。
- 处理速度快（Velocity）：对大数据的处理有较高的速度要求，一般要在秒级时间范围内给出分析结果，时间太长就失去了价值，这个速度要求是大数据技术和传统的数据挖掘技术最大的区别。

大数据是指无法在一定时间范围内使用常规软件工具进行捕捉、处理和管理的数据集合，是需要使用新处理模式才能处理的具有更强决策力、洞察发现力和流程优化能力的海量、高增长率和多样化的信息资产。

② 大数据的发展。在当今社会，大数据的应用价值已在各行各业凸显。大数据能够帮助管理部门实现市场经济调控、公共卫生安全防范、灾难预警、社会舆论监督；大数据能够帮助城市预防犯罪、实现智慧交通、提升应急能力；大数据能够帮助

医疗机构建立患者的疾病风险跟踪机制，帮助医药企业提升药品的临床使用效果；大数据能够帮助航空公司节省运营成本，帮助电信企业实现售后服务质量提升，帮助保险企业识别欺诈骗保行为，帮助快递公司监测分析运输车辆的故障险情以便提前预警维修，帮助电力公司有效识别预警即将发生故障的设备。

③ 大数据带来的隐私问题。大数据时代，隐私保护是必须面对的问题，当人们在不同的网站上注册了个人信息后，这些信息可能已经被扩散出去。当人们莫名其妙地受到各种邮件、电话、短信的骚扰时，不会想到自己的电话号码、邮箱、生日、购买记录、收入水平、家庭住址、亲朋好友等私人信息，可能会被一些商业机构非法存储或转卖给其他有需要的企业或个人了。因此，在大数据的背景下，很多人在积极地抵制无底线的数字化，这种大数据和个体之间的博弈还会一直继续下去。

当很多互联网企业意识到隐私对于用户的重要性时，为了继续得到用户的信任，它们采取了很多办法，如有些浏览器厂商提供了"无痕冲浪"模式，社交网站拒绝使用公共搜索引擎的爬虫程序，并将提供出去的数据全部采取匿名方式进行处理等。

（2）从技术层面认知大数据

① 云计算。大数据常和云计算联系到一起，因为对于实时的大型数据集分析，需要分布式处理框架来向数十、数百甚至数万的计算机分配工作。它的特色在于对海量数据的挖掘。在国内的百度、腾讯等一些知名互联网企业的引领下，创建了一种行之有效的模式，即云计算提供基础架构平台，大数据应用可以运行在这个平台上。

业内认为两者的关系如下：没有大数据的信息积淀，云计算的计算能力再强大，也难以找到用武之地；没有云计算的处理能力，大数据的信息积淀再丰富，终究也只是镜花水月。

云计算和大数据之间的关系如图 1-2 所示。

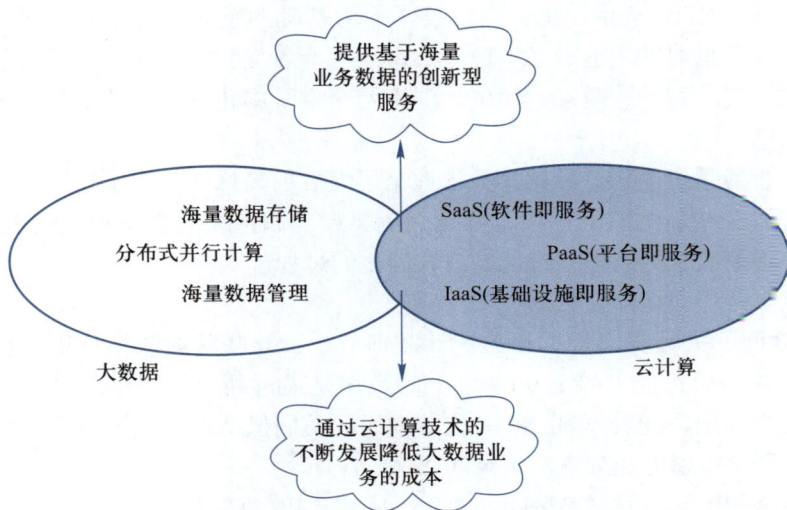

图 1-2　云计算和大数据之间的关系

两者之间结合后会产生如下效应：可以提供更多基于海量业务数据的创新型服务，并通过云计算技术的不断发展降低大数据业务的创新成本。云计算与大数据最明显的区别主要体现以下两个方面。

● 作用不同。云计算改变了互联网技术，而大数据改变了业务。然而，大数据必须有云计算作为基础架构，才能得以顺畅运营。

● 目标受众不同。云计算是首席信息官（Chief Information Officer，CIO）等关心的技术层，是一个进阶的 IT 解决方案。大数据是首席执行官（Chief Executive Officer，CEO）关注的业务层产品。

② 分布式处理技术。分布式处理系统可以将不同地点、具有不同功能、拥有不同数据的多台计算机用通信网络连接起来，在控制系统的统一管理下，协调完成信息处理任务。

大数据分布式处理系统的典型代表是 Hadoop，它有一个 MapReduce 软件框架，能以一种可靠、高效、可伸缩的方式对大数据进行分布式处理。MapReduce 是一种云计算核心计算模式，并且是一种分布式运算技术，也是简化的分布式编程模式。MapReduce 模式的主要思想是将要执行的问题（如程序）自动分割，拆解成 Map（映射）和 Reduce（规约），在数据被分割后，通过 Map 函数的程序将数据映射成不同的区块，分配给计算机集群处理，达到分布式运算的效果，再通过 Reduce 函数的程序将结果汇总，从而输出开发者需要的结果。

③ 存储技术。对于大数据技术的研究可以抽象地分为大数据存储和大数据分析这两个子方向，两者的关系如下：大数据存储的目的是支撑大数据分析。大数据存储致力于研发可以扩展至 PB 甚至 EB 级别的数据存储平台；大数据分析关注如何在最短时间内处理大量不同类型的数据集。

④ 感知技术。大数据的采集和感知技术的发展是紧密联系的。以传感器技术、指纹识别技术、RFID 技术、坐标定位技术等为基础的感知能力提升，同样是物联网发展的基石。全世界的工业设备、汽车、电表上有着无数的数码传感器，随时测量和传递着有关位置、运动、震动、温度、湿度乃至空气中化学物质的变化，都会产生海量的数据信息。

而随着智能手机的普及，感知技术迎来了发展的高峰期，除了地理位置信息被广泛应用之外，一些新的感知手段也开始登上舞台，如指纹传感器和人脸识别系统等，这些感知被逐渐捕获的过程就是世界被数据化的过程。

（3）从实践层面认知大数据

① 互联网的大数据。根据相关统计数据分析，互联网的数据每年增长 50%，每两年便翻一番，而目前世界上 90% 以上的数据是最近几年才产生的。互联网是大数据发展的前哨阵地，随着 Web 2.0 时代的发展，人们似乎都习惯了将自己的生活通过网络进行数据化，以方便分享、记录和回忆。

下面介绍我国知名互联网公司（百度、阿里巴巴、腾讯）的大数据。

百度通过对网页数据的爬取、网页内容的组织和解析，并进行语义分析，进而产生对搜索需求的精准理解，以便从海量数据中找准结果，实质上就是一个数据的获取、组织、分析和挖掘的过程。

阿里巴巴拥有交易数据和信用数据，这两种数据更容易挖掘出商业价值。除此之外，阿里巴巴还掌握了部分社交数据、移动数据，如微博社交数据和高德地图相关数据等。

腾讯拥有用户关系数据和基于此产生的社交数据。这些数据可以分析人们的生活和行为，从中挖掘出社会、文化、商业、健康等领域的信息。

下面简要归纳一下互联网中大数据的典型代表。

- 用户行为数据：用于精准广告投放、内容推荐、行为习惯和喜好分析、产品优化等业务。
- 用户消费数据：用于精准营销、信用记录分析、活动促销、理财等业务。
- 用户地理位置数据：用于线上到线下推广、商家推荐、交友推荐等业务。
- 互联网金融数据：用于支付、信用、供应链金融等业务。
- 用户社交数据：用于潮流趋势分析、流行元素分析、受欢迎程度分析、舆论监控分析、社会问题分析等业务。

② 管理部门的大数据。相关管理部门都握有构成社会基础的原始数据，如气象数据、金融数据、信用数据、电力数据、煤气数据、自来水数据、道路交通数据、客运数据等。这些数据在每个管理部门中看起来都是单一的、静态的。但是，如果将这些数据关联起来，并对这些数据进行有效的关联分析和统一管理，其价值是无法估量的。

具体来说，现在城市都在走向智能化，如智能电网、智慧交通、智慧医疗、智慧环保、智慧城市，这些都依托于大数据，可以说大数据是智慧的核心能源。大数据为智慧城市的各个领域提供了决策支持。在城市规划方面，通过对城市地理、气象等自然信息和经济、社会、文化、人口等人文社会信息的挖掘，可以为城市规划提供决策，强化城市管理服务的科学性和前瞻性。在交通管理方面，通过对道路交通信息的实时挖掘，能有效缓解交通拥堵，并快速响应突发状况，为城市交通的良性运转提供科学的决策依据。在安防与防灾领域，通过大数据的挖掘，可以及时发现人为或自然灾害、恐怖事件，提高应急处理能力和安全防范能力。

③ 企业的大数据。电商企业最关注的还是报表曲线背后有怎样的信息，应该如何进行决策，其实这一切都需要通过数据来传递和支撑。大数据是巨大的杠杆，可以改变公司的影响力，带来竞争差异、将潜在客户转换为客户、增加吸引力、开拓用户群并创造市场。对于传统企业所需要大数据服务举例如下。

- 对大量消费者提供产品或服务的企业（精准营销）。
- 做小而美模式的中长型企业（服务转型）。
- 在互联网压力之下必须转型的传统企业（生死存亡）。

对于企业的大数据，还有一种预测：随着数据逐渐成为企业的一种资产，数据产业会向传统企业的供应链模式发展，最终形成"数据供应链"。这里尤其有两个明显的现象：

- 外部数据的重要性日益超过内部数据。在互联互通的网络时代，单一企业的内部数据与整个互联网数据相比只是沧海一粟。

● 能提供包括数据供应、数据整合与加工、数据应用等多环节服务的公司会有明显的综合竞争优势。

④ 个人的大数据。简单来说，个人的大数据就是与个人相关联的各种有价值的数据信息被有效采集后，可由本人授权提供给第三方进行处理和使用，并获得第三方提供的数据服务。

在未来，每个用户都可以在互联网中注册个人的数据中心，以存储个人的大数据信息。用户可确定哪些个人数据可被采集，并通过可穿戴设备或植入芯片等感知技术来采集捕获个人的大数据，如牙齿监测数据、心率数据、体温数据、视力数据、记忆能力、地理位置信息、社会关系数据、运动数据、饮食数据、购物数据等。用户可以将其中的牙齿监测数据授权给某牙科诊所使用，由其监控和使用这些数据，进而为用户制定有效的牙齿防治和维护计划；也可以将个人的运动数据授权提供给某运动健身机构，由其监测自己的身体运动机能，并有针对地制定和调整个人的运动计划。

以个人为中心的大数据具有如下特性。

● 数据仅留存在个人中心，第三方机构只被授权使用（数据有一定的使用期限），且必须接受"用后即焚"的监管。

● 采集个人数据应该明确分类，除了国家立法明确要求接受监控的数据外，其他类型的数据由用户自己决定是否被采集。

● 数据的使用只能由用户进行授权，数据中心可帮助用户监控个人数据的整个生命周期。

2. 大数据处理流程

经过长时间的实践，大数据处理流程可以概括为 4 步骤：采集、导入和预处理、统计和分析、挖掘。

（1）采集

大数据的采集是指利用多个数据库来接收客户端（如 Web、App 或者传感器形式等）的数据，并且用户可以通过这些数据库来进行简单的查询和处理工作。例如，电商会使用传统的关系数据库 MySQL 和 Oracle 等存储每一笔业务数据，除此之外，Key-Value 数据库（如 Redis）、文档数据库（如 MonogoDB）、图形数据库（如 Neo4j）等 NoSQL 数据库也常用于数据的采集。

在大数据的采集过程中，其主要特点和挑战是并发数高，因为同时有可能会有成千上万的用户在进行访问和操作。例如，火车票售票网站和一些购物网站，它们并发的访问量在峰值时达到上亿，所以需要在采集端部署大量数据库才能支撑，并且如何在这些数据库之间进行负载均衡和分片是需要深入思考和设计的。

（2）导入和预处理

虽然采集端本身会有很多数据库，但是如果要对这些海量数据进行有效的分析，还是应该将这些来自前端的数据导入到一个集中的大型分布式数据库或者分布式存储集群中，并且可以在导入基础上进行一些简单的清洗和预处理工作。有些用户会在导入时使用某些公司相继开源的流式计算系统 Storm、分布式发布订阅消息系统 Kafka 等对数据进行流式计算，来满足部分业务的实时计算需求。

导入和预处理过程的特点及挑战主要是导入的数据量大，每秒的导入量经常会达到百兆，甚至吉比特级别。

（3）统计和分析

统计和分析主要利用分布式数据库，或者分布式计算集群来对存储于其内的海量数据进行普通的分析和分类汇总等，以满足大多数常见的分析需求。例如，一些实时性需求会用到分布式数据库 Greenplum、Oracle 的数据库云服务器 Exadata 以及基于 MySQL 的列式存储 Infobright 等，而对于一些批处理或者基于半结构化数据的需求则可以使用 Hadoop。

统计和分析的主要特点与挑战是分析涉及的数据量大，其对系统资源，特别是 I/O 会有极大的占用。

（4）挖掘

与统计和分析过程不同的是，数据挖掘一般没有预先设定好的主题，主要是在现有数据上面进行基于各种算法的计算，从而起到预测的效果，以便实现一些高级别数据分析的需求。比较典型的算法有用于聚类的 K-means、用于统计学习的 SVM 和用于分类的朴素贝叶斯，使用的工具主要有 Hadoop 的 Mahout 等。

该过程的特点和挑战主要是用于挖掘的算法很复杂，计算涉及的数据量和计算量都很大，以及常用数据挖掘算法以单线程为主的场景。

数据来自各个方面，在面对庞大而复杂的大数据时，选择一个合适的处理工具就显得很有必要。工欲善其事，必先利其器，一个好的大数据分析工具不仅可以使工作事半功倍，还可以让人们在竞争日益激烈的云计算时代挖掘大数据价值，及时调整战略方向。

3. 大数据分析工具

（1）Hadoop

Hadoop 是一个能够对大量数据进行分布式处理的软件框架，其以一种可靠、高效、可伸缩的方式进行数据处理。Hadoop 2.0 的架构如图 1-3 所示。

① HDFS（Hadoop 分布式存储系统）：Hadoop 的 HDFS 是 Hadoop 体系中数据存储管理的基础。它是一个高度容错的系统，能检测和应对硬件故障，用于在低成本的通用硬件上运行。HDFS 简化了文件的一致性模型，通过流式数据访问，提供高吞吐量应用程序数据访问功能，适用于带有大型数据集的应用程序。

② MapReduce（分布式计算框架）：MapReduce 是一种计算模型，用于进行大数据量的计算。其中，Map 对数据集上的独立元素进行指定的操作，生成键—值对形式的中间结果；Reduce 则对中间结果中相同"键"的所有"值"进行规约，以得到最终结果。MapReduce 的功能划分非常适合在大量计算机组成的分布式并行环境中进行数据处理。

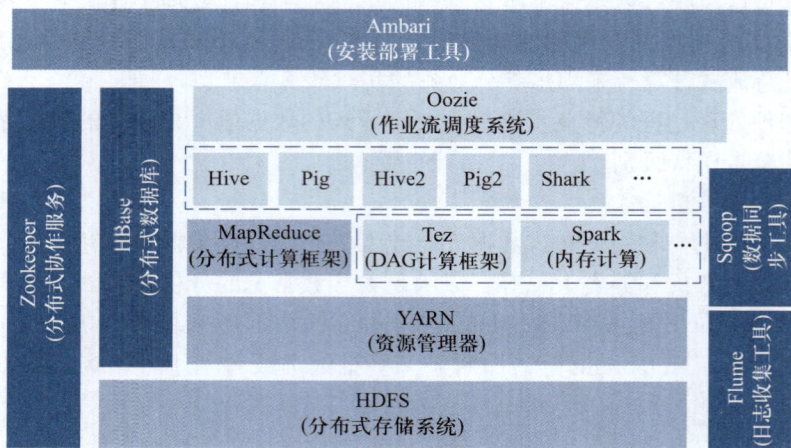

图 1-3　Hadoop 2.0 的架构

③ Hive（基于 Hadoop 的数据仓库）：Hive 定义了一种类似 SQL 的查询语言，将 SQL 转换为 MapReduce 任务在 Hadoop 上执行。其通常用于离线分析。

④ HBase（分布式数据库）：HBase 是一个针对结构化数据的可伸缩、高可靠、高性能、分布式和面向列的动态模式数据库。和传统关系型数据库不同，HBase 采用了 BigTable 的数据模型：增强的稀疏排序映射表（Key-Value），其中键（Key）由行关键字、列关键字和时间戳构成。HBase 提供了对大规模数据的随机、实时读写访问，同时，HBase 中保存的数据可以使用 MapReduce 来处理，它将数据存储和并行计算完美地结合在一起。

⑤ Zookeeper（分布式协作服务）：其用于解决分布式环境下的数据管理问题，主要是统一命名、同步状态、管理集群、同步配置等。

⑥ Sqoop（数据同步工具）：Sqoop 是 SQL-to-Hadoop 的缩写，主要用于在传统数据库和 Hadoop 之间传输数据。数据的导入和导出本质上利用了 MapReduce 程序，充分利用了 MapReduce 的并行化和容错性。

⑦ Pig（基于 Hadoop 的数据流系统）：Pig 的设计意图是提供一种基于 MapReduce 的 Ad-Hoc（计算在 query 时发生）数据分析工具。人们定义了一种数据流语言 PigLatin，它可以将脚本转换为 MapReduce 任务在 Hadoop 上执行。Pig 通常用于进行离线分析。

⑧ Flume（日志收集工具）：Flume 是 Cloudera 开源的日志收集系统，具有分布式、高可靠、高容错、易于定制和扩展的特点。它将数据从产生、传输、处理并最终写入目标路径的过程抽象为数据流，在具体的数据流中，数据源支持在 Flume 中定制数据发送方，从而支持收集不同协议数据。同时，Flume 数据流提供对日志数据进行简单处理的能力，如过滤、格式转换等。此外，Flume 具有能够将日志写入各种数据目标的可定制能力。总体来说，Flume 是一个可扩展、适用于复杂环境的海量日志收集系统。

读书笔记

⑨ Oozie（作业流调度系统）：Oozie 是一个基于工作流引擎的服务器，可以运行 Hadoop 的 MapReduce 和 Pig 任务，其实就是一个运行在 Java Servlet 容器（如 Tomcat）中的 Java Web 应用。

⑩ Spark（内存计算）：Spark 提供了分布式的内存抽象，其最大的特点就是快，是 Hadoop MapReduce 处理速度的百倍。此外，Spark 还提供了简单易用的 API，几行代码即可实现 WordCount。

⑪ YARN（另一种资源协调者）：YARN 是一种新的 Hadoop 资源管理器，它是一个通用资源管理系统，可为上层应用提供统一的资源管理和调度。它的引入为集群在利用率、资源统一管理和数据共享等方面带来了巨大好处。

⑫ Kafka（高吞吐量的分布式发布订阅消息系统）：Kafka 可以处理消费经规模的网站中的所有动作流数据。这种动作包含网页浏览、搜索等，是现代网络中许多社会功能的一个关键因素。这些数据由于吞吐量的要求通常是通过处理日志和日志聚合来解决的。而对于像 Hadoop 一样的日志数据和离线分析系统数据，由于存在实时处理的要求限制，因此采用 Kafka 就成为一种可行的方法。Kafka 的目的是通过 Hadoop 的并行加载机制来统一线上和离线的消息处理。

Hadoop 是一个能够让用户轻松构建和使用的分布式计算平台。用户可以轻松地在 Hadoop 上开发和运行处理海量数据的应用程序，主要有以下几个优点：

- 高可靠性。Hadoop 按位存储和处理数据的能力强大。
- 高扩展性。Hadoop 是在可用的计算机集群间分配数据并完成计算任务的，这些集群可以方便地扩展到数以千计的节点中。
- 高效性。Hadoop 能够在节点之间动态地移动数据，并保证各个节点的动态平衡。它以并行的方式工作，因此处理速度非常快。
- 高容错性。Hadoop 能够自动保存数据的多个副本，并且能够自动对失败的任务进行重新分配。
- 平台与语言选择灵活。Hadoop 带有使用 Java 语言编写的框架，因此运行在 Linux 平台上是非常理想的。Hadoop 上的应用程序也可以使用其他语言编写，如 C++。

（2）Apache Spark

Apache Spark（简称 Spark）是专为大规模数据处理而设计的快速通用的计算引擎，是开源的类 Hadoop MapReduce 的通用并行框架，其已经成为伯克利数据分析软件栈（Berkeley Data Analytics Stack，BDAS）的重要组成部分，如图 1-4 所示。

Spark 是在 Scala 语言中实现的，它将 Scala 用作其应用程序框架。Spark 与 Hadoop 不同，Spark 和 Scala 能够紧密集成，其中的 Scala 可以像操作本地集合对象一样轻松地操作分布式数据集。

尽管创建 Spark 是为了支持分布式数据集上的迭代作业，但是实际上它是对 Hadoop 的补充，可以在 Hadoop 文件系统（HDFS）中并行运行。通过名称为 Mesos 的第三方集群框架可以支持此行为。Spark 具有如下特点：

- 高性能。在内存计算时，Spark 的运算速度是 MapReduce 的百倍。
- 易用。Spark 提供了 80 多个高级运算符。

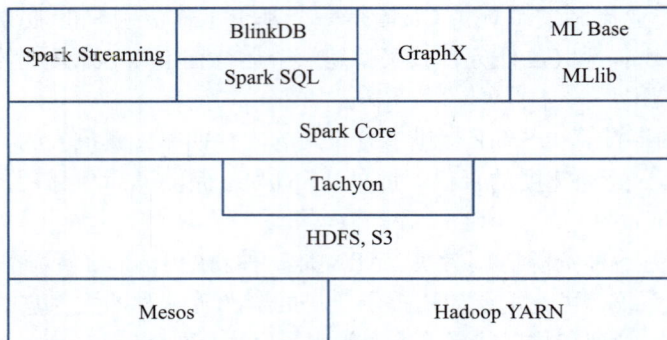

图 1-4   BDAS 架构

● 通用。Spark 提供了大量的库，包括 SQL、DataFrame、MLlib、GraphX、Spark Streaming，开发者可以在同一个应用程序中无缝组合使用这些库。

Spark 的组成如下：

① Spark Core：包含 Spark 的基本功能，尤其是定义弹性分布式数据集（Resilient Distributed Database，RDD）的应用程序编程接口（Application Programming Interface，API）、操作及其两者的动作。其他 Spark 的库都是构建在 RDD 和 Spark Core 之上的。

② Spark SQL：提供通过 Apache Hive 的 SQL 变体：Hive 查询语言（HiveQL）与 Spark 进行交互的 API。每个数据库表都被当作一个 RDD，Spark SQL 查询被转换为 Spark 操作。

③ Spark Streaming：对实时数据流进行处理和控制。Spark Streaming 允许程序像普通 RDD 一样处理实时数据。

④ MLlib：一个常用机器学习算法库，算法被实现为对 RDD 的 Spark 操作。这个库包含可扩展的学习算法，如分类、回归等需要对大量数据集进行迭代的操作。

⑤ GraphX：是控制图、并行图操作和计算的一组算法和工具的集合。GraphX 扩展了 RDD API，包含控制图、创建子图、访问路径上所有顶点的操作。

（3）Apache Storm

Apache Storm（简称 Storm）是自由的开源软件，是一个分布式的、容错的实时计算系统。Storm 可以非常可靠地处理庞大的数据流，用于处理 Hadoop 的批量数据。Storm 很简单，支持多种编程语言。Storm 采用主从架构，主节点是 Nimbus，从节点是 Supervisor，有关调度相关的信息存储到 Zookeeper 集群中，如图 1-5 所示。

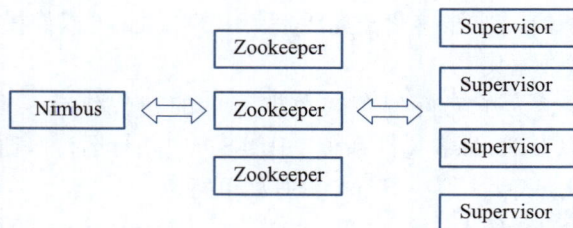

图 1-5   Apache Storm 架构

　　Storm 可应用于多个领域，如实时分析、在线机器学习、流式计算、分布式远程过程调用 RPC（一种通过网络从远程计算机程序上请求服务的协议）、数据抓取、转换和加载等。Storm 的处理速度惊人，有数据表明，每个节点每秒可以处理百万个数据元组。

任务实施

　　为了方便操作，操作系统都是安装在 VMware 中的，本任务为安装 CentOS 7 系统，以及了解 CentOS 中常用命令。

1. 安装 CentOS 7 系统

（1）在虚拟机中使用 CentOS 镜像文件安装 CentOS 7 系统，如图 1-6 所示。

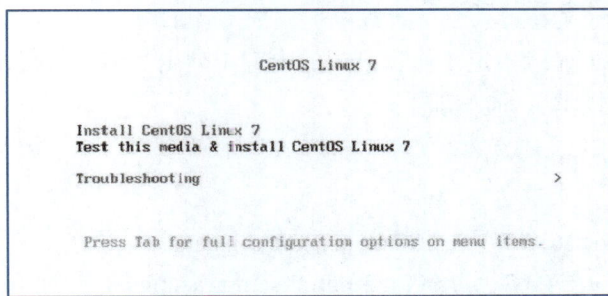

图 1-5　安装 CentOS 系统

（2）如图 1-7 所示，在用户登录界面中输入设置的账号密码，进入 CentOS 系统。

图 1-7　用户登录界面

工具：
CentOS 7
镜像文件

微课 1-1
安装 CentOS7
系统

读书笔记

2. CentOS 中常用命令的使用

常用文件和目录操作命令有 cd、ls、ll、ls-al、mkdir、touch、rm、rm-rf、cp、pwd、mv、vi 等。

（1）命令 cd 用于切换当前工作目录，命令如下：

```
[root@localhost /]# cd /home/
[root@localhost home]#
```

（2）命令 ls 用于显示指定工作目录中的内容（列出当前工作目录所含的文件），命令如下：

```
[root@localhost ~]# ls
anaconda-ks.cfg  initial-setup-ks.cfg
```

（3）命令 ll 用于显示指定工作目录中的内容（列出当前工作目录所含的文件及子目录，不包含隐藏目录），命令如下：

```
[root@localhost ~]# ll
总用量 8
-rw-------. 1 root root 1676 7 月 15 07:49 anaconda-ks.cfg
-rw-r--r--. 1 root root 1704 7 月 15 07:52 initial-setup- ks.cfg
```

（4）命令 ls-al 用于显示指定工作目录中的内容（列出当前工作目录所含的文件及子目录，包含隐藏目录），命令如下：

读书笔记

```
[root@localhost ~]# ls-al
总用量 32
dr-xr-x---. 5 root root 204   7 月   15 07:53 .
dr-xr-xr-x.17 root root 224 7 月   15 07:48 ..
-rw-------. 1 root root 1676   7 月   15 07:49 anaconda-ks.cfg
-rw-r--r--. 1 root root 18   12 月   29 2013 .bash_logout
```

（5）命令 mkdir 用于创建新目录，命令如下：

```
[root@localhost opt]# ll
总用量 0
drwxr-xr-x. 2 root root 6 3 月 26 2015 rh
[root@localhost opt]# mkdir a
[root@localhost opt]# mkdir b
[root@localhost opt]# ll
总用量 0
```

drwxr-xr-x.2 root root 6 7 月 15 08:15 a
drwxr-xr-x.2 root root 6 7 月 15 08:15 b
drwxr-xr-x.2 root root 6 3 月 26 2015 rh

（6）命令 touch 用于建立一个新的文件，命令如下：

```
[root@localhost opt]# ll
总用量 0
drwxr-xr-x. 2 root root 6 7 月  15 08:15 a
drwxr-xr-x. 2 root root 6 7 月  15 08:15 b
drwxr-xr-x. 2 root root 6 3 月  26 2015 rh
[root@localhost opt]# touch c
[root@localhost opt]# touch d
[root@localhost opt]# ll
总用量 0
drwxr-xr-x. 2 root root 6 7 月  15 08:15 a
drwxr-xr-x. 2 root root 6 7 月  15 08:15 b
-rw-r--r--. 1 root root 0 7 月  15 08:19 c
-rw-r--r--. 1 root root 0 7 月  15 08:19 d
drwxr-xr-x. 2 root root 6 3 月  26 2015 rh
```

（7）命令 rm 一般用于删除一个文件，命令如下：

```
[root@localhost opt]# ls
a  b  c  d  rh
[root@localhost opt]# rm d
rm: 是否删除普通空文件 "d" ? yes
[root@localhost opt] # ls
a  b  c  rh
```

（8）命令 rm-rf 用于删除一个文件或目录，该目录可以包含多个子目录或文件，命令如下：

```
[root@localhost opt]# ls
a  b  c  rh
[root@localhost opt]# rm-rf a
[root@localhost opt]# ls
b  c  rh
[root@localhost opt]# rm-rf c
[root@localhost opt]# ls
b  rh
```

（9）命令 cp 用于复制文件或目录，将 opt 目录下的 c 文件复制到 a 目录，命令如下：

```
[root@localhost opt]# ll
总用量 0
drwxr-xr-x. 2 root root 6 7 月   15 09:07 a
drwxr-xr-x. 2 root root 6 7 月   15 08:15 b
-rw-r--r--. 1 root root 0 7 月   15 09:08 c
-rw-r--r--. 1 root root 0 7 月   15 09:08 d
drwxr-xr-x. 2 root root 6 3 月   26 2015 rh
[root@localhost opt]# cp /opt/c a
[root@localhost opt]# cd a
[root@localhost a]# ll
总用量 0
-rw-r--r--.  1root root 0 7 月   15 09:18 c
```

将 c 文件和 d 文件复制到 b 目录，代码如下：

```
[root@localhost opt]# cp c d b/
[root@localhost opt]# cd b
[root@localhost b]# ll
总用量 0
rw-r--r--. 1 root root 0 7 月   15 09:20 c
rw-r--r--. 1 root root 0 7 月   15 09:20 d
```

读书笔记

（10）命令 pwd 用于显示当前工作路径，命令如下：

```
[root@localhost home]# pwd
/home
```

（11）命令 mv 用于为文件或目录改名或将文件或目录移至其他位置，命令如下：

```
[ root@localhost opt]# ll
总用量 0
drwxr-xr-x. 2 root root 15 7 月   15 09:18 a
drwxr-xr-x. 2 root root 24 7 月   15 09:20 b
-rw-r--r--. 1 root root 0  7 月   15 09:08 c
-rw-r--r--. 1 root root 0  7 月   15 09:08 d
drwxr-xr-x. 2 root root 6  3 月   26 2015 rh
[root@localhost opt]# mv a f
[root@localhost opt]# ll
```

```
总用量 0
drwxr-xr-x. 2 root root 24 7 月  15 09:20 b
-rw-r--r--. 1 root root  0 7 月  15 09:08 c
-rw-r--r--. 1 root root  0 7 月  15 09:08 d
drwxr-xr-x. 2 root root 15 7 月  15 09:18 f
drwxr-xr-x. 2 root root  6 3 月  26 2015 rh
[root@localhost opt]# ll
总用量 0
-rw-r--r--. 1 root root 0  7 月  15 09:50 a
drwxr-xr-x. 2 root root 24 7 月  15 09:20 b
-rwxrwxrwx. 1 root root 0  7 月  15 09:08 c
drwxr-xr-x. 2 root root 6  7 月  15 09:49 f
drwxr-xr-x. 2 root root 6  3 月  26 2015 rh
[root@localhost opt]# mv a f/
[root@localhost opt]# cd f
[root@localhost f]# ll
总用量 0
-rw-r--r--. 1 root root 0  7 月  15 09:50 a
```

（12）命令 vi 用于使用 vi 编辑器打开指定文件（vi 编辑器中常用参数有 i、I、A、?、: q、: wq、: q!）。以下是一些常用参数的含义。

- 参数"i"：从光标当前位置进入编辑状态。
- 参数"I"：从光标当前所在行最前位置进入编辑状态。
- 参数"A"：从光标当前所在行最后位置进入编辑状态。
- 参数"?"：用于查找指定内容所在位置，找到后按 N 表示向下查找，按 n 表示向上查找。
- 参数": q"：用于在没有任何修改操作的情况下退出 vi 编辑器。
- 参数": wq"：用于在进行编辑后保存并退出 vi 编辑器。
- 参数": q!"：用于强行退出 vi 编辑器。

常用文件权限修改命令有 chmod、chown 等。

（1）命令 chmod 用于更改指定文件或目录拥有的权限，如将 c 目录更改为 777 权限，命令如下：

```
[root@localhost opt]# ll
总用量 0
drwxr-xr-x. 2 root root 24  7 月   15 09:20 b
-rw-r--r--. 1 root root  0  7 月   15 09:08 c
-rw-r--r--. 1 root root  0  7 月   15 09:08 d
drwxr-xr-x. 2 root root 15  7 月   15 09:18 f
```

```
drwxr-xr-x. 2 root root  6  3 月   26 2015 rh
[root@localhost opt]# chmod 777 c
[root@localhost opt]# ll
总用量 0
drwxr-xr-x. 2 root root 24 7 月   15 09:20 b
-rwxrwxrwx. 1 root root  0 7 月   15 09:08 c
-rw-r--r--. 1 root root  0 7 月   15 09:08 d
drwxr-xr-x. 2 root root 15 7 月   15 09:18 f
drwxr-xr-x. 2 root root  6 3 月   26 2015 rh
```

（2）命令 chown 用于更改指定文件或目录的用户拥有者，例如，将 d 文件用户从 root 用户更改为 hadoop 用户，命令如下：

```
[root@localhost opt]# ll
总用量 0
drwxr-xr-x. 2 root root 24 7 月   15 09:20 b
-rwxrwxrwx. 1 root root 0 7 月   15 09:08 c
-rw-r--r--. 1 root root 0 7 月   15 09:08 d
drwxr-xr-x. 2 root root 15 7 月   15 09:18 f
drwxr-xr-x. 2 root root 6 3 月   26 2015 rh
[root@localhost opt]# chown hadoop d
[root@localhost opt]# ll
总用量 0
drwxr-xr-x. 2 root   root 24 7 月   15 09:20 b
-rwxrwxrwx. 1 root   root 0 7 月   15 09:08 c
-rw-r--r--. 1 hadoop root 0 7 月   15 09:08 d
drwxr-xr-x. 2 root   root 15 7 月   15 09:18 f
drwxr-xr-x. 2 root   root 6 3 月   26 2015 rh
```

（3）命令 tar 用于解压 tar.gz 类型的压缩文件，命令如下：

```
[ root@localhost softwares]# ll
总用量  381236
-rw-r--r--. 1 root root 195257604 7 月   15 10:11 hadoop-2.6.0.tar.gz
-rw-r--r--. 1 root root 195122522 7 月   15 09:58 jdk1.8.0_221.tar. gz
[root@localhost softwares]# tar - zxvf jdk1.8.0_221. tar. gz - C /home/
```

读书笔记

任务 1.2　Hadoop 环境搭建

PPT:
Hadoop 环境
搭建

任务描述

1. 借助各种技术论坛、网络教学视频等网络资源和各种图书资源，学习大数据等相关知识，熟悉 Hadoop 两种运行模式的安装与配置的异同。

2. 完成 Hadoop 两种模式的环境搭建。

任务目标

1. 学会 Hadoop 伪分布式模式的安装与配置。

2. 学会 Hadoop 集群模式的安装与配置。

知识准备

Hadoop 搭建分为 3 种运行模式，分别为单机模式搭建、伪分布式模式搭建和集群搭建。

单机模式即 Hadoop 运行在一台单机上，没有分布式文件系统，而是直接卖写本地操作系统的文件系统。Hadoop 在单机模式下不会启动 NameNode、DataNode、JobTracker、TaskTracker 等守护进程，所有事物都运行在一个 JVM 中。Map 和 Reduce 任务作为同一个进程的不同部分来执行。该模式主要用于对 MapReduce 程序的逻辑进行调试，以确保程序正确。

读书笔记

伪分布式模式是在单机上模拟 Hadoop 分布式，单机上的分布式并不是真正的分布式，而是使用 Java 进程模拟分布式运行中的各类节点，包括 NameNode、DataNode、SecondaryNameNode、JobTracker、TaskTracker。其中，前 3 个节点概念是从分布式存储的角度来看，集群节点由 1 个 NameNode 和若干 DataNode 组成，另有 1 个 SecondaryNameNode 作为 NameNode 的备份；后 2 个节点概念是从分布式应用的角度来看，集群中的节点由 1 个 JobTracker 和若干个 TaskTracker 组成，JobTracker 负责任务的调度，TaskTracker 负责并行任务执行。TaskTracker 必须运行在 DataNode 上，这样便于数据的本地化计算，而 JobTracker 和 NameNode 则无须运行在同一台计算机上。Hadoop 本身是无法区分伪分布式和分布式的，这两种配置也很相似，唯一不同的是，伪分布式是在单机上配置的，DataNode 和 NameNode 均是同一台计算机。

集群模式即 Hadoop 守护进程运行在一个集群上，即使用分布式 Hadoop 时，要先启动一些准备程序进程，才能使用 start-dfs.sh 和 start-yarn.sh。而本地模式不需要启动这些守护进程。

3 种模式下组件配置的区别见表 1-1。

表 1–1　3 种模式下组件配置的区别

组 件 名 称	属 性 名 称	单 机 模 式	伪分布式模式	集 群 模 式
Common	fs.defaultFS	file：///（默认）	Localhost：9000	master：9000
HDFS	dfs.replication	N/A	1	3（默认）
MapReduce	mapreduce.framework.name	Local（默认）	YARN	YARN
YARN	yarn.resourcemanager.hostname	N/A	Localhost	Localhost
	yarn.nodemanager.aux_service	N/A	mapreduce_shuffle	mapreduce_shuffle

任务实施

1. 安装前的准备工作

（1）安装 JDK

使用鼠标右击 CentOS 桌面，在弹出的快捷菜单中选择 "openin Terminal" 命令，打开终端，在 root 用户下，切换路径到安装包所在路径，进入软件包所在文件夹，并通过 ls 命令查看文件夹中的所有软件，命令如下：

```
[gzs413@localhost softwares] $ ls
总用量  381236
-rw-r--r--. 1 root root 195257604 7 月  15 11:12 hadoop-2.6.0. tar. gz
-rw-r--r--. 1 root root 195122522 7 月  15 11:12 jdk1.8.0_221. tar. gz
[gzs413@localhost softwares] $
```

为方便后续操作这里更改为 root 用户进行操作，命令如下：

```
[gzs413@master home] $ su root
密码：
[root@master home] #
```

Hadoop 是使用 Java 编写的，所以需要安装 Java 环境。在 softwares 目录中执行命令 "tar -zxvf jdk-8u221-linux-x64.tar.gz -C /home"，解压 Java 安装包，命令如下：

```
[root@localhost softwares]# ll
总用量  381236
-rw-r--r--. 1 root root 195257604 7 月   15 11:12  hadoop-2.6.0.tar.gz
-rw-r--r--. 1 root root 195122522 7 月   15 11:12  jdk1.8.0_221.tar.gz
[root@localhost softwares]# tar-zxvf jdk-8u221-linux-x64.tar.gz -C /home/
```

为了后续配置操作方便，在此需要将解压后的文件重命名，命令如下：

```
[root@localhost home]# ll
```

微课 1–2
Hadoop 环境
搭建前的准
备工作

读书笔记

```
总用量 4
drwx------. 15 gzs413 gzs413 4096 7 月  22 16:26 gzs413
drwxr-xr-x. 9 20000 20000  149 11 月  14 2014 hadoop
drwxr-xr-x. 7 gzs413 1001   245 7 月   4 2019 jdk1.8.0_221
[root@localhost home]# mv jdk1.8.0_221 jdk
```

解压之后，需要配置环境变量，执行命令"vim /etc/profile"，添加如下内容到文件末尾，命令如下：

```
export JAVA_HOME=/home/jdk
export PATH=$PATH:$JAVA_HOME/bin
```

执行命令"source /etc/profile"，使新配置的环境变量立即生效，命令如下：

```
[root@localhost home]# source /etc/profile
```

（2）关闭防火墙

查看防火墙状态，命令如下：

```
[root@localhost /]# systemctl status firewalld.service
firewalld.service-firewalld-dynamic firewall daemon
  Loaded:loaded (/usr/lib/systemd/system/firewalld.service;disabled;vendor p
reset:enabled)
  Active:inactive (dead)
   Docs:man:firewalld(1)
[rootolocalhost /]# systemctl start firewalld.service
[root8localhost /]# systemctl status firewalld.service
firewalld.service-firewalld-dynamic firewall daemon
  Loaded:loaded (/usr/lib/systemd/system/firewalld.service;disabled;vendor p
reset:enabled)
  Active:active (running) since 五 2021-07-16 09:21:36 CST; 2s ago
   Docs:man:firewalld(1)
Main PID:36812(firewaild)
  CGroup:/system.slice/firewalld.service
      └36812 /usr/bin/python-Es /usr/sbin/firewalld -- nofork -- nopid
```

关闭防火墙，命令如下：

```
[root@localhost /]# systemctl stop firewalld.service
```

设置防火墙开机不启动，命令如下：

```
[root@localhost /]# systemctl disable firewalld.service
```

再次查看防火墙状态，命令如下：

```
[root@localhost /]# systemctl status firewalld. service
firewalld. service - firewalld - dynamic firewall daemon
  Loaded:loaded (/usr/lib/systemd/system/firewalld.service;disabled;vendorreset:enabled)
  Active:inactive(dead)
   Docs:man:firewalld(1)
```

（3）安装 Hadoop 2.6.0

在 /opt/softwares 目录中执行命令 "tar -zxvf hadoop-2.6.0.tar.gz -C /home"，对 Hadoop 安装文件进行解压，命令如下：

```
[root@localhost softwares]# tar -zxvf hadoop-2.6.0.tar.gz -C /home/
```

为了后续配置操作方便，在此需要将解压后的文件重命名，命令如下：

```
[root@localhost home] # mv hadoop- 2.6.0 hadoop
[root@localhost home] # ll
总用量  4
drwx------. 15 hadoop hadoop 4096 7 月   15 10:34 hadoop
drwxr-xr-x. 7 hadoop   1001 245 7 月    4 2019 jdk
```

解压之后，需要配置环境变量，执行命令 "vim /etc/profile"，添加配置文件，命令如下：

```
#HADOOP HOME
export HADOOP_HOME=/home/hadoop
export PATH=$PATH:$HADOOP_HOME/bin:$HADOOP_HOME/sbin
```

配置完环境变量后，需要执行命令 "source /etc/profile"，使新配置的环境变量立即生效，命令如下：

```
[root@localhost home]# source /etc/profile
```

注意：到此已经完成了一台计算机的基本配置（后续该计算机作为母机），为方便操作，需要在该基础上克隆机器，完成后续伪分布式模式和完全分布式模式的安装与配置操作。

2. 伪分布式模式的安装与配置

在操作前，需要在 VMware 中将上面的母机进行克隆，克隆出一台计算机，并完成如下配置操作。

（1）在 hadoop 的根目录下创建几个目录（见表 1-2）

微课 1-3
Hadoop 伪
分布式搭建

表 1-2　新建目录列表

目 录 名 称	描　　述	目 录 名 称	描　　述
tmp	存储临时文件	dfs/name	存储文件系统元数据
logs	存储日志	dfs/data	存储文件的真正数据

为方便后续操作，这里更改为 root 用户进行操作，命令如下：

```
[tuomasi@localhost home] $ su root
密码：
[root@localhost home]#
```

使用 mkdir 命令创建目录，参数“-p”表示递归创建，也就是说即使上级目录不存在，也可以把上级目录与子目录一起创建，命令如下：

```
[root@localhost /]# cd /home/ hadoop/
[root@localhost hadoop]# mkdir tmp
[root@localhost hadoop]# mkdir logs
[root@localhost hadoop]# mkdir -p dfs/name
[root@localhost hadoop]# mkdir dfs/data
```

（2）配置 JDK 路径

Hadoop 的配置文件全在 hadoop 根目录“/etc/hadoop”下，需要在 hadoop-env.sh 和 yarn-env.sh 这两个配置文件中分别添加 JDK 的安装路径，配置结束后，输入“：wq”命令，保存并退出。

配置 hadoop-env.sh，命令如下：

```
# The java implementation to use.
export JAVA_HOME=/home/jdk
```

配置 yarn-env.sh，命令如下：

```
# some Java parameters
export JAVA_HOME=/home/jdk
```

（3）配置文件

在 /home/hadoop/etc/hadoop 目录下，执行“vim core-site.xml”命令，并切换到编辑模式，配置 core-site.xml 文件，配置结束后，输入“：wq”命令，保存并退出，代码如下：

```
<configuration>
    <property>
        <name>fs.defaultFS</name>
```

```
                <value>hdfs://localhost:9000</value>
        </property>
        <property>
                <name>hadoop.tmp.dir</name>
                <value>/home/hadoop/tmp</value>
        </property>
</configuration>
```

在当前目录中，执行命令"vim hdfs-site.xml"，并切换到编辑模式，配置 hdfs-site.xml 文件，配置结束后，输入": wq"命令，保存并退出，代码如下：

```
<configuration>
        <property>
                <name>dfs.namenode.name.dir</name>
                </value>/home/hadoop/dfs/name</value>
        </property>
        <property>
                <name>dfs.datanode.data.dir</name>
                <value>/home/hadoop/dfs/data</value>
        </property>
        <property>
                <name>dfs.replication</name>
                <value>l</value>
        </property>
</configuration>
```

在当前目录中，执行"vim mapred-site.xml"命令，如果没有 mapred-site.xml 文件，可以将 mapred-site.xml.template 重命名，命令如下：

```
[root@localhost hadoop]# mv mapred-site.xml.template mapred-site.xml
```

然后打开该配置文件，切换到编辑模式，配置 mapred-site.xml 文件，配置结束后，输入": wq"命令，保存并退出，代码如下：

```
<configuration>
<property>
        <name>mapreduce.framework.name</name>
        <value>yarn</value>
</property>
</configuration>
```

读书笔记

在当前目录中，执行"vim yarn-site.xml"命令，并切换到编辑模式，配置 yarn-site.xml 文件，配置结束后，输入": wq"命令，保存并退出，代码如下：

```
<configuration>
<!-- Site specific YARN configuration properties -- >
        <property>
                <name>yarn.nodemanager.aux-services</name>
                <value>mapreduce_shuffle</value>
        </property>
        <property>
                <name>yarn. resourcemanager. hostname</name>
                <value>localhost</value>
        </property>
</configuration>
```

（4）格式化 HDFS

切换到 Hadoop 的安装目录，执行"./bin/hdfs namenode -format"命令，格式化节点，命令如下：

```
[root@localhost hadoop]# ./bin/hdfs namenode -format
```

如果在返回的信息中看到"Exiting with status 0"提示，则表示执行格式化成功，命令代下：

```
21 /05/22 18:37:10 INFO common.Storage:Storage directory /home/hadoop-
2.6.0/dfs/name has been successfully formatted.
21 /05/22 18:37:10 INFO namenode. NNStorageRetentionManager:Going to retain 1
images with txid >=0
21 /05/22 18:37:10 INFO util.ExitUtil:Exiting with status 0
21 /05/22 18:37:10 INFO namenode.NameNode:SHUTDOWN_MSG:
/*************************************************************
SHUTDOWN_MSG:Shutting down NameNode at localhost/127.0.0.1
*************************************************************/
```

（5）验证测试

在当前目录中，执行"sbin/star-all.sh"命令，过程中有需要输入 yes 或写入配置的密码，启动节点，命令如下：

```
[root@localhost hadoop]# sbin/start-all.sh
This script is Deprecated. Instead use start-dfs.sh and start-yarn.sh
Starting namenodes on [localhost]
```

The authenticity of host 'localhost(::1) ' can't be established.

ECDSA key fingerprint is SHA256:

n7vyjBSZnPwg7t5fZpMIRHLymtwgQmcAtkcQeq5WI5A.

ECDSA key fingerprint is MD5:99:24:cl:9a:95:06:61:96:14:cb:65:37:36:8e:b2:63.

Are you sure you want to continue connecting (yes/no) ? yes

执行 jps 命令，查看进程是否正常启动，如果可以看到如下进程，则表示系统启动正常，命令如下：

```
[root@localhost hadoop]# jps
4195 NodeManager
4294 Jps
3912 ResourceManager
3770 SecondaryNameNode
3611 DataNode
3486 NameNode
```

测试 HDFS，在虚拟机浏览器地址栏中输入 "http：//localhost：50070" 并按 Enter 键，进入 HDFS 信息界面，表明 HDFS 配置正确，如图 1–8 所示。

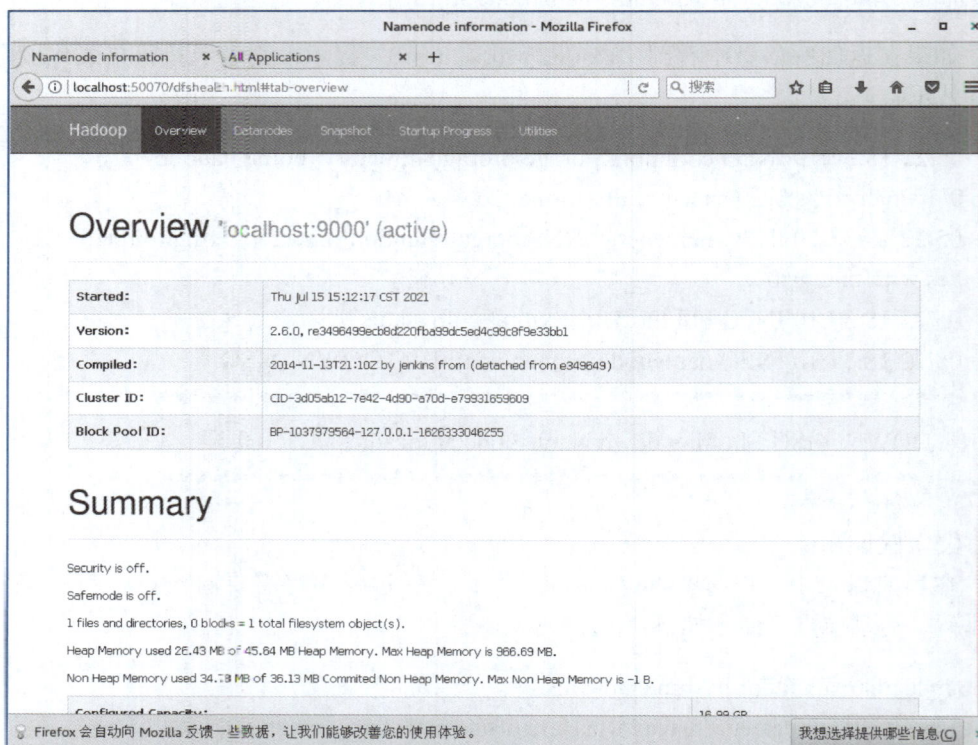

图 1–8   HDFS 信息界面

读书笔记

测试 YARN，在虚拟机浏览器地址栏中输入"http：//localhost：8088"，按 Enter 键，打开 Web 控制台，可以查看集群状态，表明 YARN 配置正确。如果 DataNode 中没有配置 yarn-site.xml，则在网页中无法看到节点信息；如果配置了 yarn-site.xml，则在网页中将会看到节点配置信息，如图 1-9 所示。

图 1-9   节点配置信息

至此，说明 Hadoop 伪分布式模式的安装与配置成功完成。

注意：如果要在 Windows 的浏览器中测试，则需要保证该 Windows 计算机可以正常访问到虚拟机中的相关计算机，并且需要修改 Windows 计算机的 hosts 文件，实现 master 主机名与相应 IP 地址的映射，或者将"http：//master：8088"中 master 修改为对应的 IP 地址进行测试。

3. 完全分布式模式安装与配置

在 Hadoop 完全分布式模式的安装与配置中，Hadoop 集群架构如图 1-10 所示。

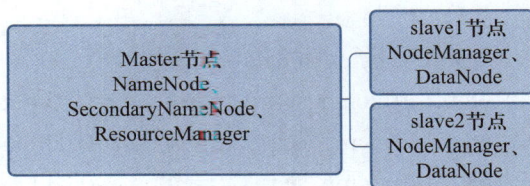

图 1-10   Hadoop 集群架构

微课 1-4
Hadoop 完全
分布式搭建
(一)

注意：操作前，需要在 VMware 中将上面母机进行克隆，克隆出 3 台计算机，并分别修改计算机的 hostname 文件，依次命名为 master、slave1、slave2，完成如下配置操作。

（1）修改 hosts 文件、存储主机名和 IP 地址映射

为方便后续操作这里切换为 root 用户进行操作，命令如下：

```
[tuomasi@localhost home] $ su root
密码：
[root@localhost home]#
```

① 第 1 台计算机执行 "vim /etc/sysconfig/network" 命令修改主机名，命令如下：

```
[root@localhost gzs413]# vim /etc/sysconfig/network
HOSTNAME=master
```

② 第 2 台计算机执行 "vim /etc/sysconfig/network" 命令修改主机名，命令如下：

```
[root@localhost gzs413]# vim /etc/sysconfig/network
HOSTNAME=slavel
```

③ 第 3 台计算机执行 "vim /etc/sysconfig/network" 命令修改主机名，命令如下：

```
[root@localhost gzs413]# vim /etc/sysconfig/network
HOSTNAME=slave2
```

④ 在每台 Linux 主机上（master、slave1、slave2），通过 "vim /etc/hosts" 命令，修改为如下内容，编辑结束后，输入 "：wq" 命令，保存并退出。

```
192.168.0.149 master
192.168.0.150 slave1
192.168.0.151
slave2
```

⑤ 测试集群中各个节点之间的互通性（这里使用 ping 命令进行测试）。

测试能否与 master 节点互通，命令如下：

```
[root@master a]# ping master
PING master (192.168.0.149) 56(84) bytes of data.
64 bytes from master (192.168.0.149):icmp_seq=1 ttl=64 time=0.034 ms
64 bytes from master (192.168.0.149):icmp_seq=2 ttl=64 time=0.028 ms
64 bytes from master (192.168.0.149):icmp_seq=3 ttl=64 time=0.032 ms
64 bytes from master (192.168.0.149):icmp_seq=4 ttl=64 time=0.031 ms
```

测试能否与 slave1 节点互通，命令如下：

```
[root@master a]# ping slavel
PING slave1 (192.168.0.150) 56(84) bytes of data.
```

读书笔记

```
64 bytes from slave1 (192.168.0.150):icmp_seq=l ttl=64 time=0.901 ms
64 bytes from slave1 (192.168.0.150):icmp_seq=2 ttl=64 time=0.361 ms
64 bytes from slave1 (192.168.0.150):icmp_seq=3 ttl=64 time=42.4 ms
64 bytes from slavel (192.168.0.150):icmp_seq=4 ttl=64 time=0.283 ms
```

测试能否与 slave2 节点互通，命令如下：

```
[root@master a]# ping slave2
PING slave2 (192.168.0.151) 56(84) bytes of data.
64 bytes from slave2 (192.168.0.151):icmp_seq=1 ttl=64 time=0.565 ms
64 bytes from slave2 (192.168.0.151):icmp_seq=2 ttl=64 time=0.379 ms
64 bytes from slave2 (192.168.0.151):icmp_seq=3 ttl=64 time=0.408 ms
64 bytes from slave2 (192.168.0.151):icmp_seq=4 ttl=64 time=1.42 ms
```

（2）配置 SSH 免密登录

① 在 master 节点生成密钥对。

SSH 为 Secure Shell 的缩写，由 IETF 的网络小组所制定。SSH 为建立在应用层基础上的安全协议，专为远程登录会话和其他网络服务提供安全性的协议。利用 SSH 协议可以有效地防止远程管理过程中的信息泄露问题。

执行 "ssh-keygen -t rsa" 命令并且依次在系统等待输入时直接按 Enter 键（一共 4次）后，即可生成密钥对，命令如下：

```
[root@master gzs413]# ssh-keygen -t rsa
Generating public/private rsa key pair.
Enter file in which to save the key (/root/.ssh/id_ rsa):
Created directory '/root/.ssh'.
Enter passphrase (empty for no passphrase) :
Enter same passphrase again:
Your identification has been saved in /root/.ssh/id_rsa.
Your public key has been saved in /root/.ssh/id_rsa.pub.
The key fingerprint is:
SHA256:0pejUh9sn28yS108 f3K2vMImRrDLhc6GhPpw0ei0/00 root@master
The key's randomart image is:
+---[RSA 2048]----+
|                 |
|                 |
|                 |
|   o ..          |
|  +...S+o        |
|  o.oo.*oo.      |
```

```
|  ..+ooB**Eo     |
|  .o...=B=B.*.+   |
|  ...oooo.Bo*+o   |
+----[SHA256]-----+
```

进入生成的密钥存储路径 /root/.ssh 查看生成的密钥文件，命令如下：

```
[root@master .ssh]# pwd
/root/.ssh
[root@master .ssh]# ll
总用量 16
-rw-------. 1 root root  393 7 月  15 16:33 authorized_keys
-rw-------. 1 root root 1679 7 月  15 16:32 id_rsa
-rw-r--r--. 1 root root  393 7 月  15 16:32 id_rsa.pub
-rw-r--r--. 1 root root  184 7 月  15 16:33 known_hosts
```

② 分发公钥文件。

执行 "ssh-copy-id master" 命令，将本地的 SSH 公钥文件 id_rsa.pub 的内容分发到对应目录下的 authorized_keys 文件中，命令如下：

```
[root@master ~]# ssh-copy-id master
/usr/bin/ssh-copy-id:INFO:Source of key(s) to be installed:"/root/.ssh/id_ rsa. pub"
The authenticity of host' master (192.168.0.149)' can' t be established.
ECDSA key fingerprint is SHA256:
eZVEiYZEjLSLLq6WG37U7QT5xV56BWceNZrQovCMga4.
ECDSA key fingerprint is MD5:f3:23:46:a0:21:4d:6c:db:61:c4:63:03:08:b6:dd:b3.
Are you sure you want to continue connecting (yes/no)? yes
/usr/bin/ssh- copy- id:INFO:attempting to log in with the new key(s), to filter out any that
are already installed
/usr/bin/ssh- copy- id:INFO:1 key(s) remain to be installed -- if you are prompted now it is
to install the new keys
root@master's password:

Number of key(s) added:1

Now try logging into the machine, with: "ssh 'master'"
and check to make sure that only the key(s) you wanted were added.
```

读书笔记

在 master 节点执行 "ssh-copy-id [主机名]" 命令，将本地的 SSH 公钥文件 id_rsa.pub 的内容分发到远程 [主机名] 指定主机对应目录下的 authorized_keys 文件中，需要

注意更换 [主机名] 为 "slave1" 或 "slave2"。

　　将密钥分发到 slave1 节点，命令如下：

```
[ root@master ~] # ssh- copy- id slavel
/usr/bin/ssh- copy- id:INFO:Source of key(s) to be installed:"/root/. ssh/id_ _rsa. pub'
The authenticity of host ' slave1 (192.168.0.150)' can' t be established.
ECDSA key fingerprint is SHA256:S40LSsiILc2Bb+tdfBmJA80pEVYynN8Eg9q2
ZD4VBk4.
ECDSA key fingerprint is MD5:e3:ad:28:1b:98:b7:b6:73:ee:0f:a4:72:d4:6e:4e:77.
Are you sure you want to continue connecting ( yes/no)? yes
/usr/bin/ssh- copy- id:INFO:attempting to log in with the new key(s), to filter out any that
are already installed
/usr/bin/ssh- copy- id:INFO:1 key(s) remain to be installed -- if you are prompted now it is
to install the new keys
root@s lave1' S password:
Number of key(s) added:1
Now try logging into the machine, with:
"ssh ' slave1'"
and check to make sure that only the key(s) you wanted were added.
```

　　将密钥分发到 slave2 节点，命令如下：

```
[root@master ~]# ssh- copy- id slave2
/usr/bin/ssh- copy- id: INFO: Source of key(s) to be installed: "/root/.ssh/id_rsa.pub"
The authenticity of host 'slave2 (192.168.0.151)'can't be established.
ECDSA key fingerprint is SHA256:aNZsWymAj5gSRol6QICcEtn4EC2 /5n+U1
rtpizdUPPU.
ECDSA key fingerprint is MD5:9b:1e:65:70:72:1e:27:6e:9d:f2:24:d7:17:e8:bf:68.
Are you sure you want to continue connecting (yes/no)? yes
/usr/bin/ssh-copy- id: INFO: attempting to log in with the new key(s), to filter out any that
are already installed
/usr/bin/ssh-copy- id: INFO: 1 key(s) remain to be installed -- if you are prompted now it
is to install the new keys
root@slave2's password:

Number of key(s) added:1

Now try logging into the machine, with: "ssh' slave2'"
and check to make sure that only the key(s) you wanted were added.
```

③ 免密登录测试。

使用 master 节点登录各 slave 节点的测试。

master 免密登录 slave1，命令如下：

```
[root@naster hadoop]# ssh slave1
Last login:Thu Jul 15 17:29:30 2021 from master
[root@slave1 ~]#
```

master 免密登录 slave2，命令如下：

```
[root@master hadoop]# ssh slave2
Last login:Thu Jul 15 17:29:48 2021 from master
[root@slave2 ~]#
```

使用 exit 命令登出，命令如下：

```
[root@slave2 hadoop]# exit
登出
Connection to slave2 closed.
[root@localhost gzs413]#
```

微课 1-5
Hadoop 完全
分布式搭建
(2)

（3）完全分布式模式的配置

在配置完全分布式模式时，需要修改 "/home/hadoop/etc/hadoop" 目录中的配置文件，这里仅设置正常启动所必需的设置项，包括 slaves、hadoop-env.sh、yarn-env.sh、core-site.xml、hdfs-site.xml、mapred-site.xml、yarn-site.xml 共 7 个文件，更多设置项可查看官方说明文档。

① 在 hadoop 根目录下创建几个文件夹，命令如下：

```
[root@master hadoop]# pwd
/home/ hadoop
[root@master hadoop]# mkdir tmp
[root@master hadoop]# mkdir -p dfs/name
[root@master hadoop]# mkdir dfs/data
```

② 配置 slaves 文件，执行 "vim /home/hadoop/etc/hadoop/slaves" 命令将 master 节点仅作为 NameNode 使用，将 slaves 文件中原来的 localhost 删除，并添加内容，注意文件内容前后不能有空格，命令如下：

```
[root@master /]# vim /home/hadoop/etc/hadoop/slaves
slave1
slave2
```

③ 配置 JDK 路径。

配置 hadoop-env.sh 文件，命令如下：

```
# The java implementation to use.
export JAVA_HOME=/home/jdk
```

配置 yarn-env.sh 文件，命令如下：

```
# some Java parameters
export JAVA_HOME=/home/jdk
```

④ 配置文件。

配置 core-site.xml 文件，代码如下：

```
<configuration>
<property>
        <name>fs.defaultFS</name>
        <value>hdfs://master:9000</value>
</property>
<property>
        <name>hadoop.tmp.dir</name>
        <value>/home/hadoop/tmp</value>
</property>
</configuration>
```

配置 hdfs-site.xml 文件，代码如下：

```
<configuration>
<property>
            <name>dfs.replication</name>
            <value>2</value>
</property>
<property>
            <hame>dfs.namenode.name.dir</name>
            <value>/home/hadoop/dfs/name</value>
</property>
<property>
            <name>dfs.datanode.data.dir</name>
            <value>/home/hadoop/dfs/data</value>
</property>
<property>
            <name>dfs.namenode.secondray.http-address</name>
```

```
                <value>master:50090</value>
    </property>
</configuration>
```

修改 mapred-site.xml.template 文件为 mapred-site.xml，命令如下：

```
[root@master hadoop]# mv mapred-site.xml.template mapred-site.xml
```

配置 mapred-site.xml 文件，代码如下：

```
<configuration>
<property>
                <name>mapreduce.framework.name</name>
                <value>yarn</value>
    </property>
<property>
                <name>mapreduce.jobhistory.address</name>
                <value>master:10020</value>
    </property>
<property>
                <name>mapreduce.webapp.jobhistory.address</name>
                <value>master:19888</value>
    </property>
</configuration>
```

读书笔记　　配置 yarn-site.xml 文件，代码如下：

```
<configuration>
<!-- Site specific YARN configuration properties -- >
        <property>
                <name>yarn.nodemanager.aux-services</name>
                <value>mapreduce_shuffle</value>
        </property>
        <property>
                <name>yarn.resourcemanager.hostname</name>
                <value>master</value>
        </property>
</configuration>
```

⑤ 分发文件。

上述文件全部配置完成以后，需要把 master 节点上的 /home/hadoop 下的文件复制到各个 slave 节点对应目录中。

将 hadoop 目录复制到 slave1 节点上，命令如下：

```
[root@master hadoop]# scp-r /home/hadoop/ slave1:/home/
```

将 hadoop 目录复制到 slave2 节点上，命令如下：

```
[root@master hadoop]# scp-r /home/hadoop/ slave2:/home/
```

⑥ 格式化节点。

首次启动 Hadoop 集群时，需要在 master 节点执行节点的格式化操作，即执行 "bin/hdfs namenode -format" 命令，命令如下：

```
[root@master hadoop]# pwd
/home/hadoop
[root@master hadoop]# bin/hdfs namenode -format
```

⑦ 启动集群。

接下来即可启动 Hadoop 集群，在主机 master 上执行 "sbin/start-all.sh" 命令 启动进程，命令如下：

```
[root@master hadoop]# pwd
/home/hadoop
[root@master hadoop]# sbin/start-all.sh
```

依次在各个节点上执行 jps 命令，查看各个节点的进程，如果可以看到如下相关进程，就表示各个节点安装和配置环境正确。

查看 master 节点的进程，命令如下：

```
[root@master hadoop]# jps
4496 NameNode
4842 ResourceManager
4686 SecondaryNameNode
5119 Jps
```

查看 slave1 节点的进程，命令如下：

```
[root@slave1 b]# jps
4226 Jps
3971 DataNode
4088 NodeManager
```

查看 slave2 节点的进程，命令如下：

```
[root@slave2 c]# jps
```

> 4161 NodeManager
> 4056 DataNode
> 4283 Jps

⑧ 集群测试。

测试 HDFS，在虚拟机浏览器地址中输入 "http：//master：50070" 并按 Enter 键，进入 HDFS 信息界面，表明 HDFS 配置准确，如图 1-11 所示。

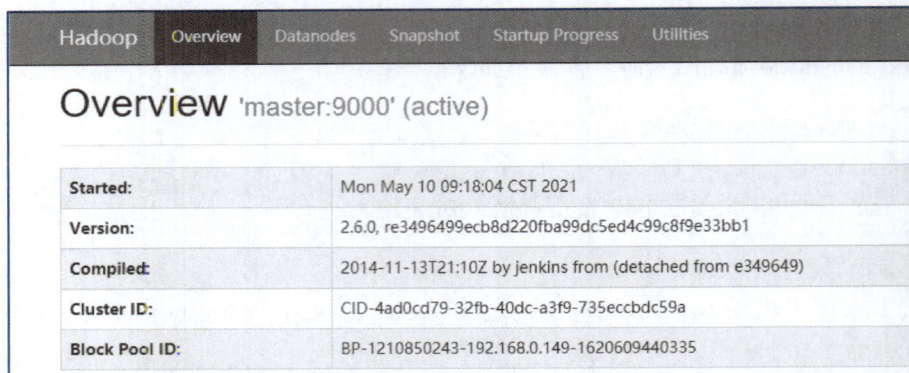

图 1-11   HDFS 信息界面

测试 YARN，在虚拟机浏览器地址栏中输入 "http：//master：8088" 并按 Enter 键，打开 Web 控制台，可以查看集群状态，如果 DataNode 中没有配置 yarn-site.xml，则在网页中无法看到节点信息；如果配置了 yarn-site.xml，则在网页中将会看到节点配置信息，如图 1-12 所示。

读书笔记

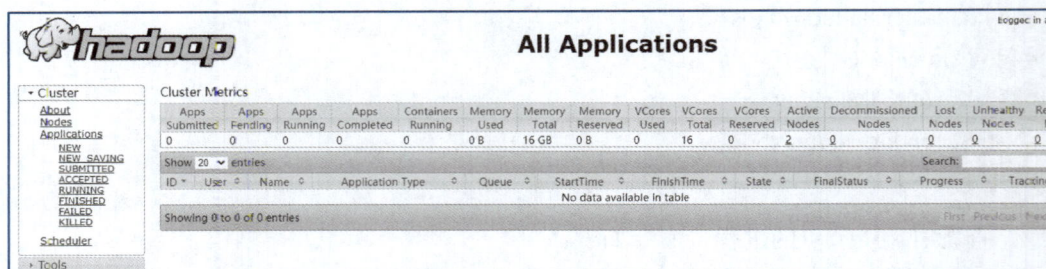

图 1-12   节点配置信息

注意：如果要在 Windows 的浏览器中测试，则需要保证该 Windows 计算机可以正常访问到虚拟机中的相关计算机，并且需要修改 Windows 计算机的 hosts 文件，实现 master 主机名与相应 IP 地址的映射，或者将 "http：//master：8088" 中 master 修改为对应的 IP 地址进行测试。

任务 1.3   Spark 环境搭建

PPT:
Spark 环境搭建

任务描述

1. 借助各种技术论坛、网络教学视频等网络资源和各种图书资源，学习 Spark 设计与运行原理等相关知识。

2. 完成 Spark 两种模式的环境搭建。

任务目标

1. 学会 Spark 的 Standalone 模式的安装与配置。

2. 学会 Spark 的 SparkonYARN 模式的安装与配置。

知识准备

Apache Spark（简称 Spark）是基于内存计算的大数据分布式计算框架，是类 Hadoop MapReduce 的通用框架。其不同于 MapReduce 的是它计算的中间输出结果可以保存在内存中，从而不再需要读写 HDFS，因此 Spark 能更好地适用于数据挖掘与机器学习等需要迭代实现的算法。

1. Spark 生态系统

Spark 生态系统以 SparkCore 为核心，主要包括了 Spark Core、Spark SQL、Spark Streaming、Structured Streaming、MLlib、GraphX、SparkR 等组件，能够读取传统文件（如文本文件）、HDFS、Amazon S3、Alluxio 和 NoSQL 等数据源，利用 Standalone、YARN 和 Mesos 等资源调度管理，完成应用程序分析与处理。各个组件的具体功能如下

● Spark Core：包含了 Spark 最基础和最核心的功能，如存储体系、调度系统、计算引擎、部署模式等，其建立在抽象数据模型 RDD 之上。

● Spark SQL：是 Spark 用来处理结构化数据的一个模块，它提供了编程抽象 DataFrame 和 DataSet，可以作为分布式 SQL 查询引擎。

● Spark Streaming：是 Spark 核心 API 的一个扩展，可以实现高吞吐量的、具备容错机制的秒级的流数据处理。不过需要注意，它并不像 Strom 一样逐条地处理数据，实际上 Spark Streaming 会将接收的外部数据按照时间切分，然后再批处理切分后的文件。

● Structured Streaming：是一个基于 Spark SQL 引擎的、可扩展的且支持容错的流处理引擎。它是在 Spark 2.0 版本中引入的，Structured Streaming 将流式数据当成一个不断增长的 table，然后使用和批处理同一套基于 DataSet/DataFrame 的 API，使得开发人员可以像编写批处理程序一样编写流处理程序，降低流处理程序的开发难度。

● MLlib：提供了基于海量数据的机器学习库，它提供了常用数据挖掘算法（分类、回归、聚类、协同过滤等）的分布式实现功能，旨在简化机器学习的工程实践工

读书笔记

作，并方便扩展到更大规模。

● GraphX：是一个分布式图处理框架，它是基于 Spark 平台提供对图计算和图挖掘简洁易用的丰富接口，极大方便了用户对分布式图处理的需求。

● SparkR：是一个 R 语言包，旨在探索能够将 Spark 和 R 整合的方案，它提供了轻量级的方式，可以在 R 语言中使用 Apache Spark。在 Spark 1.4 中，SparkR 实现了分布式的 DataFrame，支持类似查询、过滤以及聚合的操作。

在此特别强调，无论是 Spark SQL、Spark Streaming、MLib，还是 GraphX，都可以使用 Spark Core 的 API 处理问题，它们的方法几乎是通用的，处理的数据也可以共享，如图 1-13 所示。

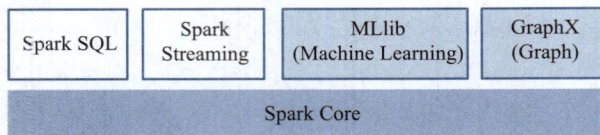

Spark SQL	Spark Streaming	MLlib (Machine Learning)	GraphX (Graph)
Spark Core			

图 1-13　Spark 生态系统

2. Spark 的部署方式

目前 Spark 支持 4 种部署方式，分别是 Local、Standalone、SparkonMesos 和 SparkonYARN。Local 模式是单机模式。Standalone 模式即独立模式，自带完整的服务，可单独部署到一个集群中，无须依赖任何其他资源管理系统。SparkonMesos 模式是官方推荐的模式。Spark 运行在 Mesos 上会比运行在 YARN 上更加灵活。SparkonYARN 模式是一种很有前景的部署模式。在应用中通常需要根据实际情况（技术路线、人才储备等）决定采用哪种方案。如果仅仅测试 Spark Application，则可以选择 Local 模式；如果数据量不大，可选择 Standalone；如果需要统一管理集群资源（Hadoop、Spark 等），考虑兼容性，YARN 则是个不错的选择；如果不仅运行了 Hadoop、Spark，还在资源管理上运行了 Docker，则使用 Mesos 更加通用，但维护成本会增加。

任务实施

微课 1-6
Spark 环境搭建 –Local 模式

1. Local 模式（本地 spark-shell）

Scala 是一门多范式的编程语言，其设计的初衷是要集成面向对象编程和函数式编程的各种特性。Scala 可运行在 Java 虚拟机上，并兼容现有的 Java 程序。Scala 源代码被编译成 Java 字节码，所以它可以运行于 JVM 之上，并可以调用现有的 Java 类库。

① 为方便后续操作这里切换为 root 用户进行操作，命令如下：

```
[tuomas i@localhost home] $ su root
密码：
[rootolocalhost home]#
```

② 通过 "tar -zxvf scala-2.10.4.tgz -C /home/" 命令，解压安装包到指定的目录 /home/ 下，命令如下：

```
[root@master download]# tar-zxvf scala-2.10.4.tgz -C /home/
```

③ 为了后续配置操作方便，在此需要将解压后的文件重命名为 scala，命令如下：

```
[root@master home]# mv scala-2.10.4 scala
```

④ 通过 "vim /etc/profile" 命令，编辑环境变量，配置 Scala 的环境变量，代码如下：

```
export SCALA_HOME=/home/scala
export PATH=$PATH:$SCALA_HOME/bin
```

⑤ 执行 "source /etc/profile" 命令，使环境变量立刻生效后，查看是否安装成功 Scala，命令如下：

```
[root@master download]# scala
Welcome to Scala version 2.10.4 (Java HotSpot(TM) 64-Bit Server VM, Java 1.8.0_161).
Type in expressions to have them evaluated.
Type :help for more information.
scala>
```

⑥ 通过 "tar -zxvf spark-2.2.0-bin-hadoop2.7.tgz -C /home" 命令，解压 Spark 安装包到指定目录，命令如下：

```
[root@master download]# tar-zxvf spark-2.2.0-bin-hadoop2.7.tgz -C /home/
```

⑦ 为了后续配置操作方便，在此需要将解压后的文件重命名为 spark，命令如下：

```
[root@master home]# mv spark-2.2.0-bin-hadoop2.7 spark
```

⑧ 通过 "vim /etc/profile" 命令，配置环境变量，代码如下：

```
export SPARK_HOME=/home/spark
export PATH=$PATH:$SPARK_HOME/bin
```

⑨ 执行 "source /etc/profile" 命令，使环境变量立刻生效，命令如下：

```
[root@master home]# source /etc/profile
```

⑩ 测试运行 "spark-shell" 命令，查看 Spark 是否成功安装，命令如下：

```
[root@master /]# spark-shell
Using Spark's default log4j profile: org/apache/spark/log4j-defaults.properties
```

Setting default log level to "WARN".

To adjust logging level use sc.setLogLevel(newLevel).For SparkR, use setLogLevel(newLevel).

21/07/17 10:59:07 WARN NativeCodeLoader: Unable to load native- hadoop library for your platform... using builtin- java classes where applicable

21/07/17 10:59:20 WARN objectStore: Version information not found in metastore.

hive. metastore. schema. verification is not enabled so recording the schema version 1.2.0

21/07/17 10:59:20 WARN ObjectStore: Failed to get database default, returning No Such0bjectException

21 /07/17 10:59:21 WARN ObjectStore: Failed to get database global_temp, returning NoSuchObj ectException

Spark context Web UI available at http://192.168. 112.5:4040

Spark context available as 'sc' (master=local[*], app id = local- 1626490750093

Spark session available as 'spark'.

Welcome to

```
      ____              __
     / __/__  ___ _____/ /__
    _\ \/ _ \/ _ `/ __/  '_/
   /__ / .__/\_,_/ /_/ /_/\_\   version 2.2.0
      /_/
```

Using Scala version 2.11.8(Java HotSpot(TM) 64-Bit Server VM, Java 1.8.0_221)

Type in expressions to have them evaluated.

Type :help for more information.

2. Standalone 模式部署

① 通过命令 "cd /home/spark/conf/"，切换到 conf/ 目录中，使用 "mv slaves. templateslaves" 命令重命名文件为 slaves，命令如下：

```
[root@master conf]# mv slaves.template slaves
```

编辑 slaves 配置文件，将对应主机名 master、slave1、slave2 添加到文件中，代码如下：

```
master
slave1
slave2
```

② 通过 "cd /home/spark/conf/" 命令，切换到 conf/ 目录中，使用 "vim spark-env. sh" 命令，编辑该配置文件。如果在 conf 目录下没有该文件，则可使用 "cp spark-env.

sh.template spark-env.sh"命令，复制模板文件，并重命名为 spark-env.sh，命令如下：

```
[root@master conf]# cp spark-env.sh.template spark-env.sh
```

编辑 spark-env.sh 配置文件，将如下代码添加到文件中：

```
export SCALA_HOME=/home/scala
export JAVA_HOME=/home/jdk
export SPARK_MASTER_IP=master
export SPARK_MASTER_PORT=7077
export SPARK_WORKER_MEMORY=1G
export SPARK_EXECUTOR_CORES=2
```

③ 通过"scp -r /home/spark/ slave1：/home"和"scp -r /home/spark/ slave2 /home"命令将配置好的 Spark 安装包发送至 slave1 和 slave2 节点，命令如下：

```
[root@master download]# scp-r/home/spark/slave1:/home/
[root@master download]# scp-r/home/spark/slave2:/home/
```

④ 在 Spark 安装路径中执行"sbin/start-all.sh"命令，启动 Standalone 模式，命令如下：

```
[root@master spark]# sbin/start-all.sh
starting org.apache.spark.deploy.master.Master, logging to /home/spark/logs/spark-
tuomasi-org.apache.spark.deploy.master.Master-1-master.out
localhost:starting org.apache.spark.deploy.worker.Worker, logging to /home/spark/logs/
spark-root-org.apache.spark.deploy.worker.worker-1-master.out
```

⑤ 在 3 台计算机上分别执行 jps 命令，查看 Spark 启动进程。如果在 master 节点可以看到 Master 和 Worker 进程，即可说明 Spark 主节点启动成功。

在 master 节点查看进程，命令如下：

```
[root@master spark]# jps
3763 Master
3843 Worker
3923 Jps
```

在 slave1 节点查看进程，命令如下：

```
[root@slavel home]# jps
2652 Worker
2783 Jps
```

在 slave2 节点查看进程，命令如下：

```
[root@slave2 home]# jps
2659 Worker
2773 Jps
```

⑥ 在虚拟机浏览器地址栏中输入 "master：8080" 并按 Enter 键，查看 Spark 的管理页面，如图 1-14 所示。

读书笔记

Spark 2.2.0 **Spark Master at spark://master:7077**

URL: spark://master:7077
REST URL: spark://master:6066 *(cluster mode)*
Alive Workers: 3
Cores in use: 6 Total, 0 Used
Memory in use: 3.0 GB Total, 0.0 B Used
Applications: 0 Running, 0 Completed
Drivers: 0 Running, 0 Completed
Status: ALIVE

Workers

Worker Id	Address	State	Cores	Memory
worker-20210722170043-192.168.152.139-40966	192.168.152.139:40966	ALIVE	2 (0 Used)	1024.0 MB (0.0 B Used)
worker-20210722170043-192.168.152.140-43960	192.168.152.140:43960	ALIVE	2 (0 Used)	1024.0 MB (0.0 B Used)
worker-20210722170043-192.168.152.141-41375	192.168.152.141:41375	ALIVE	2 (0 Used)	1024.0 MB (0.0 B Used)

Running Applications

Application ID	Name	Cores	Memory per Executor	Submitted Time	User	State	Duration

Completed Applications

Application ID	Name	Cores	Memory per Executor	Submitted Time	User	State	Duration

图 1-14　查看 Spark 的管理页面

注意： 如果要在 Windows 的浏览器中测试，则需要保证该 Windows 计算机可以正常访问到虚拟机中的相关计算机，并且需要修改 Windows 计算机的 hosts 文件，实现 master 主机名与相应 IP 地址的映射，或者将 "http：//master：8088" 中 master 修改为对应的 IP 地址进行测试。

3. Spark On YARN 模式

① 使用 "cd /home/hadoop/etc/hadoop" 命令进入到 Hadoop 的配置文件目录，使用 "vim yarn-site.xml" 命令编辑该文件，在该文件内添加以下代码：

微课 1-8
Spark 环境搭建-YARN 模式

```
<property>
        <name>yarn.nodemanager.pmem-check-enabled</name>
        <value>false</value>
</property>
```

```
<property>
        <name>yarn.nodemanager.vmem-check-enabled</name>
        <value>false</value>
</property>
```

②通过以下命令将 yarn-site.xml 文件分发至 slave1、slave2，命令如下：

```
[root@master home]# scp /home/hadoop/etc/hadoop/yarn-site.xml slave1:/home/hadoop/
etc/hadoop/
[root@master home]# scp /home/hadoop/etc/hadoop/yarn-site.xml slave2:/home/hadoop/
etc/hadoop/
```

③进入 conf 目录，修改 spark-env.sh，添加如下配置信息，代码如下：

```
export RN_CONF_DIR=/home/hadoop/etc/hadoop
export HADOOP_CONF_DIR=/home/hadoop/etc/hadoop
export HADOOP_HOME=/home/hadoop
```

④完成 spark-env.sh 的配置后，在 Hadoop 安装目录 /home/hadoop 下使用 "sbin/start-all.sh" 命令启动 Hadoop 集群，命令如下：

```
[root@hadoop hadoop]# pwd
/home/hadoop
[root@hadoop hadoop]# sbin/start-all.sh
```

⑤使用 "spark-shell--masteryarn--deploy-mode client" 命令启动 spark-shell，命令如下：

```
[root@master a]# spark-shell--master yarn--deploy-mode client
Setting default log level to "WARN"
To adjust logging ievel use sc. setLogLevel(newLevel). For SparkR, use
setLogLevel(newLevel).
21/06/07 15:52:28 WARN util.NativeCodeLoader:Unable to load native- hadoop library
for your platform... using builtin- java classes where applicable
21/06/07 15:52:30 WARN yarn.Client:Neither spark. yarn. jars nor spark. yarn. archive is
set, falling back to uploading libraries under SPARK_ HOME.
21/06/07 15:53:01 WARN metastore.0bjectStore: Version information not found in metastore.
hive. metastore. schema. verification is not enabled So recording the schema version 1.2 0
21/06/07 15:53:02 WARN metastore.0bjectStore: Failed to get database default, returning
NoSuch0bjectException
21/06/07 15:53:02 WARN metastore.0bjectStore: Failed to get database global_temp,
returning NoSuch0bjectException
```

```
Spark context Web UI available at http://192.168.0.149:4040
Spark context available as 'sc' (master = yarn, app id = application_1623052322583_0001).
Spark session available as 'spark'.
Welcome to
      ____              __
     / __/__  ___ _____/ /__
    _\ \/ _ \/ _ `/ __/  '_/
   /__ / .__/\_,_/_/ /_/\_\   version 2.2.0
      /_/

Using. Scala version 2.11.8(Java HotSpot(TM) 64-Bit Server VM, Java 1.8.0_161)
Type in expressions to have them evaluated.
Type :help for more information.
```

⑥ 在 Spark 安装路径中执行"sbin/start-all.sh"命令，启动 Spark 集群，命令如下：

```
[root@master spark]# sbin/start-all.sh
```

⑦ 在 3 台计算机中分别执行 jps 命令，查看启动进程，如果可以查看到 Master 和 Worker 进程，即可说明 Spark 主节点启动成功。

查看 master 节点的进程，命令如下：

```
[root@master conf]# jps
3986 Master
3299 SecondaryNameNode
3462 ResourceManager
3101 NameNode
4077 Worker
4142 Jps
```

查看 slave1 节点的进程，命令如下：

```
[root@slave1 b]# jps
3264 Jps
3153 Worker
2803 DataNode
2878 NodeManager
```

查看 slave2 节点的进程，命令如下：

```
[root@slave2 c]# jps
2802 DataNode
```

读书笔记

```
2876 NodeManager
3261 Jps
3150 Worker
```

⑧ 向独立集群管理器提交应用，需要把 spark：//master：7077 作为主节点参数传递给 spark-submit 命令。可以运行 Spark 自带的样例程序 SparkPi，它的功能是计算得到 pi 的值。在 Linux Shell 中执行如下命令运行 SparkPi（jar 包可以使用 Tab 键进行补全）。

```
[root@master spark]# ./bin/spark-submit \
>--class org.apache.spark.examples.SparkPi \
>--master yarn-client \
>--driver-memory 4g \
>--num-executors 1 \
>--executor-memory 2g \
>--executor-cores 1 \
> /home/spark/examples/jars/spark-examples_2.11-2.2.0.jar \
>100
```

运行 SparkPi 并查看结果，命令如下：

```
21/07/21 18:26:37 INFO cluster.YarnScheduler:Removed TaskSet 0.0, whose tasks have
all completed, from pool
21/07/21 18:26:37 INFO scheduler.DAGScheduler:ResultStage 0( reduce at SparkPi.
scala:38) finished in 2. 527 s
21/07/21 18:26:37 INFO scheduler.DAGScheduler:Job 0 finished: reduce at SparkPi.
scala:38, took 2.804557 s
Pi is roughly 3.1410871141087116
```

⑨ 查看 Spark 的 WebUI。

在虚拟机浏览器地址栏中输入 "master：8088" 并按 Enter 键，查看程序执行情况，如图 1-15 所示。

注意：如果要在 Windows 的浏览器中测试，则需要保证该 Windows 计算机可以正常访问到虚拟机中的相关计算机，并且需要修改 Windows 计算机的 host 文件，实现 master 主机名与相应 IP 地址的映射，或者将 "http：//master：8088" 中 master 修改为对应的 IP 地址进行测试。

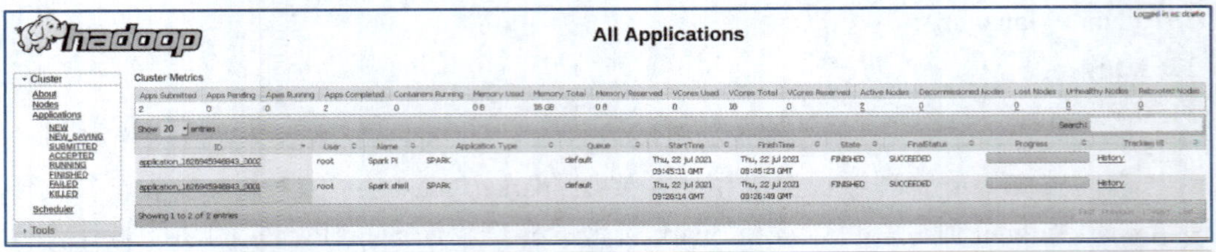

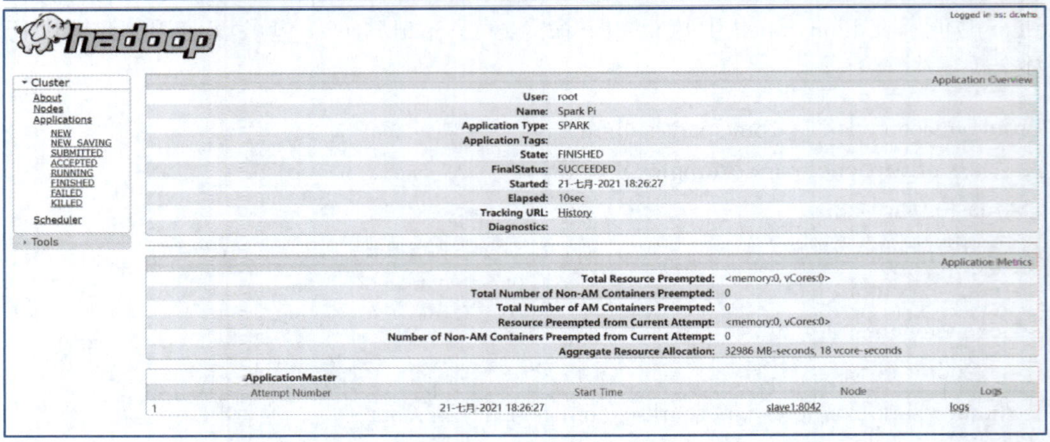

图 1–15　Spark 的 WebUI

项目小结

　　本项目主要介绍了大数据的概念、特征、处理流程以及 CentOS 和 Hadoop 的安装与配置等。通过项目内容的学习，希望读者可以识记大数据的概念和特征，了解和熟悉大数据处理与分析流程；学会 CentOS 的安装，掌握 CentOS 中常用的 Linux 命令，掌握 Hadoop 的安装与配置等，为后续的学习打好基础。

课后习题

一、填空题

　　1. _____是用来切换工作目录的命令，当想要返回上级命令时，则可以使用_____，返回进入此目录之前所在的目录的命令是_____。

　　2. 查看当前所在目录的命令是_____。

　　3. 通常使用_____命令删除 Linux 系统中的文件或目录，但是只使用该命令不会删除目录，必须通过指定参数_____来删除目录。

　　4. 在创建新的文件时通常会使用_____命令，使用_____命令来创建新的目录，也可以配合参数_____来递归创建目录。

5. _____命令可以起到复制文件的作用，同时也可以使用_____命令来对文件来进行移动处理。

6. Linux 系统中在_____文件下配置系统环境变量，操作完成后执行_____使修改立即生效。

7. 使用_____命令可以对文件完成查看操作，但如果要对文件进行编辑则需要使用_____命令。

8. 现有一个文件 test，如果需要查看文件的前 10 行可以使用_____命令，使用_____命令查看文件的后 10 行。

9. 在查看当前目录下的文件和目录时可以使用_____命令，使用参数_____来查看目录下的所有文件（包含以 "." 开头的隐藏文件）。

二、选择题

1. Linux 的 "根" 目录，用（　　　）代表。
   A. /　　　　　　　　B. \　　　　　　　　C. //　　　　　　　　D. \\

2. 在（　　　）目录下可以找到 Linux 常用的命令。
   A. tmp　　　　　　　B. bin　　　　　　　C. root　　　　　　　D. home

3. 如果不想退出普通用户，重新用 root 用户登录，则必须使用（　　　）命令切换到 root。
   A. su　　　　　　　　B. Id　　　　　　　　C. who　　　　　　　D. last

4. 当输入的命令不完整时，可以通过按（　　　）键来完成命令的自动补齐。
   A. Shift　　　　　　　B. Ctrl　　　　　　　C. Alt　　　　　　　D. Tab

5. 统计磁盘空间或文件系统使用情况的命令是（　　　）。
   A. df　　　　　　　　B. Dd　　　　　　　　C. du　　　　　　　　D. fdisk

6. 如何在文件中查找并显示所有以 "*" 打头的行（　　　）。
   A. find * file　　　　　　　　　　　　B. wc -l * < file
   C. grep -n * file　　　　　　　　　　　D. grep '^*' file

7. 在 vim 中退出不保存的命令是（　　　）。
   A. ：q　　　　　　　　B. ：w　　　　　　　　C. ：wq　　　　　　　D. ：!

8. 对所有用户的变量设置，应当放在（　　　）文件下。
   A. /etc/bashrc　　　　　　　　　　　B. /etc/profile
   C. ~/.bash_profile　　　　　　　　　　D. /etc/skel/.bashrc

9. 在一行结束位置加上（　　　）符号，表示未结束，下一行继续。
   A. /　　　　　　　　B. \　　　　　　　　C. ；　　　　　　　　D. |

10. 更改一个文件的权限的命令为（　　　）。
    A. attrib　　　　　　　　　　　　　　B. chmod
    C. change　　　　　　　　　　　　　　D. file

三、解答题

1. Hadoop 的 3 种运行模式是什么？它们之间的主要区别是？
2. 简述 Spark 与 MapReduce 的区别。

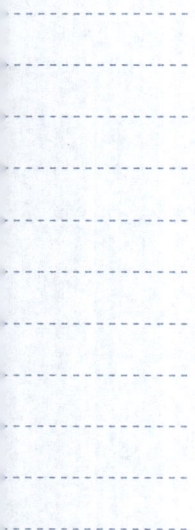

读书笔记

项目 2

就业岗位数据采集与存储

💡 学习目标

【知识目标】
- 识记数据采集的概念和目的。
- 领会数据采集的意义。

【技能目标】
- 熟悉数据采集技术。
- 学会数据采集环境的搭建。
- 学会使用 Scrapy 框架爬取网页内容。

【素质目标】
- 具有严谨细致的工作态度和工作作风。
- 具有良好的团队协作意识和业务沟通能力。
- 具有良好的表达能力和文档制作能力。
- 具有规范的编程意识和较好的数据采集与存储能力。

📝 项目描述

【学习情景】

随着网络的迅速发展，万维网成为大量信息的载体，如何有效地提取并利用这些信息成为一个巨大的挑战。为了解决这个问题，小华了解到可以通过"网络爬虫"来抓取相关网页数据。网络爬虫（又称为网页蜘蛛、网络机器人），是一种按照一定的规则，自动地抓取万维网信息的程序或者脚本，它是一个自动下载网页的程序，可以根据既定的抓取目标，有选择地访问万维网上的网页与相关的链接，获取所需要的信息。因此，小华想自己学习"网络爬虫"的相关知识，自己动手实现对招聘网站相关岗位数据的爬取，以便后续进行相关的分析，指导自己的专业定向和职业规划，并为后续的岗位数据分析准备数据资源。

任务 2.1　认识数据采集技术并搭建 Scrapy 框架

任务描述

1. 学习数据采集等相关知识内容，熟悉大数据的定义、大数据的基本特征，以及数据采集的相关技术、工具和产品等。

2. 熟悉数据采集的来源和方法。

3. 完成 Scrapy 平台的搭建。

任务目标

1. 掌握数据采集的来源和采集的方法。

2. 学会搭建数据采集平台。

知识准备

大数据指无法在一定时间范围内用常规工具进行捕捉、管理和处理的数据集合，是需要新处理模式才能具有更强的决策力、洞察发现力和流程优化能力的海量、高增长率和多样化的信息资产。当前，全球大数据进入加速发展时期。大数据时代，谁掌握了足够的数据，谁就有可能掌握未来，现在的数据采集就是将来的资产积累。

1. 数据采集的概念

足够的数据量是企业大数据战略建设的基础，因此数据采集成为大数据分析的前站。数据采集是大数据价值挖掘中重要的一环，其后的分析挖掘都建立在数据采集的基础上。大数据技术的意义确实不在于掌握规模庞大的数据信息，而在于对这些数据进行智能处理，从中分析和挖掘出有价值的信息，但前提是拥有大量的数据。

数据的采集有基于物联网传感器的采集，也有基于网络信息的采集。例如，在智能交通中，数据的采集有基于 GPS 的定位信息采集、基于交通摄像头的视频采集、基于交通卡口的图像采集、基于路口的线圈信号采集等。而互联网中的数据采集是对各类网络媒介，如搜索引擎、新闻网站、论坛、微博、博客、电商网站等的各种页面信息和用户访问信息进行采集，采集的内容主要有文本信息、URL、访问日志、日期和图片等。之后需要对采集到的各类数据进行清洗、过滤、去重等预处理并分类归纳存储。

数据采集过程中涉及数据的抽取（Extract）、数据的清洗转换（Transform）、数据的加载（Load）3 个过程，其英文缩写为 ETL。

数据采集的 ETL 工具负责将分布的、异构数据源中的不同种类和结构的数据，如文本数据、关系数据及图片、视频等非结构化数据抽取到临时中间层，然后进行清洗、转换、分类、集成，最后加载到对应的数据存储系统（如数据仓库）中，成为联机分析处理、数据挖掘的基础。

针对大数据的 ETL 处理过程有别于传统的 ETL 处理过程，因为大数据的体量巨大，产生速度也非常快，例如，一个城市的视频监控摄像头、智能电表每一秒都在产生大量的数据，对数据的预处理需要实时快速，因此，在 ETL 的架构和工具选择上，也会采用如分布式内存数据库、实时流处理系统等现代信息技术。

现代企业中存在不同的应用和各种数据格式及存储需求，但在企业之间、企业内部都存在条块分割、信息孤岛的现象，各个企业之间的数据不能实现可控的数据交换和共享，而且各个应用之间开发技术和环境的限制阻碍了企业各个应用之间的数据交换与共享，也增强了企业在数据可控、数据管理、数据安全方面的需求。为实现跨行业、跨部门的数据整合，尤其是在智慧城市建设中，需要制定统一的数据标准、交换接口及共享协议，这样不同行业、不同部门、不同格式的数据才能基于一个统一的基础进行访问、交换和共享。

2. 数据采集的来源

根据 MapReduce 产生数据的应用系统分类，大数据的采集主要有管理信息系统、Web 信息系统、物理信息系统、科学实验系统 4 种来源。

（1）管理信息系统

管理信息系统是指企业、机关内部的信息系统，如事务处理系统、办公自动化系统，主要用于经营和管理，为特定用户的工作和业务提供支持。数据的产生既有终端用户的原始输入，又有系统的二次加工处理。系统的组织结构是专用的，数据通常是结构化的。

（2）Web 信息系统

Web 信息系统包括互联网中的各种信息系统，如社交网站、社会媒体、系统引擎等，主要用于构造虚拟的信息空间，为广大用户提供信息服务和社交服务。系统的组织结构是开放式的，大部分数据是半结构化或无结构的。数据的产生者主要是在线用户。

（3）物理信息系统

物理信息系统是指关于各种物理对象和物理过程的信息系统，如实时监控、实时检测，主要用于生产调度、过程控制、现场指挥、环境保护等。系统的组织结构是封闭的，数据由各种嵌入式传感设备产生，可以是关于物理、化学、生物等性质和状态的基本测量值，也可以是关于行为和状态的音频、视频等多媒体数据。

（4）科学实验系统

科学实验系统实际上也属于物理信息系统，但其实验环境是预先设定的，主要用于学术研究等，数据是有选择的、可控的，有时可能是人工模拟生成的仿真数据。数据往往具有不同的形式。

管理信息系统和 Web 信息系统属于人与计算机的交互系统，物理信息系统属于物与计算机的交互系统。关于物理世界的原始数据，在人与计算机的交互系统中，是通过人实现融合处理的；而在物与计算机的交互系统中，需要通过计算机等装置做专门的处理。融合处理后的数据被转换为规范的数据结构，输入并存储在专门的数据管理系统中，如文件或数据库，形成专门的数据集。

对于不同的数据集，可能存在不同的结构和模式，如文件、XML 树、关系表等，表现为数据的异构性。对于多个异构的数据集，需要做进一步集成处理或整合处理，将来自不同数据集的数据收集、整理、清洗、转换后，生成一个新的数据集，为后续查询和分析处理提供统一的数据视图。

3. 数据采集的方法

（1）数据采集的新方法

1）系统日志采集方法

很多互联网企业有自己的海量数据采集工具，多用于系统日志采集，如 Hadoop 的 Chukwa、Cloudera 的 Flume 等。这些工具均采用分布式架构，能满足每秒数百兆字节的日志数据的采集和传输需求。

2）网络数据采集方法：对非结构化数据的采集

网络数据采集是指通过网络爬虫或网站公开 API 等方式从网站上获取数据信息，该方法可以将非结构化数据从网页中抽取出来，将其存储为统一的本地数据文件，并以结构化的方式存储。网络数据采集方法支持图片、音频、视频等文件或附件的采集，附件与正文可以自动关联。

除了网络中包含的内容之外，对于网络流量的采集可以使用 DPI 或 DFI 等带宽管理技术进行处理。

3）其他数据采集方法

对于企业生产经营数据或学科研究数据等保密性要求较高的数据，可以通过与企业、研究机构合作或授权的方式，使用特定系统接口等采集数据。

（2）网页数据采集的方法

互联网网页数据具有分布广、格式多样、非结构化等大数据的典型特点，需要有针对性地对互联网网页数据进行采集、转换、加工和存储。在网页数据的架构和处理方面，存在急需突破的若干关键技术。

传统的数据挖掘、分析处理方法和工具，在非结构化、高速化的大数据处理要求面前显得过于乏力，需要创新开发适应新型大数据处理需求的数据挖掘和数据处理方法。

互联网网页数据是大数据领域的一个重要组成部分，是互联网公司和金融机构获取用户消费、交易、产品评价信息以及其他社交信息等数据的重要途径，为互联网和金融服务创新提供了丰富的数据基础，因此，对互联网网页的大数据处理流程和技术进行探索具有重要意义。

1）网页数据采集的基本流程

互联网网页数据采集就是获取互联网中相关网页内容的过程，并从中抽取出用户所需要的属性内容。互联网网页数据处理，就是对抽取出来的网页数据进行内容和格式上的处理，进行转换和加工，使之能够适应用户的需求，并将之存储下来，以供后用。

网络爬虫是一个自动提取网页的程序，它为搜索引擎从万维网上下载网页，是搜索引擎的重要组成部分。传统爬虫从一个或若干初始网页的 URL 开始，获得初始网页的 URL，在抓取网页的过程中，不断从当前页面中抽取新的 URL 放入队列，直到满足系统的一定停止条件。

聚焦爬虫的工作流程较为复杂，需要根据一定的网页分析算法过滤与主题无关的链接，保留有用的链接并将其放入等待抓取的 URL 队列。它将根据一定的搜索策略从队列中选择下一步要抓取的网页 URL，并重复上述过程，直到达到系统的某一条件时停止。

另外，所有被爬虫抓取的网页将会被系统存储起来，进行一定的分析、过滤，并建立索引，以便之后的查询和检索；对于聚焦爬虫来说，这一过程所得到的分析结果还可能对以后的抓取过程给出反馈和指导。网络爬虫自动提取网页的过程如图 2-1 所示。

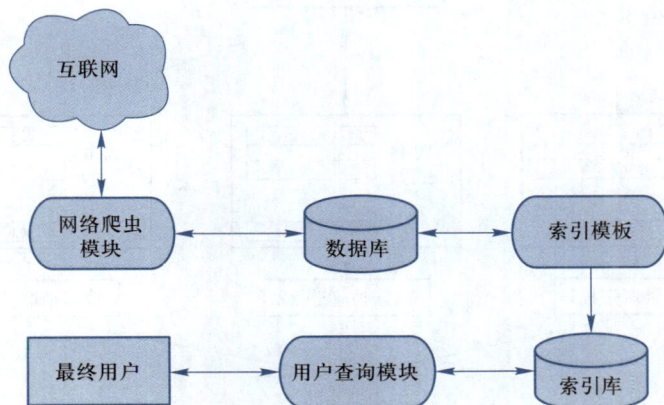

图 2-1 网络爬虫自动提取网页的过程

2）网页数据采集的工作过程

数据采集的目的就是把目标网站上网页中的某块文字或者图片等资源下载到指定位置。这个过程需要做如下配置工作：下载网页配置→解析网页配置→修正结果配置→数据输出配置。如果数据符合自己的要求，则可省略修正结果这一步骤。配置完毕后，爬虫会自动把配置形成任务（任务以 XML 格式描述），采集系统按照任务的描述开始工作，最终把采集到的结果存储到指定位置。

整个数据采集过程的基本步骤如下。

① 将需要抓取数据网站的 URL（Site URL）信息写入 URL 队列。

② 爬虫从 URL 队列中获取需要抓取数据网站的 URL 信息。

③ 获取某个具体网站的网页内容。

④ 从网页内容中抽取出该网站正文页内容的链接地址。

⑤ 从数据库中读取已经抓取过内容的网页地址。

⑥ 过滤 URL。对当前的 URL 和已经抓取过的 URL 进行比较。

⑦ 如果该网页地址没有被抓取过，则将该地址写入数据库；如果该地址已经被抓取过，则放弃对这个地址的抓取操作。

⑧ 获取该地址的网页内容，并抽取出所需属性的内容值。

⑨ 将抽取的网页内容写入数据库。

数据采集工作的流程如图 2-2 所示。

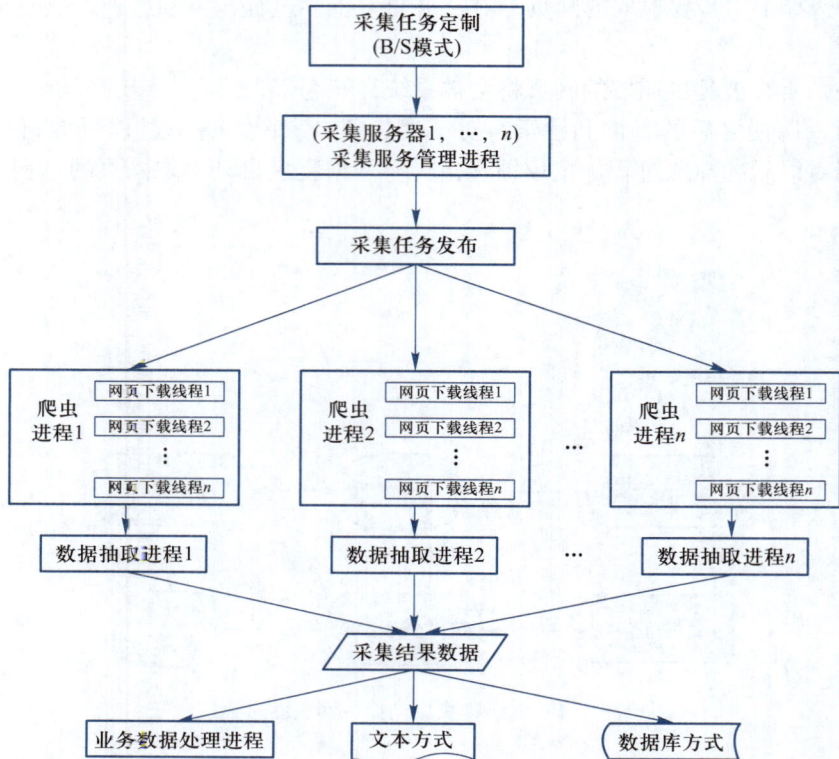

图 2-2　数据采集工作的流程

相应的网页内容提取、数据采集与数据处理逻辑如图 2-3 所示。

3）Web 信息数据自动采集

Web 可以说是目前最大的信息系统，其数据具有海量、多样、异构、动态变化等特性。因此，人们要准确迅速地获得自己所需要的数据越来越难，尽管目前有各种搜索引擎，但是搜索引擎在数据的查全率方面考虑较多，而查准率不足，而且很难进一步挖掘深度数据。所以，人们开始研究如何更进一步地获取互联网中某一个特定范围内的数据，从信息搜索到知识发现。

Web 数据自动采集涉及 Web 数据挖掘（Web Data Mining）、信息检索（Information Retrieval）、信息提取（Information Extraction）、搜索引擎（Search Engine）等概念和技术。这些概念密切相关，但又有所区别。

读书笔记

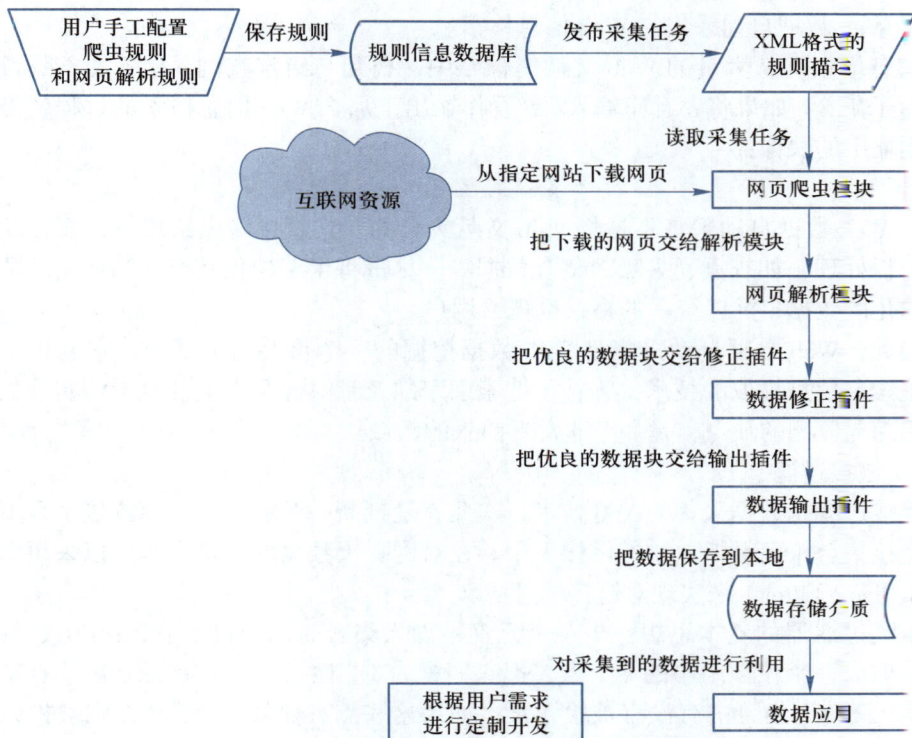

图 2-3　网页内容提取、数据采集与数据处理逻辑

① Web 数据自动采集与挖掘。

Web 数据自动采集与挖掘是指从大量非结构化、异构的 Web 信息资源中发现有效的、新颖的、潜在可用的及最终可以理解的知识（包括概念、模式、规则、约束及可视化等形式）的过程。

② Web 数据自动采集与搜索引擎。

Web 数据自动采集与搜索引擎有许多相似之处。例如，它们都利用了信息检索的技术，但是两者的侧重点不同。搜索引擎主要由网络爬虫（Web Crawler）、索引数据库和查询服务三部分组成。爬虫在网上的漫游是无目的性的，只是尽量发现比较多的内容；查询服务会尽可能多地返回结果，但不关心结果是否符合用户的习惯、专业背景等。而 Web 数据自动采集主要针对某个具体行业，提供面向领域、个性化的信息挖掘服务。

③ Web 数据自动采集与信息提取。

信息提取是近年来新兴的一个概念。信息提取是面向不断增长和变化的某个具体领域的文献的特定查询，这种查询是长期的或者持续的。与传统搜索引擎（基于关键字查询）有所不同，信息提取基于关键字查询操作，是技术上的概念，它不仅要匹配关键字，还要匹配各个实体之间的关系。Web 数据自动采集很大程度上要依赖于信息提取的技术，实现长期的、动态的追踪。

④ Web 数据自动采集与 Web 信息检索。

信息检索即从大量的 Web 文献集合 C 中，找到与给定查询 q 相关的、数目相当的文献子集 S。如果将 q 看作输入，S 看作输出，那么 Web 信息检索的过程就是一个输入到输出的映像：

$$\S:(C:q)\rightarrow S$$

而 Web 数据自动采集不是将 Web 文献集合的子集直接输出给用户，而是还要进一步分析处理，如查重、去噪、整合数据等。尽量将半结构化甚至非结构化的数据变为结构化的数据，并以统一的格式呈现给用户。

因此，Web 数据自动采集是 Web 数据挖掘的一个重要组成部分，它利用了 Web 数据检索、信息提取的技术，弥补了搜索引擎缺乏针对性和专业性，无法实现数据的动态跟踪与监测的缺点，是一个非常有前景的领域。

4）链接过滤

链接过滤是数据采集的关键技术，实质就是判断一个链接（当前链接）是不是在一个链接集合（已经抓取过的链接）中。在对网页大数据的采集中，可以采用布隆过滤器（Bloom Filter）来实现对链接的过滤。

布隆过滤器的基本思想：当一个元素被加入集合时，通过 k 个 Hash 函数将这个元素映射成一个位数组中的 k 个点，把它们置为 1。检索时，只要看看这些点是不是都是 1，就知道集合中有没有被检元素。如果这些点有任何一个是 0，则被检元素一定不在；如果都是 1，则被检元素很可能存在。

布隆过滤器的具体实现方法：已经抓取过的每个 URL，经过 k 个 Hash 函数的计算，得出 k 个值，再和一个巨大的位数组中的这 k 个位置的元素对应起来（这些位置数组元素的值被设置为 1）。在需要判断某个 URL 是否被抓取过时，先用 k 个 Hash 函数对该 URL 计算出 k 个值，再查询巨大的位数组内这 k 个位置上的值，如果全为 1，则已经被抓取过，否则认为没有被抓取过。

5）Web 引擎和通用搜索引擎的差别

Web 引擎和通用搜索引擎相比有较大的差别，Web 引擎更多地关注"结构化信息"的抽取。例如，比较购物搜索时需要在抓取网页内容后，进一步抽取出商品名称、价格、服务、简介等；在房产信息搜索中应抽取出类型、地域、地址、房型、面积、装修情况、租金、联系人、联系电话等。

通用搜索引擎是指从互联网检索出满足搜索条件的信息反馈给用户。更多关注搜索条件，信息一般不进行结构化处理。

6）结构化信息抽取的方式

Web 结构化信息抽取就是将网页中的非结构化数据按照一定的需求抽取成结构化数据，属于垂直搜索。

结构化信息抽取有两种方式可以实现：一种是比较简单的模板方式；另一种是对网页不依赖的网页库级的结构化信息抽取方式。

① 模板方式。

模板方式是事先对特定的网页进行模板配置，抽取模板中设置好的需要的信息，可以针对有限个网站的信息进行精确采集。

模板方式具有简单、精确、技术难度低、部署方便快速的特点。它的缺点是需要针对每一个信息源的网站模板进行单独设定，在信息源多样性强的情况下，维护量巨大，甚至是不可完成的维护量，所以这种方式适用于少量信息源的信息处理，不能作为搜索引擎级的应用，很难满足用户对查全率的需求。

② 网页库级方式。

这种方式采用页面结构分析与智能结点分析转换的方法，自动抽取结构化的数据。其特点如下：

第一，可对任意的正常网页进行抽取，完全自动化。不用对具体网站事先主或模板，对每个网页自动实时地生成抽取规则，完全不需要人工干预。

第二，智能抽取准确率高。不是机械的匹配，采用智能分析技术，准确率能超过98%。

第三，能保证较快的处理速度。由于采用页面的智能分析技术，先去除了立及块，降低了分析的压力，因此处理速度大大提高了。

第四，通用性较好，易于维护。只需设定参数、配置相应的特征就能改进相应的抽取性能。

网页库级方式的缺点是技术难度高，前期研发成本高，周期长，适合网页库级别结构化数据采集和搜索的高端应用。

任务实施

1. 安装 Scrapy

Scrapy 是由 Python 开发的一个快速、高层次的 Web 页面内容获取框架，任何人都可以根据需求方便地对它进行修改，用于从 Web 页面中提取结构化的数据。Scrapy 提供了多种类型爬虫的基类，支持 BaseSpider、Sitemap、Web 2.0 等爬虫。

当前任务是使用 Scrapy 框架技术，在 Windows 环境下的 PyCharm 中进行的，因此首先需要安装部署好 PyCharm。具体环境如下，安装部署在此省略。

微课 2-1
安装 Scrapy

Python 版本：Python 3.7.6

PyCharm 版本：pycharm-community-2019.3.3

（1）安装 Scrapy

在 PyCharm 界面左下角单击"Terminal"标签，进入命令行界面，执行命令。在其中输入命令"pip install scrapy"，命令如下：

```
D:\workspaces\data>pip install scrapy
```

（2）验证 Scrapy 框架安装是否成功

在命令行窗口中输入命令"scrapy"，若显示如下代码内容，即表示成功安装 Scrapy 框架。

```
(base) D:\workspaces\data>scrapy
Scrapy 2.4.0 no active project

Usage:
scrapy <command>[options][args]

Available commands:
bench          Run quick benchmark test
commands
fetch          Fetch a URL using the Scrapy downloader
genspider      Generate new spider using pre-defined templates
runspider      Run a self-contained spider (without creating a project)
settings       Get settings values
shell           Interactive scraping console
startproject   Create new project
version         Print Scrapy version
view            Open URL in browser, as seen by Scrapy

[ more ]       More commands available when run from project directory

Use "scrapy <command> -h" to see more info about a command
```

2. 安装 Scrapy 常见错误

读书笔记

（1）提示 pip version 错误
错误信息如下

```
You are using pip version 10.0.1, however version 21.1.3 is available.
You should consider upgrading via the 'python -m pip install --upgrade pip' command.
```

　　pip version 错误提示 pip 版本需要更新，根据提示输入 "pip install --upgrade pip"
命令对 pip 进行版本更新。

```
D:\workspaces\data>pip install --upgrade pip
```

（2）提示 error：Microsoft visual C++ 14.0 is required. 错误
错误信息如下：

```
building 'twisted.test.raiser' extension
error:Microsoft Visual C++14.0 is required. Get it with "Microsoft Visual C++ Build
Tools":http://landinghub.visualstudio.com/visual-cpp-build-tools
```

该错误的正确处理方案是下载安装 Twisted 库，打开网页搜索 Twisted，找到相应版本进行下载，cp 表示 Python 版本，如图 2-4 所示。

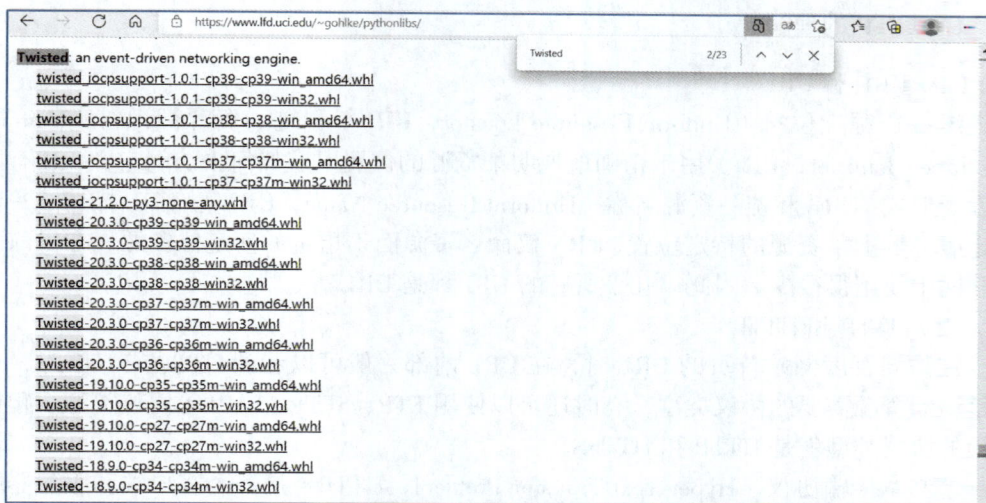

图 2-4　Twisted 下载

打开 cmd 命令行，输入"pip install 下载好的 Twisted 地址"命令进行安装，命令如下：

```
C:\Users\huawel>pip install C:\Users\huawel\Downloads\Twisted-20.3.0- cp37- cp37m-
win_amd64.wh1
```

任务 2.2　使用网络爬虫采集招聘岗位数据

PPT:
使用网络爬虫
采集招聘岗位
数据

任务描述

定制基于 Python 的 Scrapy 爬虫框架抓取人才网上根据关键词"Java"搜索出的岗位结果。具体描述如下：

1. 解析岗位列表页源代码，分析分页链接地址规律构建目标地址。
2. 解析岗位信息页源代码，实现抓取岗位详细页地址、岗位名称、薪资范围、公司名称、工作地区、工作年限、学历等具体内容。
3. 根据条件选择性保存抓取内容，从杂乱不完整的数据中提取补齐想要的目标信息。

任务目标

1. 熟悉 Scrapy 框架中各个组件的作用。
2. 学会 Scrapy 编程，爬取岗位数据。

知识准备

1. HTTP 的理解

（1）URL 和 URI

统一资源定位符（Uniform Resource Locator，URL）和统一资源标识符（Uniform Resource Identifier，URI）用于精确地说明某资源的位置以及如何去访问它。URI 有两种表现形式：URL 和统一资源名称（Uniform Resource Name，URN）。URL 描述了一台特定服务器上某资源的特定位置；URN 仅命名资源而不指定如何定位资源，在目前的互联网中使用得很少。因此，几乎所有的 URI 都是 URL。

（2）HTTP 和 HTTPS

在访问百度网站首页的 URL 时，在 URL 前部一般可以看到 HTTP 或 HTTPS，这就是访问资源需要的协议类型，有时还可以使用 FTP、SFTP、SMB 等协议类型。爬虫常用的协议类型就是 HTTP 和 HTTPS。

超文本传输协议（Hyper Text Transfer Protocol，HTTP）是一个客户端和服务器端请求和应答的标准，是互联网中应用最为广泛的一种网络协议，所有的 WWW 文件都要遵守这个协议，目前广泛使用的是 HTTP 1.1。

HTTPS 是以安全为目标的 HTTP 通道，可以理解为 HTTP 的安全版，即 HTTP 中加入 SSL（Secure Socket Layer，安全套接层），其传输的内容都是经过 SSL 加密的，它的主要作用如下：建立一个信息安全通道以保证数据的传输安全；确认网站的真实性——凡是使用了 HTTPS 的网站，用户都可以通过单击浏览器地址栏中的锁头标志来查看网站认证之后的真实信息，也可以通过证书颁发机构颁发的安全签章来查询。

（3）HTTP 请求流程

一次 HTTP 操作称为一个事务，其工作过程可分为以下 4 个步骤。

① 在浏览器地址栏中输入一个地址（或单击一个超链接），HTTP 的工作就开始了。

② 建立连接后，客户端发送一个 HTTP 请求到服务器，请求消息由请求行、请求头部、空行和请求数据 4 部分组成。图 2-5 所示给出了请求报文的一般格式。

③ 服务器接收到请求后给出响应。HTTP 响应也由 4 部分组成，分别是状态行、消息报头、空行和响应正文。

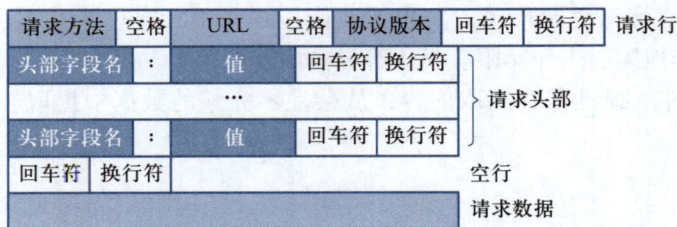

图 2-5　请求报文的一般格式

④ 客户端浏览器接收响应之后，在用户的浏览器上渲染显示，客户端和服务器端断开连接。

2. 网页基础知识

（1）网页的组成

网页的组成可分为三大部分：超文本标记语言（Hyper Text Markup Language，HTML）、层叠样式表（Cascading Style Sheets，CSS）和 Java 脚本（JavaScript，JS）。其中，HTML 负责语义；CSS 负责样式；JavaScript 负责交互和行为。

HTML：用来描述网页的一种语言。可以通过谷歌浏览器（Chrome）打开一个网址，鼠标右击检查或按 F12 键，打开"开发者工具"，选择"Elements"选项卡，即可看到网页的源代码。

CSS："层叠"是指当在 HTML 中引用了数个样式文件，并且样式发生冲突时，浏览器能依据层叠顺序处理；"样式"指网页中文字的大小、颜色、间距、排列等格式。

JavaScript：一种脚本语言。HTML 和 CSS 配合使用，提供给用户的只是一种静态的信息，缺少交互性。有时在网页中可能会看到一些交互和动画效果，如下载进度条、提示框、轮播图等，这通常需要使用 JavaScript 来实现。

网页的基本结构如下：

```
<!DOCTYPE html>
<html>
<head>
              <meta charset="UTF-8">
<title>HelloWorld</title>
</head>
<body>
              <p>Hello World</p>
              <div class="content">
        主体内容
</div>
</body>
</html>
```

一般而言，网页的首行标识 HTML 版本，一对 html 标签包裹着 head 和 body 标签，head 标签通常存放一些配置和资源引用，body 标签则存放网页的主体内容。

（2）节点树及节点间的关系

在网页中，组织页面的对象被渲染成一个树结构，用来表示文档中对象的标准模型，称为文档对象模型（Document Object Model，DOM）。DOM 实际上是以面向对象方式描述的文档模型。DOM 定义了表示和修改文档所需的对象、对象的行为和属性，以及对象之间的关系。可以把 DOM 看作页面上数据和结构的一个树结构表示，只是页面可能并不是以这种树的方式具体实现的。节点树示意图如图 2-6 所示。

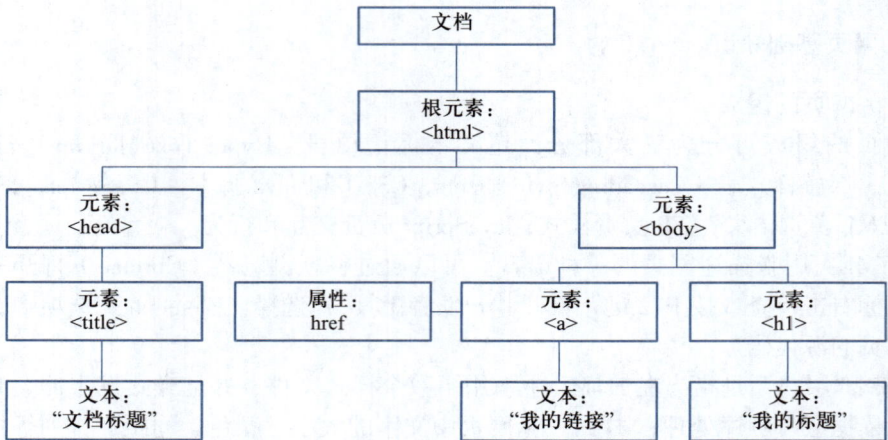

图 2-6　节点树示意图

DOM 规定整个文档是一个文档节点，每个 html 标签是一个元素节点，包含在 html 元素中的文本是文本节点，每一个 html 属性是一个属性节点，注释属于注释节点。节点树中的节点彼此拥有层级关系。父（Parent）、子（Child）和兄弟（Sibling）等术语用于描述这些关系。父节点拥有子节点。同级的子节点被称为兄弟（同胞或姐妹）。

① 在节点树中，顶端节点被称为根。

② 每个节点都有父节点，除了根（即根节点没有父节点）。

③ 一个节点可拥有任意数量的子节点。

④ 兄弟是拥有相同父节点的节点。

图 2-7 所示为节点树的一部分及节点之间的关系。

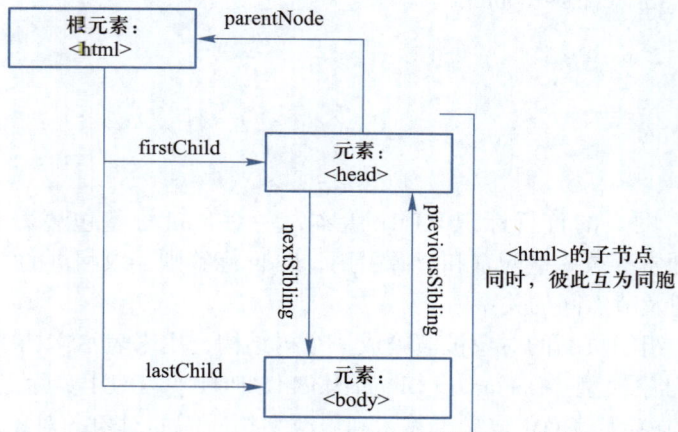

图 2-7　节点树的一部分及节点之间的关系

3. 爬虫的基本原理

网络爬虫（又被称为网页蜘蛛）本质上就是获取网页并提取和保存信息的自动化程序。

（1）获取网页

爬虫的首要工作就是获取网页源代码，再从中提取想要的数据。为实现这个操作，Python 提供了许多库，如 urllib、requests 等。使用这些库可以帮助实现 HTTP 请求操作，Request 和 Response 都可以用类库提供的数据结构来表示，得到 Response 之后只需要解析数据结构中的 body 部分，即可得到网页的源代码，这样便可以用程序来实现获取网页的过程。

（2）提取信息

获取网页源代码后，接下来的工作就是分析网页源代码，从中提取想要的数据。最通用的方法就是使用正则表达式，但是此方法比较复杂。在 Python 中，用户使用 BeautifulSoup、PyQuery、LXML 等库，可以高效地从源代码中提取网页信息。

（3）保存数据

提取信息之后，可以将数据保存到本地，以便后续使用。保存方式有很多种，如 TXT、JSON，也可以保存到数据库中，如 MySQL、MongoDB 等。

> **注意：** 现在越来越多的网页使用 JS 来构建，使用 urllib、requests 只能得到静态的 HTML 源代码，它不能加载 JS 文件，对于这类情况，可以分析后台 AJAX 接口，也可以借助 Selenium、Splash 等库来实现模拟 JavaScript 渲染，以便爬取 JavaScript 渲染的网页内容。

4. Scrapy 简介

Scrapy 是一个为爬取网站数据、提取结构性数据而编写的应用框架，可以应用在包括实现数据挖掘功能、信息处理功能或存储历史数据功能等的一系列处理程序中。

Scrapy 的操作流程如下。

（1）选择一个网站

当需要从某个网站中获取信息，但该网站未提供 API 或获取信息的机制时，使用 Scrapy 可以轻松实现信息的获取。

选择一个网站，确定爬取目标的 URL，并对其进行初步分析，确定需要爬取的信息。

（2）创建一个 Scrapy 项目

在开始爬取之前，必须创建一个新的 Scrapy 项目。切换路径到项目计划保存目录，并执行以下命令：

```
scrapy startproject work
```

该命令将会创建包含下列内容的 work 目录。

```
work/
    scrapy.cfg
    work/
        __init__.py
    items.py
    pipelines.py
    settings.py
    spiders/
    __init__.py
        ...
```

scrapy.cfg：项目的配置文件。

work/：该项目的 Python 模块，之后将在此创建爬虫程序。

items.py：项目中的 item 文件。

pipelines.py：项目中的 pipelines 文件。

settings.py：项目的设置文件。

spiders/：放置 spider 代码的目录。

（3）创建一个 spider

切换到 work 目录，并使用 genspider 语句创建一个 spider，语句的格式如下：

```
scrapy genspider spicer_name (自行定义 spider 的名称) URL (目标网址)
```

（4）定义 Item

Item 是保存爬取到的数据的容器；其使用方法和 Python 字典类似，并且提供了额外的保护机制来避免拼写错误导致的未定义字段错误。

根据从目标网站获取到的数据对 Item 进行建模，并在 Item 中定义相应的字段。编辑 work 目录中的 items.py 文件，格式类似于：

```
import scrapy
class myItem(scrapy.Item):
title = scrapy.Field()
link = scrapy.Field()
desc = scrapy.Field()
```

通过定义 Item，可以很方便地使用 Scrapy 的其他方法，而这些方法需要知道 Item 的定义。

（5）编写 spider

spider 是用户编写的用于从单个网站（或者一些网站）爬取数据的类。其包含了下载初始 URL、获取网页中的超链接，以及提取页面中的内容生成 Item 的方法。

为了创建一个 spider，必须继承 scrapy.Spider 类，且定义以下 3 个属性。

读书笔记

name：用于区分 spider。该名称必须是唯一的，不可以为不同的 spider 设定相同的名称。

start_urls：包含了 spider 在启动时进行爬取的 URL 列表。因此，第 1 个被获取到的页面将是其中之一，后续的 URL 则从初始的 URL 获取到的数据中提取。

parse ()：spider 的一个方法。被调用时，每个初始 URL 完成下或后生成的 Response 对象将会作为唯一的参数传递给该函数。该方法负责解析返回的数据，提取数据（生成 Item）以及生成需要进一步处理的 URL 的 Request 对象。

（6）提取 Item

从网页中提取数据有很多种方法。Scrapy 使用了一种基于 Xpath 和 CSS 表达式的机制——Scrapy Selectors。这里给出常用的 Xpath 表达式以及对应的含义。

/html/head/title：选择 HTML 文档中 head 标签内的 title 元素。

/html/head/title/text ()：选择前面提到的 title 元素的文字。

//td：选择所有的 td 元素。

//div[@class="mine"]：选择所有具有 class="mine" 属性的 div 元素。

为了配合 Xpath，Scrapy 除了提供了 selector 之外，还提供了方法来避免每次从 Response 中提取数据时生成 selector 的麻烦。

selector 有以下 4 个基本的方法：

xpath ()：传入 Xpath 表达式，返回该表达式所对应的所有节点的 selector 列表。

css ()：传入 CSS 表达式，返回该表达式所对应的所有节点的 selector 列表。

extract ()：序列化该节点为 Unicode 字符串并返回 list。

re ()：根据传入的正则表达式对数据进行提取，返回 Unicode 字符串的 list。

（7）存储爬取的数据

最简单的存储爬取数据的方式是使用 Feed exports，命令如下：

```
scrapy crawl work -o items.json
```

该命令将采用 JSON 格式对爬取的数据进行序列化，生成 items.json 文件。

对于小规模的项目，这种存储方式较为灵活。如果需要对爬取到的 Item 做更多、更复杂的操作，则需要编写 pipelines.py。

（8）执行项目

切换到项目的根目录，执行以下命令启动 spider：

```
scrapy crawl work
```

Scrapy 为 spider 的 start_urls 属性中的每个 URL 都创建了 scrapy.Request 对象，并将 parse () 方法作为回调函数赋值给了 Request 对象。

Request 对象经过调度生成 scrapy.HTTP.Response 对象并送回给 spider parse () 方法。

任务实施

（1）选取目标网站

从人才网搜索"Java"关键字的岗位结果信息页结构如图 2-8 所示。这是搜索结果的首页，也是爬虫抓取的起始页。可以对其进行初步分析，选取目标信息。

图 2-8　岗位列表页结构

（2）创建一个 Scrapy 项目

在开始爬虫之前，必须创建一个新的 Scrapy 项目。先切换路径到项目计划保存的目录，按步骤执行以下命令。

在 PyCharm 界面左下角单击"Terminal"标签，进入命令行界面，执行命令。

首先创建"爬取人才网"项目，使用"scrapy startproject project (项目名)"命令创建项目，示例命令如下：

```
scrapy startproject rencaipro
```

Scrapy 项目结构，如图 2-9 所示。

Scrapy 项目中各项的信息介绍见表 2-1。

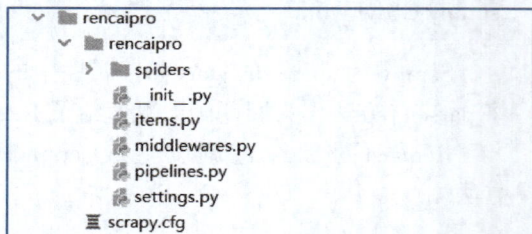

图 2-9　Scrapy 项目结构

表 2-1　Scrapy 项目中各项的信息表

名　称	作　用
spiders	存储爬虫代码目录，如创建文件，编写爬虫规则
__init__.py	爬虫项目的初始化文件，用来对项目做初始化工作
items.py	爬虫项目的数据容器文件，用来定义要获取的数据、保存数据
middlewares.py	爬虫项目的中间件文件
pipelines	爬虫项目的管道文件，将 Items 中的数据进行进一步的加工处理
settings.py	爬虫项目的配置文件，包含了爬虫项目的设置信息
scrapy.cfg	项目的配置信息，主要为 Scrapy 命令行工具提供一个基础的配置信息（真正爬虫相关的配置信息在 settings.py 文件中）

（3）创建一个 spider

创建 spider 先要切换到上面创建的 rencaipro 项目中，切换命令格式为"cd project (项目名)"，示例命令如下：

```
cd rencaipro
```

在 rencaipro 项目中使用 genspider 语句创建一个 spider。创建 spider 命令格式为"scrapy genspider spider_name (自行定义 spider 的名称) URL (目标网址)"，示例命令如下：

```
scrapy genspider rencai www.job001.cn
```

创建 Scrapy 项目及 spider，如图 2-10 所示。

```
Terminal: Local × +
(base) D:\workspaces>scrapy startproject rencaipro
New Scrapy project 'rencaipro', using template directory 'c:\users\huawei\anaconda3\lib\site-packages
\scrapy\templates\project', created in:
    D:\workspaces\rencaipro

You can start your first spider with:
    cd rencaipro
    scrapy genspider example example.com

(base) D:\workspaces>cd rencaipro

(base) D:\workspaces\rencaipro>scrapy genspider rencai www.job001.cn
Created spider 'rencai' using template 'basic' in module:
  {spiders_module.__name__}.{module}

(base) D:\workspaces\rencaipro>
```

图 2-10　创建 Scrapy 项目及 spider

（4）对 settings.py 相关信息进行设置

修改 settings 中的"ROBOTSTXT_OBEY = True"参数为 False，因为默认为 True，就是要遵守 robots.txt 的规则：

读书笔记

ROBOTSTXT_OBEY = False

　　添加 USER_AGENT，使爬虫实现模拟浏览器访问的效果，可以在浏览器页面中右击，在弹出的快捷菜单中选择"检查命令"，在"Network"标签的"Request Headers"中可以找到 User-Agent 属性，如图 2-11 所示。

USER_AGENT = "Mozilla/5.0 (Windows NT10.0; Win64; x64)
AppleWebKit/537.36 (KHTML, like Gecko) Chrome/89.0.4389.114 Safari/537.36"

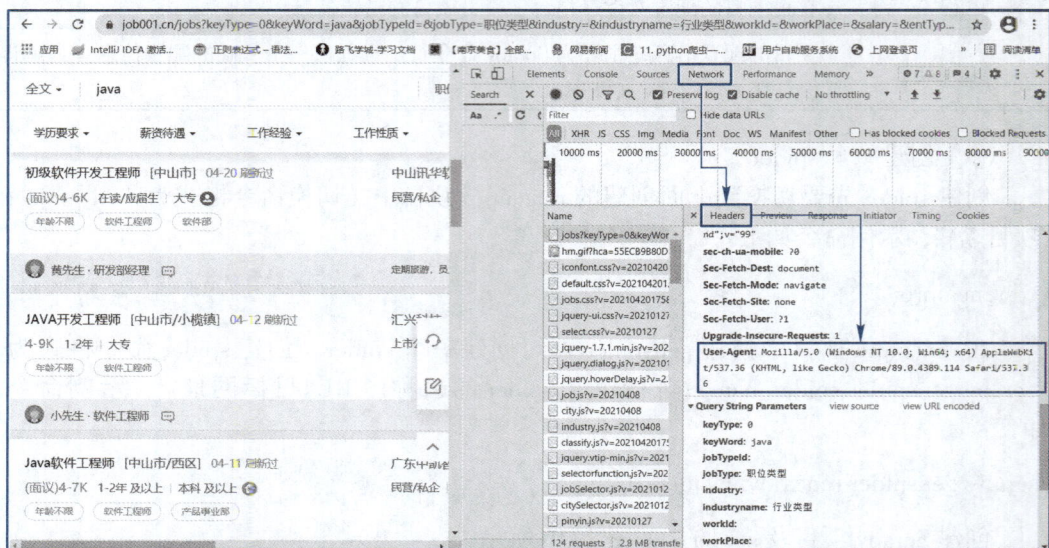

图 2-11　User-Agent 属性的位置

读书笔记

　　其他配置信息（可根据相应网站灵活添加）。
　　并发请求数，示例代码如下：

CONNCURRENT_REQUESTS = 4

　　延迟下载秒数，示例代码如下：

DOWNLOAD-DELAY = random.randint(1, 3)

　　日志提示信息等级，示例代码如下：

LOG_LEVEL = 'ERROR'

　　（5）进入 rencai.py 文件
　　在 spider 下创建的 rencai.py 是用于从网站上爬取数据的类。它包含下载初始的 URL、获取网页中的超链接、从网页中提取想要的目标信息生成 Item 的方法。
　　在创建完 spider (rencai.py) 后打开 rencai.py 可以看到初始的源代码，代码如下：

```
import scrapy
class RencaiSpider(scrapy.Spider):
    name = 'rencai'
    allowed_domains = ['www.job001.cn']
    start_urls = ['https://www.job001.cn/']
    def parse(self, response):
        pass
```

初始源代码中定义了一个 RencaiSpider 类，其必须继承 scrapy.Spider 类，类中还有 3 个定义好的属性和 1 个方法。

name：用于区分 spider。该名称必须是唯一的，不可以为不同的 spider 设定相同的名称。

allowed_domains：可选项。其是一个列表，存放允许 spider 爬取的域名，启用时不在列表中的域名 URL 不会被爬取。

start_urls：包含了 spider 在启动进行时爬取的 URL 列表。

parse ()：spider 的一个方法。被调用时，每个初始 URL 完成下载后，生成的 Response 对象将会作为唯一的参数传递给该函数。

根据项目任务需求需要爬取岗位详情页内岗位名称、薪资范围、公司名称、工作地区、工作年限、学历等具体内容。

想要获取详情页信息，首先要获取到详情页 URL 地址，详情页地址在职位列表页面可以解析到，所以先要获取所有职位列表页地址，再将每一页中的职位详情页地址提取出来。

通过单击每一个列表页观察其 URL，可发现其有效地址及规律，根据页数改变参数 pageNo 就可以访问所有岗位列表页，如图 2-12 所示。

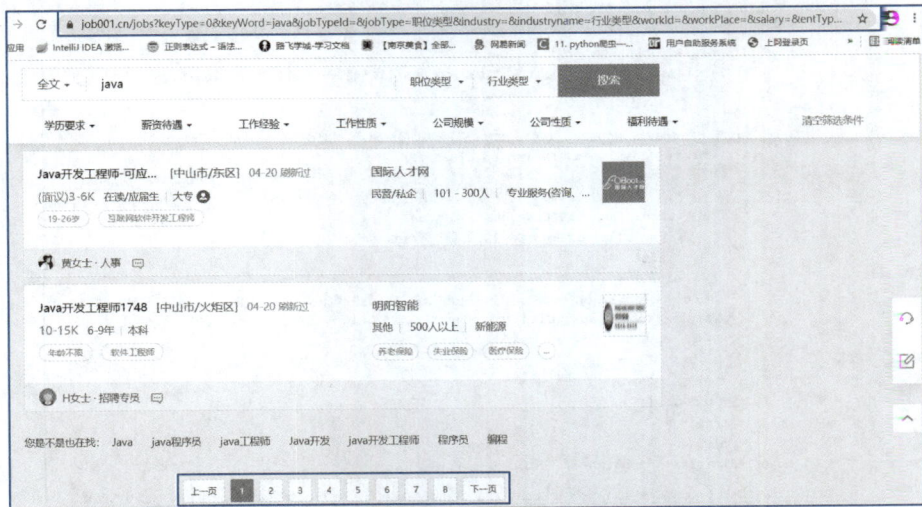

图 2-12　分析网页 URL

https://www.job001.cn/jobs?keyType=0&keyWord=java&pageNo=1
https://www.job001.cn/jobs?keyType=0&keyWord=java&pageNo=2
https://www.job001.cn/jobs?keyType=0&keyWord=java&pageNo=3
……

根据上面找到的 URL 规律可以对 rencai.py 文件中的 start_urls 进行修改，使用列表推导式生成 1~8 页 URL 地址并将其格式化，代码如下：

```
start_urls=['https://www.job001.cn/jobs?keyType=0&keyWord=java&pageNo={}'.
format(str(num)) for num in range(1, 9)]
```

（6）在 parse () 方法中使用 Xpath 解析详情页 URL 并发送请求

在 parse () 方法中，对 start_urls 中的每一个 URL 请求返回来的 Response 进行解析，提取出详情页地址并对其进行访问。

查看职位列表页 HTML 的源代码，并使用 Xpath 语法列出详情页地址。

检查某个链接源代码的方法，光标移至任意位置右击，在快捷菜单中选择"检查"命令，如图 2-13 所示。之后出现该链接的 HTML 源代码，如图 2-14 所示。

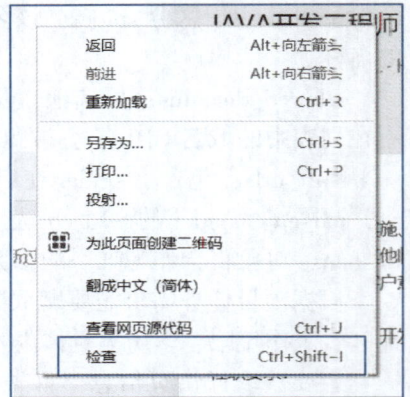

图 2-13　检查链接源代码

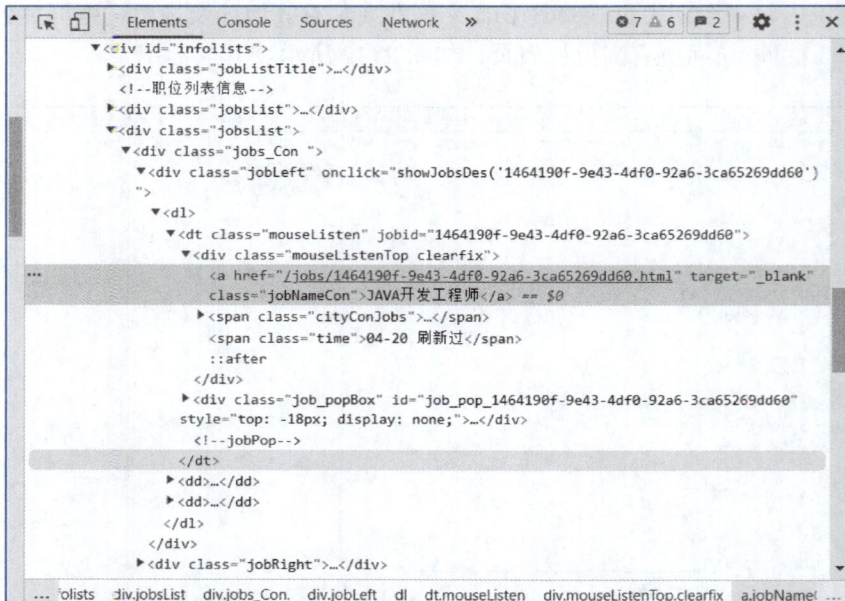

图 2-14　链接的 HTML 源代码

可以发现，所需要的 URL 地址是 a 标签的 href 属性值，该标签嵌套在 class 属性为 "mouseListenTop clearfix" 的 div 标签中。但是它并不是完整的 URL，可以点击进入详细页，将实际展示的 URL 地址与其比对，并将缺少的部分使用 format 进行拼接。同理，这个职位列表页下的所有岗位详细页的 URL 都有着相同的格式。因此可以使用 Xpath 全部识别，并添加至抓取队列，代码如下：

```
all_href = response.xpath('//div[@class="mouseListenTop clearfix"]/a/@href')
    for url in all_href:
        detail_url = 'https://www.job001.cn{}'.format(url.extract())
        yield scrapy.Request(url=detail_url, callback=self.parse_detail)
```

"yield scrapy.Request (url，callback，formdata) " 是手动对解析到的详情页地址发起的请求，url 参数是请求地址，callback 参数指定解析函数用于解析数据，formdata 是请求参数。这里的 callback 定义了用于解析详情页的 parse_detail () 方法。

（7）在 parse_detail () 方法中，解析详情页源代码，获取任务需求信息

获取岗位详情页内的岗位名称、薪资范围、公司名称、工作地区、工作年限、学历等具体内容，方法和上面解析岗位列表页地址一样，使用 Xpath 或正则表达式都可以解析到，如图 2-15 所示。

图 2-15 岗位详情页结构

下面使用 Xpath 解析公司名称、岗位名称、薪资范围，代码如下：

```
#公司名称
company=response.xpath('/html/body/div[11]/div[2]/div[1]/div/div[2]/a/text()').extract_first()
```

```
# 岗位名称
job_name=response.xpath('/html/body/div[10]/div[1]/div[1]/div[1]/h1/text()').extract_
first()
# 薪资范围
salary=response.xpath('/html/body/div[10]/div[1]/div[1]/div[1]/span/text()').extract_first().
strip()
```

在 Scrapy 中 response.xpath () 返回的是一个列表，列表里的每个元素都是一个 Selector 类型的对象，想要提取的数据都在这个对象的 data 属性中，此时就可以使用 extract () 方法，将 Selector 类型对象的 data 参数存储的字符串提取出来。因为它返回的是一个列表，所以可以使用 extract_first () 获取列表里的第 1 个值。有时提取到的字符串头尾可能会包含空格或其他干扰字符，可以使用 strip () 函数去除。

在解析工作地区、工作年限、学历内容时，发现仅使用 Xpath 有时不能完整地得到要解析的内容，还需要进一步进行分割处理，才能得到每个值，如图 2-16 所示。

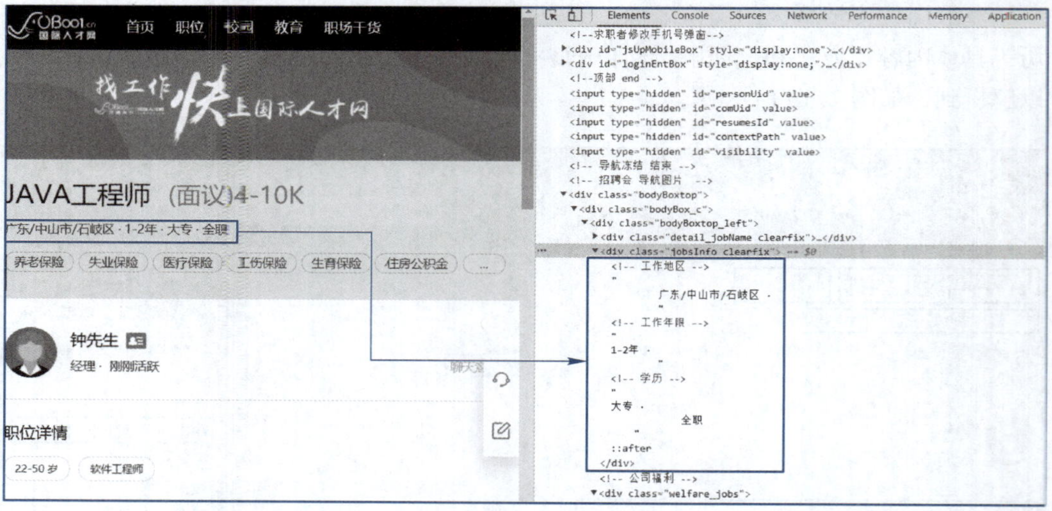

图 2-16   工作信息

使用 Xpath 获取到工作信息（工作地区、工作年限、学历）的全部内容，为了查看方便，整个工作信息中每个信息间用 "·" 符号作为分割，在后续处理时可以使用 split ("·") 函数将对应信息分隔开，并将分割好的每个值取出来后，使用 strip () 去除两边空格，代码如下：

```
# 工作信息
jobsInfo = response.xpath('string(/html/body/div[10]/div[1]/div[1]/div[2])').extract()
info = jobsInfo[0].split('·')
# 工作地区
working_area = info[0].strip()
```

```
# 工作年限
working_years = info[1].strip()
# 学历
education = info[2].strip()
```

（8）持久化存储，在 Item 类中定义相关属性

在 rencai.py 中解析到了岗位名称、薪资范围、公司名称、工作地区、工作年限、学历等内容，想要将这些提取到的内容封装到 Item 中，需要在 Item 中定义这些属性，代码如下：

```python
import scrapy
class RencaiproItem(scrapy.Item):
    # define the fields for your item here like:
    name = scrapy.Field()
    job_name = scrapy.Field()
    working_area = scrapy.Field()
    company = scrapy.Field()
    salary = scrapy.Field()
    working_years = scrapy.Field()
    education = scrapy.Field()
```

（9）在 rencai.py 中将解析到的数据封装存储到 Item 类型的对象中，并将其提交给管道进行持久化存储

想要将解析到的数据封装到 Item，需要将 Item 中的 RencaiproItem 导入，并实例化对象为 "item"，以 item[''] 形式访问 item 中封装的属性，通过 yield item 将 item 提交给管道，代码如下。

```python
from rencaipro.items import RencaiproItem
    item = RencaiproItem()
    item['job_name'] = job_name
    item['working_area'] = working_area
    item['company'] = company
    item['salary'] = salary
    item['working_years'] = working_years
    item['education'] = education
    yield item
```

（10）数据存储到 MySQL 中

要将 item 提交过来的数据存储到 MySQL，需要在 MySQL 的 spider 数据库中创建一个 rencai_java 表，其格式如下：

```
mysql> CREATE TABLE rencai_java(
    -> job_name varchar(255),
    -> salary varchar(255),
    -> company varchar(255),
    -> working_area varchar(255),
    -> working_years varchar(255),
    -> education varchar(255))
    -> DEFAULT CHARSET=utf-8;
```

在 pipelines.py 文件中，修改 class 名称为 mysqlPipeline，因为提取到的数据需要循环请求得到，所以每次循环都要提交一个 item，这里需要多次调用 process_item，在此可以重写父类的方法 open_spider () 和 close_spider ()，这两个方法只在开始爬虫的时候被调用一次。

在 open_spider () 方法中，将 host、user、port、password、db、charset 通过 Connect () 方法建立与数据库的链接，并获取游标对象，代码如下：

```
import pymysql
class mysqlPipeline(object):
    def open_spider(self, spider):
        self.client = pymysql.Connect(host='127.0.0.1', port=3306, user='root',
password='123456', db='python', charset='utf8')
        self.cursor = self.client.cursor()
```

在 process_item () 方法中，完成向数据库中插入数据的操作，代码如下：

```
def process_item(self, item, spider):
    try:
        self.cursor.execute('insert into rencai_java
values("%s", "%s". "%s", "%s", "%s", "%s")'%(item['job_name'], item['salary'],
item['company'], item['working_area'],
        item['working_years'], item['education']))
        self.client.commit()
    except Exception as e:
        print(e)
        self.client.rollback()
    return item
```

在 close_spider () 方法中将链接对象和游标对象关闭，代码如下。

```
def close_spider(self, spider):
    self.cursor.close()
```

```
self.client.close()
```

（11）在 settings.py 文件中开启管道

在 settings.py 中将 ITEM_PIPELINES 方法的注释去掉，并将其内容改为 "'rencaipro.pipelines.mysqlPipeline': 300"，后面的数字代表优先级，数字越小，优先级越高，代码如下：

```
ITEM_PIPELINES = {
  'rencaipro.pipelines.mysqlPipeline':300
}
```

（12）运行程序

在 Terminal 进入命令行界面，运行 "scrapy crawl spider (爬虫类名称)" 爬虫命令，启动爬虫项目，示例命令如下：

```
scrapy crawl rencai
```

（13）数据存储到 HBase

在实现数据存储之前先了解一下 HBase、Thrift 通信中间件以及 Python 中会使用到的库：Happybase。

HBase 是一个分布式的、面向列的开源数据库，是建立在 HDFS 之上，被设计用来提供高可靠性、高性能、列存储、可伸缩、多版本的 NoSQL 的分布式数据存储系统，实现对大型数据库的实时、随机的读写访问。HBase 不同于一般的关系数据库，它是一个适合于非结构化数据存储的数据库。

Thrift 主要用于各个服务之间的 RPC 通信，支持跨语言。它是一个典型的 C/S 结构，客户端和服务端可以使用不同的语言开发。Thrift 通过 IDL（Interface Description Language）来关联客户端和服务端。

Happybase 是 Python 中一个针对与 Apache HBase 数据库进行交互的 Python 接口库。

通过 Python 将爬取得到的数据存储到 HBase 中，就需要 Thrift 构建两者之间的通信，利用 Happybase 库可以使用 Python 代码将数据储存到 HBase 数据库中。

1）环境准备——Linux 下安装配置 Thrift

Thrift 的编译器是使用 C++ 编写的，在安装编译器之前，首先应该保证操作系统基本环境支持 C++ 的编译，安装相关依赖的软件包，命令如下：

```
[root@d ~]#yum install automake libtool flex bison pkgconfig gcc-c++ boost-devel
libevent-devel zlib-devel python-devel ruby-devel openssl-devel
```

下载 Thrift 的软件包，并解压缩，命令代码如下：

```
[root@d ~]# cd /home/thrift/
[root@d thrift]# wget http://archive.apache.org/dist/thrift/0.11.0/thrift-0.11.0.tar.gz
```

读书笔记

微课 2-3 采集招聘岗位数据并实现 HBase 存储

```
[root@d thrift]# tar -zxvf thrift-0.11.0.tar.gz
[root@d thrift]# ls
thrift-0.11.0  thrift-0.11.0.tar.gz
```

编译、安装 Thrift，命令如下：

```
[root@d ~]# cd /home/thrift/thrift-0.11.0/
[root@d thrift-0.11.0]# ./configure
[root@d thrift-0.11.0]# make
[root@d thrift-0.11.0]# make install
```

Python 下安装 Thrift，命令如下：

```
pip install thrift
```

Python 下安装 Happybase，命令如下：

```
pip install happybase
```

2）启动集群和服务

分别启动 Hadoop、Zookeeper 和 HBase，然后在 HBase 安装目录下的 bin 目录里启动 Thrift 服务，命令如下：

```
[root@d bin]# ./hbase-daemon.sh start thrift
```

3）数据存储到 HBase 中

要将 item 提交过来的数据存储到 HBase 中，需要在 HBase 中新建 java_rencai 表，代码如下：

```
create 'java_rencai', 'C1';
```

在人才网 rencaipro 工程的 pipelines.py 文件中新建一个类名称为 hbasePipeline。

在 open_spider（）方法中通过 Connection（）方法与 HBase 建立连接，在 process_item（）方法中，完成向数据库中插入数据的操作，在 close_spider（）方法中关闭数据库的连接，在关闭前向 HBase 中读取刚才存入的数据在控制台中输出展示。

```
import happybase
class hbasePipeline(object):
    i = 1
    def open_spider(self, spider):
        self.connection = happybase.Connection(host="192.168.31.155", port=9090)
        self.java_rencai = self.connection.table('java_rencai')
    def process_item(self, item, spider):
        rowkey = 'java{}'.format(self.i)
```

读书笔记

```
self.java_rencai.put(rowkey,
        {'C1:job_name':"{}".format(item['job_name']),
        'C1:salary':"{}".format(item['salary']),
        'C1:company':"{}".format(item['company']),
        'C1:working_area':"{}".format(item['working_area']),
        'C1:working_years':"{}".format(item['working_years']),
        'C1:education':"{}".format(item['education']),
        })

    self.i += 1
    return item


def close_spider(self, spider):
    # 读取 HBase 中的数据在控制台中输出展示
    for key, value in self.java_rencai.scan():
        # 解码转换为中文
        for i in value:
            value[i] = value[i].decode('utf-8')
        print(key.decode(), value)
    self.connection.close()
```

运行程序，控制台输出展示如图 2-17 所示。

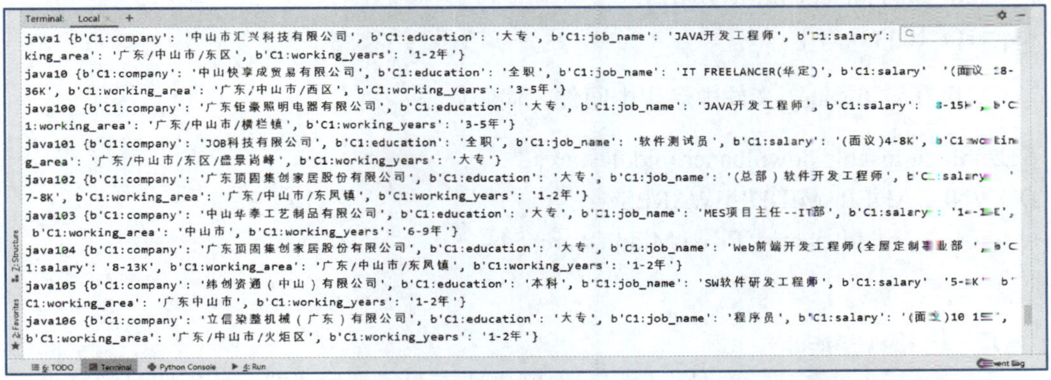

图 2-17　控制台输出

（14）常见反爬措施的应对策略

1）封 IP

因为爬虫是通过编写程序来自动化爬取网页信息的，因此在单位时间的请求量较大，且相邻请求时间间隔较为固定，这基本可以判断是爬虫程序，当网站运维人员在对日志进行分析时发现同一时间段内某一个或某几个 IP 地址访问量特别大，就可以

在服务器上对异常 IP 地址进行封锁。在 Scrapy 框架中，可以在 settings.py 文件中设置下载随机延迟 DOWNLOAD_DELAY=random.randint（1，4），还可以在 middlewares.py 文件中进行 IP 地址代理设置，以躲避网站运维人员对 IP 地址的封锁。

在 settings.py 文件中设置下载随机延迟，代码如下：

```
import random
# 设置下载随机延迟
# Configure a delay for requests for the same website (default:0)
DOWNLOAD_DELAY=random.randint(1, 4)
```

下面在 middlewares.py 文件中，添加自定义类 ProxyMiddleware 进行 IP 地址代理设置，代码如下：

```
import random
class ProxyMiddleware(object):
# 添加可用的代理 IP 地址
    PROXIES = [
        'https:// 173.207.95.27:8080',
        'https:// 111.8.100.99:8080',
        'https:// 126.75.99.113:8080',
        'https:// 68.146.165.226:3128'
    ]
def process_request(self, request, spider):
ip = random.choice(self.PROXIES)
request.meta['proxy'] = ip
```

最后在 settings.py 文件中启用中间件，代码如下：

```
# Enable or disable downloader middlewares
DOWNLOADER_MIDDLEWARES = {
    'spiderpro.middlewares. ProxyMiddleware':544,
}
```

2）封 User-Agent

User-Agent 是客户端的身份标识，而爬虫请求头就是默认的一些很明显的爬虫头 python-requests，当爬虫程序运行时，服务器可以识别到这些爬虫请求头，根据事先策略会拒绝响应该请求。此时可以在 middlewares.py 中写一个 user_agent 列表并设置随机方法，以进行规避。

在 middlewares.py 中，添加自定义类 UserAgentMiddleware，代码如下：

```
import random
```

```
class UserAgentMiddleware(object):
# 添加可用的请求头
   USER_AGENT = [
       "Mozilla/5.0 (compatible; MSIE 8.0; Windows NT 6.0; Trident/4.0; Acoo Browse
1.98.744; .NET CLR 3.5.30729)",
       "Mozilla/5.0 (compatible; U; ABrowse 0.6; Syllable) AppleWebKit/420+ (KHTML,
like Gecko)",
       "Mozilla/5.0 (compatible; MSIE 9.0; AOL 9.0; Windows NT 6.0; Trident/5.0)",
       "Mozilla/5.0 (compatible; MSIE 9.0; AOL 9.1; AOLBuild 4334.5012; Windows NT
6.0; WOW64; Trident/5.0)",
   ]
   def process_request(self, request, spider):
       user_agent = random.choice(self.USER_AGENT)
       request.headers['User-Agent'] = user_agent
```

然后在 settings.py 中启用中间件，代码如下：

```
# Enable or disable downloader middlewares
DOWNLOADER_MIDDLEWARES = {
   'spiderpro.middlewares. UserAgentMiddleware ':544,
}
```

3）封 Cookie

对于每一个访问网页的行为，服务器都会给一个 Cookie，用于辨识身份，当某个 Cookie 访问超过服务器设定的阈值时，就对其进行封禁，过一段时间后再放开封禁。在 setings.py 文件中可以设置 COOKIES_ENABLED=False，禁用 Cookie，进行规避。

在 setings.py 文件中可以配置 Cookie，代码如下：

```
# Disable cookies (enabled by default)
COOKIES_ENABLED = False
```

4）验证码验证

常见的网站登录操作都需要验证码，或在爬取的过程中访问次数过多后，触发反爬机制就会自动让请求跳转到一个验证码页面，只有在输入正确的验证码之后才能继续访问网站。Python 可以通过一些第三方库（如 pytesseract 和 PIL）来对验证码进行处理，还可以借助第三方打码平台提供的"打码"服务，如百度 AI 开放平台、超级鹰等。

在实际爬取网站工作中，对验证码处理的方法一般是先将验证码地址确定下来，在访问目标网站使用 session 保持对话的同时，对验证码地址访问获取到验证码图片并将其保存到本地，将保存下来的验证码图片提交给第三方打码平台进行识别，识别完

微课 2-5
反爬措施（2）

成会返回有关验证码的信息，得到了正确验证码信息后，就可以解决验证码登录或验证码识别身份的问题。

下面以第三方打码平台超级鹰对古诗文网验证码识别为例，如图 2-18 所示。

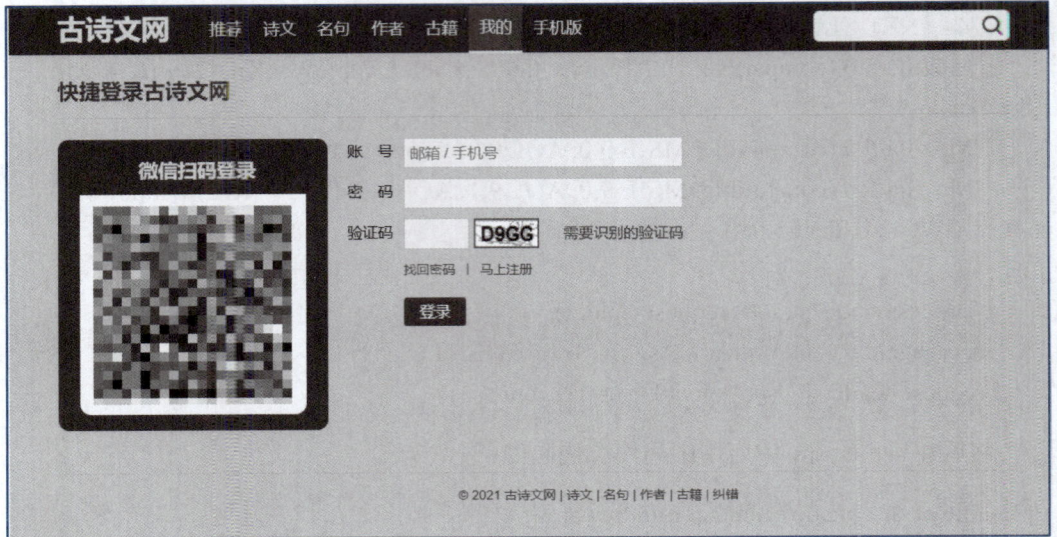

图 2-18   古诗文网登录页面

编程对验证码发起请求，提交给打码平台返回验证码信息并输出，代码如下：

```
# 导入超级鹰提供的解析验证码类
from demo.base.chaojiying import Chaojiying_Client
import requests
# 获取验证码图片
def get_code_image():
    headers = {
        'User-Agent':"Mozilla/5.0 (compatible; MSIE 9.0; AOL 9.0; Windows NT 6.0;
Trident/5.0)",
    }
    # 验证码图片的地址
    image_url = 'https://so.gushiwen.cn/RandCode.ashx'
    # 获取验证码图片的二进制数据
    image_data = requests.get(url=image_url, headers=headers).content
    # 验证码存放路径
    path = 'code.jpg'
    with open(path, 'wb') as fp:
```

```
    fp.write(image_data)
    # 调用解析验证码方法并打印返回的信息
    code_text = transform_imag_data(path, '1004')
    print(code_text)
# 将获取到的验证码图片提交给超级鹰
# path 验证码图片路径
# t_type 验证码类型 ( 本次案例类型是数字 + 字母型对应类型代码 1004)
def transform_imag_data(path, t_type):
    chaojiying = Chaojiying_Client(' 超级鹰用户名 ', ' 超级鹰用户名的密码 ', ' 软件 ID')
    im = open(path, 'rb').read()
    return chaojiying.PostPic(im, t_type)
if __name__ == '__main__':
    get_code_image()
```

可以打开保存的验证码图片与输出的验证码做比较，验证是否准确，如图 2-19 所示。

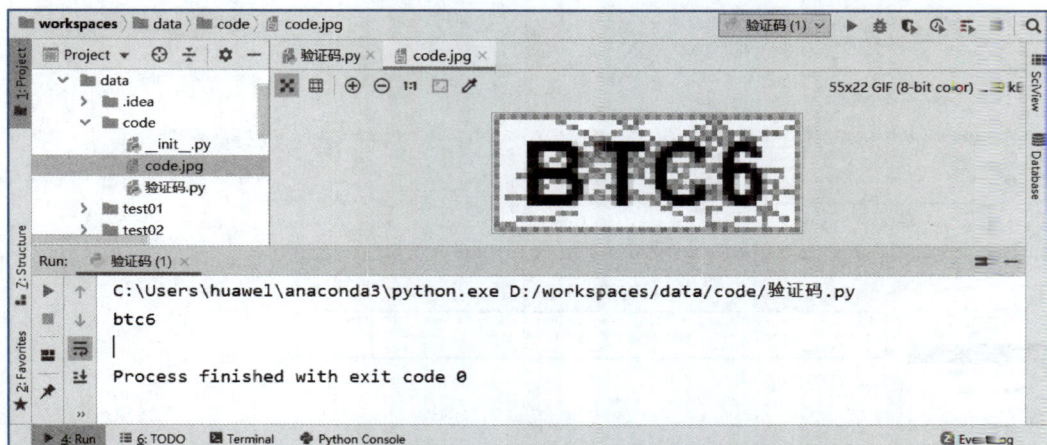

图 2-19　验证码图片与输出的验证码比较运行结果

5）AJAX 异步传输

访问网页的时候服务器将网页框架返回给客户端，可以在不刷新网页的情况下，与服务器进行交互更新网页数据。这些数据在直接发送请求返回的结果中是没有的。AJAX 一般是通过 XMLHttpRequest 对象接口发送请求的。单击网络面板上漏斗形的"过滤"按钮，过滤出 XHR（XMLHttpRequest 的缩写）请求。通过查看每个请求的访问路径和预览，找到包含目标数据的请求。

下面通过百度翻译案例呈现 AJAX 异步传输的效果，如图 2-20 所示。

右击，在弹出的快捷菜单中选择"检查"命令，在打开的窗口中选择 Network 选

微课 2-6
反爬措施（3）

图 2-20　百度翻译

项卡，选择 XHR。当在页面输入表单中输入 ajax 时，网页并没有刷新，右边的表单中会自动翻译，在返回的多个数据中找到符合的请求数据，如图 2-21 所示。

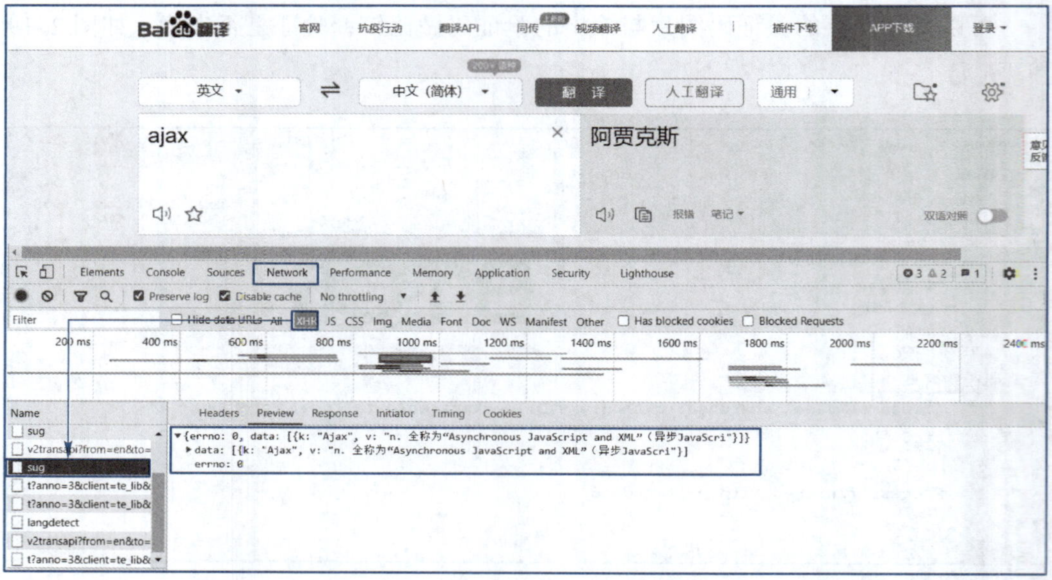

图 2-21　AJAX 动态请求返回结果

找到符合的请求数据并查看其 Headers 信息，如图 2-22 所示。

通过 post 请求并添加参数获取 AJAX 动态请求返回的结果，代码如下：

```
import requests
if __name__ == '__main__':
    headers = {
        'User-Agent':'Mozilla/5.0 (Windows NT 10.0; WOW64) AppleWebKit/537.36
(KHTML, like Gecko) Chrome/85.0.4183.121 Safari/537.36'
```

```
}
url = 'https://fanyi.baidu.com/sug'
# 请求参数
data = {
    'kw':'ajax'
}
response = requests.post(url=url, data=data, headers=headers)
# 获取返回的 JSON 内容
detail = response.json()
print(detail)
```

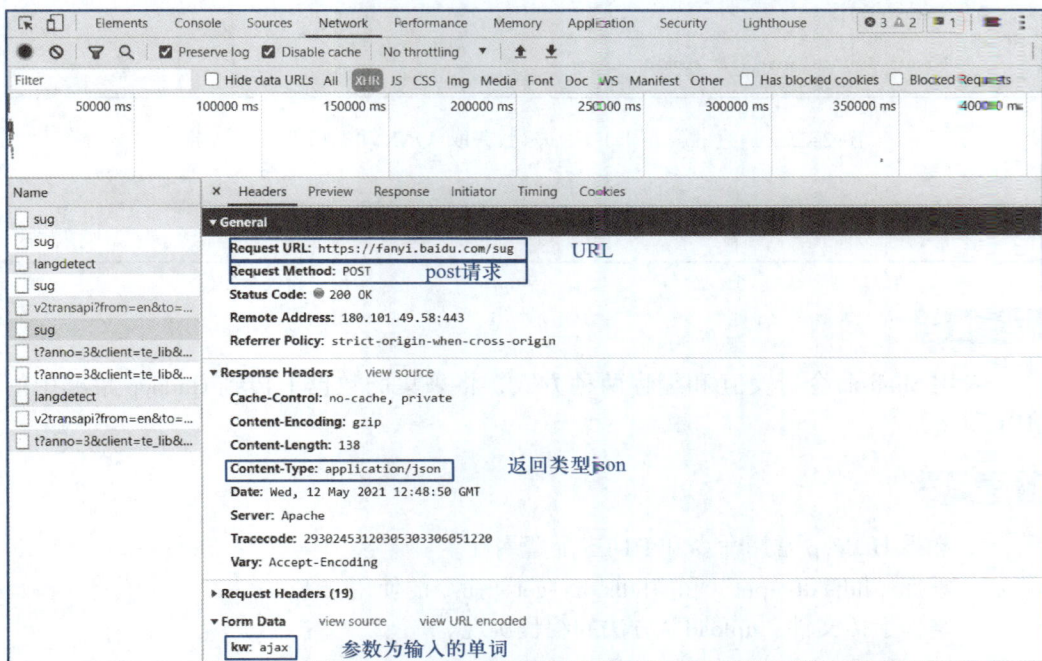

图 2-22　AJAX 动态请求头信息

运行结果如图 2-23 所示。

6）JS 加密请求参数

这是和验证码一样令人头疼的反爬措施，在请求中对部分参数进行加密，或引入新的加密参数，从而保障接口安全，增加接口破解难度。遇到有加密的 JS，需要冷静地分析整个加密请求过程，先看看能否解密，再根据情况进行 JS 代码调试。

微课 2-7
反爬措施（4）

```
6       import requests
7     ▷ if __name__ == '__main__':
8           headers = {
9               'User-Agent':'Mozilla/5.0 (Windows NT 10.0; WOW64) AppleWebKit/537.36 (KHTML, like Gecko)
10          }
11          url = 'https://fanyi.baidu.com/sug'
12          # 请求参数
13          data = {
14              'kw':'ajax'
15          }
16          response = requests.post(url=url,data=data,headers=headers)
17          # 获取返回的json内容
18          detail = response.json()
19          print(detail)
20
        if __name__ == '__main__'
```

```
Run:    ajax
C:\Users\huawel\anaconda3\python.exe D:/workspaces/data/code/ajax.py
{'errno': 0, 'data': [{'k': 'Ajax', 'v': 'n. 全称为"Asynchronous JavaScript and XML"（异步
  JavaScri'}]}

Process finished with exit code 0
```

图 2-23   通过 post 请求并添加参数获取 AJAX 动态请求运行结果

任务 2.3   上传采集数据到 HDFS

PPT：
上传采集数据
到 HDFS

任务描述

采用 Shell 命令行交互和编程两种方式，将采集的数据上传到 Hadoop 集群中的 HDFS 中。

读书笔记

任务目标

1. 熟悉 Hadoop 常用命令和 HDFS 配置属性。
2. 掌握 "hdfs dfs -put" 和 "hdfs dfs -get" 命令的使用。
3. 掌握上传文件 "upload" 方法的编程实现。

知识准备

1. HDFS

在现代的企业环境中，单机容量往往无法存储大量数据，需要跨机器存储。统一管理分布在集群上的文件系统称为分布式文件系统（HDFS）。而一旦在系统中，引入网络，就不可避免地引入了所有网络编程的复杂性，例如挑战之一是如何保证在节点不可用的时候数据不丢失。

传统的网络文件系统（NFS）虽然也称为分布式文件系统，但是其存在一些限制。由于 NFS 中，文件是存储在单机上，因此无法提供可靠性保证，当很多客户端同时访

问 NFS Server 时，很容易造成服务器压力，影响数据读写性能。另外，如果要对 NFS 中的文件进行操作，需要首先同步到本地，这些修改在同步到服务端之前，其他客户端是不可见的。某种程度上，NFS 不是一种典型的分布式系统，虽然它的文件的确放在远端（单一）的服务器上面，如图 2-24 所示。

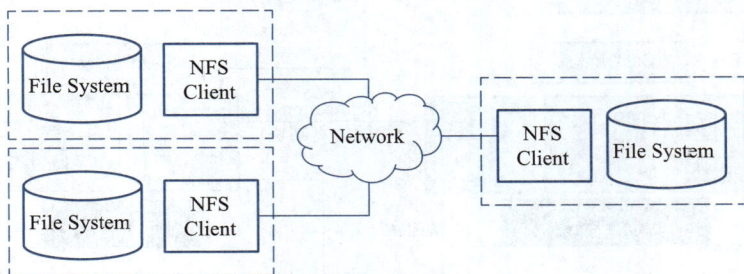

图 2-24　NFS 架构

为解决上述问题，Hadoop 出现了。Hadoop 可以将无数台计算机组成集群，向海量数据提供存储和计算。其中 Hadoop 中综合性的文件系统抽象提供了文件系统实现的各类接口，HDFS 便是这个抽象文件系统中的一个实例，它是一个统一向用户提供存储服务的分布式文件系统。HDFS 的文件分布在集群机器上，同时提供副本进行容错及可靠性保证。例如客户端写入读取文件的直接操作都是分布在集群各个机器上的，没有单点性能压力。

HDFS 是基于流数据模式访问和处理超大文件的需求而开发的，是一个高度容错性的系统，适合运行在通用硬件上，也可以部署在廉价的机器上。它能够提供高吞吐量的数据访问，非常适合大规模数据集上的应用。HDFS 放宽了一部分 POSIX 约束，来实现流式读取文件系统数据的目的。

在 HDFS 体系结构采用 Master/Slave 的主从架构，如图 2-25 所示，其中 Master 节点运行 NameNode 进程，Slave 节点运行 DataNode 过程。NameNode 在整个文件系统中充当管理者，管理文件系统的命名空间（Namespace），维护整个文件系统的文件目录树和这些文件的索引目录。这些信息以两种形式存储在本地文件系统中，一种是命名空间镜像（Namespace image），一种是编辑日志（Edit log）。从 NameNode 中可以获得每个文件的 block 所存储的位置。需要注意的是，这些信息不是永久保存的，NameNode 会在每次启动系统时动态地重建这些信息。当运行任务时，客户端通过 NameNode 获取元数据信息，和 DataNode 进行交互以访问整个文件系统。系统会提供一个类似于 POSIX 的文件接口，这样用户在编程时无须考虑 NameNode 和 DataNode 的具体功能。

DataNode 是文件系统的工作节点，用来执行具体的任务，它们根据客户端或者是 NameNode 的调度存储和检索数据，定期向 NameNode 发送它们所存储的块（block）的列表。

磁盘有一个 block size 的概念，它是磁盘读 / 写数据的最小单位。构建在这样磁盘上的文件系统也是通过块来管理数据的，文件系统的块通常是磁盘块的整数倍。文件系统的块一般为几千字节（byte），磁盘块一般为 512 字节（byte）。

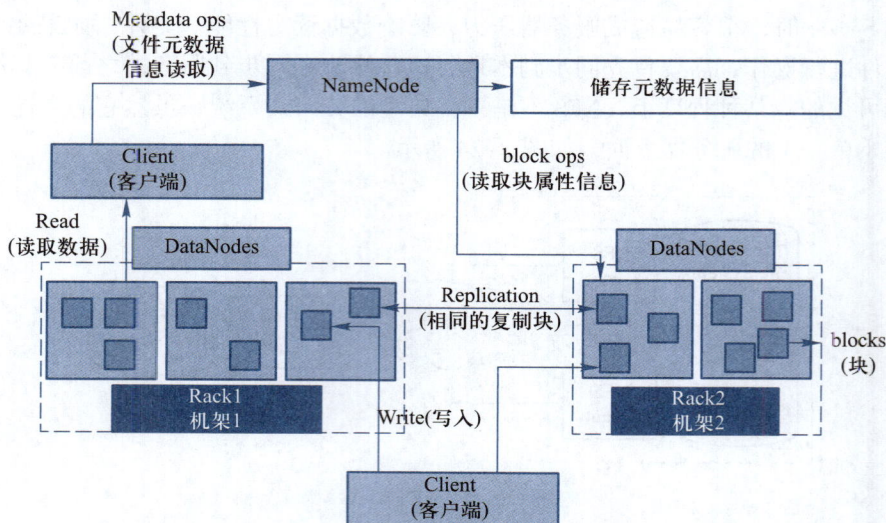

图 2-25   HDFS 体系结构

    HDFS 也有 block 的概念，但它的块是一个很大的单元，是文件存储处理的逻辑单元。在 Hadoop 2.x 的版本中，文件块的默认大小是 128 MB，老版本中默认是 64 MB。像硬盘中的文件系统一样，在 HDFS 中的文件将会按块大小进行分解，并作为独立的单元进行存储。但和硬盘中的文件系统不一样的是，存储在块中的一个比块小的文件并不会占据一个块大小的物理空间（HDFS 中一个块只存储一个文件的内容）。

    HDFS 作为一个分布式文件系统，是设计用来处理大文件的，使用抽象的块会带来很多好处。一是可以存储任意大的文件，而又不会受到网络中任一单个节点磁盘大小的限制。由于逻辑块的设计，HDFS 可以将超大的文件分成众多块，分别存储在集群的各台计算机上。二是使用抽象块作为操作的单元可简化存储子系统。简化是所有系统的追求，而对频繁出现故障和种类繁多的分布式系统来说，简化就显得尤为重要了。在 HDFS 中块的大小固定，这样它就简化了存储系统的管理，特别是元数据信息可以和文件块内容分开存储。不仅如此，块更有利于分布式文件系统中复制容错的实现。在 HDFS 中为了处理节点故障，默认将文件块副本数设定为 3，分别存储在集群的不同节点上。当一个块损坏时，系统会通过 NameNode 获取元数据信息，在另外的机器上读取一个副本并进行存储，这个过程对用户来说都是透明的。当然，这里的文件块副本冗余可以通过文件进行配置，例如在有些应用中，可能会为操作频率较高的文件块设置较高的副本数量，以提高集群的吞吐量。在 HDFS 中，可以通过终端命令直接获得文件和块信息，如以下命令可以列出文件系统中组成各个文件的块：

```
hadoop fsck / -files -blocks
```

    设计 HDFS 时，将块设计得尽可能大一些，这是为了最小化寻道时间。对于 HDFS 来说，读取整个数据的时间延迟要比读取到第一条记录的数据延迟更重要，把一个数据块设计得足够大，就能够使得数据传输时减少寻找 block 的时间。由此使得传输多个 block 组成的文件时间取决于磁盘的传输速率。

而 block size 的值也不宜设置过大。通常，MapReduce 中的 Map 任务一次只处理一个 block 中的数据，如果启动太少的 Task（少于集群中的节点的数量），作业的速度就会比较慢。

2. 文件安全

NameNode 的重要性是显而易见的，没有它，客户端将无法获得文件块的位置。在实际应用中，如果集群的 NameNode 出现故障，就意味着整个文件系统中全部的文件会丢失，因为无法再通过 DataNode 上的文件块来重构文件。以下介绍 Hadoop 确保 NameNode 安全的机制。

方法 1：备份 NameNode 上持久化存储的元数据文件，然后将其转存到其他文件系统中。这种转存是同步的、原子的操作。通常的实现方法是将 NameNode 中的元数据转存到远程的 NFS 中。

方法 2：系统中同步运行一个 Secondary NameNode（二级 NameNode）。这个节点的主要作用就是周期性地合并编辑日志中的命名空间镜像，以避免编辑日志过大。Secondary NameNode 的运行通常需要大量的 CPU 和内存去做合并操作，这就要求其运行在一台单独的机器上。在这台机器上会存储合并过的命名空间镜像，这些镜像文件会在 NameNode 宕机后作为替补使用，以便最大限度地减少文件的损失。但要注意的是，Secondary NameNode 的同步备份总会滞后于 NameNode，所以损失是必然的。

3. 可靠性管理

Hadoop 集群中的主机在某些情况下会出现宕机或者系统损坏的问题，一旦遇到这些问题，HDFS 中的数据文件难免会产生损坏或者丢失，为了保证 HDFS 的可靠性，可以采取以下策略。

（1）冗余副本策略

更改集群冗余副本的复制因子为 5，从而避免某台节点主机损坏导致数据丢失的情况。

一般在 Shell 命令行模式下，修改 hdfs-site.xml 配置文件，将 "dfs.replication" 的值设置为 5，然后重启 NameNode 和 DataNode 进程。

```
<property>
    <name>dfs.replication</name>
    <value>5</value>
</property>
```

（2）回收站

设置 HDFS 回收站中的文件彻底删除的时间间隔为 7 天。进入到 HDFS 配置中修改 "fs.trash.interval" 的值为 10080（分钟）。

注意：当该值为 0 时，表示禁用回收站的功能。

```
<property>
    <name>fs.trash.interval</name>
    <value>10080</value>
</property>
```

4. Hadoop 常用 Shell 命令

使用 "hdfs dfs -mkdir [目录]" 命令，在 Hadoop 集群 HDFS 中创建新目录，命令如下：

```
root@master:/# hdfs dfs -mkdir /hadoop
root@master:/# hdfs dfs -mkdir /hadoop/njci
```

使用 "hdfs dfs -ls [目录]" 命令，可以查看 Hadoop 集群 HDFS 指定的目录，但是该目录下只能有文件，不能包含子目录，如果包含子目录，需要使用 "hdfs dfs -ls -R [目录]" 命令，显示其目录结构，命令代码如下：

```
root@master:/# hdfs dfs -ls /hadoop
Found 1 items
drwxr-xr-x  - root supergroup   0   2021-07-2401:41   /hadoop/njci
root@master:/# hdfs dfs -ls -R /hadoop
drwxr-xr-x  - root supergroup   0   2021-07-2401:41   /hadoop/njc1
root@master:/# hdfs dfs -ls /hadoop/njci
root@master:/#
```

使用 "hdfs dfs -put [本地目录 / 文件地址] [hadoop 目录]" 命令，将本地目录或者文件上传至 Hadoop 集群中的 HDFS 中，命令代码如下：

```
root@master:/# hdfs dfs -put  /home/njci/test.txt  /hadoop/njci/
root@master:/# hdfs dfs -ls  /hadoop/njci/
Found 1 items
-rw-r--r--   1 root supergroup   0   2021-07-24 01:50  /hadoop/njci/test.txt
root@master:/#
```

使用 "hdfs dfs -get [文件地址 / 目录] [本地目录]" 命令，将 Hadoop 集群中的 HDFS 中的目录或文件下载到本地目录中，命令代码如下：

```
root@master:/# hdfs dfs -get  /hadoop/njci/test.txt  /home/njci/
get:'/home/njci/test.txt':File exists
```

因为上面演示文件上传时已经创建了 test.txt 文件，所以此处显示 /home/njci/test.txt 已经存在。在此操作前可以先将 /home/njci/test.txt 中的 test.txt 文件删除，再进行

读书笔记

"-get" 操作即可。

使用 "hdfs dfs -rm [文件地址 / 目录]" 命令，将删除 Hadoop 集群中指定文件或目录，命令代码如下：

```
root@master:/# hdfs dfs -rm  /hadoop/njci/test.txt
21/07/24 01:58:18 INFO fs.TrashPolicyDefault:Namenode trash configuration:Deletion
interval 0 minutes, Emptier interval = 0 minutes.
Deleted /hadoop/njci/test.txt
root@master:/# hdfs dfs -ls  /hadoop/njci/
```

任务实施

1. HDFS 属性配置

（1） core-site.xml

设置 Hadoop 默认文件系统。文件系统是由 URI 指定的，这里已使用了一个 HDFS URI 来配置 HDFS 为 Hadoop 的默认文件系统。HDFS 的守护程序将通过这个属性来决定 HDFS 名称节点的宿主机和端口。将此宿主机设定在 Master 节点上运行，端口为 9000。这样一来，HDFS 用户将通过这个属性得知 NameNode 在哪里运行以便于连接到它。

```xml
<property>
    <name>fs.defaultFS</name>
    <value>hdfs://master:9000</value>
</property>
```

设置缓存的大小，不论是对硬盘或者是网络操作来讲，较大的缓存都可以提供更高的数据传输，但这也就意味着更大的内存消耗和延迟。这个参数要设置为系统页面大小的倍数，以字节为单位。

```xml
<property>
    <name>io.file.buffer.size</name>
    <value>131072</value>
</property>
```

设置 HDFS 的 NameNode 的格式化信息存储路径，代码如下：

```xml
<property>
    <name>hadoop.tmp.dir</name>
    <value>/home/hadoop/tmp</value>
</property>
```

（2）hdfs-site.xml

设置 HDFS NameNode 存放 Name Table 的目录，代码如下：

```
<property>
    <name>dfs.namenode.name.dir</name>
    <value>/home/hadoop/dfs/name</value>
</property>
```

设置 HDFS DataNode 存放数据 block 的目录，代码如下：

```
<property>
    <name>dfs.datanode.data.dir</name>
    <value>/home/hadoop/dfs/data</value>
</property>
```

设置 HDFS block 的复制份数。设置为"3"时，HDFS 就会按照设置将文件系统块复制 3 份。如果采用的是伪分布配置，这里参数应设置为"1"，否则在单独一个数据节点上运行时，HDFS 无法将块复制到 3 个数据节点上，所以会持续警告块的副本不够。

```
<property>
    <name>dfs.replication</name>
    <value>1</value>
</property>
```

2. 安全模式

读书笔记

NameNode 启动后会进入一个称为安全模式的特殊状态。处于安全模式下的文件系统只可读不可写。NameNode 从所有的 DataNode 上接收心跳信号和块状态报告。块状态报告包括了某个 DataNode 所有的数据块列表。每个数据块都有一个指定的最小副本数。当 NameNode 检测确认某个数据块的副本数目达到最小值时，那么该数据块就会被认为是安全的副本；在一定百分比（这个参数可配置）的数据块被 NameNode 检测确认安全之后，默认在 30 秒（可通过 dfs.safemode.extension 进行更改，单位为毫秒）后退出安全模式。接下来它会确定还有哪些数据块的副本没有达到指定数目，并将这些数据块复制到其他 DataNode 上。当然也可通过命令明确指定进入或退出安全模式。另一种让 NameNode 进入安全模式的方法是，设置 dfs.safemode.threshold.pct 的值大于 1，这样 NameNode 启动后就会一直停留在安全模式。安全模式在集群升级或维护时非常实用。

当在进行系统维护或者集群维护时，不希望用户再去操作 HDFS 中文件，这时候需要手动将 NameNode 设置成安全模式的状态。

使用"hdfs dfsadmin -safemode enter"命令进入安全模式，代码如下：

```
root@master:/# hdfs dfsadmin -safemode enter
Safe mode is ON
root@master:/#
```

使用 "hdfs dfsadmin -safemode leave" 命令离开安全模式，代码如下：

```
root@master:/# hdfs dfsadmin -safemode leave
Safe mode is OFF
root@master:/#
```

3. 使用命令实现数据上传 HDFS

将爬虫爬取的数据 rencai.csv 上传到集群中的 HDFS 中。为了演示方便，先查看集群根目录下的文件和目录，然后在 hadoop 下创建新的 data 目录，并通过 "hdfs dfs-put" 命令实现 rencai.csv 数据的上传，并查看上传结果，命令代码如下：

微果 2-8
上传采集数据到 HDFS

```
root@master:/# hdfs dfs -ls /
Found 1 items
drwxr-xr-x   - root supergroup      0 2021-07-24  01:41  /hadoop
root@master:/# hdfs dfs -mkdir  /hadoop/data/
root@master:/# hdfs dfs -ls /hadoop
Found 2 items
drwxr-xr-x   - root supergroup      0 2021-07-24  02:25  /hadoop/data
drwxr-xr-x   - root supergroup      0 2021-07-24  01:58  /hadoop/njci
root@master:/#
root@master:/# hdfs dfs -put  /home/njci/rencai.csv  /hadoop/data/
root@master:/# hdfs dfs -ls/
Found 1 items
drwxr-xr-x   - root supergroup      0  2021-07-24  02:25   /hadoop
root@master:/# hdfs dfs -ls /hadoop/data
Found 1 items
-rw-r--r--     1 root supergroup   12364 2021-07-24  02:27  /hadoop/data/rencai.csv
```

读书笔记

4. 编写程序实现数据上传 HDFS

（1）开发环境准备

运行本案例前，需要对大数据开发环境进行配置。首先，需要在用于开发的计算机上安装 Hadoop 2.7.3 版本，在 hadoop-2.7.3.zip 解压后，将 hadoop-2.7.3/bin 目录下的 hadoop.dll 文件复制到系统路径 C：\Windows\System32 下。同时将 Hadoop 安装目录添加到系统环境变量中，如图 2-26 所示。

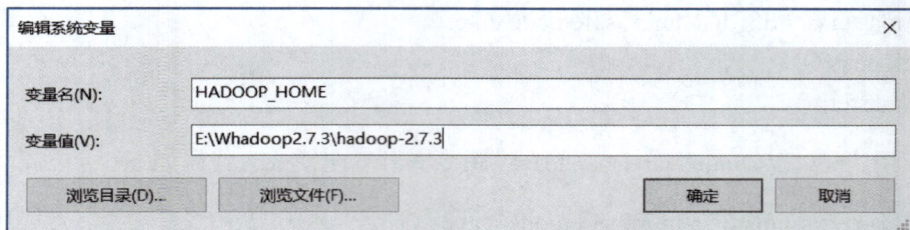

图 2-26　配置系统环境变量

随后在系统变量的 Path 中添加 Hadoop 的 bin、sbin 目录路径，如图 2-27 所示。

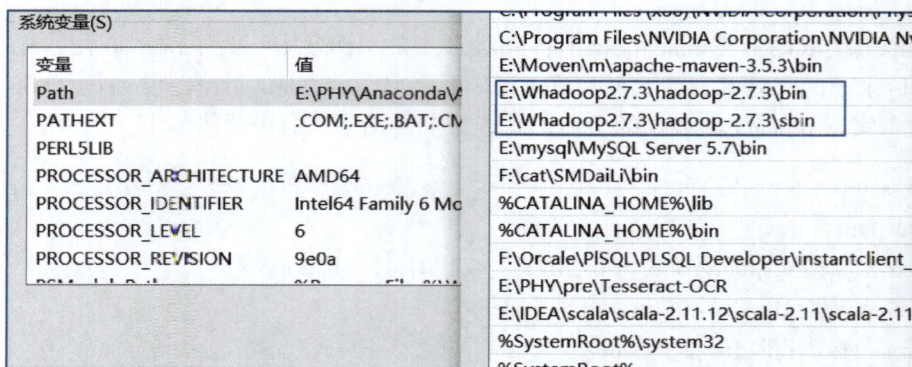

图 2-27　设置 Hadoop 的 bin 和 sbin 的路径

（2）编程实现

在 IDEA 中创建项目工程 bigdatademo-hdfs，在 HdfsClient 类中定义 fs.defaultFS，过程创建的步骤如下。

首先，创建一个 maven 项目，选择 maven 然后单击 "NEXT" 按钮，如图 2-28 所示。

输入项目名和项目的存储路径，如图 2-29 所示。

项目创建完成后，通过 pom.xml 文件添加项目所需要的依赖，代码如下：

```
<dependency>
    <groupId>org.apache.hadoop</groupId>
    <artifactId>hadoop-hdfs</artifactId>
    <version>2.7.3</version>
</dependency>

<dependency>
    <groupId>org.apache.hadoop</groupId>
    <artifactId>hadoop-common</artifactId>
```

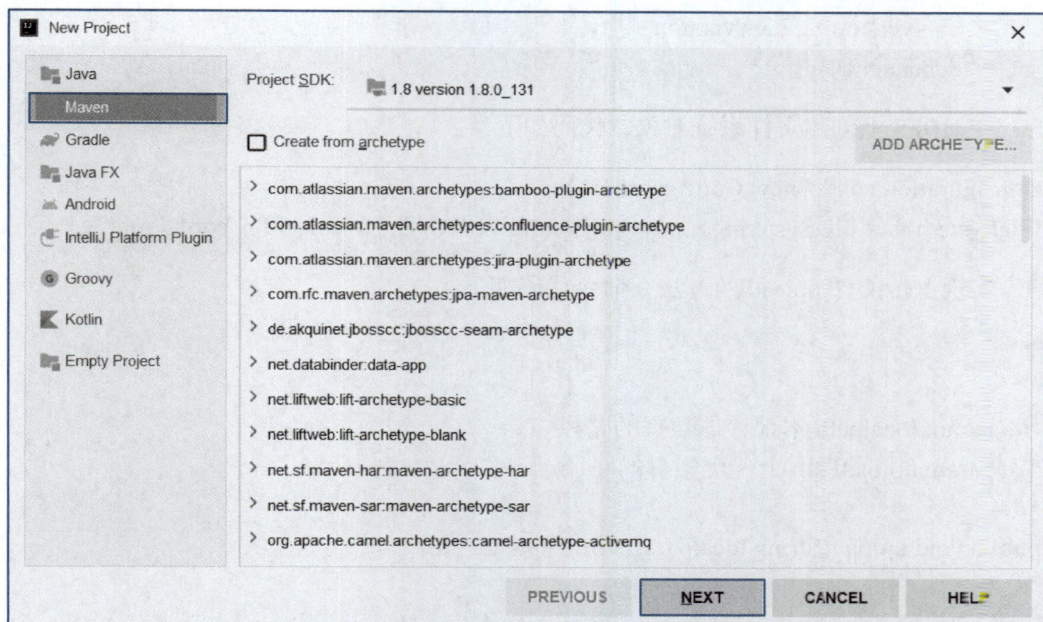

图 2-28　创建 maven 项目

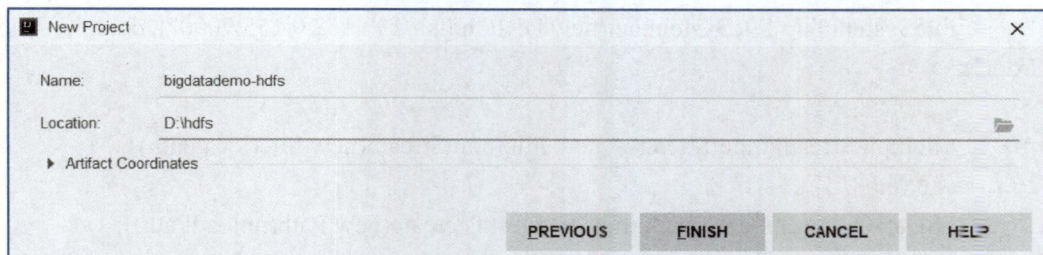

图 2-29　项目的名称和存储路径

```
        <version>2.7.3</version>
    </dependency>


<dependency>
        <groupId>org.apache.hadoop</groupId>
        <artifactId>hadoop-client</artifactId>
        <version>2.7.3</version>
    </dependency>
    <dependency>
        <groupId>org.apache.hadoop</groupId>
        <artifactId>hadoop-mapreduce-client-core</artifactId>
```

```
        <version>2.7.3</version>
    </dependency>
```

在 HDFS 上创建文件系统对象，代码如下：

```
Configuration conf = new Configuration();
FileSystem fs = FileSystem.get(new URI("hdfs://192.168.0.155:9000"), conf, "root");
```

实现上传文件 upload 的方法，命令代码如下：

```
/**
*
* @param localpath 本地存储数据的路径
* @param uploadPath 上传至集群的路径
*/
public void upload(String localpath, String uploadPath) {
    {
    try {
        // 获取对象
        Configuration conf = new Configuration();
        FileSystem fs = FileSystem.get(new URI("hdfs://192.168.0.155:9000"), conf,
"root");
        // 获取输入流
        FileInputStream inputStream = new FileInputStream(new File(localpath));
        // 获取输出流
        FSDataOutputStream fileOutputStream = fs.create(new Path(uploadPath));
        // 流的对转
        IOUtils.copyBytes(inputStream, fileOutputStream, conf);
        // 关闭
        IOUtils.closeStream(inputStream);
        IOUtils.closeStream(fileOutputStream);
        fs.close();
    } catch (IOException e) {
        e.printStackTrace();
    } catch (InterruptedException e) {
        e.printStackTrace();
    } catch (URISyntaxException e) {
        e.printStackTrace();
    }
    }
}
```

读书笔记

启动主函数，遍历 src/java/data 目录下的文件，把文件上传到 hdfs 的 /data 目录。

```java
public static void main(String[] args) {
    HdfsClient hdfsDB = new HdfsClient();
    File file = new File("src/java/data");
    if (file.exists()) {
        // 将被指定目录下的所有文件都存起来
        File[] files = file.listFiles();
        for (File file2 :files) {
            // 逐个判断每个文件是否为目录
            if (!file2.isDirectory()) {
                hdfsDB.upload(file2.getAbsolutePath(), "/data/"+file2.getName());
            }
        }
    } else {
        System.out.println(file.getName() + " 目录不存在 ");
    }
}
```

此时查看 HDFS 的 /data 目录下是否有文件，查看文件是否存在有两种方法，一种是使用命令查看，一种是使用 Hadoop 集群的 WebUI 查看。

首先需要启动 Hadoop 集群，启动与关闭集群的命令如下：

```
# 关闭进程
stop-all.sh
# 开启进程
start-all.sh
```

集群启动后 , 可以使用 jps 命令查看当前系统运行的进程 , 结果如下：

```
6852   ResourceManager
6693   SecondaryNameNode
6966   NodeManager
12678 RunJar
6376   NameNode
6510   DataNode
18655 Jps
```

接着在终端使用 "hdfs dfs -ls [文件地址 / 目录] [本地目录]" 命令，将 Hadoop 集群中的 HDFS 中的目录文件显示出来，命令代码如下：

```
root@master:/# hdfs dfs -ls /data
Found 1 items
-rw-r--r--  1  root  supergroup  12364  2021-07-24 02:43  /data/rencai.csv
```

或在浏览器上输入"IP：50070"来查看目录文件，因为每个人的 IP 地址设置并不相同，输入的地址也不一样，此处因人而异，如图 2-30 所示。

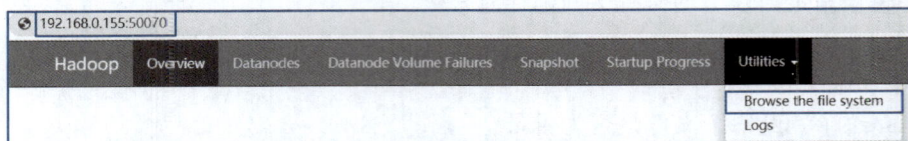

图 2-30　进入 WebUI 查看

进入文件系统后，单击进入 data 目录查看文件是否上传成功，如图 2-31 所示。

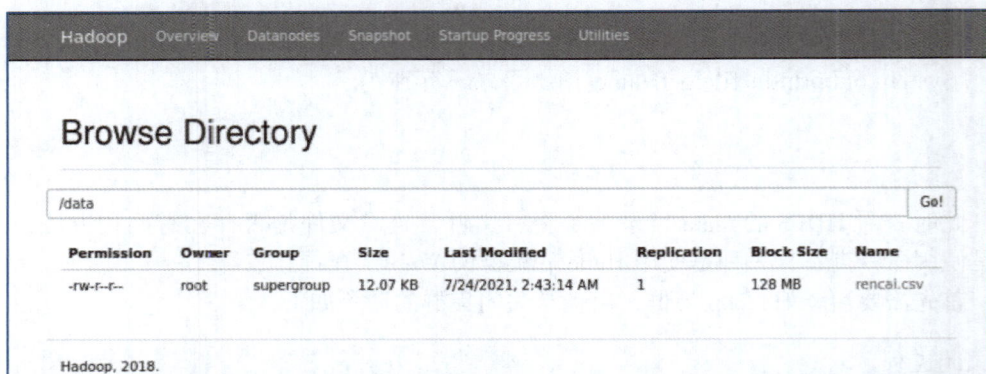

图 2-31　查看文件是否上传成功

项目小结

　　本项目主要介绍了数据采集框架技术 Scrapy 的搭建、网页源代码的获取技术 urllib、requests 和网页数据解析技术 BeautifulSoup、PyQuery、LXML 等，通过人才网数据采集操作详细介绍了 Scrapy 框架的应用，给出了 MySQL 和 HBase 两种存储解决方案，并详细介绍了常见反爬措施的应对策略，最后通过使用命令上传采集数据到 HDFS 集群进行保存，为后续的数据处理和分析做好数据准备。

课后习题

一、填空题

HTML 部分结构如下：

```
<library>
  <books>
      <book id="book1"> 数据采集与预处理 </book>
      <book id="book2"> 大数据运维技术 </book>
      <book id="book3"> 数据分析 </book>
  </books>
  <records>
    <items>
<date>2022-05-02</date>
        <person name=" 张三丰 " class="box1"/>
    </items>
    <items>
<date>2022-05-01</date>
        <person name=" 张无忌 " class="box2"/>
    </items>
  </records>
</library>
```

通过 Xpath 实现如下元素定位：

1. 查询所有的 book 节点：_____。

2. 查询第 2 个 book 节点：_____。

3. 查询 person 的属性：_____。

4. 查询所有 book 节点值中带有"运维"字符串的 book 节点：_____。

5. 查询所有 date 节点值中带有"05"字符串的 items 节点：_____。

6. 查询所有属性节点值带有"box"字符串的 person 节点：_____。

7. 查询所有的 book 节点的文本值：_____。

二、操作题

使用 Scrapy 爬取 "http：//beijing.8684.cn" 指定的内容，其首页如图 2–32 所示：
请完成如下操作：

1. 在命令行窗口中新建一个名为 beijingbus 的 Scrapy 项目。

2. 切换到 beijingbus 目录，创建 spider。

3. 设置爬虫不遵守 robots 协议。

4. 修改 headers，设置 User-Agent：Mozilla/5.0（Windows NT 10.0；WOW64）Apple-WebKit/537.36（KHTML，like Gecko）Chrome/59.0.3071.104 Safari/537.36，以免网站通过 User-Agent 进行过滤网页请求（此处可以结合自己实际使用的浏览器，在浏览器端进行复制，题干中给出的 User-Agent 字符串的内容仅供参考）。

5. 请分别爬取图 2–32 中"数字"开头的北京公交线路的详细页面中的"线路全称""运行时间""参考票价""最后更新时间"信息，相关信息如图 2–33 所示。

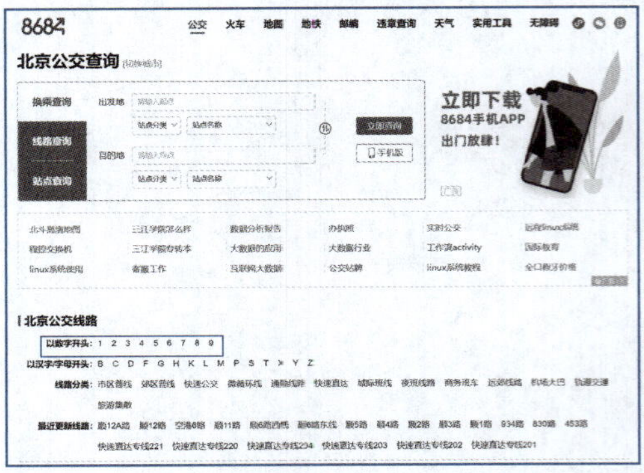

图 2-32　网站首页

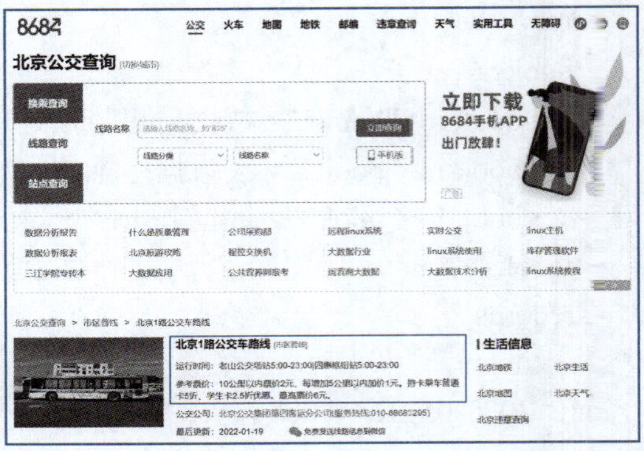

图 2-33　详细页面中相关信息

6. 在 MySQL 数据库中已经创建了 bjbus 数据库，该库中创建了 businfo 表，该表中的字段设置为 "busname" "worktime" "busprice" "updatetime"，其分别对应 "线路全称" "运行时间" "参考票价" "最后更新时间"，该数据库的连接用户名使用 root，密码使用 "123456"。请将上述爬取信息保存到数据库中。

读书笔记

项目 3

基于 Flume 的日志数据采集实践

💡 **学习目标** ••

【知识目标】
- 了解 Flume 的特点，熟悉 Flume 的工作原理。
- 熟悉 Flume 运行的核心 Agent，识记 Source、Channel、Sink 的概念。

【技能目标】
- 学会 Flume 的安装和不同应用场景下的配置。
- 学会 Flume 采集数据上传到 HDFS 的方法。
- 学会 Flume 采集数据上传到 HBase 的方法。

【素质目标】
- 具有严谨细致的工作态度和工作作风。
- 具有良好的团队协作意识和业务沟通能力。
- 具有良好的表达能力和文档制作能力。
- 具有规范的编程意识和较好的数据采集实践能力。

📄 **项目描述** ••

【学习情景】

许多公司的业务平台每天都会产生大量的日志数据。对这些日志数据进行采集，并进行数据分析，可以挖掘公司业务平台日志数据中的潜在价值，为公司决策和公司后台服务器平台性能评估提供可靠的数据保证。

小华了解到目前常用的开源日志收集系统有很多。Apache Flume 是一个分布式、高可靠、高可用的服务，用于高效地收集、聚合和移动大量的日志数据，它具有基于流式数据流的简单灵活的架构。可靠性机制和许多故障转移及恢复机制使 Flume 具有强大的容错能力。因此小华抱着极大的好奇心开始对 Flume 进行安装和配置，并按照大数据企业工作流程和规范，完成 Flume 数据采集的学习。

PPT：
Flume 的安装和
配置

任务 3.1 Flume 的安装和配置

任务描述

1. 完成 Flume 相关基础知识的学习。
2. 完成 Flume 的安装。
3. 使用 Flume 采集数据的常用方式，即通过配置 Flume 的 Agent 信息，以及定义 Flume 的数据源、采集方式和输出目标，完成数据采集的关键参数配置工作。

任务目标

1. 熟悉 Flume 的相关基础知识。
2. 学会 Flume 的安装和不同应用场景下的配置。

知识准备

1. Flume

Flume 是一个分布式、高可靠和高可用的海量日志采集、聚合及传输服务。Flume 支持在日志系统中定制各类数据发送方，用于收集数据；同时，Flume 提供了对数据进行简单处理，并写到各种数据接收方（如文本、HDFS、HBase 等）的功能。其设计原理是将数据流（如日志数据）从各种网站服务器中汇集起来，并存储到 HDFS、HBase 等集中存储器中。Flume 数据采集的工作流程如图 3-1 所示。

读书笔记

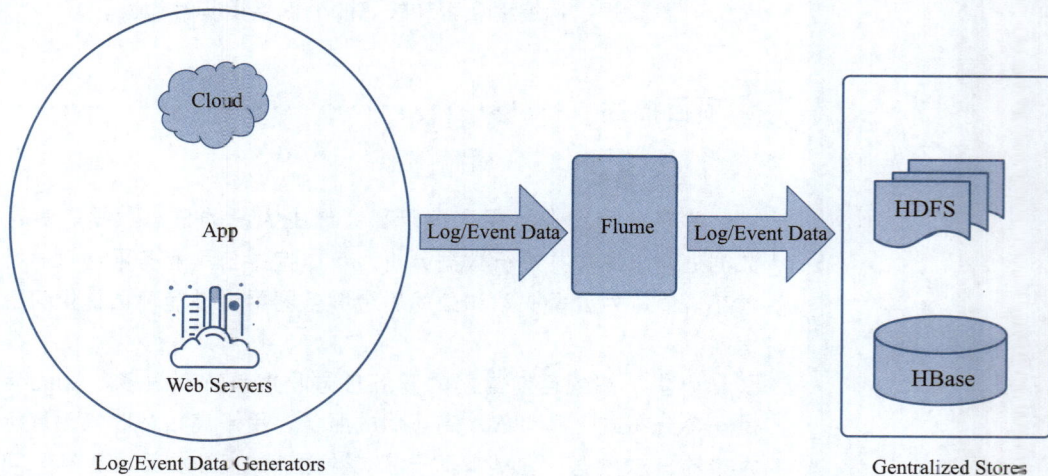

图 3-1 Flume 数据采集的工作流程

2. Flume 的工作原理

Flume 的数据流由事件（Event）贯穿始终。事件是 Flume 的基本数据单元，它携带日志数据（字节数组形式）并且携带有头信息，这些事件由 Agent 外部的 Source 生成。当 Source 捕获事件后，会进行特定的格式化，把事件推入（单个或多个）Channel。可以把 Channel 看作一个缓冲区，它将保存事件直到 Sink 处理完该事件。Sink 负责持久化日志或者把事件推向另一个 Source。Flume 的外部结构如图 3-2 所示。

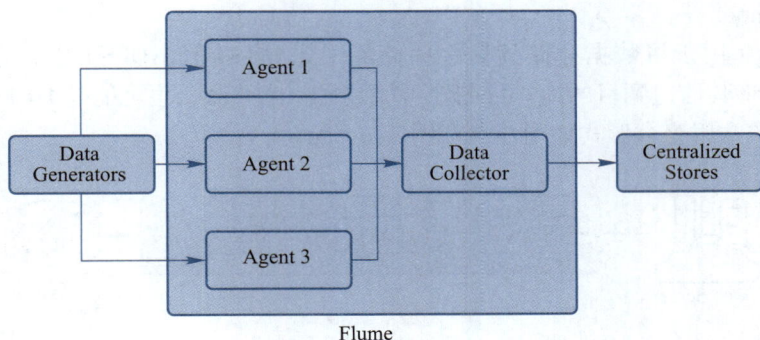

图 3-2　Flume 的外部结构

图 3-2 中的 Data Generators（数据发生器）产生的数据被单个 Agent 所收集（单个 Agent 部署在 Data Generator 上），之后 Data Collector（数据收集器）从各个 Agent 上汇集数据，并将采集到的数据存入 HDFS 或 HBase 中。

（1）Flume 事件

事件作为 Flume 内部数据传输的最基本单元，是由一个转载数据的字节数组（该数组从数据源接入点传入，并传输给传输器，即 HDFS、HBase）和一个可选头部构成的。典型的 Flume 事件的数据结构如图 3-3 所示。

（2）Flume Agent

在了解了 Flume 的外部结构之后，可知 Flume 内部有一个或者多个 Agent。然而，对于每个 Agent 来说，Agent 就是一个独立的守护进程（JVM），它从客户端接收数据，或者从其他的 Agent 上接收数据，并迅速地将获取的数据传给下一个目的节点 Sink 或 Agent。Flume Agent 的结构如图 3-4 所示。

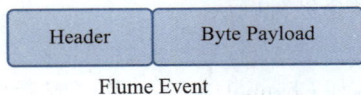

图 3-3　典型的 Flume 事件的数据结构

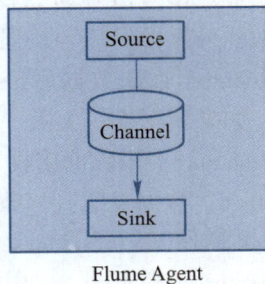

图 3-4　Flume Agent 的结构

Agent 主要由 Source、Channel、Sink 三个组件组成。

① Source：从数据发生器接收数据，并将接收的数据以 Flume 的 Event 格式传递给一个或多个 Channel，Flume 提供多种格式的日志数据接收方式，如 Thrift、HTTP、Exec 等。

② Channel：一种短暂的存储容器，它将从 Source 处接收到的 Event 格式的数据缓存起来，直到它们被 Sink 消费，Channel 在 Source 和 Sink 间起到了桥梁的作用。Channel 是一个完整的事务，这一点保证了数据在收发时的一致性，并且它可以和任意数量的 Source 和 Sink 链接，其支持的类型有 JDBC Channel、File System Channel、Memory Channel 等。

③ Sink：用于将数据存储到集中存储器（如 HBase 和 HDFS）中，它从 Channel 接收数据并将其传递到目的地。目的地可能是另一个 Sink，也可能是 HDFS、HBase。

Agent 的常用组合形式如图 3-5 和图 3-6 所示。

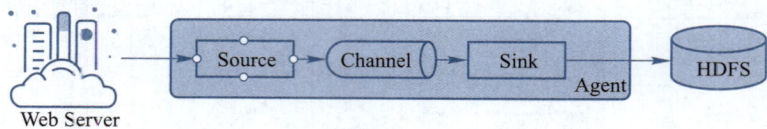

图 3-5　Agent 的常用组合形式（1）

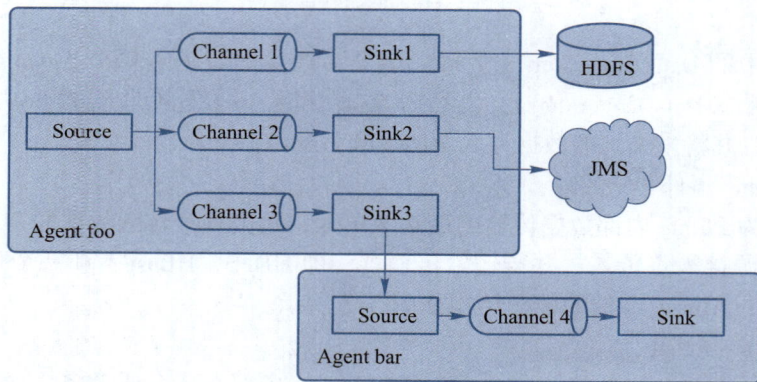

图 3-6　Agent 的常用组合形式（2）

（3）Flume 的可靠性

当 Flume 节点出现故障时，日志能够被传送到其他节点上而不会丢失。Flume 提供了 3 种级别的可靠性保障，从强到弱依次如下：

① end to end：收到数据后，Agent 先将 Event 写到磁盘上，当数据传送成功后，再将其删除；如果数据发送失败，则可以重新发送。

② store on failure：当数据接收方崩溃时，将数据写到本地，待恢复后，继续发送。

③ best effort：数据发送到接收方后，不会进行确认。

（4）Flume 插件

① Interceptors（拦截器）：用于 Source 和 Channel 之间，更改或者检查 Flume 的 Event 数据。

② Channels Selectors（管道选择器）：用于选择使用哪一条管道来传递数据。管道选择器又分为如下两种。

- 默认管道选择器：每个管道传递的都是相同的 Event。
- 多路复用管道选择器：根据每个 Event 的头部地址选择管道。

③ Sink：用于激活被选择的 Sinks 群中特定的 Sink，实现负载均衡控制。

3. Flume 组件常用配置分析

（1）Source

① Avro Source：负责监听 Avro 端口，接收来自外部 Avro 客户端的事件流。利用 Avro Source 可以达到多级流动、扇出流、扇入流等效果。另外，它还可以接收通过 Flume 提供的 Avro 客户端发送的日志信息。Avro Source 主要属性的说明如下：

- Channels：接收客户端数据源事件流的 Channel。
- type：类型名称，这里应为 Avro。
- bind：需要监听的主机名或 IP 地址。
- port：监听的端口。
- Avro：Flume 通过 Avro 方式在两台计算机之间进行数据传输，Flume 可以监听和收集指定端口的日志，使用 Avro 的 Source 需要说明被监听的主机的 IP 地址和端口号，这里将 Agent 名称均设置为 a1。Avro Source 的配置示例见表 3-1。

表 3-1　Avro Source 的配置示例

配 置 示 例	示 例 说 明
a1.sources = r1	指定采集数据源的名称为 r1
a1.channels = c1	指定使用 Channel 的名称为 c1
a1.sources.r1.type = Avro	指定采集数据源的方式为 Avro
a1.sources.r1.channels = c1	指定采集数据源所使用的 Channel
a1.sources.r1.bind = 0.0.0.0	指定 Avro 监听的主机名或 IP 地址
a1.sources.r1.port = 4141	指定 Avro 监听的端口

② Exec Source：可以通过指定的操作对日志进行读取，使用 Exec 时需要指定 Shell 命令。Exec Source 的配置示例见表 3-2。

表 3-2　Exec Source 的配置示例

配 置 示 例	示 例 说 明
a1.sources = r1	指定采集数据源的名称为 r1
a1.channels = c1	指定使用 Channel 的名称为 c1
a1.sources.r1.type = Exec	指定采集数据源的方式为 Exec
a1.sources.r1.command=tail-F var/log/secure	指定 Exec 执行的 shell 命令
a1.sources.r1.channels = c1	指定采集数据源所使用的 Channel 为 c1

③ Spooling-directory Source：此 Source 允许将要收集的数据放置到指定的"搜集目录"中。它会监视该目录，并解析出现的新文件。此 Source 的事件处理逻辑是可插拔的，当一个文件被完全读入 Channel 时，它会被重命名或直接删除。

需要注意的是，放置到"搜集目录"中的文件无法修改，如果修改，则 Flume 会报错。另外，也不能产生重名的文件，如果有重名的文件被放置进来，则 Flume 也会报错。Spooling-directory Source 主要属性的说明如下：

- Channels：接收客户端数据源事件流的 Channel。
- type：类型名称，这里为 spooldir。
- spooldir：读取文件的路径，即指定的"搜集目录"。
- COMPLETED：对处理完成的文件追加的后缀。

Flume 可以读取 spooldir 对应文件夹中的日志，使用时会指定一个文件夹映射到 spooldir，Flume 可以读取该文件夹中的所有文件。Spooling-directory Source 的配置示例见表 3-3。

表 3-3　Spooling-directory Source 的配置示例

配 置 示 例	示 例 说 明
a1.sources = r1	指定采集数据源的名称为 r1
a1.channels = c1	指定使用 Channel 的名称为 c1
a1.sources.r1.type = spooldir	指定采集数据源的类型为 spooldir
a1.sources.r1.spoolDir = /var/log/apache/flumeSpool	指定 spoolDir 所监视的文件夹
a1.sources.r1.channels = c1	指定采集数据源所使用的 Channel 为 c1
a1.sources.r1.fileHeader = true	指定采集过程中将数据源保存成文件，以提高容错

④ Syslog Source：可以通过 Syslog 协议读取系统日志，采集数据源的类型为 Syslogudp 和 Syslogtcp 两种，使用时需指定 IP 地址和端口。Syslog Source 的配置示例见表 3-4。

表 3-4　Syslog Source 的配置示例

配 置 示 例	示 例 说 明
a1.sources = r1	指定采集数据源的名称为 r1
a1.channels = c1	指定使用 Channel 的名称为 c1
a1.sources.r1.type = Syslogudp	指定采集数据源的类型为 Syslogudp
a1.sources.r1.host = localhost	指定 Syslog 所监视的主机名为 localhost
a1.sources.r1.port = 5140	指定 Syslog 所监视的端口为 5140
a1.sources.r1.channels = c1	指定采集数据源所使用的 Channel 为 c1

（2）Channel

Flume 的 Channel 种类并不多，最常用的是 memory channel。其配置示例见表 3-5。

表 3-5　memory channel 的配置示例

配 置 示 例	示 例 说 明
a1.channels = c1	指定使用 Channel 的名称为 c1
a1.channels.c1.type = memory	指定 Channel 的类型为 memory
a1.channels.c1.capacity = 10000	指定 Channel 的容量为 10000
a1.channels.c1.transactionCapacity = 10000	指定 Channel 提交数据的阈值
a1.channels.c1.byteCapacityBufferPercentage = 20	定义 Channel 中 Event 所占的百分比，需要考虑在 Header 中的数据
a1.channels.c1.byteCapacity = 800000	指定 Channel c1 的 byteCapacity（字节数据阈值）为 800000

（3）Sink

① Logger Sink：用于记录 INFO 级别日志的汇聚点，即将收集到的日志写到 Flume 的 Log 中，是十分简单但非常实用的 Sink，一般用于调试。前面介绍 Source 时用到的 Sink 都是 Logger Sink。Logger Sink 的配置示例见表 3-6。

表 3-6　Logger Sink 的配置示例

配 置 示 例	示 例 说 明
a1.sinks = k1	指定使用 Sink 的名称为 k1
a1.sinks.k1.type = Logger	指定使用 Sink 的类型为 Logger

② Avro Sink：可以将接收到的日志发送到指定端口，以供级联 Agent 的下一跳收集和接收日志，使用时需要指定目的 IP 地址和端口。Avro Sink 的配置示例见表 3-7。

表 3-7　Avro Sink 的配置示例

配 置 示 例	示 例 说 明
a1.channels = c1	指定使用 Channel 的名称为 c1
a1.sinks = k1	指定使用 Sink 的名称为 k1
a1.sinks.k1.type = Avro	指定 Sink 的类型为 Avro
a1.sinks.k1.channel = c1	指定 Sink 使用的 Channel 为 c1
a1.sinks.k1.hostname = 127.0.0.1	指定 Avro 的输出主机 IP 地址为 127.0.0.1
a1.sinks.k1.port = 4545	指定 Avro 的输出端口为 4545

③ File_roll Sink：可以将一定时间内收集到的日志写到一个指定的文件中。具体过程为用户指定一个文件夹和一个周期，再启动 Agent，此时，该文件夹会产生一个文件，并将该周期内收集到的日志全部写入到该文件中，直到下一个周期再次产生一个新文件并继续写入，以此类推，周而复始。File_roll Sink 的配置示例见表 3-8。

表 3-8　File_roll Sink 的配置示例

配置示例	示例说明
a1.channels = c1	指定使用 Channel 的名称为 c1
a1.sinks = k1	指定使用 Sink 的名称为 k1
a1.sinks.k1.type = File_roll	指定 Sink 的类型为 File_roll

任务实施

微课 3-1
Flume 的安装
与配置

1. Flume 的安装

打开已经安装好的 Ubuntu 系统（JDK 需自行解压安装），执行 cd 命令，进入保存 Flume 安装包的大数据根目录（这里的大数据根目录为 /data/bigdata），并执行 ls 命令，查看 Flume 安装包，命令代码如下：

```
hadoop@master:/home$ cd /data/bigdata/
hadoop@master:/data/bigdata$ ls
apache-flume-1.8.0-bin.tar.gz
```

执行 tar 命令，解压 Flume 安装包 apache-flume-1.8.0-bin.tar.gz，命令代码及部分执行信息如下：

```
hadoop@master:/data/bigdata$ sudo tar-zxvf apache-flume-1.8.0-bin.tar.gz
[sudo] password for hadoop:
apache-flume-1.8.0-bin/lib/flume-ng-configuration-1.8.0.jar
apache-flume-1.8.0-bin/lib/slf4j-api-1.6.1.jar
apache-flume-1.8.0-bin/lib/slf4j-log4j12-1.6.1.jar
apache-flume-1.8.0-bin/lib/log4j-1.2.17.jar
apache-flume-1.8.0-bin/lib/guava-11.0.2.jar
apache-flume-1.8.0-bin/lib/jsr305-1.3.9.jar
……
```

读书笔记

进入 Flume 根目录，查看 Flume 中的文件，命令代码如下：

```
hadoop@master:/data/bigdata$ cd apache-flume-1.8.0-bin/
hadoop@master:/data/bigdata/apache-flume-1.8.0-bin$ ll
total 164
drwxr-xr-x  7 root root  4096 7 月   6 17:18 ./
drwxr-xr-x  3 root root  4096 7 月   6 17:18 ../
drwxr-xr-x  2 root staff 4096 7 月   6 17:18 bin/
-rw-r--r--   1 root staff 81264 9 月  15 2017 CHANGELOG
```

```
drwxr-xr-x  2 root staff  4096 7 月    6 17:18 conf/
-rw-r--r--   1 root staff  5681 9 月   15  2017 DEVNOTES
-rw-r--r--   1 root staff  2873 9 月   15  2017 doap_Flume.rdf
drwxr-xr-x 10 root root   4096 9 月   15  2017 docs/
drwxr-xr-x  2 root root   4096 7 月    6 17:18 lib/
-rw-r--r--   1 root staff 27663 9 月   15  2017 LICENSE
-rw-r--r--   1 root staff  249 9 月   15  2017 NOTICE
-rw-r--r--   1 root staff  2483 9 月   15  2017 README.md
-rw-r--r--   1 root staff  1588 9 月   15  2017 RELEASE-NOTES
drwxr-xr-x  2 root root   4096 7 月    6 17:18 tools/
```

　　bin 目录中存放的是 Flume 的可执行文件，conf 目录中存放的是 Flume 的配置文件，lib 目录中存放的是 Flume 的依赖 jar 包。

　　为了方便操作路径引用，需要在 /etc/profile 中配置相关环境变量，代码如下：

```
# 配置 JDK 环境变量
export JAVA_HOME=/usr/local/jdk1.8
export CLASSPATH=$:CLASSPATH:JAVA_HOME/lib/
export PATH=$PATH:$JAVA_HOME/bin
# 配置 Hadoop 环境变量
export HADOOP_HOME=/usr/local/Hadoop
export path=$PATH:$HADOOP_HOME/bin:$HADOOP_HOME/sbin
# 配置 Flume 环境变量
export FLUME_HOME=/data/bigdata/apache-flume-1.8.0-bin
export PATH=.:$PATH:$FLUME_HOME/bin
```

　　进入 conf 目录，通过执行 cp 命令复制 conf 目录中的 flume-env.sh. template 文件，创建的副本文件名称为 flume-env.sh，命令代码如下：

```
hadoop@master:/data/bigdata/apache-flume-1.8.0-bin$ cd conf/
hadoop@master:/data/bigdata/apache-flume-1.8.0-bin/conf$ ll
total 24
drwxr-xr-x 2 root staff 4096 7 月    6 17:18 ./
drwxr-xr-x 7 root root  4096 7 月    6 17:18 ../
-rw-r--r--   1 root staff 1661 9 月   15  2017 flume-conf.properties.template
-rw-r--r--   1 root staff 1455 9 月   15  2017 flume-env.ps1.template
-rw-r--r--   1 root staff 1568 9 月   15  2017 flume-env.sh.template
-rw-r--r--   1 root staff 3107 9 月   15  2017 log4j.properties
hadoop@master:/data/bigdata/apache-flume-1.8.0-bin/conf$ sudo cp flume-env.sh.template
flume-env.sh
```

```
hadoop@master:/data/bigdata/apache-flume-1.8.0-bin/conf$ ll
total 28
drwxr-xr-x 2 root staff 4096 7 月　6 17:33 ./
drwxr-xr-x 7 root root  4096 7 月　6 17:18 ../
-rw-r--r--   1 root staff 1661 9 月　15 2017 flume-conf.properties.template
-rw-r--r--   1 root staff 1455 9 月　15 2017 flume-env.ps1.template
-rw-r--r--   1 root root  1568 7 月　6 17:33 flume-env.sh
-rw-r--r--   1 root staff 1568 9 月　15 2017 flume-env.sh.template
-rw-r--r--   1 root staff 3107 9 月　15 2017 log4j.properties
```

　　编辑配置文件 flume-env.sh，修改 JAVA_HOME 的值为 "/usr/local/jdk1.8"，代码
如下：

```
# Unless required by applicable law or agreed to in writing, software
# distributed under the License is distributed on an "AS IS" BASIS,
# WITHOUT WARRANTIES OR CONDITIONS OF ANY KIND, either express or
implied.
# See the License for the specific language governing permissions and
# limitations under the License.

# If this file is placed at FLUME_CONF_DIR/flume-env.sh, it will be sourced
# during Flume startup.

# Enviroment variables can be set here.

# 设置路径具体要根据自己的配置设定
export JAVA_HOME=/usr/local/jdk1.8

# Give Flume more memory and pre-allocate, enable remote monitoring via JMX
# export JAVA_OPTS="-Xms100m -Xmx2000m -Dcom.sun.management.jmxremote"

# Let Flume write raw event data and configuration information to its log files for
debugging
# purposes. Enabling these flags is not recommended in production,
# as it may result in logging sensitive user information or encryption secrets.
# export JAVA_OPTS="$JAVA_OPTS -Dorg.apache.flume.log.rawdata=true -Dorg.
apache.flume.log.printconfig=true "
```

　　执行 "flume-ng version" 命令，验证 Flume 是否安装成功，如果代码如下，表示
Flume 安装成功。

```
hadoop@master:/root$ flume-ng version
Flume 1.8.0
Source code repository:https://git-wip-us.apache.org/repos/asf/flume.git
Revision:99f591994468633fc6f8701c5fc53e0214b6da4f
Compiled by denes on Fri Sep 15 14:58:00 CEST 2017
From source with checksum fbb44c8c8fb63a49be0a59e27316833d
```

2. 企业常用 Flume 配置

① 互联网公司采集日志时，往往需要将各个 Web 服务器的日志汇总到一台日志分析服务器中，以便日志分析。可通过 Flume 监听指定自身端口来采集其他设备客户端发送到指定端口的数据，即使用 Flume 将 slave1 节点的文件采集到 master 节点指定目录中。

在 master 节点下进行如下操作。进入 Flume 的 conf 目录，创建 Avro.conf 配置文件，命令代码如下：

```
hadoop@master:/data/bigdata/apache-flume-1.8.0-bin/bin$ cd ..
hadoop@master:/data/bigdata/apache-flume-1.8.0-bin$ cd conf/
hadoop@master:/data/bigdata/apache-flume-1.8.0-bin/conf$ sudo vim Avro.conf
```

编辑 Avro.conf 配置文件，代码如下：

```
# Avro.conf 配置文件
# 命名 Agent a1 的组件
a1.sources = r1
a1.sinks = k1
a1.channels = c1
# 配置 source 信息
a1.sources.r1.type = Avro
a1.sources.r1.channels = c1
a1.sources.r1.bind = 0.0.0.0
a1.sources.r1.port = 4141
# sink 信息
a1.sinks.k1.type = logger
# 配置 Channels 的类型为 memory
a1.channels.c1.type = memory
a1.channels.c1.capacity = 1000
a1.channels.c1.transactionCapacity = 100
# 将 Source、Sink 绑定到 Channel
a1.sources.r1.channels = c1
```

Flume 日志采集配置文件及测试数据

读书笔记

```
a1.sinks.k1.channel = c1
```

通过执行命令"flume-ng agent -c . -f /data/bigdata/apache-flume-1.8.0- bin/conf/Avro.conf -n a1 -Dflume.root.logger=INFO，console"启动 Flume Agent a1，指定日志等级为 INFO，并将日志输出到控制台，代码如下：

```
hadoop@master:/data/bigdata/apache-flume-1.8.0-bin/conf$ cd ..
hadoop@master:/data/bigdata/apache-flume-1.8.0-bin$ cd bin/
hadoop@master:/data/bigdata/apache-flume-1.8.0-bin/bin$ ./flume-ng agent -c . -f /data/
bigdata/apache-flume-1.8.0-bin/conf/Avro.conf -n al -Dflume.root.logger=INFO, console
Info:Including Hadoop libraries found via (/usr/local/hadoop/bin/hadoop) for HDFS access
Info:Including Hive libraries found via () for Hive access
+ exec /usr/local/src/jdk/bin/java -Xmx20m -Dflume.root.logger=INFO, console -cp '/data/
bigdata/apache-flume-1.8.0-bin/bin:/data/bigdata/apache-flume-1.8.0-bin/lib/*:/usr/local/
hadoop/etc/hadoop:/usr/local/hadoop/share/hadoop/common/lib/*:/usr/local/hadoop/share/
hadoop/common/*:/usr/local/hadoop/share/hadoop/hdfs:/usr/local/hadoop/share/hadoop/
hdfs/lib/*:/usr/local/hadoop/share/hadoop/hdfs/*:/usr/local/hadoop/share/hadoop/yarn/
lib/*:/usr/local/hadoop/share/hadoop/yarn/*:/usr/local/hadoop/share/hadoop/mapreduce/
lib/*:/usr/local/hadoop/share/hadoop/mapreduce/*:/usr/local/hadoop/contrib/capacity-
scheduler/*.jar:/lib/*' -Djava.library.path=:/usr/local/hadoop/lib/native org.
apache.flume.node.Application -f /data/bigdata/apache-flume-1.8.0-bin/conf/Avro.conf -n al

SLF4J:Class path contains multiple SLF4J bindings.
SLF4J:Found binding in [jar:file:/data/bigdata/apache-flume-1.8.0-bin/lib/slf4j-log4j12-
1.6.1.jar!/org/slf4j/impl/StaticLoggerBinder.class]
SLF4J:Found binding in [jar:file:/usr/local/hadoop/share/hadoop/common/lib/slf4j-
log4j12-1.7.10.jar!/org/slf4j/impl/StaticLoggerBinder.class]
```

打开一个新的控制台命令行窗口，在 slave1 节点下进行如下操作。

在 Flume 目录中创建一个自定义名称的文件夹，并创建一个要发送的测试文件（由主机端采集），命令代码如下：

```
hadoop@slave1:/data/bigdata/apache-flume-1.8.0-bin$ sudo mkdir 20220707ABC
hadoop@slave1:/data/bigdata/apache-flume-1.8.0-bin$ cd 20220707ABC/
hadoop@slave1:/data/bigdata/apache-flume-1.8.0-bin/20220707ABC$ sudo touch log.00
hadoop@slave1:/data/bigdata/apache-flume-1.8.0-bin/20220707ABC$ sudo chown
hadoop:root log.00
hadoop@slave1:/data/bigdata/apache-flume-1.8.0-bin/20220707ABC$ sudo echo "hello
world" > log.00
hadoop@slave1:/data/bigdata/apache-flume-1.8.0-bin/20220707ABC$ ll
```

读书笔记

```
total 12
drwxr-xr-x 2 root     root 4096 7 月   7 10:50 ./
drwxr-xr-x 8 root     root 4096 7 月   7 10:50 ../
-rw-r--r--  1 hadoop root   12 7 月   7 10:52 log.00
```

使用 echo 向文件中输出内容的基本方法是使用 IO 重定向指令 ">"，默认情况下 echo 输出到标准输出中，使用 ">" 指令时可重定向输出到文件中。

启动 Flume Avro-client，并指定主机的接收端口为 4141，向主机 master 发送日志信息数据，命令代码及部分执行信息如下：

```
hadoop@slave1:/data/bigdata/apache-flume-1.8.0-bin/20220707ABC$ cd ..
hadoop@slave1:/data/bigdata/apache-flume-1.8.0-bin$ cd bin/
hadoop@slave1:/data/bigdata/apache-flume-1.8.0-bin/bin$ ./flume-ng avro-client -c -H
master -p 4141 -F /data/bigdata/apache-flume-1.8.0-bin/20220707ABC/log.00
Info:Including Hadoop libraries found via (/usr/local/hadoop/bin/hadoop) for HDFS access
Info:Including Hive libraries found via () for Hive access
+ exec /usr/local/src/jdk/bin/java -Xmx20m -cp '/data/bigdata/apache-flume-1.8.0-bin/bin:/
data/bigdata/apache-flume-1.8.0-bin/lib/*:/usr/local/hadoop/etc/hadoop:/usr/local/hadoop/
share/hadoop/common/lib/*:/usr/local/hadoop/share/hadoop/common/*:/usr/local/hadoop/
share/hadoop/hdfs:/usr/local/hadoop/share/hadoop/hdfs/lib/*:/usr/local/hadoop/share/
hadoop/hdfs/*:/usr/local/hadoop/share/hadoop/yarn/lib/*:/usr/local/hadoop/share/hadoop/
yarn/*:/usr/local/hadoop/share/hadoop/mapreduce/lib/*:/usr/local/hadoop/share/hadoop/
mapreduce/*:/usr/local/hadoop/contrib/capacity-scheduler/*.jar:/lib/*' -Djava.library.path=:/
usr/local/hadoop/lib/native org.apache.flume.client.avro. AvroCLIClient -H master -p
4141 -F /data/bigdata/apache-flume-1.8.0-bin/20220707ABC/log.00
SLF4J:Class path contains multiple SLF4J bindings.
SLF4J:Found binding in [jar:file:/data/bigdata/apache-flume-1.8.0-bin/lib/slf4j-log4j12-
1.6.1.jar!/org/slf4j/impl/StaticLoggerBinder.class]
SLF4J:Found binding in [jar:file:/usr/local/hadoop/share/hadoop/common/lib/slf4j-
log4j12-1.7.10.jar!/org/slf4j/impl/StaticLoggerBinder.class]
SLF4J:See http://www.slf4j.org/codes.html#multiple_bindings for an explanation.
22/07/07 14:42:21 WARN api.NettyAvroRpcClient:Using default maxIOWorkers
```

查看 master 节点在命令行窗口中接收的数据，如图 3-7 所示。

观察到日志文件已经通过 Flume 发送到了 master 节点。按快捷键 Ctrl+C 退出。

以上还原了企业中使用 Flume Avro 进行数据传输的过程，通过 Avro-client 发送数据到接收端的指定端口，实现了日志的传递。在企业信息采集中可以将分散在各个机器上的日志汇总到日志处理分析服务器中，从而完成整体数据的采集。

② 为了自动采集每日产生的日志，互联网公司一般采用日志策略：每日自动生

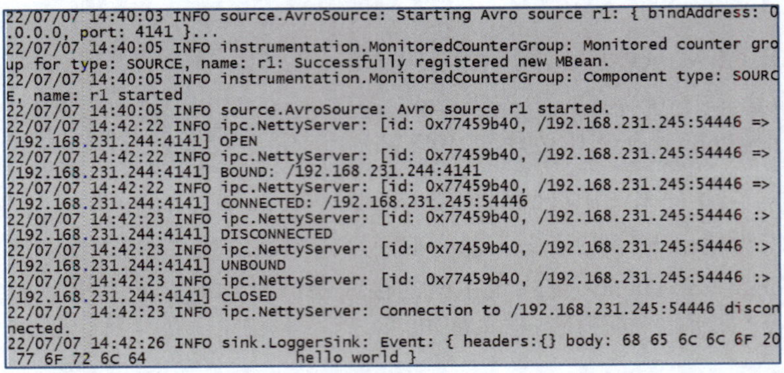

```
22/07/07 14:40:03 INFO source.AvroSource: Starting Avro source r1: { bindAddress: 0
.0.0.0, port: 4141 }...
22/07/07 14:40:05 INFO instrumentation.MonitoredCounterGroup: Monitored counter gro
up for type: SOURCE, name: r1: Successfully registered new MBean.
22/07/07 14:40:05 INFO instrumentation.MonitoredCounterGroup: Component type: SOURC
E, name: r1 started
22/07/07 14:40:05 INFO source.AvroSource: Avro source r1 started.
22/07/07 14:42:22 INFO ipc.NettyServer: [id: 0x77459b40, /192.168.231.245:54446 =>
/192.168.231.244:4141] OPEN
22/07/07 14:42:22 INFO ipc.NettyServer: [id: 0x77459b40, /192.168.231.245:54446 =>
/192.168.231.244:4141] BOUND: /192.168.231.244:4141
22/07/07 14:42:22 INFO ipc.NettyServer: [id: 0x77459b40, /192.168.231.245:54446 =>
/192.168.231.244:4141] CONNECTED: /192.168.231.245:54446
22/07/07 14:42:23 INFO ipc.NettyServer: [id: 0x77459b40, /192.168.231.245:54446 :>
/192.168.231.244:4141] DISCONNECTED
22/07/07 14:42:23 INFO ipc.NettyServer: [id: 0x77459b40, /192.168.231.245:54446 :>
/192.168.231.244:4141] UNBOUND
22/07/07 14:42:23 INFO ipc.NettyServer: [id: 0x77459b40, /192.168.231.245:54446 :>
/192.168.231.244:4141] CLOSED
22/07/07 14:42:23 INFO ipc.NettyServer: Connection to /192.168.231.245:54446 discon
nected.
22/07/07 14:42:26 INFO sink.LoggerSink: Event: { headers:{} body: 68 65 6C 6C 6F 20
 77 6F 72 6C 64                  hello world }
```

图 3-7 查看 master 节点在命令行窗口中接收的数据

成一个日志文件。为了实现自动采集日志功能，Flume 提供了 Spooling Directory Source 方式对日志存储目录进行监控，收集新生成的文件，即使用 Flume 监控本地目录，如有新增文件就采集文件中的数据。

在 Flume 目录中创建一个自定义名称的文件夹，在该文件夹中创建一个被监听的文件夹 spool，命令代码及执行信息如下：

```
root@master:/data/bigdata/apache-flume-1.8.0-bin/bin# cd ..
root@master:/data/bigdata/apache-flume-1.8.0-bin# sudo mkdir 20220707ABC
root@master:/data/bigdata/apache-flume-1.8.0-bin# cd 20220707ABC/
root@master:/data/bigdata/apache-flume-1.8.0-bin/20220707ABC# sudo mkdir spool
root@master:/data/bigdata/apache-flume-1.8.0-bin/20220707ABC# ll
total 12
drwxr-xr-x 3 root root 4096 7 月   7 14:59 ./
drwxr-xr-x 8 root root 4096 7 月   7 14:59 ../
drwxr-xr-x 2 root root 4096 7 月   7 14:59 spool/
```

进入 Flume 的 conf 目录，创建 spool.conf 配置文件，命令如下：

```
root@master:/data/bigdata/apache-flume-1.8.0-bin/20220707ABC# cd ..
root@master:/data/bigdata/apache-flume-1.8.0-bin# cd conf/
root@master:/data/bigdata/apache-flume-1.8.0-bin/conf# sudo vim spool.conf
```

编辑 spool.conf 配置文件，代码如下：

```
# spool.conf 配置文件
a2.Sources = r2
a2.Sinks = k2
a2.channels = c2
# 配置 Source 信息
```

读书笔记

```
a2.Sources.r2.type = spooldir
a2.Sources.r2.channels = c2
a2.Sources.r2.spoolDir = /data/bigdata/apache-flume-1.8.0-bin/20yyxxxxABC/spool
a2.Sources.r2.fileHeader = true
# 配置 Sink 信息
a2.Sinks.k2.type = logger
# 配置 Channel 信息
a2.channels.c2.type = memory
a2.channels.c2.capacity = 1000
a2.channels.c2.transactionCapacity = 100
```

通过执行命令"flume-ng agent -c . -f /data/bigdata/apache-Flume-1.8.0- bin/conf/spool. conf -n a2 -Dflume.root.logger=INFO，console"启动 Flume Agent a2，指定日志等级为 INFO，并将日志内容输出到控制台，命令如下：

```
root@master:/data/bigdata/apache-flume-1.8.0-bin/conf# cd ..
root@master:/data/bigdata/apache-flume-1.8.0-bin# cd bin/
root@master:/data/bigdata/apache-flume-1.8.0-bin/bin# ./flume-ng agent -c . -f /data/
bigdata/apache-flume-1.8.0-bin/conf/spool.conf  -n a2 -Dflume.root.logger=INFO, console
```

Flume Agent a2 的启动信息部分如图 3–8 所示。

```
22/07/07 15:05:57 INFO channel.DefaultChannelFactory: Creating instance of channel
c2 type memory
22/07/07 15:05:57 INFO node.AbstractConfigurationProvider: Created channel c2
22/07/07 15:05:57 INFO source.DefaultSourceFactory: Creating instance of source r2
 type spooldir
22/07/07 15:05:57 INFO node.AbstractConfigurationProvider: Channel c2 connected to
[r2]
22/07/07 15:05:57 INFO node.Application: Starting new configuration:{ sourceRunners
:{r2=EventDrivenSourceRunner: { source:Spool Directory source r2: { spoolDir: /data
/bigdata/apache-flume-1.8.0-bin/20220707ABC/spool } }} sinkRunners:{} channels:{c2=
org.apache.flume.channel.MemoryChannel{name: c2}} }
22/07/07 15:05:57 INFO node.Application: Starting Channel c2
22/07/07 15:05:57 INFO instrumentation.MonitoredCounterGroup: Monitored counter gro
up for type: CHANNEL, name: c2: Successfully registered new MBean.
22/07/07 15:05:57 INFO instrumentation.MonitoredCounterGroup: Component type: CHANN
EL, name: c2 started
22/07/07 15:05:57 INFO node.Application: Starting Source r2
22/07/07 15:05:57 INFO source.SpoolDirectorySource: SpoolDirectorySource source sta
rting with directory: /data/bigdata/apache-flume-1.8.0-bin/20220707ABC/spool
22/07/07 15:05:57 INFO instrumentation.MonitoredCounterGroup: Monitored counter gro
up for type: SOURCE, name: r2: Successfully registered new MBean.
22/07/07 15:05:57 INFO instrumentation.MonitoredCounterGroup: Component type: SOURC
E, name: r2 started
```

图 3–8　Flume Agent a2 的启动信息

打开一个新的命令行窗口，用来观察日志。在被监听的文件目录中创建一个包含内容的测试文件。使用 echo 命令模拟日志的产生，将测试日志内容"hello world2"写入测试文件 log.01 中，命令如下：

```
hadoop@master:~$ cd /data/bigdata/apache-flume-1.8.0-bin/20220707ABC/
hadoop@master:/data/bigdata/apache-flume-1.8.0-bin/20220707ABC$ sudo chown
hadoop:root spool/
hadoop@master:/data/bigdata/apache-flume-1.8.0-bin/20220707ABC$ ll
total 12
drwxr-xr-x 3 root     root 4096 7 月   7 14:59 ./
drwxr-xr-x 8 root     root 4096 7 月   7 14:59 ../
drwxr-xr-x 3 hadoop root 4096 7 月   7 15:19 spool/
hadoop@master:/data/bigdata/apache-flume-1.8.0-bin/20220707ABC$ sudo echo "hello
world2" > /data/bigdata/apache-flume-1.8.0-bin/20220707ABC/spool/log.01
```

随后在 Flume Agent a2 的启动窗口中可以观察到窗口的变化，控制台输出的信息中显示 "/data/bigdata/apache-flume-1.8.0-bin/20220707ABC/spool/log.01.COMPLETED" 字样，即表示日志采集成功，如图 3-9 所示。

```
22/07/07 15:32:27 INFO avro.ReliableSpoolingFileEventReader: Last read took us just
up to a file boundary. Rolling to the next file, if there is one.
22/07/07 15:32:27 INFO avro.ReliableSpoolingFileEventReader: Preparing to move file
/data/bigdata/apache-flume-1.8.0-bin/20220707ABC/spool/log.01 to /data/bigdata/apa
che-flume-1.8.0-bin/20220707ABC/spool/log.01.COMPLETED
```

图 3-9　查看接收的数据

观察到日志文件已经被监听到了，可按快捷键 Ctrl+C 退出。

需要注意，复制到 spool 目录中的文件不可以再打开进行编辑，spool 目录中不可包含相应的子目录。此外，还要注意路径的长度，路径过长有可能导致 Flume 无法正常运行。

以上还原了企业中使用 Flume Spooling Directory 来监视目录中每天新日志生成的场景，以及对新产生的日志实现自动采集的过程。

③ 互联网公司通常使用前两种方式就可以基本完成日志数据的采集和汇总，但在实际工作中，对于不断变化实时生成的日志，仅仅依靠 Avro 和 Spooling Directory 采集方式，无法实现对日志的实时和高可靠采集，因此 Flume 提供了一种 Exec 的方式来自定义日志采集，即通过使用 Exec Source 完成从本地日志文件中收集日志数据的任务。

进入 Flume 的 "自行创建" 目录，创建一个空的数据源文件 log.02，命令如下：

```
hadoop@master:/data/bigdata/apache-flume-1.8.0-bin/20220707ABC$ sudo touch log.02
```

进入 Flume 的 conf 目录，创建 exec_tail.conf 配置文件，命令如下：

```
hadoop@master:/data/bigdata/apache-flume-1.8.0-bin/20220707ABC$ cd ..
hadoop@master:/data/bigdata/apache-flume-1.8.0-bin$ cd conf/
hadoop@master:/data/bigdata/apache-flume-1.8.0-bin/conf$ sudo vim exec_tail.conf
```

编辑 exec_tail.conf 配置文件，代码如下：

```
a3.sources = r3
a3.sinks = k3
a3.channels = c3
# 配置 Source 信息
a3.sources.r3.type = exec
a3.sources.r3.channels = c3
# 注意，下面代码中包含要监控的日志文件的路径
a3.sources.r3.command = tail -F /data/bigdata/apache-flume-1.8.0-
bin/20yyxxxxABC/log.02
# 配置 Sink 信息
a3.sinks.k3.type = logger
# 使用缓冲内存中事件的 Channel
a3.channels.c3.type = memory
a3.channels.c3.capacity = 1000
a3.channels.c3.transactionCapacity = 100
# 将 source, sink 绑定到 channel 中
a3.sources.r3.channels = c3
a3.sinks.k3.channel = c3
```

通过执行命令"flume-ng agent -c . -f /data/bigdata/apache-flume-1.8.0- bin/conf/exec_tail.conf -n a3 -Dflume.root.logger=INFO，console"启动 Flume Agent a3，指定日志等级为 INFO，并将日志信息输出到控制台，命令如下：

```
hadoop@master:/data/bigdata/apache-flume-1.8.0-bin/conf$ cd ..
hadoop@master:/data/bigdata/apache-flume-1.8.0-bin$ cd bin/
hadoop@master:/data/bigdata/apache-flume-1.8.0-bin/bin$ ./flume-ng agent -c . -f
/data/bigdata/apache-flume-1.8.0-bin/conf/exec_tail.conf -n a3 -
DFlume.root.logger=INFO, console
```

Flume Agent a3 的启动信息部分如图 3–10 所示。

重新打开一个命令行窗口，执行"for i in {1..100}; do echo "exec tail$i">> /data/bigdata/apache-flume-1.8.0-bin/20220707ABC/log.02 c; echo $i; sleep 0.01; done"命令，为 log.02 文件循环追加大量数据，命令如下：

```
hadoop@master:~$ su root
Password:
root@master:/home/hadoop# for i in {1..100};do echo "exec tail$i" >> /data/bigdata/
apache-flume-1.8.0-bin/20220707ABC/log.02 c;echo $i;sleep 0.01;done
```

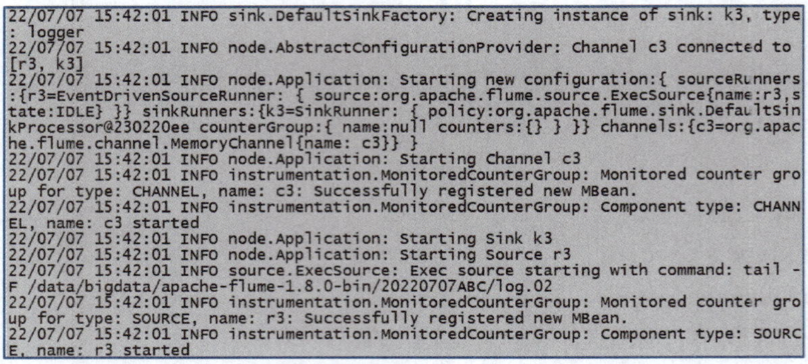

图 3-10　Flume Agent a3 的启动信息

查看被监听目录中的文件，发现文件中增加了 ".COMPLETED" 标识，命令如下：

```
root@master:/home/hadoop# su hadoop
hadoop@master:~$ cd /data/bigdata/apache-flume-1.8.0-bin/20220707ABC/spool/
hadoop@master:/data/bigdata/apache-flume-1.8.0-bin/20220707ABC/spool$ ls
log.01.COMPLETED
```

随后在 Flume Agent a3 的启动窗口中可以观察到窗口的变化，部分日志输出信息如图 3-11 所示。

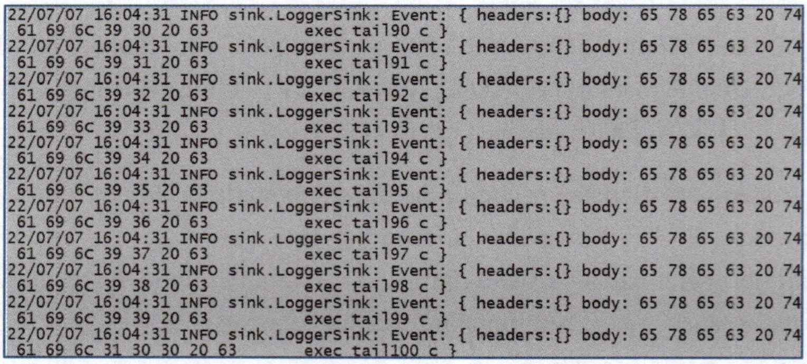

图 3-11　部分日志输出信息

读书笔记

④ Flume 提供了 Syslog 的方式，通过 TCP/UDP 通信协议直接对某台主机上的某个端口进行监听，实现了采集端主动采集端口日志的功能，提高了可靠性。

Syslog 可以通过 Syslog 协议读取系统日志，协议分为 TCP 和 UDP 两种，使用时需指定 IP 地址和端口，此任务中使用 Flume 监听本机的 5140 端口。

进入 Flume 的 conf 目录，创建名称为 syslog_tcp.conf 的配置文件，命令如下：

```
hadoop@master:/data/bigdata/apache-flume-1.8.0-bin/20220707ABC/spool$ cd ../..
hadoop@master:/data/bigdata/apache-flume-1.8.0-bin$ cd conf/
```

```
hadoop@master:/data/bigdata/apache-flume-1.8.0-bin/conf$ sudo vim syslog_tcp.conf
```

编辑 syslog_tcp.conf 配置文件，代码如下：

```
# syslog_tcp.conf 配置文件
a4.Sources = r4
a4.Sinks = k4
a4.channels = c4
# 配置 Source 信息源
a4.Sources.r4.type = Syslogtcp
a4.Sources.r4.port = 5140
a4.Sources.r4.host = localhost
a4.Sources.r4.channels = c4
# 配置 Sink 信息
a4.Sinks.k4.type = logger
# 配置 Channel 信息
a4.channels.c4.type = memory
a4.channels.c4.capacity = 1000
a4.channels.c4.transactionCapacity = 100
# 将 Source、Sink 绑定到 Channel 中
a4.Sources.r4.channels = c4
a4.Sinks.k4.channel = c4
```

通过执行命令 "flume-ng agent -c . -f /data/bigdata/apache-flume-1.8.0-bin/conf/syslog_tcp.conf -n a4 -DFlume.root.logger=INFO, console" 启动 Flume Agent a4，指定日志等级为 INFO，并将日志内容输出到控制台，命令如下：

```
hadoop@master:/data/bigdata/apache-flume-1.8.0-bin/conf$ cd ..
hadoop@master:/data/bigdata/apache-flume-1.8.0-bin$ cd bin/
hadoop@master:/data/bigdata/apache-flume-1.8.0-bin/bin$ ./flume-ng agent -c . -f /data/
bigdata/apache-flume-1.8.0-bin/conf/syslog_tcp.conf -n a4 -DFlume.root.logger=INFO
console
```

Flume Agent a4 的启动部分信息如图 3-12 所示。

重新打开一个命令行窗口，使用 nc 命令发送 "hello syslog" 数据到本机的 5140 端口，命令如下：

```
hadoop@master:~$ sudo echo "hello syslog" | nc localhost 5140
```

nc 表示 NetCat，是一个非常简单的 UNIX 工具，可以读 / 写 TCP 或 UDP 网络连接。它被设计成一个可靠的后端工具，能被其他程序或脚本直接驱动。同时，它也是

```
22/07/07 16:18:55 INFO sink.DefaultSinkFactory: Creating instance of sink: k4, type
: logger
22/07/07 16:18:55 INFO node.AbstractConfigurationProvider: Channel c4 connected to
[r4, k4]
22/07/07 16:18:55 INFO node.Application: Starting new configuration:{ sourceRunners
:{r4=EventDrivenSourceRunner: { source:org.apache.flume.source.SyslogTcpSource{name
:r4,state:IDLE} }} sinkRunners:{k4=SinkRunner: { policy:org.apache.flume.sink.Defau
ltSinkProcessor@7c6fc6c9 counterGroup:{ name:null counters:{} } }} channels:{c4=org
.apache.flume.channel.MemoryChannel{name: c4}} }
22/07/07 16:18:55 INFO node.Application: Starting Channel c4
22/07/07 16:18:55 INFO instrumentation.MonitoredCounterGroup: Monitored counter gro
up for type: CHANNEL, name: c4: Successfully registered new MBean.
22/07/07 16:18:55 INFO instrumentation.MonitoredCounterGroup: Component type: CHANN
EL, name: c4 started
22/07/07 16:18:55 INFO node.Application: Starting Sink k4
22/07/07 16:18:55 INFO node.Application: Starting Source r4
22/07/07 16:18:55 INFO source.SyslogTcpSource: Syslog TCP Source starting...
22/07/07 16:18:55 INFO instrumentation.MonitoredCounterGroup: Monitored counter gro
up for type: SOURCE, name: r4: Successfully registered new MBean.
22/07/07 16:18:55 INFO instrumentation.MonitoredCounterGroup: Component type: SOURC
E, name: r4 started
```

图 3-12　Flume Agent a4 的启动信息

一个功能丰富的网络调试和开发工具。

随后在 Flume Agent a4 的启动窗口中可以观察到窗口的变化，可以看到追加的日志已被获取，控制台输出的部分信息如图 3-13 所示。

```
22/07/07 16:18:55 INFO instrumentation.MonitoredCounterGroup: Monitored counter gro
up for type: SOURCE, name: r4: Successfully registered new MBean.
22/07/07 16:18:55 INFO instrumentation.MonitoredCounterGroup: Component type: SOURC
E, name: r4 started
22/07/07 16:23:28 WARN source.SyslogUtils: Event created from Invalid Syslog data.
22/07/07 16:23:28 INFO sink.LoggerSink: Event: { headers:{severity=0, Facility=0, f
lume.syslog.status=Invalid} body: 68 65 6C 6C 6F 20 73 79 73 6C 6F 67          h
ello syslog }
```

图 3-13　控制台输出的部分信息

任务 3.2　Flume 采集数据上传到集群

任务描述

1. 学习 Flume 日志采集的相关基础知识。
2. 使用 Flume 采集数据并存储到 HDFS 中。
3. 使用 Flume 采集数据并存储到 HBase 中。

任务目标

1. 熟悉 Flume 的相关基础知识。
2. 学会将采集的日志数据转存到 HDFS 中的方法。
3. 学会将采集的日志数据转存到 HBase 中的方法。

知识准备

1. HDFS Sinks

HDFS 与 File_roll 类似，都是将收集到的日志写入到新创建的文件中保存起来，其区别为：File_roll 的文件存储路径为系统的本地路径；而 HDFS 的存储路径为分布式的文件系统 HDFS 的路径，且 HDFS 创建新文件的周期可以是时间，也可以是文件的大小，还可以是采集日志的条数。HDFS Sinks 的配置示例见表 3-9。

表 3-9　HDFS Sinks 的配置示例

配 置 示 例	示 例 说 明
a1.channels = c1	指定使用 Channel 的名称为 c1
a1.sinks = k1	指定使用 Sink 的名称为 k1
a1.sinks.k1.type = hdfs	指定 Sink 的类型为 hdfs
a1.sinks.k1.channel = c1	指定 Sink 使用的 Channel 为 c1
a1.sinks.k1.hdfs.path = /flume/events/%y-%m- %d/%H%M/%S	指定存储的 HDFS 路径，可使用 %、{}、时间表达式等作为路径
a1.sinks.k1.hdfs.filePrefix = events-	指定输出文件的前缀
a1.sinks.k1.hdfs.round = true	启用时间上的"舍弃"，即 hdfs.path 解析时将根据 roundValue 中设置的时间进行舍弃，时间单位根据 roundUnit 中的设置来确定
a1.sinks.k1.hdfs.roundValue = 10	设定时间值
a1.sinks.k1.hdfs.roundUnit = minute	设定时间单位

2. HBaseSinks

Flume 有两大类 HBaseSinks：HBaseSink 和 AsyncHBaseSink。

（1）HBaseSink

HBaseSink 提供了两种序列化模式：SimpleHbaseEventSerializer 和 RegexHbaseEventSerializer。SimpleHbaseEventSerializer 将整个事件的 body 部分当作完整的一列写入 HBase，因此在插入 HBase 时，一个事件的 body 只能被插入一个列；RegexHbaseEventSerializer 根据正则表达式将事件的 body 拆分到不同的列中，因此在插入 HBase 时，支持用户自定义插入同一个 rowkey 对应的同一个 columnFamily 的多个列。HBaseSink 主要具有安全性较高、支持 secure HBase clusters 以及可以向 secure HBase 写入数据（HBase 可以开启 Kerberos 校验）的优点；其缺点主要是性能没有 AsyncHBaseSink 高。因为 HBaseSink 采用了阻塞调用，而 AsyncHBaseSink 采用了非阻塞调用。

HBaseSink 的参数配置见表 3-10。

SimpleHbaseEventSerializer 的配置示例见表 3-11。

RegexHbaseEventSerializer 的配置示例见表 3-12。

（2）AsyncHBaseSink

AsyncHBaseSink 目前只提供一种序列化模式：SimpleAsyncHbaseEventSerializer。它将整个事件的 body 部分当作完整的一列写入 HBase，因此在插入 HBase 的时候，一个事件的 body 只能被插入一个列。AsyncHBaseSink 的优点主要是采用了非阻塞调用，因此，其性能比 HBaseSink 高；其缺点主要是不支持 secure HBase clusters，且不支持向 secure HBase 写入数据。

读书笔记

表 3-10 HBaseSink 的参数配置

参　　数	默　认　值	描　　述
channel	—	为 Agent 的 Channel 命名
type	—	设定类型的名称，如 org.apache. flume. Sink.hbase.HBaseSink
table	—	设置 HBase 的表名
columnFamily	—	设置 HBase 中的 columnFamily
batchSize	100	设定一个事务中处理事件的个数
serializer	org.apache.flume.Sink.hbase.SimpleHbaseEvent Serializer；org. apache. flume. Sink. hbase.Regex Hbase EventSerializer	设置 serializer 的处理类
serializer.*	—	要传递给序列化程序的属性（如设置 HBase 的 column）

表 3-11 SimpleHbaseEventSerializer 的配置示例

配　置　示　例	示　例　说　明
agenttest.channels = c1	为 Agent 的 Channel 命名
agenttest.sinks = k1	为 Agent 的 Sink 命名
agenttest.sinks.k1.type=org.apache.flume. Sink. hbase.HBaseSink	设置 type 的值
agenttest.sinks.k1.table = test_hbase_table	设置 HBase 的 table 的名称
agenttest.sinks.k1.columnFamily = f1	设置 HBase 的 columnFamily
agenttest.sinks.k1.serializer= org.apache.flume. Sink. hbase. SimpleHbaseEventSerializer	设置 serializer 的处理类
agenttest.sinks.k1.serializer.payloadColumn = columnname	设置 HBase 表的 columnFamily 中的某个列名称
agenttest.sinks.k1.channels = c1	指定 Sink 使用的 Channel

表 3-12 RegexHbaseEventSerializer 的配置示例

配　置　示　例	示　例　说　明
agenttest.channels = c2	为 Agent 的 Channel 命名
agenttest.sinks = k2	为 Agent 的 Sink 命名
agenttest.sinks.k2.type=org.apache.flume.Sink. hbase.HBaseSink	设置 type 的值
agenttest.sinks.k2.table = test_hbase_table	设置 HBase 的 table 的名称
agenttest.sinks.k2.columnFamily = f2	设置 HBase 的 columnFamily
agenttest.sinks.k2.serializer = org.apache.flume. Sink.hbase. RegexHbaseEventSerializer	设置 serializer 的处理类
agenttest.sinks.k2.serializer.regex = Regular Expression 如 agenttest.sinks.k2.serializer.regex = \\[（.*?）\\]\\ \\[（.*?）\\]\\ \\[（.*?）\\]\\ \\[（.*?）\\]	设置相应的正则表达式
agent.sinks.hbaseSink-2.serializer.colNames= column-1, column-2, column-3, column-4	指定前面正则表达式匹配到的数据对应的 HBase 的 familycolumn-2 列族中的 4 个 column 列名
agenttest.sinks.k2.channels = c2	指定 Sink 使用的 Channel

AsyncHBaseSink 的参数配置见表 3-13。

表 3-13　AsyncHBaseSink 的参数配置

参　　数	默　认　值	描　　述
channel	—	为 Agent 的 Channel 命名
type	—	设定 type 的名称，此处需要将其置为 org.apache.flume.Sink.AsyncHBase Sink
table	—	设置 HBase 的表名
columnFamily	—	设置 HBase 中的 columnFamily
batchSize	100	设定一个事务中处理事件的个数
timeout	—	设置 Sink 等待来自 HBase 的 acks 的超时时间（ms），如果未设定超时时间，则 Sink 将永远等待
serializer	org.apache.flume.sink.hbase.SimpleAsyncHbaseEventSerializer	设置 serializer 的处理类
serializer.*	—	要传递给序列化程序的属性（如设置 HBase 的 column）

SimpleAsyncHbaseEventSerializer 的配置示例见表 3-14。

表 3-14　SimpleAsyncHbaseEventSerializer 的配置示例

配　置　示　例	示　例　说　明
agenttest.channels = c3	为 Agent 的 Channel 命名
agenttest.sinks = k3	为 Agent 的 Sink 命名
agenttest.sinks.k2.type= org.apache.flume.sink.hbase.AsyncHBaseSink	设置 type 的值
agenttest.sinks.k2.table = test_hbase_table	设置 HBase 的 table 的名称
agenttest.sinks.k2.columnFamily = f3	设置 HBase 的 columnFamily
agenttest.sinks.k2.serializer=org.apache.flume.sink. hbase.SimpleAsyncHbaseEventSerializer	设置 serializer 的处理类
agenttest.sinks.k1.serializer.payloadColumn = columnname	设置 HBase 表的 columnFamily 中的某个列名称
agenttest.sinks.k3.channels = c3	指定 Sink 使用的 Channel

3. HDFS 的命令

HDFS 命令的使用方式为"hadoop fs -<command> <args>"或"hdfs dfs - <command> <args>"。

HDFS 的常用命令及其含义如下。

- help：查看帮助。
- ls：查看指定路径的目录结构。

- mv：移动或重命名。
- rm：删除文件 / 空白文件夹。
- put：上传文件。
- mkdir：创建空白文件夹。

任务实施

微课 3–2
Flume 采 集
数据上传到
HDFS

1. Flume 采集数据上传到 HDFS

进入 Flume 的 conf 目录，创建 hdfs.conf 配置文件，命令如下：

```
hadoop@master:~$ cd /data/bigdata/apache-flume-1.8.0-bin/conf/
hadoop@master:/data/bigdata/apache-flume-1.8.0-bin/conf$ sudo vim hdfs.conf
```

编辑 hdfs.conf 配置文件，代码如下：

```
# hdfs.conf 配置文件
hdfsAgent.sources = hdfsSource
hdfsAgent.sinks = hdfsSinks
hdfsAgent.channels = hdfsChannel
# 配置 Source 信息
hdfsAgent.sources.hdfsSource.type = spooldir
hdfsAgent.sources.hdfsSource.channels = hdfsChannel
hdfsAgent.sources.hdfsSource.spoolDir = /data/bigdata/apache-flume-1.8.0-
bin/20yyxxxxABC/hdfs
hdfsAgent.sources.hdfsSource.fileHeader = true
# 配置 Sink 信息
hdfsAgent.sinks.hdfsSinks.type = hdfs
## 文件 HDFS 的存储路径 , /%y-%m-%d/%H%M/%S 表示在 / 年 - 月 - 日 / 时 - 分 /
秒目录中
hdfsAgent.sinks.hdfsSinks.hdfs.path=hdfs://master:9000/flume/events/%y-%m-
%d/%H%M/%S
# 文件前缀
hdfsAgent.sinks.hdfsSinks.hdfs.filePrefix=events-
# 文件后缀
hdfsAgent.sinks.hdfsSinks.hdfs.fileSuffix=log
# 时间取整。注 : 间隔十分钟以内的会取上一个整时间
hdfsAgent.sinks.hdfsSinks.hdfs.round=true
hdfsAgent.sinks.hdfsSinks.hdfs.roundValue=10
hdfsAgent.sinks.hdfsSinks.hdfs.roundUnit=minute
```

读书笔记

设置最小备份数为 1，防止因分块造成滚动策略失败而导致生成大量小文件
hdfsAgent.sinks.hdfsSinks.hdfs.minBlockReplicas=1
设置滚动。注：滚动 (roll) 指的是，hdfs Sink 将临时文件重命名为最终目标文件，
并新打开一个临时文件来写入数据
hdfsAgent.sinks.hdfsSinks.hdfs.rollInterval=0
hdfsAgent.sinks.hdfsSinks.hdfs.rollSize=134217728
hdfsAgent.sinks.hdfsSinks.hdfs.rollCount=0
hdfsAgent.sinks.hdfsSinks.hdfs.idleTimeout=60
设置文件类型
hdfsAgent.sinks.hdfsSinks.hdfs.fileType=DataStream
使用系统内部时间戳
hdfsAgent.sinks.hdfsSinks.hdfs.useLocalTimeStamp=true
# 配置 Channel 信息
hdfsAgent.channels.hdfsChannel.type = memory
hdfsAgent.channels.hdfsChannel.capacity = 1000
hdfsAgent.channels.hdfsChannel.transactionCapacity = 100
# 将 Source、Sink 绑定到 Channel
hdfsAgent.sources.hdfsSource.channels = hdfsChannel
hdfsAgent.sinks.hdfsSinks.channel = hdfsChannel

使用 HDFS 的命令在 Hadoop 集群根目录中创建 /flume/events 目录，命令如下：

hadoop@master:/data/bigdata/apache-flume-1.8.0-bin/conf$ hdfs dfs -mkdir -p /flume/
events
hadoop@master:/usr/local/hadoop-2.6.0$ hdfs dfs -mkdir -p /flume/events

在本地系统创建 hdfs 目录，命令及执行信息如下：

hadoop@master:/data/bigdata/apache-flume-1.8.0-bin/conf$ cd ..
hadoop@master:/data/bigdata/apache-flume-1.8.0-bin$ cd 20220707ABC/
hadoop@master:/data/bigdata/apache-flume-1.8.0-bin/20220707ABC$ sudo mkdir hdfs
hadoop@master:/data/bigdata/apache-flume-1.8.0-bin/20220707ABC$ sudo chown
hadoop:root hdfs/
root@master:/data/bigdata/apache-flume-1.8.0-bin/20220707ABC# ll
total 20
drwxr-xr-x 4 root   root 4096 7 月 8 10:11 ./
drwxr-xr-x 8 root   root 4096 7 月 7 14:59 ../
drwxr-xr-x 3 hadoop root 4096 7 月 8 10:16 hdfs/
-rw-r--r-- 1 root   root 1392 7 月 7 16:04 log.02
drwxr-xr-x 3 hadoop root 4096 7 月 7 15:32 spool/

通过执行命令“flume-ng agent -c . -f /data/bigdata/apache-flume-1.8.0-bin/conf/hdfs.conf -n hdfsAgent -Dflume.root.logger=INFO，console”启动 Flume Agent hdfsAgent，指定日志等级为 INFO，并将日志内容输出到控制台，命令如下：

```
hadoop@master:/data/bigdata/apache-flume-1.8.0-bin/20220707ABC$ cd ..
hadoop@master:/data/bigdata/apache-flume-1.8.0-bin$ cd bin/
hadoop@master:/data/bigdata/apache-flume-1.8.0-bin/bin$ ./flume-ng agent -c . -f /data/bigdata/apache-flume-1.8.0-bin/conf/hdfs.conf  -n hdfsAgent -Dflume.root.logger=INFO,console
```

部分执行信息如图 3-14 所示。

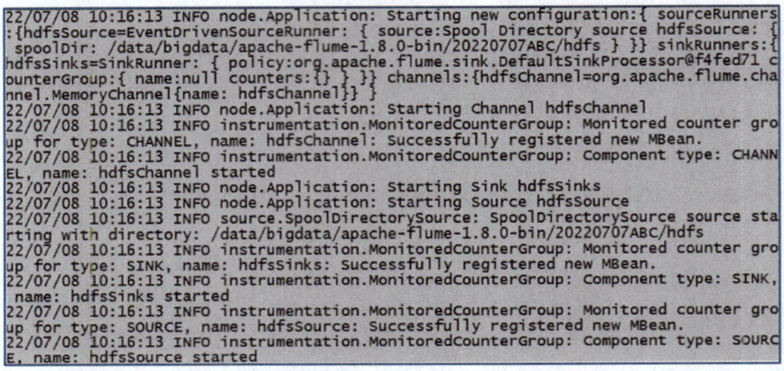

```
22/07/08 10:16:13 INFO node.Application: Starting new configuration:{ sourceRunners
:{hdfsSource=EventDrivenSourceRunner: { source:Spool Directory source hdfsSource: {
 spoolDir: /data/bigdata/apache-flume-1.8.0-bin/20220707ABC/hdfs } }} sinkRunners:{
hdfsSinks=SinkRunner: { policy:org.apache.flume.sink.DefaultSinkProcessor@f4fed71 c
ounterGroup:{ name:null counters:{} } }} channels:{hdfsChannel=org.apache.flume.cha
nnel.MemoryChannel{name: hdfsChannel}} }
22/07/08 10:16:13 INFO node.Application: Starting Channel hdfsChannel
22/07/08 10:16:13 INFO instrumentation.MonitoredCounterGroup: Monitored counter gro
up for type: CHANNEL, name: hdfsChannel: Successfully registered new MBean.
22/07/08 10:16:13 INFO instrumentation.MonitoredCounterGroup: Component type: CHANN
EL, name: hdfsChannel started
22/07/08 10:16:13 INFO node.Application: Starting Sink hdfsSinks
22/07/08 10:16:13 INFO node.Application: Starting Source hdfsSource
22/07/08 10:16:13 INFO source.SpoolDirectorySource: SpoolDirectorySource source sta
rting with directory: /data/bigdata/apache-flume-1.8.0-bin/20220707ABC/hdfs
22/07/08 10:16:13 INFO instrumentation.MonitoredCounterGroup: Monitored counter gro
up for type: SINK, name: hdfsSinks: Successfully registered new MBean.
22/07/08 10:16:13 INFO instrumentation.MonitoredCounterGroup: Component type: SINK,
 name: hdfsSinks started
22/07/08 10:16:13 INFO instrumentation.MonitoredCounterGroup: Monitored counter gro
up for type: SOURCE, name: hdfsSource: Successfully registered new MBean.
22/07/08 10:16:13 INFO instrumentation.MonitoredCounterGroup: Component type: SOURC
E, name: hdfsSource started
```

图 3-14 flume-ng 的启动信息

读书笔记

打开新的命令行窗口，模拟服务器生成的日志文件，这里模拟生成 4 个日志文件并保存在 /data/bigdata/datas/flume-kettle/ 中，命令如下：

```
hadoop@master:~$ sudo mkdir -p /data/bigdata/datas/flume-kettle
[sudo] password for hadoop:
hadoop@master:~$ cd /data/bigdata/datas/flume-kettle/
hadoop@master:/data/bigdata/datas/flume-kettle$ sudo touch log.00 log.01 log.02 log.03
hadoop@master:/data/bigdata/datas/flume-kettle$ ll
total 8
drwxr-xr-x 2 root root 4096 7 月  8 10:24 ./
drwxr-xr-x 3 root root 4096 7 月  8 10:21 ../
-rw-r--r--  1 root root  0 7 月  8 10:24 log.00
-rw-r--r--  1 root root  0 7 月  8 10:24 log.01
-rw-r--r--  1 root root  0 7 月  8 10:24 log.02
-rw-r--r--  1 root root  0 7 月  8 10:24 log.03
```

执行 cp 命令，将其复制到被监听的文件夹中，模拟服务器生成日志文件，命令如下：

```
hadoop@master:/data/bigdata/datas/flume-kettle$ sudo cp ./* /data/bigdata/apache-flume-
1.8.0-bin/20220707ABC/hdfs/
```

在 Flume Agent hdfsAgent 启动窗口观察窗口的变化，发现文件开始复制，部分文件复制信息如图 3-15 所示。

图 3-15　部分文件复制信息

滚动时间到达 idleTimeout（配置的参数）后才会结束并读出文件，此时可查看文件，命令如下：

```
hadoop@master:~$ hdfs dfs -ls -R /flume/events
drwxr-xr-x   - hadoop supergroup    0 2022-07-08 10:26 /flume/events/22-07-08
drwxr-xr-x   - hadoop supergroup    0 2022-07-08 10:26 /flume/events/22-07-08/1020
drwxr-xr-x   - hadoop supergroup    0 2022-07-08 10:27 /flume/events/22-07-08/1020.00
-rw-r--r--   2 hadoop supergroup    4 2022-07-08 10:27 /flume/events/22-07-08/1020.00/
events-.16572471958872log
```

在企业实际生成环境中，一般会根据自身日志量和日志特点指定文件滚动规则。本任务由于实例数据量较少，所以采用大小 128 MB、时间 60 s 作为文件滚动规则。

2. Flume 采集数据上传到 HBase

（1）利用 SimpleHbaseEventSerializer 序列化模式上传数据

首先，在 HBase 中创建一个表 mikeal-hbase-table，表中拥有 familyclom1 和 familyclom2 两个列族，命令如下：

```
hbase(main):004:0> create 'mikeal-hbase- table', 'familyclom1', 'familyclom2'
0 row(s) in 2.4430 seconds
=> Hbase::Table - mikeal-hbase-table
```

微课 3-3
利用 Simple
HbaseEvent
Serializer 序
列化模式上
传数据

然后，在 Flume 安装目录的 conf 目录中创建并配置 test-flume-into-hbase.conf 文件，命令如下：

```
hadoop@master:~$ cd /data/bigdata/apache-flume-1.8.0-bin/conf/
hadoop@master:/data/bigdata/apache-flume-1.8.0-bin/conf$ sudo vim test-flume-into-
hbase.conf
```

随后，在配置文件中，选择本地的 /data/flume-hbase-test/mkhbasetable/data/test.log 文件作为实时数据采集源日志文件，创建本地文件目录 /data/flume-hbase-test/data 作为 file channel，选择 HBase 为 Sink（即数据流写入 HBase），创建本地目录的命令如下：

```
hadoop@master:~$ sudo mkdir -p /data/flume-hbase-test/mkhbasetable/data
hadoop@master:~$ sudo touch /data/flume-hbase-test/mkhbasetable/data/test.log
hadoop@master:~$ sudo mkdir -p /data/flume-hbase-test/data
hadoop@master:~$ sudo chown -R hadoop:hadoop /data/flume-hbase-test/
hadoop@master:~$ sudo mkdir -p /data/flume-hbase-test/checkpoint
```

test-flume-into-hbase.conf 配置文件如下：

```
agent.sources = logfile-source
agent.channels = file-channel
agent.sinks = hbase-sink
#logfile-source 配置
agent.sources.logfile-source.type = exec
# 代码中包含要监控的日志文件的路径，目录和文件要事先创建
agent.sources.logfile-source.command = tail -f /data/flume-hbase-test/mkhbasetable/data/
test.1og
agent.sources.logfile-source.checkerpiodic = 50
```

```
# 配置 channe1, 使用本地 file
agent.channels.file-channel.type = file
#checkpoint 目录需要事先创建
agent.channels.file-channel.checkpointDir = /data/flume-hbase-test/checkpoint
# 设置数据存储所在的目录，目录需要事先创建
agent.channels.file-channel.dataDirs = /data/flume-hbase-test/data

# 将 Sink 配置为 HBaseSink 和 SimpleHbaseEventSerializer
agent.sinks.hbase-sink.type = org.apache.flume.sink.hbase.HBaseSink

#HBase 表名
agent.sinks.hbase-sink.table = mikeal-hbase-table

#HBase 表的列族名称
```

```
agent.sinks.hbase-sink.columnFamily = familycloml
agent.sinks.hbase-sink.serializer = org.apache.flume.sink.hbase.SimpleHbaseEventSerializer

#HBase 表的列族中的某个列名称
agent.sinks.hbase-sink.serializer.payloadcolumn = column-1

# 组合 Source 和 Channel
agent.sources.logfile-source.channels = file-channel
agent.sinks.hbase-sink.channel = file-channel
```

将 HBase 的 lib 下的 jar 包复制到 Flume 的 lib 下，注意复制前应先备份 flume 的 lib 目录，命令如下：

```
hadoop@master:/usr/local/hbase-1.2.0$ sudo mkdir libs
hadoop@master:/usr/local/hbase-1.2.0$ sudo cp lib/* libs/
hadoop@master:/usr/local/hbase-1.2.0$ sudo cp lib/* /data/bigdata/apache-flume-1.8.0-bin/lib
```

通过执行命令 "flume-ng agent -n agent -f /data/bigdata/apache-flume-1.8.0-bin/conf/test-flume-into-hbase.conf -c ../conf/ -Dflume.root.logger=INFO，console" 启动 Agent，指定日志等级为 INFO，并将日志内容输出到控制台，命令如下：

```
hadoop@master:~$ cd /data/bigdata/apache-flume-1.8.0-bin/bin/
hadoop@master:/data/bigdata/apache-flume-1.8.0-bin/bin$ ./flume-ng agent -n agent -f /data/bigdata/apache-flume-1.8.0-bin/conf/test-flume-into-hbase.conf -c ../conf/ -Dflume.root.logger=INFO, console
```

重新打开一个命令行窗口，向 test.log 文件中输入测试数据，需要提前准备好测试用日志文件 "data.txt"，命令如下：

```
hadoop@master:/data/bigdata/apache-flume-1.8.0-bin/bin$ cd /data/flume-hbase-test/mkhbasetable/data/
hadoop@master:/data/flume-hbase-test/mkhbasetable/data$ sudo cat data.txt
001, TomGreen, 18, Male, 00, 80, 90, 85
002, Amy, 19, Male, 01, 95, 90, 89
003, Allen, 19, Male, 02, 90, 90, 88

hadoop@master:/data/flume-hbase-test/mkhbasetable/data$ sudo cat data.txt >> test.log
```

查看 mikeal-hbase-table，其显示的内容正是向 test.log 文件中传入的数据，命令代码及执行信息如图 3-16 所示。

```
hbase(main):001:0> scan 'mikeal-hbase-table'
ROW                              COLUMN+CELL
 default23999935-1567-44ce-9f74-ef column=familycloml:pCol, timestamp=1657419048364
, value=003,Allen,19,Male,02,90,90,88
bddec1af24
 default527fb4c0-9cd0-4b41-a3b4-47 column=familycloml:pCol, timestamp=1657419048364
, value=002,Amy,19,Male,01,95,90,89
1fa92da738
 default914c9573-c3f9-416f-9874-2f column=familycloml:pCol, timestamp=1657419048364
, value=001,TomGreen,18,Male,00,80,90,85
d99f19ec18
 incRow                           column=familycloml:iCol, timestamp=1657419048507
, value=\x00\x00\x00\x00\x00\x00\x00\x03
4 row(s) in 0.2590 seconds
```

图 3-16　查看 mikeal-hbase-table（1）

（2）利用 SimpleAsyncHbaseEventSerializer 序列化模式上传数据

为了使示例更加清晰，先把 mikeal-hbase-table 数据清空，命令如下：

```
hbase(main):002:0> truncate 'mikeal-hbase-table'
Truncating 'mikeal-hbase-table' table (it may take a while):
- Disabling table...
- Truncating table...
0 row(s) in 3.7570 seconds
```

在 Flume 安装目录的 conf 目录中创建并编辑 test-flume-into-hbase-2.conf 配置文件，命令如下：

```
hadoop@master:/data/bigdata/apache-flume-1.8.0-bin/bin$ cd ../conf/
hadoop@master:/data/bigdata/apache-flume-1.8.0-bin/conf$ sudo vim test-flume-into-
hbase-2.conf
```

test-flume-into-hbase-2.conf 配置文件如下：

```
agent.sources = logfile-source
agent.channels = file-channel
agent.sinks = hbase-sink

# 配置 logfile-source 信息
agent.sources.logfile-source.type = exec
# 代码中包含要监控的日志文件的路径，目录和文件要事先创建
agent.sources.logfile-source.command = tail -f /data/flume-hbase-test/mkhbasetable/data/
test.log
agent.sources.logfile-source.checkperiodic = 50

# 配置 Channel 信息
agent.channels.file-channel.type = file
```

```
#checkpoint 目录需要事先创建
agent.channels.file-channel.checkpointDir = /data/flume-hbase-test/checkpoint
# 设置数据存储所在的目录，目录需要事先创建
agent.channels.file-channel.dataDirs = /data/flume-hbase-test/data

# 配置 Sink 信息
agent.sinks.hbase-sink.type = org.apache.flume.sink.hbase.AsyncHBaseSink
# 对应 hbase-site.xml 中的配置
agent.sinks.hbase-sink.zookeeperQuorum = master:2181, slave1:2181, slave2:2181

#hbase 表名
agent.sinks.hbase-sink.table = mikeal-hbase-table
#hbase 表列族名称
agent.sinks.hbase-sink.columnFamily = familyclom1
agent.sinks.hbase-sink.serializer = org.apache.flume.sink.hbase.SimpleAsyncHbaseEventSerializer
#hbase 表列族中某个列的名称
agent.sinks.hbase-sink.serializer.payloadColumn = column-1

# 将 Source、Sink 绑定到 Channel
agent.sources.logfile-source.channels = file-channel
agent.sinks.hbase-sink.channel = file-channel
```

通过执行命令 "flume-ng agent -n agent -f ../conf/test-flume-into-hbase-2.conf -c ../conf/ -Dflume.root.logger=INFO，console"，启动 Agent，指定日志等级为 INFO，命令如下

```
hadoop@master:/data/bigdata/apache-flume-1.8.0-bin/bin$ ./flume-ng agent -n agent -f ./
conf/test-flume-into-hbase-2.conf -c ../conf/ -Dflume.root.logger=INFO, console
```

重新打开一个命令行窗口，向 test.log 文件中输入测试数据，需要提前准备好测试用日志文件 "data.txt"，命令如下：

```
hadoop@master:/data/flume-hbase-test/mkhbasetable/data$ sudo cat data.txt >> test.log
```

再次查看 mikeal-hbase-table，其显示的内容正是向 test.log 文件中传入的数据，命令代码及执行信息如图 3-17 所示。

（3）利用 RegexHbaseEventSerializer 序列化模式上传数据

RegexHbaseEventSerializer 可以使用正则表达式匹配切割事件，并存入 HBase 表的多个列。为了使示例更加清晰，先将 mikeal-hbase-table 数据清空，命令如下：

```
hbase(main):001:0> truncate "mikeal-hbase-table"
Truncating 'mikeal-hbase-table' table (it may take a while):
 - Disabling table...
 - Truncating table...
0 row(s) in 3.9230 seconds
```

```
hbase(main):004:0> scan 'mikeal-hbase-table'
ROW                                COLUMN+CELL

 default546bd7bd-ce91-40f3-9fde-45 column=familyclom1:column-1, timestamp=165744251
7559, value=003,Allen,19,Male,02,90,90,88
 5be8e346fe

 default5a6ade63-99ff-45a3-ba87-12 column=familyclom1:column-1, timestamp=165744251
7558, value=001,TomGreen,18,Male,00,80,90,85
 f60eb83e97

 defaulteb4dc917-7ad9-4962-8390-b0 column=familyclom1:column-1, timestamp=165744251
7563, value=002,Amy,19,Male,01,95,90,89
 c5e30e3d69

 incRow                            column=familyclom1:iCol, timestamp=1657442517579
, value=\x00\x00\x00\x00\x00\x00\x00\x03
4 row(s) in 0.1130 seconds
```

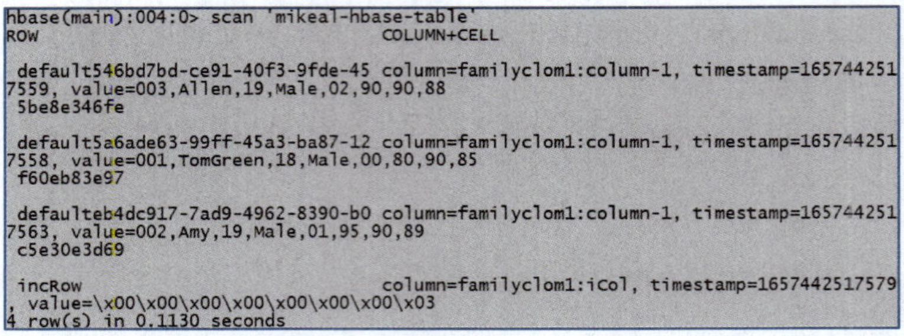

图 3–17　查看 mikeal-hbase-table（2）

在 Flume 安装目录的 conf 目录中创建并配置 test-flume-into-hbase-3.conf 文件，命令如下：

```
hadoop@master:/data/bigdata/apache-flume-1.8.0-bin/bin$ cd ../conf/
hadoop@master:/data/bigdata/apache-flume-1.8.0-bin/conf$ sudo vim test-flume-into-hbase-3.conf
```

test-flume-into-hbase-3.conf 配置文件如下：

读书笔记

```
agent.sources = logfile-source
agent.channels = file-channel
agent.sinks = hbase-sink

# 配置 logfile-source 信息
agent.sources.logfile-source.type = exec
# 代码中包含要监控的日志文件的路径，目录和文件要事先创建
agent.sources.logfile-source.command = tail -f /data/flume-hbase-test/mkhbasetable/data/test.log
agent.sources.logfile-source.checkperiodic = 50

# 组合 source 和 channel
agent.sources.logfile-source.channels = file-channel

# 配置 Channel 信息
```

```
agent.channels.file-channel.type = file
#checkpoint 目录需要事先创建
agent.channels.file-channel.checkpointDir = /data/flume-hbase-test/checkpoint
# 设置数据存储所在的目录，目录需要事先创建
agent.channels.file-channel.dataDirs = /data/flume-hbase-test/data

# 配置 Sink 信息
agent.sinks.hbase-sink.type = org.apache.flume.sink.hbase.HBaseSink
# 对应 hbase-site.xml 中的配置，原来因为端口冲突修改了默认端口，此处需要注意
agent.sinks.hbase-sink.zookeeperQuorum = master:2181, slave1:2181, slave2:2181

#hbase 表名
agent.sinks.hbase-sink.table = mikeal-hbase-table
#hbase 表列族名称
agent.sinks.hbase-sink.columnFamily = familyclom1
agent.sinks.hbase-sink.serializer =
org.apache.flume.sink.hbase.RegexHbaseEventSerializer

# 对日志数据做分割，按列存储到 HBase 中，正则匹配分成的列为 (.*?)
agent.sinks.hbase-sink.serializer.regex = (.*?) (.*?) (.*?)
agent.sinks.hbase-sink.serializer.colNames=ip, time, url

# 将 Source、Sink 绑定到 Channel
agent.sinks.hbase-sink.channel = file-channel
```

通过执行命令 "flume-ng agent -n agent -f ../conf/test-flume-into-hbase-3.conf -c ../conf -Dflume.root.logger=INFO，console"，启动 Agent，指定日志等级为 INFO，命令如下：

```
hadoop@master:/data/bigdata/apache-flume-1.8.0-bin/conf$ cd ..
hadoop@master:/data/bigdata/apache-flume-1.8.0-bin$ cd bin/
hadoop@master:/data/bigdata/apache-flume-1.8.0-bin/bin$ ./flume-ng agent -n agent -f ../
conf/test-flume-into-hbase-3.conf -c ../conf/ -Dflume.root.logger=INFO, console
```

重新打开一个命令行窗口，向 test.log 文件中输入测试数据，需要提前准备好测试用日志文件 "data.txt"，命令如下：

```
hadoop@master:/data/flume-hbase-test/mkhbasetable/data$ sudo cat data.txt
http://www.qq.com 10 2022-07-07-19:59:59
hadoop@master:/data/flume-hbase-test/mkhbasetable/data$ sudo cat data.txt >> test.log
```

查看 mikeal-hbase-table，其显示的内容正是向 test.log 文件中传入的数据，命令代码及执行信息如图 3–18 所示。

图 3–18   查看 mikeal-hbase-table（3）

（4）多 Source、多 Channel 和多 Sink 的案例实现

为了使示例更加清晰，可执行 "truncate 'mikeal-hbase-table'" 命令将 mikeal-hbase-table 数据清空，命令如下：

```
hbase(main):001:0> truncate "mikeal-hbase-table"
Truncating 'mikeal-hbase-table' table (it may take a while):
 - Disabling table...
 - Truncating table...
0 row(s) in 3.9230 seconds
```

在 Flume 安装目录的 conf 目录中创建 test-flume-into-hbase-multi- position.conf 配置文件，命令如下：

```
hadoop@master:/data/bigdata/apache-flume-1.8.0-bin/bin$ cd ../conf/
hadoop@master:/data/bigdata/apache-flume-1.8.0-bin/conf$ sudo vim test-flume-into-hbase-multi- position.conf
```

在本地系统中创建如下目录，命令及执行信息如下：

```
hadoop@master:~$ cd /data/flume-hbase-test/
hadoop@master:/data/flume-hbase-test$ sudo mkdir data2
hadoop@master:/data/flume-hbase-test$ sudo mkdir checkpoint2
hadoop@master:/data/flume-hbase-test$ ll
total 28
drwxr-xr-x  7 hadoop hadoop  4096 7 月   11 16:23 ./
drwxr-xr-x  4 root     root     4096 7 月    8 15:11 ../
drwxrwxr-x  3 hadoop hadoop  4096 7 月   11 16:21 checkpoint/
drwxrwxr-x  3 hadoop hadoop  4096 7 月   11 16:21 checkpoint2/
drwxr-xr-x  2 hadoop hadoop  4096 7 月   11 16:11 data/
drwxr-xr-x  2 root     root     4096 7 月   11 16:23 data2/
drwxr-xr-x  3 hadoop hadoop  4096 7 月    8 15:11 mkhbasetable/
```

test-flume-into-hbase-multi- position.conf 配置文件如下：

```
agent.sources = logfile-source-1 logfile-source-2
agent.channels = file-channel-1 file-channel-2
agent.sinks = hbase-sink-1 hbase-sink-2

# 配置 logfile-source 信息
agent.sources.logfile-source-1.type = exec
# 代码中包含要监控的日志文件的路径，目录和文件要事先创建
agent.sources.logfile-source-1.command = tail -f /data/flume-hbase-test/mkhbasetable/
data/test.log
agent.sources.logfile-source-1.checkperiodic = 50

agent.sources.logfile-source-2.type = exec
# 代码中包含要监控的日志文件的路径，目录和文件要事先创建
agent.sources.logfile-source-2.command = tail -f /data/flume-hbase-test/mkhbasetable
data/test2.log
agent.sources.logfile-source-2.checkperiodic = 50

# 配置 Channel 信息
agent.channels.file-channel-1.type = file
#checkpoint 目录需要事先创建
agent.channels.file-channel-1.checkpointDir = /data/flume-hbase-test/checkpoint
# 设置数据存储所在的目录，目录需要事先创建
agent.channels.file-channel-1.dataDirs = /home/hadoop/flume-hbase-test/data/
agent.channels.file-channel-2.type = file
#checkpoint 目录需要事先创建
agent.channels.file-channel-2.checkpointDir = /data/flume-hbase-test2/checkpoint
# 设置数据存储所在的目录，目录需要事先创建
agent.channels.file-channel-2.dataDirs = /home/hadoop/flume-hbase-test2/data/

# 配置 Sink
agent.sinks.hbase-sink-1.type = org.apache.flume.sink.hbase.HBaseSink
# 对应 hbase-site.xml 中的配置，原来因为端口冲突修改了默认端口，此处需要注意
agent.sinks.hbase-sink-1.zookeeperQuorum = master:2181, slave1:2181, slave2:2181
agent.sinks.hbase-sink-1.table = mikeal-hbase-table
agent.sinks.hbase-sink-1.columnFamily = familyclom1
agent.sinks.hbase-sink-1.serializer =
org.apache.flume.sink.hbase.RegexHbaseEventSerializer
```

```
#text slicing
agent.sinks.hbase-sink-1.serializer.regex =(.*) (.*?) (.*?)
agent.sinks.hbase-sink-1.serializer.colNames = ip, time, url


agent.sinks.hbase-sink-2.type = org.apache.flume.sink.hbase.HBaseSink

# 对应 hbase-site.xml 中的配置
agent.sinks.hbase-sink-2.zookeeperQuorum = master:2181, slave1:2181, slave2:2181
agent.sinks.hbase-sink-2.table = mikeal-hbase-table
agent.sinks.hbase-sink-2.columnFamily = familyclom2
agent.sinks.hbase-sink-2.serializer =
org.apache.flume.sink.hbase.RegexHbaseEventSerializer
agent.sinks.hbase-sink-2.serializer.regex =(.*?) (.*?) (.*?)
agent.sinks.hbase-sink-2.serializer.colNames = ip, time, url


# 配置 Source 和 Sink 的 Channel
agent.sources.logfile-source-1.channels = file-channel-1
agent.sinks.hbase-sink-1.channel = file-channel-1


agent.sources.logfile-source-2.channels = file-channel-2
agent.sinks.hbase-sink-2.channel = file-channel-2
```

通过执行命令 "flume-ng agent -n agent -f ../conf/test-flume-into-hbase-multi-position. conf -c ../conf/ -Dflume.root.logger=INFO, console"，启动 Agent，指定日志等级为 INFO，命令如下：

```
hadoop@master:/data/bigdata/apache-flume-1.8.0-bin/conf$ cd ../bin/
hadoop@master:/data/bigdata/apache-flume-1.8.0-bin/bin$ ./flume-ng agent  -n agent -f ../
conf/test-flume-into-hbase-multi-position.conf -c ../conf/ -Dflume.root.logger=INFO,
console
```

重新打开一个命令行窗口，分别向 test.log 和 test2.log 文件中输入测试数据，需要提前准备好测试用日志文件 "data1.txt 和 data2.txt"，命令如下：

```
hadoop@master:/data/flume-hbase-test/mkhbasetable/data$ sudo cat data1.txt
http://www.qq.com 10 2022-07-07-19:59:59
hadoop@master:/data/flume-hbase-test/mkhbasetable/data$ sudo cat data2.txt
http://www.sohu.com 10 2022-07-08-20:58:58
hadoop@master:/data/flume-hbase-test/mkhbasetable/data$ sudo cat data1.txt >> test.log
hadoop@master:/data/flume-hbase-test/mkhbasetable/data$ sudo cat data2.txt >> test2.log
```

查看 mikeal-hbase-table，其显示的内容正是向 test.log 和 test2.log 文件中传入的数据，命令及执行信息如图 3-19 所示。

```
hbase(main):014:0> scan 'mikeal-hbase-table'
ROW                          COLUMN+CELL
 1657761718498-yf2wRDu309-0   column=familyclom1:ip, timestamp=16577€1718734,
value=http://www.qq.com
 1657761718498-yf2wRDu309-0   column=familyclom1:time, timestamp=1657761718734
 , value=10
 1657761718498-yf2wRDu309-0   column=familyclom1:url, timestamp=1657761718734,
value=2016-12-22-19:59:59
 1657761718498-yf2wRDu309-1   column=familyclom2:ip, timestamp=16577€1718726,
value=http://www.sohu.com
 1657761718498-yf2wRDu309-1   column=familyclom2:time, timestamp=1657761718726
 , value=10
 1657761718498-yf2wRDu309-1   column=familyclom2:url, timestamp=1657761718726,
 value=2022-07-08-20:58:58
2 row(s) in 0.0220 seconds
```

图 3-19　查看 mikeal-hbase-table（4）

项目小结

　　本项目主要介绍了 Flume 的工作原理、Flume 组件常用配置（Source、Channel 和 Sink）、Flume 的安装以及企业常用 Flume 配置方案，并重点介绍了使用 Flume 采集数据上传到 HDFS 和 HBase 的方案，实现将各个 Web 服务器的日志汇总到日志分析服务器中，为后续的数据处理和分析做好数据准备。

课后习题

　　1. Flume 的 Source、Sink、Channel 的作用有哪些？

　　2. 如何通过 Flume 参数设置进行调优？

　　3. 请简单介绍 Flume 中的事务机制。

　　4. 简述 Flume 和 Kafka 采集日志的区别。如果采集日志过程中突然停止了，应如何记录之前的日志？

　　5. 简述对 Channel 的理解。

　　6. 简述对 Sink 的理解。

　　7. 简述 ExecSource、Spooldir Source、Taildir Source 之间的区别。

项目 4

使用 MapReduce 进行数据预处理与数据分析

💡 **学习目标** ••

【知识目标】
- 熟悉 MapReduce 架构。
- 熟悉 MapReduce 工作机制。
- 熟悉 MapReduce 编程框架。

【技能目标】
- 学会 Hadoop 网络序列化传输的基本类型的应用。
- 学会 MapReduce 编程核心组件开发。

【素质目标】
- 具有严谨细致的工作态度和工作作风。
- 具有良好的团队协作意识和业务沟通能力。
- 具有良好的表达能力和文档制作能力。
- 具有规范的编程意识和较好的数据预处理与分析能力。

📄 **项目描述** ••

【学习情景】

　　小华通过爬虫框架技术 Scrapy 获取到相关招聘网站岗位信息数据，经过对数据进行简单观察后，建立了对数据的初步认识，即数据存在一定程度的"规格化"问题，为了对招聘岗位数据后续的分析工作提供便利，小华借助网络资源和书籍了解到：Hadoop 的 MapReduce 是一种编程模型，用于大规模数据集（大于 1 TB）的并行运算，它可以帮助编程人员在不会分布式并行编程的情况下，将自己的程序运行在分布式系统上。因此，小华想要尽快了解 MapReduce 的工作原理和编程模型，并尝试着借助 MapReduce 计算框架对采集到的数据进行简单的"预处理"后，实现对数据简单的统计与分析。

任务 4.1　使用 MapReduce 清洗与规格化数据

任务描述

1. 学习 MapReduce 的相关技术知识。
2. 通过编程实现对就业岗位数据的规范化处理操作。

任务目标

1. 学会 MapReduce 框架定制操作。
2. 学会使用 MapReduce 对数据进行清洗和规格化的基本操作方法。

知识准备

1. MapReduce 简介

Hadoop MapReduce 是一个软件框架，基于该框架能够轻松地编写应用程序，这些应用程序能够运行在由上千个商用机器组成的大集群上，并以一种可靠的、具有容错能力的方式并行地处理上 TB 级别的海量数据集。

简单地讲，MapReduce 可以进行大数据处理。大数据处理，即以价值为导向，对大数据进行加工、挖掘和优化等各种处理工作。

MapReduce 擅长处理大数据，这是由 MapReduce 的"分而治之"设计思想决定的，具体过程如下。

（1）Mapper 负责把复杂的任务分解为若干"简单的任务"来处理。"简单的任务"包含以下 3 层含义。

① 数据或计算的规模相对原任务要大大缩小。

② 就近计算原则，即任务会分配到存放着所需数据的节点上进行计算。

③ 小任务可以并行计算，彼此间几乎没有依赖关系。

（2）Reducer 负责对 Map 阶段的结果进行汇总。

（3）至于数据处理过程中需要多少个 Reducer，用户可以根据具体问题，通过在 mapred-site.xml 配置文件中设置参数 mapred.reduce.tasks 的值来实现，默认值为 1。

2. MapReduce 的架构

MapReduce 采用 Master/Slave 的架构，如图 4-1 所示。

由图 4-1 可知，MapReduce 包括 4 个组成部分，分别为 Client、JobTracker、TaskTracker 和 Task（Map Task 和 Reduce Task），具体如下。

（1）Client

每一个作业（Job）都会在用户端通过客户（Client）类将应用程序以及配置参数打包成 jar 文件存储在 HDFS 中，并把路径提交到 JobTracker 的 Master 服务，然后由

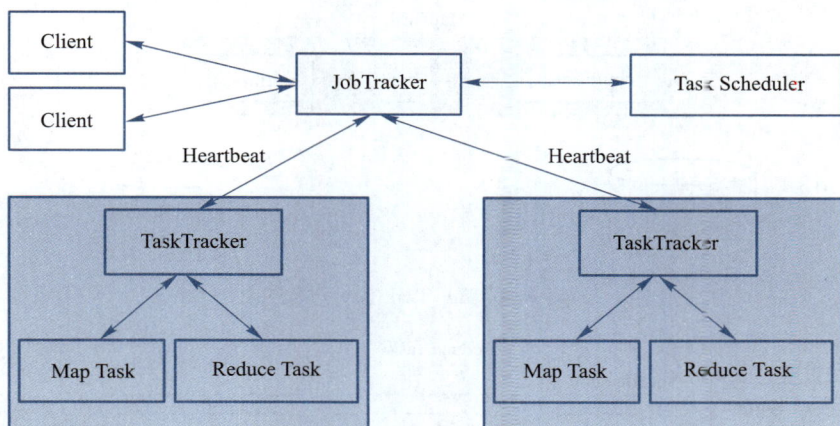

图 4-1　MapReduce 的架构

Master 创建每一个任务（Task），将它们分发到各个 TaskTracker 服务中去执行。

（2）JobTracker

JobTracker 负责资源监控和作业调度。JobTracker 监控全部 TaskTracker 与 Job 的健康状况。一旦发现失败，就将相应的任务转移到其他节点。同时 JobTracker 会跟踪任务的执行进度、资源使用量等信息，并将这些信息告诉任务调度器，而调度器会在资源出现空闲时，选择合适的任务使用这些资源。

（3）TaskTracker

TaskTracker 会周期性地通过 Heartbeat 将本节点上资源的使用情况和任务的执行进度汇报给 JobTracker，同时接收 JobTracker 发送过来的命令并执行相应的操作（如启动新任务等）。

TaskTracker 使用 slot 等量划分本节点上的资源量。slot 代表计算资源（CPU、内存等）。一个 Task 获取到一个 slot 后才有机会执行，而 Hadoop 调度器的作用就是将各个 TaskTracker 上的空闲 slot 分配给 Task 使用。slot 分为 Map slot 和 Reduce slot 两种，分别供 Map Task 和 Reduce Task 使用。TaskTracker 通过 slot 数目（可配置参数）限定 Task 的并发度。

（4）Task

Task 分为 Map Task 和 Reduce Task 两种，均由 TaskTracker 启动。HDFS 以固定大小的 block 为基本单位存储数据。而对于 MapReduce 而言，其处理单位是 split。

如图 4-2 所示，Map Task 先将相应的 split 迭代解析成一个个键值（key/value）对，依次调用用户自定义的 map () 函数进行处理。将临时结果存放到本地磁盘上，其临时数据被分成若干个部分（Partition），每一个 Partition 将被一个 Reduce Task 处理。

Reduce Task 执行过程分为 3 个阶段，如图 4-3 所示。

① 从远程节点（Local Storage）上读取 Map Task 中间结果（称为"Shuffle 过程"）。

② 依照 key 对 key/value 对进行排序（称为"Sort 过程"）；

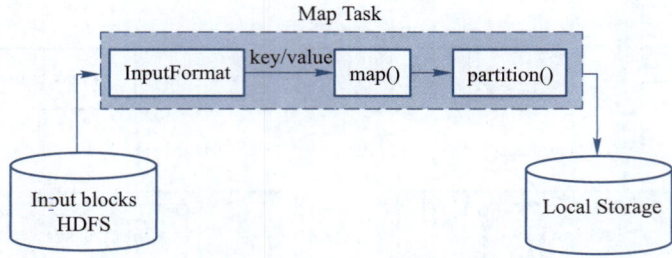

图 4-2　Map Task 执行过程

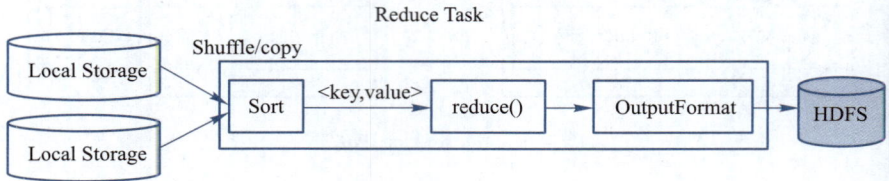

图 4-3　Reduce Task 执行过程

③ 依次读取 <key，value list>，调用用户自定义的 reduce () 函数处理，并将终于结果保存到 HDFS 上（称为 "Reduce 阶段"）。

3. MapReduce 的运行机制

结合 Hadoop 自带的 WordCount 程序来看 MapReduce 运行流程，如图 4-4 所示。

读书笔记

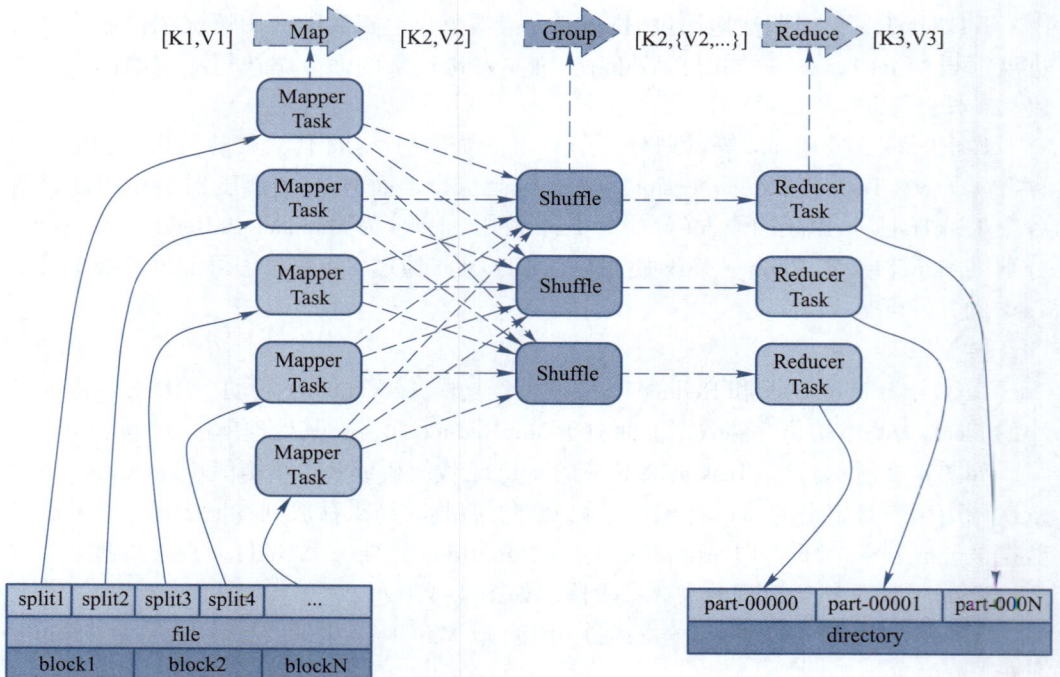

图 4-4　MapReduce 的运行机制

（1）将 split 形式下的 HDFS 中的数据作为 MapReduce 的输入。前面曾经提到，HDFS 中的数据是以 block 形式存储的，这里为什么要以 split 作为输入呢？事实上，block 是 HDFS 中的术语；split 是 MapReduce 中的术语。默认情况下，一个 split 能够对应一个 block 或多个 block，它们之间的对应关系是由 InputFormat 决定的。InputFormat 的默认值是 TextInputFormat，这时一个 split 只对应一个 block，如果这里有 N 个 block，也就会有 N 个 split，分别为 split1、split2…splitN。InputFormat 用来读取每个 split 中的数据并把数据解析成单个的 key/value 对 ((key，value))，然后将其交给已经编写好的 mapper 函数来处理。

（2）Mapper 函数的解析过程。每一个 Mapper 函数将每一个输入的 (key，value) 解析成对应的单词和词频，如 (Tomato，1)、(Potato，1) 和 (Carrot，1) 等。

（3）在 Reduce 阶段，Map 阶段的输出要通过 Shuffle 过程将多个 Map 任务的输出文件合并，并经过 Sort 过程进行全排序，将排序后的结果交给 Reducer 进行统计处理。例如，第 1 个 Reducer 读取了两个 (Tomato，1) 这样的键值对数据，那么统计后得出的结果为 (Tomato，2)。

（4）将 Reducer 的处理结果，以 OutputFormat 数据格式输出到 HDFS 的各个文件路径下。OutputFormat 的默认值为 TextOutputFormat，key 为单词，value 为词频数，Reducer 结果 (key，value) 输出到对应的 part-××××中。

4. Wordcount 源码解析

（1）Mapper 类

```
public static class TokenizerMapper
    extends Mapper<Object, Text, Text, IntWritable>{

  private final static IntWritable one = new IntWritable(1);
  private Text word = new Text();

  public void map(Object key, Text value, Context context
          ) throws IOException, InterruptedException {
    StringTokenizer itr = new StringTokenizer(value.toString());
    while (itr.hasMoreTokens()) {
      word.set(itr.nextToken());
      context.write(word, one);
    }
  }
}
```

MapReduce 程序需要继承 org.apache.hadoop.mapreduce.Mapper 这个类，并在这个类的继承类中至少自定义实现 Map () 方法。其中 org.apache.hadoop.mapreduce.Mapper

要求的参数有 4 个，分别是 keyIn、valueIn、keyOut、valueOut，即 Map () 任务的输入和输出都是 <key，value> 对的形式。

源代码中此处各个参数含义如下。

- Object：输入 <key，value> 对的 key 值，此处为文本数据的起始位置的偏移量。在大部分程序下这个参数可以直接使用 Long 类型，源码此处使用 Object 进行了泛化。
- Text：输入 <key，value> 对的 value 值，此处为一段具体的文本数据。
- Text：输出 <key，value> 对的 key 值，此处为一个单词。
- IntWritable：输出 <key，value> 对的 value 值，此处固定为 1。IntWritable 是 Hadoop 对 Integer 的进一步封装，使其可以进行序列化。
- one：类型为 Hadoop 定义的 IntWritable 类型，其本质就是序列化的 Integer，one 变量的值恒为 1。
- word：因为在 Wordcount 程序中，Map 端的任务是对输入数据按照单词进行切分，每个单词为 Text 类型。

Map () 方法内部首先把输入值转化为字符串类型，并且对 Hadoop 自带的分词器 StringTokenizer 进行实例化用于存储输入数据，然后对输入数据从头开始进行切分，把字符串中的每个单词切分成 <key，value> 对的形式，如 (Tomato，1)、(Potato，1)…

Java 的序列化是一个重量级序列化框架（Serializable），这就意味着一个对象被序列化后，会附带很多额外的信息（如各种校验信息、Header、继承体系等），导致序列化后的数据不便于在网络中高效传输。因此，Hadoop 本身提供了一套可优化网络序列化传输的基本数据类型，见表 4-1。

表 4-1 Hadoop 可优化网络序列化传输的基本数据类型

Java 类型	对应的 Hadoop 可写类型	含　　义
Boolean	BooleanWritable	标准布尔型数值
Byte	ByteWritable	单字节数值
Double	DoubleWritable	双字节数值
Float	FloatWritable	浮点数
Int	IntWritable	整型数
Long	LongWritable	长整型数
String	Text	使用 UTF8- 格式存储的文本
null	NullWritable	当中的 key 或 value 为空时使用。不从数据流中读数据，也不写入数据，只充当占位符
Map	MapWritable	键—值对（key—value）集合
Array	ArrayWritable	数组
byte[]	BytesWritable	byte 数组

（2）Reducer 类

```
public static class IntSumReducer
     extends Reducer<Text, IntWritable, Text, IntWritable> {
  private IntWritable result = new IntWritable();

  public void reduce(Text key, Iterable<IntWritable> values,
             Context context
             ) throws IOException, InterruptedException {
    int sum = 0;
    for (IntWritable val :values) {
      sum += val.get();
    }
    result.set(sum);
    context.write(key, result);
  }
}
```

Reducer 类也是一个泛型类，与 Mapper 相似，import org.apache.hadoop.mapreduce. Reducer 类的参数也是 4 个：keyIn、valueIn、keyOut、valueOut，即 Reduce () 任务的输入和输出都是 <key，value> 对的形式。源代码中此处各个参数意义如下。

● Text：输入（key，value）对的 key 值，此处为一个单词。

● IntWritable：输入 <key，value> 对的 value 值。

● Text：输出（key，value）对的 key 值，此处为一个单词。

● IntWritable：输出 <key，value> 对，此处为相同单词词频累加之后的值。实际上就是一个数字。

Reduce () 的 3 个参数 Key、values 和 context 的介绍如下：

● key：输入 <key，value> 对的 key 值，即一个单词。

● values：此处需要注意，在 MapReduce 任务中，除了自定义的 map () 和 reduce () 之外，在从 Map 到 Reduce 的执行过程中，系统会自动进行 Shuffle 过程、Sort 过程等对 Map Task 的输出进行处理，因此 Reduce 端的输入数据已经不仅仅是简单的 <key，value> 对的形式，而是一个一系列 key 值相同的序列化结构，如 < hello，1，1，2，2，3…>。因此，此处 values 的值就是单词后面出现的序列化的结构，即 (1，1，1，2，2，3……)。

● context，临时存储 Reduce 端产生的结果。

在 Reduce 端的代码中，对 value 中的值进行累加，所得到的结果就是对应 key 值的单词在文本出所出现的词频。

（3）Driver 类

Driver 类的 main 方法示例代码如下：

```
public static void main(String[] args) throws Exception {
    Configuration conf = new Configuration();
    String[] otherArgs = new GenericOptionsParser(conf, args).getRemainingArgs();
    if (otherArgs.length < 2) {
      System.err.println("Usage:wordcount <in> [<in>...] <out>");
      System.exit(2);
    }
    Job job = Job.getInstance(conf, "word count");
    job.setJarByClass(WordCount.class);
    job.setMapperClass(TokenizerMapper.class);
    job.setCombinerClass(IntSumReducer.class);
    job.setReducerClass(IntSumReducer.class);
    job.setOutputKeyClass(Text.class);
    job.setOutputValueClass(IntWritable.class);
    for (int i = 0; i < otherArgs.length - 1; ++i) {
      FileInputFormat.addInputPath(job, new Path(otherArgs[i]));
    }
    FileOutputFormat.setOutputPath(job,
      new Path(otherArgs[otherArgs.length - 1]));
    System.exit(job.waitForCompletion(true) ? 0 :1);
}
```

读书笔记

使用 MapReduce 框架时，先完成了 Map 和 Reduce 部分的代码，剩下就交由 MapReduce 框架来处理，所以需要告诉 MapReduce 框架应该如何执行。main 方法中的代码就是配置这部分操作。首先，使用 MapReduce 之前注意一定要初始化 Configuration 类，该类主要用来读取 HDFS 和 MapReduce 的配置信息。

otherArgs 设置输入文件和输出文件的位置，输出文件的目录可以不存在，运行后会在指定目录下自动生成，要保证输出文件一定不能存在，也就是说如果程序曾经执行过，就需要在运行前将上次运行生成的输出文件删除掉。"String[] otherArgs=new GenericOptionsParser (conf，args). getRemainingArgs ()" 说明此任务运行至少要给出输入和输出文件的路径，如果传入的参数少于 2 个，程序将无法正常运行。

实例化 job，Job job = Job.getInstance (conf，"word count")，传入参数，job 的名字为 word count。为 job 设置运行的 class 文件 job.setJarByClass (WordCount.class)。设置 job 的 Map 阶段执行的类 job.setMapperClass (TokenizerMapper.class)。设置 job 的 Combine 阶段的执行类 job.setCombinerClass (IntSumReducer.class)。设置 job 的 Reduce 阶段的执行类 job.setReducerClass (IntSumReducer.class)。设置程序输出的 key 值类型 job.setOutputKeyClass (Text.class)。设置程序输出的 value 值类型 job.setOutputValueClass (IntWritable.class)。在给定的参数中，输入文件所在路径 FileInputFormat.addInputPath (job，new Path (otherArgs[i]))。在给定的参数中，输出文件所在路径 FileOutputFormat.

setOutputPath (job，new Path (otherArgs[otherArgs.length - 1]))。等待任务完成，任务完成之后退出程序：System.exit (job.waitForCompletion (true)？0：1)。

任务实施

1. 数据查看与分析

（1）对数据进行抽样查看，以便建立数据的初步认识，通过命令"sbin/start-all.sh"启动集群，在浏览器上输入"IP：50070（如 192.168.0.155：50070）"来查看文件目录，如图 4-5 所示。

数据清洗与分析源代码及测试数据

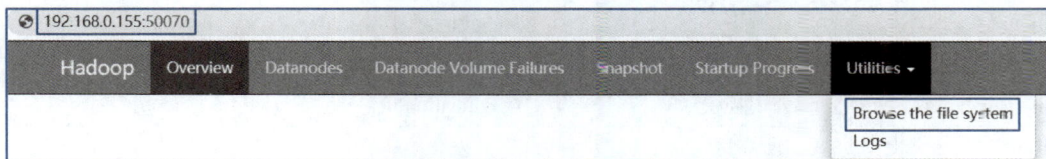

图 4-5　HDFS 信息界面

（2）浏览文件系统确认"zhaopin.csv"数据已上传集群 HDFS 中，如图 4-6 所示。

读书笔记

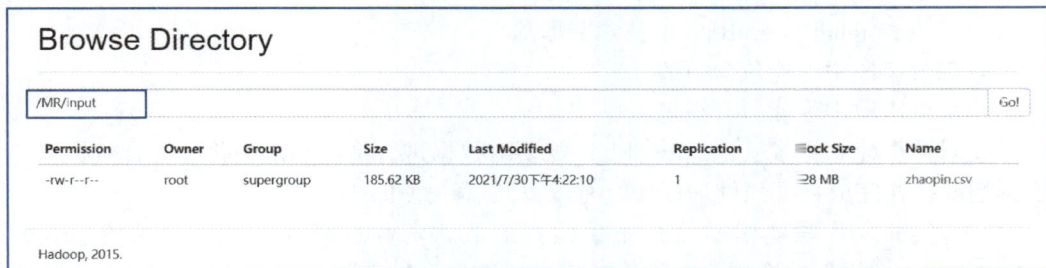

图 4-6　查看并确认数据文件

（3）为了方便数据的查看与分析，可以使用"hdfs dfs -get / 文件目录"命令将数据文件下载到本地，命令如下：

```
[ root@d mapreduce] # hdfs dfs - get /MR/input/zhaopin. csv
```

（4）使用命令"cat zhaopin.csv"来查看文件信息，查看结果如图 4-7 所示。

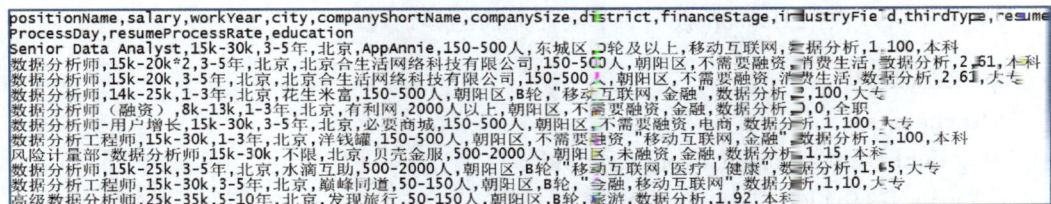

图 4-7　查看数据

（5）使用命令"wc -l 文件名称"来查看文件的行数，命令如下：

[root@d mapreduce]# wc -1 zhaopin.csv

结果中涉及的数据字段定义见表 4-2。

表 4-2　数据字段定义

字　　段	字 段 说 明	字　　段	字 段 说 明
positionName	职位名称	financeStage	融资阶段
salary	薪水	industryField	所在领域
workYear	工作年限	thirdType	职位类型
city	城市	resumeProcessDay	简历日处理
companyShortName	公司简称	resumeProcessRate	简历处理率
companySize	公司规模	education	学历
district	所在区		

通过数据集可以建立对数据的一些初步认识。

- 字段 salary 中可能包含有 15k-20k*2、15k-20k、空值多种样式。
- 字段 thirdType 中含有分割符"，"。
- 字段 resumeProcessRate 中包含字母乱码。
- 部分字段中可能包含空值。
- 部分字段中可能包含重复。

在对数据建立初步认识的基础上，需要对数据进行清洗和规格化，结合数据集的实际情况，在完成数据预处理任务时有以下几点注意事项。

① 将 salary 字段拆分为 2 个子字段：最低薪资和最高薪资，如果薪资格式为 10k-20k*2，则将其转换成原字段（"10"和"20"两个字段）。

② 字段 resumeProcessRate 有字母乱码，将其删除。

③ 字段 thirdType 这一列中含有分割符，提取时注意要完整提取。

④ 对于含有缺失值的进行删除，重复记录的只保留一条。

2. 工程准备

（1）在 IDEA 上创建一个 Maven 的工程，创建工程的步骤如图 4-8 和图 4-9 所示。

（2）工程创建完成之后，需要配置 pom.xml 文件，以便编程中导入相关依赖包，导入的版本可以根据 Hadoop 版本的不同而灵活选择，代码如下：

```
<dependencies>
  <dependency>
    <groupId>org.apache.hadoop</groupId>
    <artifactId>hadoop-hdfs</artifactId>
    <version>2.7.1</version>
```

读书笔记

```
    </dependency>

    <dependency>
        <groupId>org.apache.hadoop</groupId>
        <artifactId>hadoop-common</artifactId>
        <version>2.7.1</version>
    </dependency>

    <dependency>
        <groupId>org.apache.hadoop</groupId>
        <artifactId>hadoop-client</artifactId>
        <version>2.7.1</version>
    </dependency>

    <dependency>
        <groupId>org.apache.hadoop</groupId>
        <artifactId>hadoop-mapreduce-client-core</artifactId>
        <version>2.7.1</version>
    </dependency>
</dependencies>
```

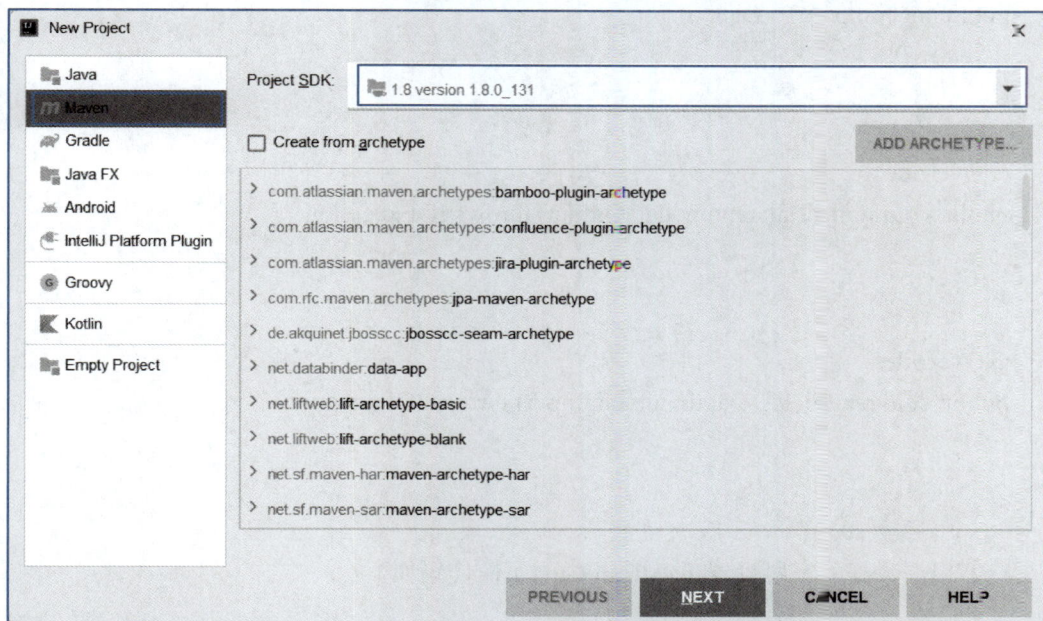

图 4-8   创建工程

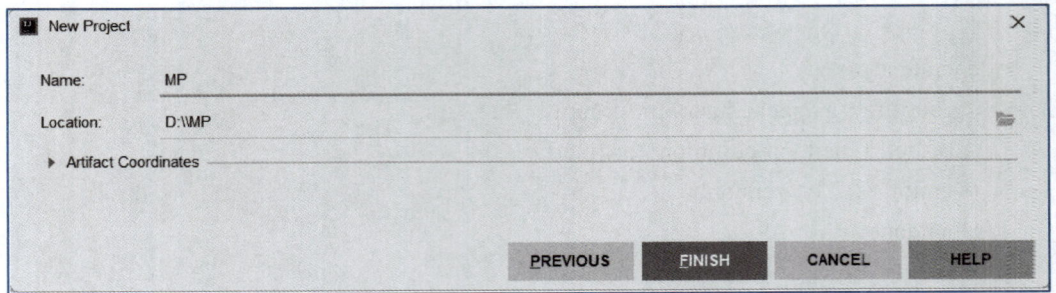

图 4-9　设置工程名称和存储位置

3. 代码编写

（1）自定义 JavaBean 类

Hadoop 编程中必须为 Key 的数据类型实现 WritableComparable 接口，而实现 WritableComparable 接口就必须实现 write ()、readFields ()、compareTo () 3 个方法，它们的作用分别是序列化、反序列化和排序。而 Value 的数据类型只需要实现 Writable 接口，Writable 接口与 WritableComparable 接口的实现相比，其方法中少了一个 compareTo () 方法，仅包含 write () 和 readFields () 这两种方法。

① 使用 JavaBean 实现 WritableComparable 接口，代码框架如下：

```
public class Data implements WritableComparable<Data > {
    @Override
    public int compareTo(Data o) {
        return 0;
    }

    @Override
    public void write(DataOutput dataOutput) throws IOException {

    }

    @Override
    public void readFields(DataInput dataInput) throws IOException {

    }
}
```

② 根据数据的字段设置 JavaBean 中的属性代码如下：

```
private String positionName;
```

微课 4-1
MapReduce
数据清洗

读书笔记

```
private String Salary;
private Integer minSalary;
private Integer maxSalary;
private String workYear;
private String city;
private String companyShortName;
private String companySize;
private String district;
private String financeStage;
private String industryField;
private String thirdType;
private Integer resumeProcessDay;
private Integer resumeProcessRate;
private String education;
```

③ 将每一个属性进行序列化，代码如下：

```
@Override
public void write(DataOutput dataOutput) throws IOException {
    dataOutput.writeUTF(positionName);
    dataOutput.writeUTF(Salary);
    dataOutput.writeInt(minSalary);
    dataOutput.writeInt(maxSalary);
    dataOutput.writeUTF(workYear);
    dataOutput.writeUTF(city);
    dataOutput.writeUTF(companyShortName);
    dataOutput.writeUTF(companySize);
    dataOutput.writeUTF(district);
    dataOutput.writeUTF(financeStage);
    dataOutput.writeUTF(industryField);
    dataOutput.writeUTF(thirdType);
    dataOutput.writeInt(resumeProcessDay);
    dataOutput.writeInt(resumeProcessRate);
    dataOutput.writeUTF(education);
}
```

④ 同时，也要重写反序列化方法，方便数据的读取操作，序列化和反序列化属性的顺序要相同，否则会因为数据读取错误而造成乱码，代码如下：

```
@Override
```

```
public void readFields(DataInput dataInput) throws IOException {
    positionName = dataInput.readUTF();
    Salary = dataInput.readUTF();
    minSalary = dataInput.readInt();
    maxSalary = dataInput.readInt();
    workYear = dataInput.readUTF();
    city = dataInput.readUTF();
    companyShortName = dataInput.readUTF();
    companySize = dataInput.readUTF();
    district = dataInput.readUTF();
    financeStage = dataInput.readUTF();
    industryField = dataInput.readUTF();
    thirdType = dataInput.readUTF();
    resumeProcessDay = dataInput.readInt();
    resumeProcessRate = dataInput.readInt();
    education = dataInput.readUTF();
}
```

⑤ 由于本案例中不使用 compareTo 方法，因此其方法体可以为空。

⑥ 此外，为了能够方便数据的存储，可以自定义一个 set 方法来存储数据，代码如下：

```
public void set(String positionName, String Salary, Integer minSalary, Integer
maxSalary, String workYear, String city, String companyShortName, String companySize,
String district, String financeStage, String industryField, String thirdType, Integer
resumeProcessDay, Integer resumeProcessRate, String education)
{
    this.positionName = positionName;
    this.Salary = Salary;
    this.minSalary = minSalary;
    this.maxSalary = maxSalary;
    this.workYear = workYear;
    this.city = city;
    this.companyShortName = companyShortName;
    this.companySize = companySize;
    this.district = district;
    this.financeStage = financeStage;
    this.industryField = industryField;
    this.thirdType = thirdType;
    this.resumeProcessDay = resumeProcessDay;
    this.resumeProcessRate = resumeProcessRate;
```

```
        this.education = education;
    }
```

读书笔记

⑦ 重写 toString 方法，设置数据输出的内容和格式，代码如下：

```
@Override
public String toString() {
    return positionName +
            ", " + Salary +
            ", " + minSalary +
            ", " + maxSalary +
            ", " + workYear +
            ", " + city +
            ", " + companyShortName +
            ", " + companySize +
            ", " + district +
            ", " + financeStage +
            ", " + industryField +
            ", " + thirdType +
            ", " + resumeProcessDay +
            ", " + resumeProcessRate +
            ", " + education;
}
```

⑧ 使用 IDEA 编译器来自动生成 setter 和 getter 方法。

首先，在空白处右击，或使用 Alt+Insert 快捷键打开菜单，如图 4-10 所示。

然后选择要快捷生成的方法，如图 4-11 所示。

最后，选择要生成的属性并单击"OK"按钮，即可完成相应的属性操作，如图 4-12 所示。

（2）自定义 Mapper 类

Mapper 类有 setup ()、map ()、cleanup () 和 run () 4 个方法。其中 setup () 一般用于进行一些 map () 前的准备工作；map () 一般承担主要的处理工作；cleanup () 则负责收尾工作，如关闭文件或者执行 map () 后的 K-V 分发等；run () 方法提供了 setup 方法、map 方法、cleanup 方法的执行模板。

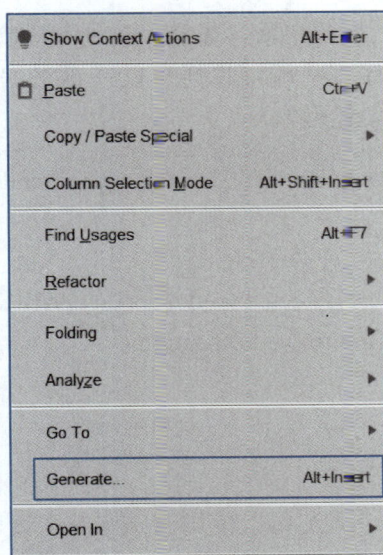

Show Context Actions	Alt+Enter
Paste	Ctrl+V
Copy / Paste Special	▶
Column Selection Mode	Alt+Shift+Insert
Find Usages	Alt+F7
Refactor	▶
Folding	▶
Analyze	▶
Go To	▶
Generate...	Alt+Insert
Open In	▶

图 4-10　打开菜单

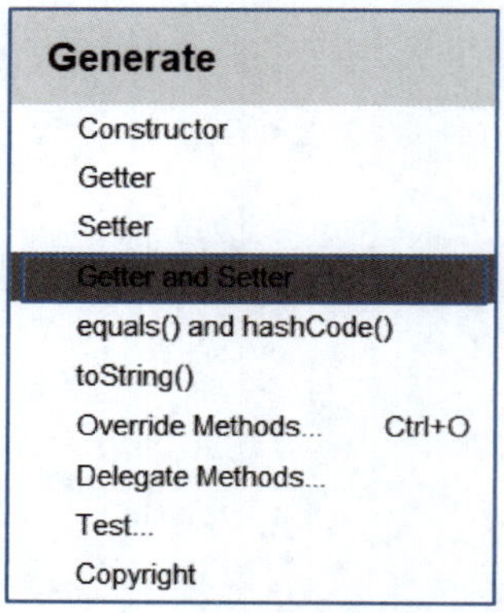

图 4-11　选择操作

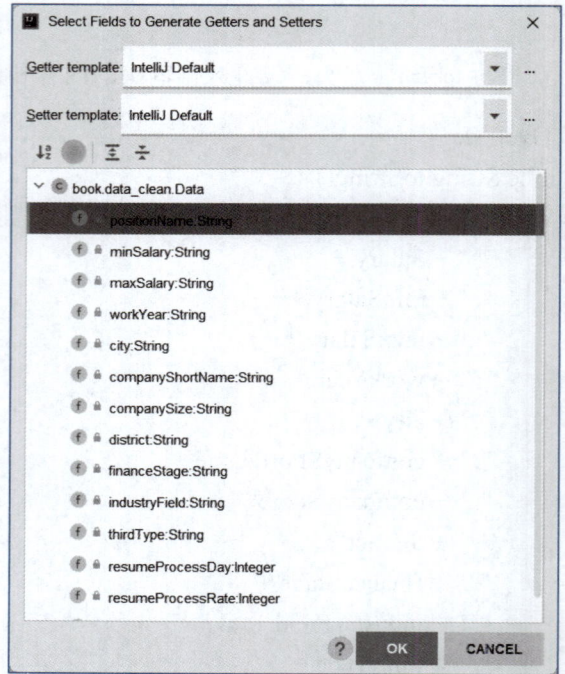

图 4-12　选择要生成的属性

在 MapReduce 中，Mapper 类从一个输入分片中读取数据，然后经过 Shuffle 和 Sort 过程，分发数据给 Reducer 类，所以 Mapper 阶段输出的 k、v 就是 Reducer 阶段接收到的 k、v。

① 自定义 Mapper 类要继承 Mapper 方法，并且要定义 4 个数据类型，分别是 Mapper 端接收到的 k、v 的数据类型和 Mapper 端输出的 k、v 的数据类型。Mapper 框架代码如下：

```
public class CleanMapper extends Mapper<LongWritable, Text, Text, NullWritable>
{
    @Override
    protected void map(LongWritable key, Text value, Context context) throws IOException,
InterruptedException {

    }
}
```

② 可以使用 MapReduce 读取很多规范化的数据文件，也因此经常产生字符编码的问题，所以可以在 Mapper 阶段规范编码，示例代码如下：

```
String line = new String(value.getBytes(), 0, value.getLength(), "GBK");
```

③ MapReduce 默认读取数据是按行读取的，即在 Mapper 阶段接收到的数据是每行以 "," 分割的数据，即可将数据暂时进行分割存储到数组中。由前面观察数据时发现，在 thirdType 列中包含了分割符 ","，所以在分割数据时，准备使用正则表达式来筛选数据。在处理数据时并不需要列名，因此数据需要去掉列名，进行数据的分割并将数据存入数组，示例代码如下：

```
if (line.startsWith("positionName")) return;
String[] data = line.split(", (?=(?:[^\"]*\"[^\"]*\")*[^\"]*$)", -1);
```

④ 经过上述处理，数据全存储在数组当中，所以可以通过遍历数组来进行数据的去空操作，示例代码如下：

```
for (String d :data) {
    if (d == null || d.equals("")) return;
}
```

⑤ 数据的 resumeProcessRate 字段存在乱码问题，但是该字段的正确格式应该是数字，即只要这个字段中有除了数字之外的字符，就是错误数据，应该删除。用正则表达式筛选只能包含数字（纯数字）的内容，示列代码如下：

```
Pattern pattern = Pattern.compile("[0-9]*");
Matcher matcher = pattern.matcher(data[data.length-2]);
if (!matcher.matches()) return;
```

⑥ 判断 salary 字段是否包含 "*" 号，然后将采用对应的方法将其给拆分为最高、最低这两个子字段，示例代码如下：

```
if (data[1].contains("*")) {
    maxSalary = data[1].split("-")[1].split("\\*")[0];
} else {
    maxSalary = data[1].split("-")[1];
}
```

⑦ 将处理好的数据存入自定义的 JavaBean。首先定义数据类型 Text（即 String），然后将数组中的数据值存储到 k 中，并输入到 Reducer 类中以便后续分析处理，示例代码如下：

```
k. set(data[0], minSalary + "-" + maxSalary, Integer.parseInt(minSalary.substring(0,
minSalary.length() - 1)), Integer.parseInt(maxSalary.substring(0, maxSalary.length() -
1)), data[2], data[3], data[4], data[5], data[6], data[7], data[8], data[9],
```

```
Integer.parseInt(data[10]), Integer.parseInt(data[11]), data[12]);
context.write(new Text(k.toString()), NullWritable.get());
```

（3）自定义 Reducer 类

下面使用 Reducer 类完成去重操作。自定义 Reducer 类同样要继承 Reducer 类，并且需要定义 4 个数据类型，分别是接收 Mapper 端输入的 k、v 数据类型和 Reducer 端输出的数据类型。在 Mapper 端输出相同的 k 都会在 Reducer 类中被分为一组，所以只要在 Reducer 端每组中只输出一个 <key，value> 对就可以完成去重的操作。不管 Reducer 类每组中有多少条数据，只输出一条来达到去重的作用，示例代码如下：

```
public class ClearReducer extends Reducer<Text, NullWritable, Text, NullWritable>
{
  @Override
  protected void reduce(Text key, Iterable<NullWritable> values, Context context) throws
IOException, InterruptedException {
    context.write(key, NullWritable.get());
  }
}
```

（4）自定义 Driver 类

MapReduce 任务包含至少 Mapper 类，Reducer 类和 Driver 类。Driver 类的开发具有固定的格式，一般包含以下几部分。

- 配置 Job；
- 配置 Mapper 类、Reducer 类、Driver 类；
- 配置 Mapper、Reducer 类输出和最终输出的 key/value 类型；
- 配置输入输出路径；
- 提交作业。

每部分详细实现介绍如下。

① 配置 Job。

在配置 Job 的过程中，需要注意 "hdfs：//192.168.0.155：9000/" 要根据集群 IP 和端口设置的不同而改变，示例代码如下：

```
Configuration conf = new Configuration();
conf.set("fs.default", "hdfs://192.168.0.155:9000/");
Job job = Job.getInstance(conf);
```

② 配置 Mapper 类、Reducer 类、Driver 类，示例代码如下：

```
job.setJarByClass(CleanDriver.class);
job.setMapperClass(CleanMapper.class);
```

读书笔记

```
job.setReducerClass(ClearReducer.class);
```

③ 配置 Mapper、Reducer 类输出和最终输出的 key/value 类型，示例代码如下：

```
// 设置 Map 输出的 key 和 value 的数据类型
job.setMapOutputKeyClass(Text.class);
job.setMapOutputValueClass(NullWritable.class);

// 设置 Map 输出的 key 和 value 的数据类型
job.setOutputKeyClass(Text.class);
job.setOutputKeyClass(NullWritable.class);
```

④ 配置输入输出路径。

需要注意的是，输出路径不能事先自行创建，如果提前创建将会导致输出错误。示例代码如下：

```
// 文件的读取路径
FileInputFormat.setInputPaths(job, "/MR/input");
// 文件的输出路径
FileOutputFormat.setOutputPath(job, new Path("/MR/out"));
```

⑤ 提交作业，命令如下：

```
System.out.println(job.waitForCompletion(true) ? 0 :1);
```

（5）打包上传至集群运行

MapReduce 通常是用来处理很大体量的数据，所以一般都是放置到集群来运行，下面将程序打包并提交集群运行。

① 在 IDEA 中可以使用其自带的打包方式，具体打包配置如图 4-13 所示。

② 选择程序的主类（即 Driver 类），如图 4-14 所示。

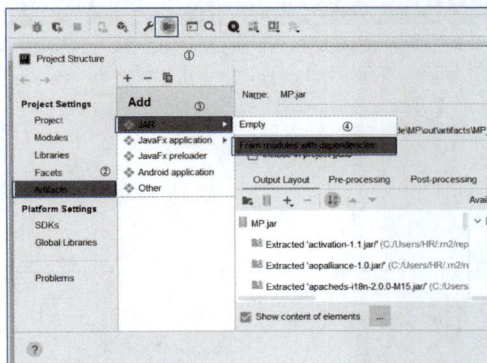

图 4-13　启动打包配置　　　图 4-14　配置程序的主类

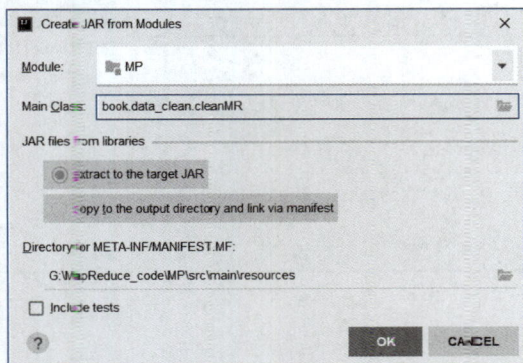

③ 启动打包作业，如图 4-15 所示。

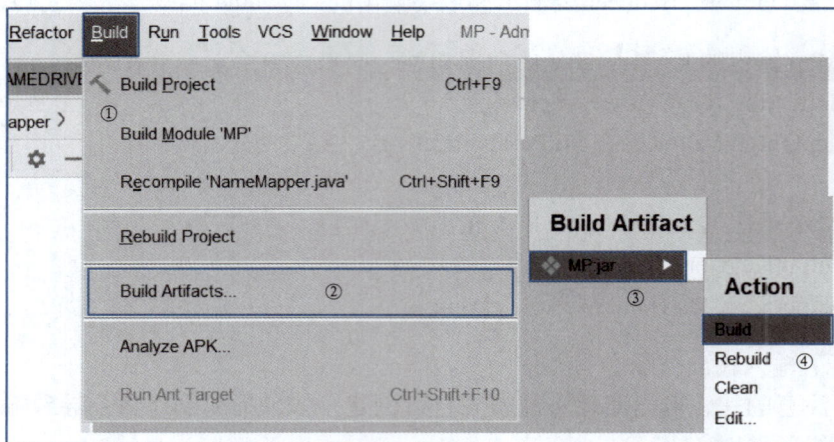

图 4-15　运行 Build 进行打包

④ 将打包后的 jar 包上传至集群，使用 "hadoop jar jar 路径 主程序路径" 命令来运行程序，命令如下：

hadoop jar MP. jar book/data_clean/cleanMR. java

⑤ 为了避免错误，上述主程序路径可以通过复制获取。右击程序的 class 文件，在弹出的快捷菜单中选择 "Copy path" → "Path From Source Root" 菜单命令，如图 4-16 所示。

读书笔记

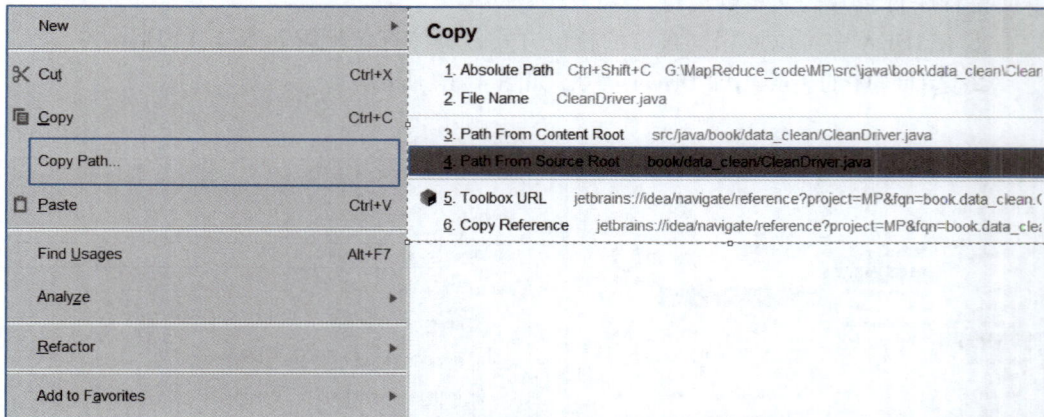

图 4-16　获取程序路径

⑥ 在集群上执行打包后的 jar 程序，运行结果如下：

```
Shuffle Errors
        BAD_ID= θ
        CONNECTION=0
        IO_ERROR=0
        WRONG_LENGTH=0
        WRONG_MAP=0
        WRONG REDUCE=0
File Input Format Counters
        Bytes Read=190075
File Output Format Counters
        Bytes Written=244795
```

　　⑦ 在浏览器中输入 "IP: 50070"，在导航栏中选择 "Utilities" → "Browse the file system" 来查看文件目录。

　　⑧ 进入文件系统后，单击进入数据存储目录，查看目录中是否有数据。如图 4-17 所示。

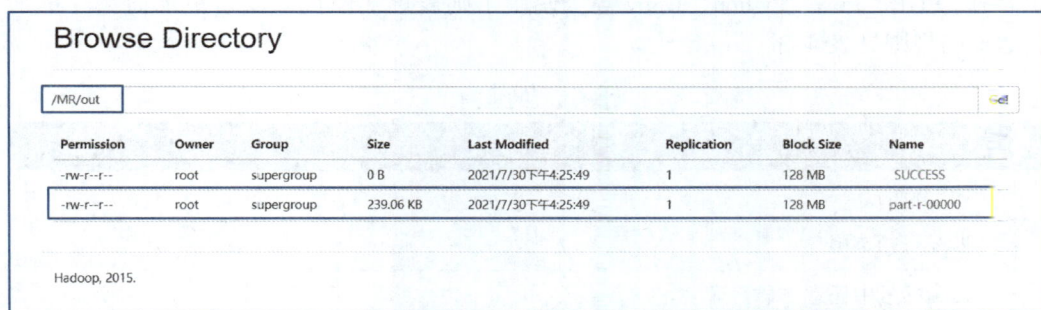

Browse Directory

/MR/out

Permission	Owner	Group	Size	Last Modified	Replication	Block Size	Name
-rw-r--r--	root	supergroup	0 B	2021/7/30下午4:25:49	1	128 MB	SUCCESS
-rw-r--r--	root	supergroup	239.06 KB	2021/7/30下午4:25:49	1	128 MB	part-r-00000

Hadoop, 2015.

图 4-17　查看数据存储文件

　　使用 "hdfs dfs -get [文件路径]" 命令将文件下载到本地并查看，具体命令如下：

```
# hdfs dfs -get /MR/out/part-r-00000
```

　　使用 "head -n 10 [文件名称]" 命令，查看文件前 10 行的信息，如图 4-18 所示。

```
00037-资深数据分析师/数据分析专家,20k,40k,5-10年,杭州,云集,500-2000人,萧山区,上市公司,"电商,移动互联网",数据分析,0,100,本科
00680-数据分析,15k,30k,3-5年,杭州,云集,500-2000人,萧山区,上市公司,"电商,移动互联网",BI工程师,0,0,本科
02215M-BI数据分析师,10k,18k,1年以下,上海,平安人寿,2000人以上,浦东新区,上市公司,金融,BI,0,0,本科
0221KM-数据分析岗,10k,20k,1-3年,上海,平安人寿,2000人以上,浦东新区,上市公司,金融,其他保险职位,0,0,大专
0222JM-数据分析师,1k,1k,1-3年,深圳,平安人寿,2000人以上,福田区,上市公司,金融,其他数据分析,0,0,大专
032281-数据分析岗,11k,20k,1-3年,深圳,平安产险,2000人以上,福田区,上市公司,金融,其他人力资源,1,85,本科
032303-数据分析师,11k,22k,3-5年,深圳,平安产险,2000人以上,福田区,上市公司,金融,其他保险职位,1,85,大专
052193-数据分析建模岗,15k,25k,1-3年,深圳,平安证券,2000人以上,福田区,上市公司,金融,合规稽查,0,0,大专
08215W-数据分析开发工程师,15k,30k,3-5年,上海,平安养老保险股份有限公司,2000人以上,浦东新区,上市公司,金融,数据分析,1,50,大专
09216M-数据分析师,15k,20k,3-5年,北京,平安健康保险,500-2000人,朝阳区,未融资,金融,产品经理,0,0,大专
```

图 4-18　查看文件前 10 行信息

PPT：
使用 MapReduce
进行数据处理与
分析

任务 4.2　　使用 MapReduce 进行数据处理与分析

任务描述

1. 学习 MapReduce 的相关技术知识。
2. 编程实现对就业岗位数据的分析。

任务目标

1. 学会 MapReduce 框架定制操作。
2. 学会使用 MapReduce 对就业岗位数据进行统计分析。

知识准备

正则表达式，又称规则表达式（Regular Expression），在代码中常简写为 regex、regexp 或 RE，主要用于字符串中，为方便字符串操作和文本复杂处理，字符串主要包含匹配、切割、替换、获取 4 种操作。在众多编程语言中都可以支持正则表达式，如 Perl、PHP、Java、Python、Ruby 等。使用正则表达式使代码变得更加简洁。正则表达式的规则见表 4–3。

表 4–3　正则表达式的规则

表达式	含　　义
^	匹配行的开头
$	匹配行的末尾
[…]	匹配括号中任意单个字符
[^…]	匹配除括号中的任意单个字符
\A	整个字符串的开头
\z	整个字符串的结尾
\Z	匹配字符串的结尾，如果存在换行符，则它在换行符之前匹配
.	匹配任意的字符
\d	匹配任意一个数字字符，相当于 [0–9]
A	b	匹配 A 或 b
\w	匹配一个字母字符
\W	匹配任意一个非字母字符
\s	匹配任意一个空白字符（\t\n\r\n）
\S	匹配任意一个非空包字符

续表

表达式	含　义
\d	匹配任意一个数字字符，相当于 [0–9]
\G	匹配字符串最后的字符
\b	在括号外部匹配单词边界。在括号内匹配退格
\B	匹配非字符边界
\n, \t, etc	匹配换行符、回车符、制表符等
\Q	开始引用
\E	结束引用，以 \Q 开头
（?: pattern）	非获取匹配，匹配 pattern 但不获取匹配结果，不进行存储供以后使用。在使用或字符"（|）"来组合一个模式的各个部分是很有用。例如，"industr（?: y|ies）"就是一个比"industry|industries"更简略的表达式
（?=pattern）	非获取匹配，正向肯定预查，在任可匹配 pattern 的字符串开始处匹配查找字符串，该匹配不需要获取供以后使用。例如，"Windows（?=95|98|NT|2000）"能匹配 Windows 2000 中的 Windows，但不能匹配 Windows 3.1 中的 Windows
（?!pattern）	非获取匹配，正向否定预查，在任可不匹配 pattern 的字符串开始处匹配查找字符串，该匹配不需要获取供以后使用。例如，"Windows（?!95|98|NT|2000）"能匹配 Windows 3.1 中的 Windows，但不能匹配 Windows 2000 中的 Windows
（?<=pattern）	非获取匹配，反向肯定预查，与正向肯定预查类似，只是方向相反。例如，"（?<=95|98|NT|2000）Windows"能匹配 2000 Windows 中的 Windows，但不能匹配 3.1 Windows 中的 Windows
（?<!pattern）	非获取匹配，反向否定预查，与正向否定预查类似，只是方向相反。例如，"（?<!95|98|NT|2000）Windows"能匹配 3.1 Windows 中的 Windows，但不能匹配 2000 Windows 中的 Windows

任务实施

为了方便进行数据分析，可使用"hdfs dfs -get / 文件目录"命令将 HDFS 上的数据下载到本地，命令如下：

```
[root@d mapreduce]# hdfs dfs -get /MR/out/part-r-00000
```

使用命令"head -n 10 文件名称"查看文件前 10 行的信息，如图 4–19 所示。

该数据字段定义见表 4–4。

```
00037-资深数据分析师/数据分析专家,20k,40k,5-10年,杭州,云集,500-2000人,萧山区,上市公司,"电商,移动互联网",数据分析,0,
100,本科
00680-数据分析,15k,30k,3-5年,杭州,云集,500-2000人,萧山区,上市公司,"电商,移动互联网",BI工程师,0,0,大专
02215M-BI数据分析师,10k,18k,1年以下,上海,平安人寿,2000人以上,浦东新区,上市公司,金融,BI,0,0,本科
0221KM-数据分析岗,10k,20k,1-3年,上海,平安人寿,2000人以上,浦东新区,上市公司,金融,其他保险职位,0,0,大专
0222JM-数据分析师,1k,1k,1-3年,深圳,平安人寿,2000人以上,福田区,上市公司,金融,其他数据分析,0,0,大专
032281-数据分析岗,11k,20k,1-3年,深圳,平安产险,2000人以上,福田区,上市公司,金融,其他人力资源,1,85,本科
032303-数据分析师,11k,22k,3-5年,深圳,平安产险,2000人以上,福田区,上市公司,金融,其他保险职位,1,85,大专
052193-数据分析建模岗,15k,25k,1-3年,深圳,平安证券,2000人以上,福田区,上市公司,金融,合规稽查,0,0,大专
08215W-数据分析开发工程师,15k,30k,3-5年,上海,平安养老保险股份有限公司,2000人以上,浦东新区,上市公司,金融,数据分析,1,
50,大专
09216M-数据分析师,15k,20k,3-5年,北京,平安健康保险,500-2000人,朝阳区,未融资,金融,产品经理,0,0,大专
```

图 4-19　查看部分数据

表 4-4　数据字段定义

字　　段	字 段 说 明	字　　段	字 段 说 明
positionName	职位名称	district	所在区
salary	薪水	financeStage	融资阶段
min-salary	最低薪水	industryField	所在领域
max-salary	最高薪水	thirdType	职位类型
workYear	工作年限	resumeProcessDay	简历日处理
city	城市	resumeProcessRate	简历处理率
companyShortName	公司简称	education	学历
companySize	公司规模		

微课 4-2
使用 MapReduce 分析不同城市的薪资状况

（1）分析不同城市的薪资状况（工资的平均最小值、平均最大值）

使用 "hdfs dfs -mkdir -p / 文件路径" 命令在 HDFS 上创建目录，其中 "-p" 标签是递归创建目录，示例命令如下：

```
# hdfs dfs -mkdir -p /MR/test01/input
```

使用 "hdfs dfs -cp / 源目录 / 目标目录" 将清洗过后的数据复制到所创建的新目录中，示例命令如下：

```
# hdfs dfs -cp /MR/out/part-r-00000/MR/test01/input
```

由于 MapReduce 默认将相同的 key 分为一组，而现阶段的任务就是计算不同城市的平均薪资状况，所以可以将城市名作为 key 输出到 Reducer，将最高、最低薪资作为 value 输出。创建 Mapper 的框架代码如下：

```
public class SalaryMapper extends Mapper<LongWritable, Text, Text, Text> {
    Text k = new Text();
    Text v = new Text();
    @Override
```

```
    protected void map(LongWritable key, Text value, Context context) throws IOException,
InterruptedException {
    }
}
```

在 Mapper 阶段主要实现对数据的截取与格式化的操作，仅提取出需要的相关数据即可（如城市名、最低薪水、最高薪水），示例代码如下：

```
    String[] data = value.toString().split(", (?=(?:[^\"]*\"[^\"]*\")*[^\"]*$)", -1);
    String cityName = data[5];
    String minSalary = data[2];
    String maxSalary = data[3];
```

将城市作为 key，最低薪水、最高薪水联合作为 value 输出，示例代码如下：

```
    k.set(cityName);
    // 将最大和最小工资一起设为 v
    v.set(minSalary+", "+maxSalary);
    context.write(k, v);
```

在 Reducer 阶段的输入和 Mapper 阶段的输出是相同的，因此可以在 Reducer 阶段中求出平均最低薪水和平均最高薪水，然后将两者联合作为 value，城市名为 key 输出。Redecuer 的代码框架代码如下：

```
public class SalaryReduce extends Reducer<Text, Text, Text, Text> {
    private Text v = new Text();
    @Override
    protected void reduce(Text key, Iterable<Text> values, Context context) throws
IOException, InterruptedException {
    }
}
```

Reducer 是按照城市进行分组的，需要计算每个城市的岗位总数、最低薪水总和与最高薪水总和，即可得到最低薪水平均值和最高薪水平均值，示例代码如下：

```
    double count = 0; // 统计岗位总数
    double sumMinSalary = 0; // 统计最低薪水总和
    double sumMaxSalary = 0;// 统计最高薪水总和
    double avgMinSalary=0; // 最低薪水平均值
    double avgMaxSalary;// 最高薪水平均值
    for (Text value :values) {
        String[] salary = value.toString().split(", ");
```

```
// 计算最低薪水总和与最高薪水总和
sumMinSalary += Integer.parseInt(salary[0]);
sumMaxSalary += Integer.parseInt(salary[1]);
count++;
}
```

计算最低薪水平均值和最高薪水平均值，示例代码如下：

```
avgMinSalary = sumMinSalary / count;
avgMaxSalary = sumMaxSalary / count;
v.set(avgMinSalary + "\t" + avgMaxSalary);
context.write(key, v);
```

配置 Job，示例代码如下：

```
Configuration conf = new Configuration();
conf.set("fs.default", "hdfs://192.168.0.155:9000/");// 需要根据集群更换 IP
Job job = Job.getInstance(conf);
```

配置 3 个类，示例代码如下：

```
job.setJarByClass(MRTest01.class);
job.setMapperClass(SalaryMapper.class);
job.setReducerClass(SalaryReduce.class);
```

配置 Mapper、Reducer 类输出和最终输出的 key/value 类型，示例代码如下：

```
job.setMapOutputKeyClass(Text.class);
job.setMapOutputValueClass(Text.class);
job.setOutputKeyClass(Text.class);
job.setOutputValueClass(Text.class);
```

配置输入输出路径，示例代码如下：

```
FileInputFormat.setInputPaths(job, "/MR/test01/input");
FileOutputFormat.setOutputPath(job, new Path("/MR/test01/out"));
```

提交作业，示例代码如下：

```
System.exit(job.waitForCompletion(true) ? 0 :1);
```

将文件打包至集群运行后，在 HDFS 上查看运行结果文件，如图 4-20 所示。

为了方便查看数据，使用 "hdfs dfs -get / 文件目录" 命令将数据文件下载到本地，示例命令如下：

读书笔记

图 4-20　在 HDFS 上查看运行结果文件

```
# hdfs dfs -get /MR/test01/out/part-r-00000
```

使用命令"cat 文件名称"查看文件，示例命令如下，如图 4-21 所示是查看文件分析的结果。

```
# cat part-r-00000
```

上海	14.336426914153133	24.858468677494198
北京	15.880640465793304	27.62882096069869
广州	11.288235294117648	19.31764705882353
成都	8.813953488372093	15.093023255813954
杭州	15.062068965517241	25.17241379310345
武汉	10.159090909090908	17.704545454545453
深圳	14.940959409594097	25.081180811808117
重庆	7.5	13.75

图 4-21　使用命令查看分析结果

（2）分析不同公司、不同工作年限的职位需求量

使用"hdfs dfs -mkdir / 文件路径 -p"命令在 HDFS 上创建目录，其中"-p"标签是递归创建目录，命令如下：

```
# hdfs dfs -mkdir -p /MR/test02/input
```

使用"hdfs dfs -cp / 源目录 / 目标目录"命令将清洗过后的数据复制到所创建的新目录中，命令如下：

```
# hdfs dfs -cp /MR/out/part-r-00000  /MR/test02/input
```

在 Mapper 阶段可以按照公司和工作年限来进行分类，将这两列看作 key 进行输出。因为最后要求得到的结果是一个职位需求量，即一个职位总和，所以可以将每一行"公司和工作年限"对应的职位值设置为 1，从而求得职位总和。Mapper 代码框架如下：

```
public class CountMapper extends Mapper<LongWritable, Text, Text, IntWritable> {
    Text k = new Text();
    IntWritable v = new IntWritable(1);
```

微课 4-3
使用 MapReduce 分析不同公司、不同工作年限的职位需求量

```
@Override
protected void map(LongWritable key, Text value, Context context) throws IOException,
InterruptedException {
    }
}
```

因为数据中并没有提供具体公司的名字，所以可以使用"城市"字段替代，只要取出所需要的字段（城市和工作年限）将其作为 key 输出，对应的 value 设置为"1"即可，示例代码如下：

```
String[] data = value.toString().split(", (?=(?:[^\"]*\"[^\"]*\")*[^\"]*$)", -1);
k.set(data[5] + ", " + data[4]);
context.write(k, v);
```

由于需要计算的是职位总和，那么最后 Reducer 阶段输出的 value 应该是一个数值型数据，Reducer 的代码框架如下：

```
public class CountReduce extends Reducer<Text, IntWritable, Text, IntWritable> {
    Text k = new Text();
    IntWritable v = new IntWritable();
    @Override
    protected void reduce(Text key, Iterable<IntWritable> values, Context context) throws
IOException, InterruptedException {
    }
}
```

在 Reducer 阶段将所有得到的职位数"1"相加，即可得到职位数总和，示例代码如下：

```
int count = 0;
for (IntWritable value:values){
    count+=value.get();
}
```

结果输出，示例代码如下：

```
k.set(key.toString().replace(", ", "\t"));
v.set(count);
context.write(k, v);
```

在 Driver 阶段配置 Job，示例代码如下：

```
Configuration conf = new Configuration();
```

读书笔记

读书笔记

```
conf.set("fs.default", "hdfs://192.168.0.155:9000/");
Job job = Job.getInstance(conf);
```

配置 3 个类，示例代码如下：

```
job.setJarByClass(MRTest02.class);
job.setMapperClass(CountMapper.class);
job.setReducerClass(CountReduce.class);
```

配置 Mapper、Reducer 类输出和最终输出的 key/value 类型，示例代码如下：

```
job.setMapOutputKeyClass(Text.class);
job.setMapOutputValueClass(IntWritable.class);
job.setOutputKeyClass(Text.class);
job.setOutputValueClass(IntWritable.class);
```

配置输入输出路径，示例代码如下：

```
FileInputFormat.setInputPaths(job, "/MR/test02/input");
FileOutputFormat.setOutputPath(job, new Path("/MR/test02/out"));
```

提交作业，示例代码如下：

```
System.exit(job.waitForCompletion(true) ? 0 :1);
```

将文件打包至集群运行后，在 HDFS 上查看运行结果文件，如图 4-22 所示。

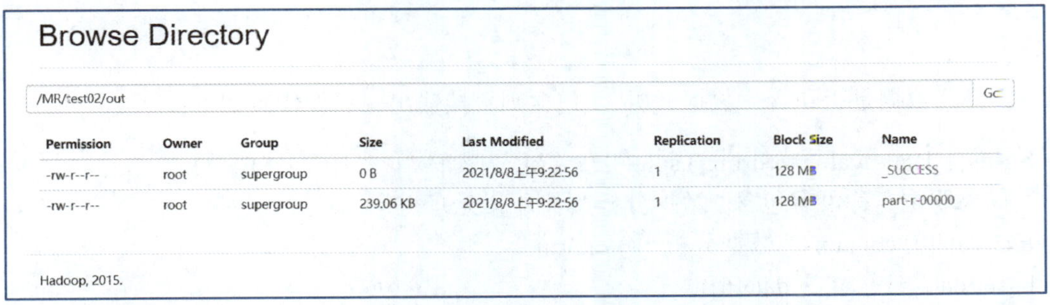

图 4-22　查看运行结果文件

为了方便数据分析，可使用"hdfs dfs -get / 文件目录"命令将数据文件下载到本地，命令如下：

```
# hdfs dfs -get /MR/test02/out/part-r- 00000
```

使用命令"cat 文件名称"查看文件，命令如下：

```
# cat part-r-00000
```

如图 4-23 所示，查看文件分析结果。

（3）分析获得每个城市的职位名称中包含"数据分析"的职位需求、公司名称，并按照需求数量倒序排列，返回结果包含城市、公司名称、需求数量

首先使用 "hdfs dfs -mkdir -p / 文件路径" 命令，在 HDFS 上创建目录，其中 "-p" 参数是递归创建目录，命令如下：

```
# hdfs dfs -mkdir -p /MR/test03/input
```

然后使用 "hdfs dfs -cp/ 源目录 / 目标目录" 命令，将清洗后的数据复制到所创建的新目录中，命令如下：

```
# hdfs dfs -cp /MR/ out/part-r-00000  /MR/test03/input
```

上海	1-3年	131	
上海	1年以下	9	
上海	3-5年	164	
上海	5-10年	57	
上海	不限	41	
上海	应届毕业生		29
北京	1-3年	165	
北京	10年以上	1	
北京	1年以下	8	
北京	3-5年	277	
北京	5-10年	113	
北京	不限	67	
北京	应届毕业生		54
广州	1-3年	52	
广州	1年以下	5	
广州	3-5年	57	
广州	5-10年	18	
广州	不限	26	
广州	应届毕业生		12
成都	1-3年	13	

图 4-23   查看文件分析结果

在本任务中以城市和公司分类，即城市和公司作为 key，在 Mapper 阶段输出。Mapper 代码框架示例代码如下：

```
public class NameMapper extends Mapper<LongWritable, Text, Text, IntWritable> {
    Text k = new Text();
    IntWritable v = new IntWritable(1);
    @Override
    protected void map(LongWritable key, Text value, Context context) throws IOException, InterruptedException {

    }
}
```

判断数据是否包含"数据分析"，包含则直接输出，示例代码如下：

```
String[] data = value.toString().split(", (?=(?:[^\"]*\"[^\"]*\")*[^\"]*$)", -1);
// 如果职位名称没有包含 " 数据分析 "，则不做处理
if (!(data[0].contains(" 数据分析 "))) return;
k. set(data[5] + "\t" + data[6]);
context.write(k, v);
```

在 Redcuer 阶段完成"数据分析"职位需求数量的求和并输出。Reducer 代码框架示例代码如下：

```
public class NameReduce extends Reducer<Text, IntWritable, Text, NullWritable> {
    Text k = new Text();
    @Override
    protected void reduce(Text key, Iterable<IntWritable> values, Context context) throws IOException, InterruptedException {
```

```
    }
}
```

通过循环得出每个城市职位名称包含"数据分析"的需求量并输出，示例代码如下：

```
int count = 0;
for (IntWritable value :values) {
    count += value.get();
}
k.set(key.toString().split("\t")[0]+"\t"+
    key.toString().split("\t")[1]+ "\t" +
    count);
context.write(k, NullWritable.get());
}
```

此时可以得到职位名称中包含"数据分析"的职位需求数量、公司名称这些数据，但是并没有将数据进行排序，所以还需要对数据进行进一步的排序处理。

为了操作方便，在此自定义一个 JavaBean 类型，实现 WritableComparable 接口，完成数据排序操作，示例代码如下：

```
public class JavaBean implements WritableComparable<JavaBean> {
    @Override
    public int compareTo(test o) {
        return 0;
    }
    @Override
    public void write(DataOutput dataOutput) throws IOException {
    }
    @Override
    public void readFields(DataInput dataInput) throws IOException {
    }
}
```

根据数据的字段设置 JavaBean 中的属性，示例代码如下：

```
private String city;
private String companyName;
private int count;
```

将每一个属性进行序列化，示例代码如下：

```
@Override
public void write(DataOutput dataOutput) throws IOException {
  dataOutput.writeUTF(city);
  dataOutput.writeUTF(companyName);
  dataOutput.writeInt(count);
}
```

同时，需要重写反序列化方法，方便数据的读取操作，序列化和反序列化属性的顺序要相同，否则会因为数据读取错误而造成乱码，示例代码如下：

```
@Override
public void readFields(DataInput dataInput) throws IOException {
  this.city = dataInput.readUTF();
  this.companyName = dataInput.readUTF();
  this.count = dataInput.readInt();
}
```

重写排序方法：先以城市排序，然后对同一城市以职位数量倒序排序，示例代码如下：

```
@Override
public int compareTo(JavaBean o) {
  if (this.getCity().compareTo(o.getCity()) == 0)
    return o.count - this.count;
  return this.getCity().compareTo(o.getCity());
}
```

重写 toString 方法，设置数据输出的内容和格式，示例代码如下：

```
@Override
public String toString() {
  return city + "\t" +
  companyName + "\t" +
  count;
}
```

此时需要嵌套一个 Mapper 类将数据进行排序即可，主要实现将读取的数据进行分割，然后传入到自定义的 JavaBean 中，示例代码如下：

```
public static class NameMapper02 extends Mapper<LongWritable, Text, JavaBean,
NullWritable> {
  @Override
```

读书笔记

```
    protected void map(LongWritable key, Text value, Context context) throws IOException,
InterruptedException {
        String data[] = value.toString().split("\t");
        JavaBean k = new JavaBean();
        k.setCity(data[0]);
        k.setCompanyName(data[1]);
        k.setCount(Integer.parseInt(data[2]));
        context.write(k, NullWritable.get());
    }
}
```

在 Driver 阶段配置 Job，示例代码如下：

```
Configuration conf = new Configuration();
conf.set("fs.default", "hdfs://192.168.0.155:9000/");
Job job = Job.getInstance(conf);
```

配置 3 个类，示例代码如下：

```
job.setJarByClass(MRTest03.class);
job.setMapperClass(NameMapper.class);
job.setReducerClass(NameReduce.class);
```

配置 Mapper、Reducer 类输出和最终输出的 key/value 类型，示例代码如下：

```
job.setMapOutputKeyClass(Text.class);
job.setMapOutputValueClass(IntWritable.class);
job.setOutputKeyClass(Text.class);
job.setOutputValueClass(NullWritable.class);
```

配置输入输出路径，示例代码如下：

```
FileInputFormat.setInputPaths(job, "/MR/test03/input");
FileOutputFormat.setOutputPath(job, new Path("/MR/test03/out"));
```

判断主 MR 中的 Job 是否成功执行，如果成功，便可以执行嵌套 MR 中的 Job 进行排序操作，示例代码如下：

```
boolean b = job.waitForCompletion(true);
    if (b) {
        // 嵌套 MR 中的 Driver 的代码
    }
```

读书笔记

嵌套 MR 中 Driver 配置 Job，示例代码如下：

```
Configuration conf2 = new Configuration();
conf.set("fs.default", "hdfs://192.168.0.155:9000/"); //IP 根据集群地址设置
Job job2 = Job.getInstance(conf2);
```

在嵌套 MR 中因为不需要 Reducer 部分，只要配置两个类即可，示例代码如下：

```
job2.setJarByClass(MRTest03.class);
job2.setMapperClass(NameMapper02.class);
```

配置输入输出的数据类型，示例代码如下：

```
job2.setMapOutputKeyClass(JavaBean.class);
job2.setOutputValueClass(NullWritable.class);
job2.setOutputKeyClass(JavaBean.class);
job2.setOutputValueClass(NullWritable.class);
```

配置输入输出路径（输入路径就是第一部分的输出路径），示例代码如下：

```
FileInputFormat.setInputPaths(job2, "/MR/test03/out/part-r-00000");
FileOutputFormat.setOutputPath(job2, new Path("/MR/test03/out2"));
```

提交作业，示例代码如下：

```
System.exit(job2.waitForCompletion(true) ? 0 :1);
```

文件打包至集群运行后，在 HDFS 上查看运行结果，如图 4–24 所示。

读书笔记

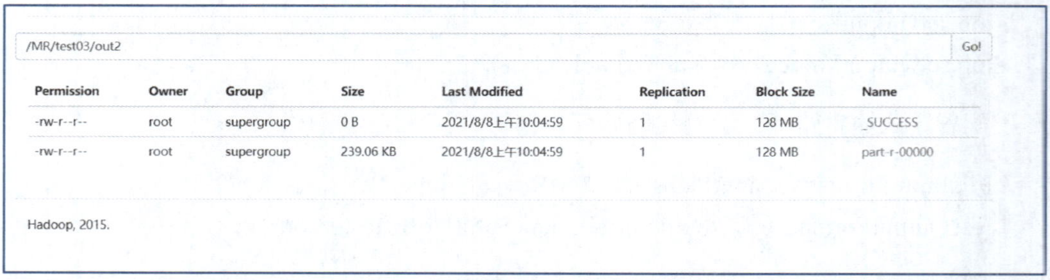

/MR/test03/out2								Go!
Permission	Owner	Group	Size	Last Modified	Replication	Block Size	Name	
-rw-r--r--	root	supergroup	0 B	2021/8/8上午10:04:59	1	128 MB	_SUCCESS	
-rw-r--r--	root	supergroup	239.06 KB	2021/8/8上午10:04:59	1	128 MB	part-r-00000	

Hadoop, 2015.

图 4–24   查看运行结果 1

为了方便查看数据，使用 "hdfs dfs -get / 文件目录" 命令，将数据文件下载到本地，命令如下：

```
# hdfs dfs -get /MR/test03/out2/part-r-00000
```

使用命令 "cat 文件名称" 查看文件，命令如下：

```
# cat part-r-00000
```

如图 4-25 所示为查看文件结果。

（4）统计不同学历的岗位需求数量

在 Mapper 阶段将不再以城市为 key 输出，而是以学历为 key 输出。将每一条信息看作一个职位需求，即该任务可以看作统计不同学历的信息条数。

首先使用 "hdfs dfs -mkdir -p / 文件路径" 命令，在 HDFS 上创建目录，命令如下：

```
# hdfs dfs -mkdir -p /MR/test04/input
```

使用 "hdfs dfs -cp/ 源目录 / 目标目录" 命令，将清洗后的数据复制到所创建的新目录中，命令如下：

上海	拼多多	18
上海	字节跳动	11
上海	携程	9
上海	百融云创	8
上海	哈啰出行	8
上海	小红书	7
上海	GeexFinance	7
上海	趣头条	6
上海	众安保险	5
上海	上海你我贷互联网金融信息服务	5
上海	虎扑	5
上海	旺旺集团	4
上海	平安健康互联网	4
上海	2345.com	4
上海	达达-京东到家	4
上海	算话智能科技有限公司	4
上海	驰骛科技ChiefClouds	4
上海	饿了么	4
上海	乐麦信息技术（杭州）有限公司	4
上海	长投学堂	4

图 4-25　查看文件结果

```
# hdfs dfs -cp /MR/out/part-r-00000   /MR/test04/input
```

Mapper 代码框架如下：

```
public class MRMapper extends Mapper<LongWritable, Text, Text, IntWritable> {
    IntWritable v = new IntWritable(1);
    Text k = new Text();
    @Override
    protected void map(LongWritable key, Text value, Context context) throws
IOException, InterruptedException {
    }
}
```

提取学历字段并输出，示例代码如下：

```
    String[] data = value.toString().split(", (?=(?:[^\"]*\"[^\"]*\")*[^\"]*$)", -1);
    k.set(data[14]);
    context.write(k, v);
```

在 Reducer 阶段主要完成求和操作，代码框架如下：

```
public static class MRReducer extends Reducer<Text, IntWritable, Text, IntWritable> {
    IntWritable v = new IntWritable();
    @Override
    protected void reduce(Text key, Iterable<IntWritable> values, Context context)
throws IOException, InterruptedException {
```

微课 4-5
使用 MapReduce 统计不同学历的岗位需求数量

```
    }
  }
```

通过循环求出不同学历信息的条数，即不同学历的职位需求量，示例代码如下：

```
int sum = 0;
for (IntWritable value :values) {
    sum += value.get();
}
v.set(sum);
context.write(key, v);
```

在 Driver 阶段配置 Job，示例代码如下：

```
Configuration conf = new Configuration();
conf.set("fs.default", "hdfs://192.168.0.155:9000/");  //IP 根据集群地址设置
Job job = Job.getInstance(conf);
```

配置 3 个类，示例代码如下：

```
job.setJarByClass(MRDriver.class);
job.setMapperClass(MRMapper.class);
job.setReducerClass(MRReduce.class);
```

配置 Mapper、Reducer 类输出和最终输出的 key/value 类型，示例代码如下：

```
job.setMapOutputKeyClass(Text.class);
job.setMapOutputValueClass(IntWritable.class);
job.setOutputKeyClass(Text.class);
job.setOutputValueClass(IntWritable.class);
```

配置输入输出路径，示例代码如下：

```
FileInputFormat.setInputPaths(job, "/MR/test04/input");
FileOutputFormat.setOutputPath(job, new Path("/MR/test04/out"));
```

提交作业，示例代码如下：

```
System.exit(job.waitForCompletion(true) ? 0 :1);
```

文件打包至集群运行后，在 HDFS 上查看运行结果，如图 4–26 所示。

为了方便查看数据，使用 "hdfs dfs -get / 文件目录" 命令，将数据文件下载到本地，命令如下：

```
# hdfs dfs -get /MR/test04/out/part-r-00000
```

Browse Directory

/MR/test04/out　　　　　　　　　　　　　　　　　　　　　　　　　　　　　　　Go!

Permission	Owner	Group	Size	Last Modified	Replication	Block Size	Name
-rw-r--r--	root	supergroup	0 B	2021/8/8上午10:09:21	1	128 MB	_SUCCESS
-rw-r--r--	root	supergroup	239.06 KB	2021/8/8上午10:09:22	1	128 MB	part-r-00000

Hadoop, 2015.

图 4-26　查看运行结果 2

使用命令"cat 文件名称"查看文件，命令如下：

cat part-r-00000

如图 4-27 所示为查看文件的结果。

（5）分析不同城市、不同融资阶段的岗位需求

首先使用"hdfs dfs -mkdir -p / 文件路径"命令，在 HDFS 上创建目录，命令如下：

全职	161
兼职	11
大专	1074
本科	541
高中	12

hdfs dfs -mkdir -p /MR/test05/input

图 4-27　查看结果文件

然后使用"hdfs dfs -cp / 源目录 / 目标目录"命令，将清洗后的数据复制到所创建的新目录中，命令如下：

hdfs dfs -cp /MR/out/part-r-00000　　/MR/test05/input

在 Mapper 阶段，以城市和融资来进行分类，将这两列联合作为 key，Mapper 代码框架如下：

```
Public class MRMapper extends Mapper<LongWritable, Text, Text, IntWritable> {
    Text k = new Text();
    IntWritable v = new IntWritable(1);
    @Override
    protected void map(LongWritable key, Text value, Context context) throws IOException,
InterruptedException {

    }
}
```

提取所需要的列，示例代码如下：

```
String[] data = value.toString().split(", (?=(?:[^\"]*\"[^\"]*\")*[^\"]*$)", -1);
k.set(data[5]+"\t"+data[9]);
```

微课 4-6
使用 MapReduce 分析不同城市、不同融资阶段的岗位需求

```
context.write(k, v);
```

在 Reducer 阶段，主要完成针对输入的 value 进行求和操作，Reducer 代码框架如下：

```
public  class MRReducer extends Reducer<Text, IntWritable, Text, IntWritable> {
    IntWritable v = new IntWritable();
    @Override
    protected void reduce(Text key, Iterable<IntWritable> values, Context context) throws
IOException, InterruptedException {
    }
}
```

使用循环求和，示例代码如下：

```
int sum = 0;
for (IntWritable value :values) {
    sum += value.get();
}
v.set(sum );
context.write(key, v);
```

在 Driver 中配置 Job，示例代码如下：

```
Configuration conf = new Configuration();
conf.set("fs.default", "hdfs://192.168.0.155:9000/"); // 根据集群地址设置
Job job = Job.getInstance(conf);
```

配置 3 个类，示例代码如下：

```
job.setJarByClass(MRDriver.class);
job.setMapperClass(MRMapper.class);
job.setReducerClass(MRReduce.class);
```

配置 Mapper、Reducer 类输出和最终输出的 key/value 类型，示例代码如下：

```
job.setMapOutputKeyClass(Text.class);
job.setMapOutputValueClass(IntWritable.class);
job.setOutputKeyClass(Text.class);
job.setOutputValueClass(IntWritable.class);
```

配置输入、输出路径，示例代码如下：

```
FileInputFormat.setInputPaths(job, "/MR/test05/input");
```

```
FileOutputFormat.setOutputPath(job, new Path("/MR/test05/out"));
```

提交作业，示例代码如下：

```
System.exit(job.waitForCompletion(true) ? 0 :1);
```

文件打包至集群运行后，在 HDFS 上查看运行结果文件，如图 4-28 所示。

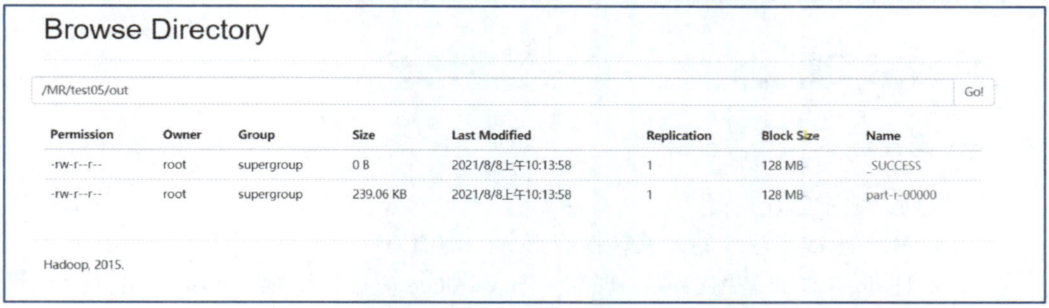

Browse Directory

/MR/test05/out								Go!

Permission	Owner	Group	Size	Last Modified	Replication	Block Size	Name
-rw-r--r--	root	supergroup	0 B	2021/8/8上午10:13:58	1	128 MB	_SUCCESS
-rw-r--r--	root	supergroup	239.06 KB	2021/8/8上午10:13:58	1	128 MB	part-r-00000

Hadoop, 2015.

图 4-28　查看运行结果 3

为了方便查看数据，使用 "hdfs dfs -get / 文件目录" 命令，将数据文件下载到本地，命令如下：

```
# hdfs dfs -get /MR/test05/out/part-r-00000
```

使用命令 "cat 文件名称" 查看文件，命令如下：

```
# cat part-r-00000
```

如图 4-29 所示为查看文件的运行结果。

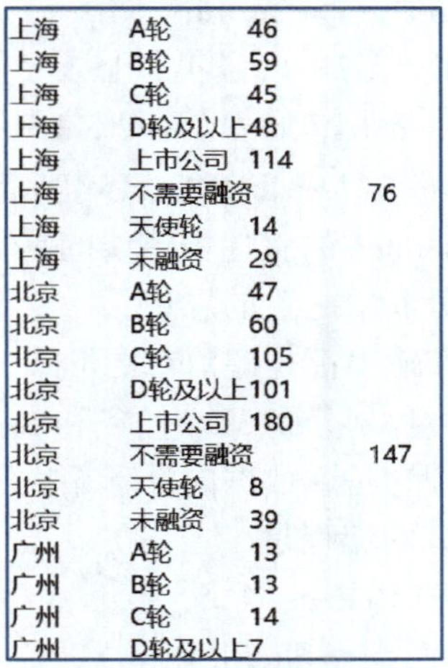

```
上海    A轮      46
上海    B轮      59
上海    C轮      45
上海    D轮及以上48
上海    上市公司 114
上海    不需要融资        76
上海    天使轮   14
上海    未融资   29
北京    A轮      47
北京    B轮      60
北京    C轮      105
北京    D轮及以上101
北京    上市公司 180
北京    不需要融资        147
北京    天使轮   8
北京    未融资   39
广州    A轮      13
广州    B轮      13
广州    C轮      14
广州    D轮及以上7
```

图 4-29　查看文件的运行结果

项目小结

本项目主要介绍了 MapReduce 的架构（Client、JobTracker、TaskTracker 和 Task）、MapReduce 的运行机制，以及通过 IDEA 创建 Maven 工程，实现了使用 MapReduce 清洗与规格化数据，进一步实现了数据的处理与分析。

课后习题

一、选择题

1. 下列说法中错误的是（　　）。

   A. Map 函数将输入的元素转换成形式的键值对

   B. Hadoop 框架是用 Java 实现的，MapReduce 应用程序则一定要使用 Java 编程

   C. 不同的 Map 任务之间不能互相通信

   D. MapReduce 框架采用了 Master/Slave 架构，包括一个 Master 和若干个 Slave

2. 在使用 MapReduce 程序 Wordcount 进行词频统计时，对于文本行"hello hadoop hello world"，经过 Wordcount 程序的 Map 函数处理后直接输出的中间结果，应该采用（　　）形式。

   A. <"hello", 1>、<"hello", 1>、<"hadoop", 1> 和 <"world", 1>

   B. <"hello", 1, 1>、<"hadoop", 1> 和 <"world", 1>

   C. <"hello", <1, 1>>、<"hadoop", 1> 和 <"world", 1>

   D. <"hello", 2>、<"hadoop", 1> 和 <"world", 1>

读书笔记

3. 在词频统计中，对于文本行"hello hadoop hello world"，经过 Wordcount 的 Reduce 函数处理后的结果是（　　）。

   A. <"hello", 2><"hadoop", 1><"world", 1>

   B. <"hadoop", 1><"hello", 2><"world", 1>

   C. <"hello", 1, 1><"hadoop", 1><"world", 1>

   D. <"hadoop", 1><"hello", 1><"hello", 1><"world", 1>

4. 下列关于 Hadoop MapReduce 的叙述中错误的是（　　）。

   A. MapReduce 采用"分而治之"的思想

   B. MapReduce 的输入和输出都是键值对的形式

   C. MapReduce 将计算过程划分为 Map 任务和 Reduce 任务

   D. MapReduce 的设计理念是"数据向计算靠拢"

5. Hadoop MapReduce 计算的流程是（　　）。

   A. Map 任务→ Shuffle → Reduce 任务

   B. Map 任务→ Reduce 任务→ Shuffle

   C. Reduce 任务→ Map 任务→ Shuffle

D. Shuffle → Map 任务→ Reduce 任务

6. 在编写 MapReduce 程序时，下列描述中错误的是（　　　）。

A. Reduce 函数所在的类必须继承自 Reducer 类

B. Map 函数的输出就是 Reduce 函数的输入

C. Reduce 函数的输出默认是有序的

D. 启动 MapReduce 进行分布式并行计算的方法是 start ()

7. 在 MapReduce 中，如果将 Reducer 数设置为 0 时，会发生（　　　）。

A. 仅有 Reduce 作业发生

B. 仅有 Map 作业发生

C. Reducer 输出会成为最终输出（Mapper 输出是最终输出）

8. 在 MapReduce 中，下面（　　　）会将输入键值对处理成中间键值对。

A. Mapper　　　　　　B. Reducer　　　　　C. Mapper 和 Reducer

9. 在 MapReduce 中，Map 数取决于（　　　）的总量。

A. 任务数　　　　　　B. 输入数据　　　　　C. 输出数据

10. 在 Hadoop 的分区阶段，默认的 Partitioner 是（　　　）。

A. HashPar　　　　　B. Partitioner　　　　C. HashPartitioner

11. 下面（　　　）是一种编程模型，它将大规模的数据处理工作拆分成互相独立的任务然后并行处理。

A. MapReduce　　　　B. HDFS　　　　　　C. Pig

12. 在 MapReduce 中，对于 Map 输出的中间结果，负责按 key 进行分区的是（　　　）。

A. RecordReader　　　B. Combiner　　　　　C. Partitioner

13. 在 MapReduce 中，下面（　　　）阶段是并行进行的。

A. Shuffle 和 Map　　B. Shuffle 和 Sort　　C. Reduce 和 Sort

14. 关于 MapReduce 中的键值对，下面描述正确的是（　　　）。

A. Key 类必须实现 Writable

B. Key 类必须实现 WritableComparable

C. Value 类必须实现 WritableComparable

D. Value 类必须继承 WritableComparable

15. 在 MapReduce 中，下面（　　　）数据流的顺序是正确的。

a. InputFormat，b. Mapper，c. Combiner　d. Reducer，e. Partitioner，f. OutputFormat

A. abcdfe　　　　　　B. abecdf　　　　　C. acdefb　　　　D. abcdef

16. 下面（　　　）不属于 Reducer 阶段。

A. Shuffle　　　　　　B. Sort　　　　　　C. Map　　　　　D. Reduce

17. Mapper 排序后的输出将作为下面（　　　）的输入。

A. Reducer　　　　　　B. Mapper　　　　　C. Shuffle

18. 禁用 Reduce 阶段的方法是（　　　）。

    A. 设置 conf.setNumreduceTasks（0）

    B. 设置 job.setNumreduceTasks（0）

    C. 设置 job.setNumreduceTasks ()=0

19. Shuffle 和 Sort 输出的 key 实现了下面（　　　　）接口。

    A. Writable   B. WritableComparable

    C. Configurable   D. ComparableWritable

20. 在 MapReduce 编程时，如下阶段的顺序是（　　　　）。

    a. Partitioner，b. Mapper，c. Combiner，d. Shuffle/Sort

    A. badc   B. bacd   C. bdca   D. bcad

二、简答题

1. 简述 Combiner 的作用。

2. 简述 Partitioner 的作用。

读书笔记

项目 5

使用 Spark 进行数据分析

💡 学习目标 ··

【知识目标】
- 熟悉 Spark 计算框架。
- 熟悉 Spark 的运行流程。

【技能目标】
- 学会 Spark RDD 的创建方法和 API 编程。
- 学会 DataFrame 和 DataSet 的创建方法。
- 学会 Spark SQL 的 API 编程。

【素质目标】
- 具有严谨细致的工作态度和工作作风。
- 具有良好的团队协作意识和业务沟通能力。
- 具有良好的表达能力和文档制作能力。
- 具有规范的编程意识和较好的数据分析能力。

📋 项目描述 ··

【学习情景】

小华借助 MapReduce 计算框架对采集到的数据进行简单的"预处理"后,实现了对数据简单的统计与分析。但是,随着对 MapReduce 计算框架的了解,小华注意到 MapReduce 框架包含:Map、Sort、Combine、Shuffle 以及 Reduce 这 5 个步骤。在这 5 个步骤中最重要的就是 Map 和 Reduce 阶段。Map 步骤是在不同机器上独立且同步运行的,其主要目的是将数据转换为 key-value 的形式;而 Reduce 步骤是做聚合运算,它也是在不同机器上独立且同步运行的。Map 和 Reduce 中间夹杂着一步数据移动,即 Shuffle 过程,其操作会涉及数量巨大的网络传输(Network I/O),需要耗费大量的时间。由于 MapReduce 的框架限制,一个 MapReduce 任务只能包含一次 Map 和一次 Reduce 操作,计算完成之后,MapReduce 会将运算结果写回到分布式存储系统中,以供下次计算使用。如果所做的运算涉及大量循环，那么整个计算过程会不断地重复地向磁盘里读写中间结果。这样的读写操作会引起大量的时间消耗。而 Spark 针对 MapReduce 存在的这个问题进行了改进，它延续了 MapReduce 的设计思路，对数据的计算也分为 Map 和 Reduce 两类。但不同的是，一个 Spark 任务是由一系列的 Map、Reduce 构成，并借助随机存取存储器（内存）处理数据。这样，计算的中间结果可以高效地通过内存转给下一个计算步骤，从而可提高计算过程的性能。因此，小华带着强烈的好奇心和迫切的求知欲，准备学习 Spark 的相关知识，并通过 Spark 实现对就业信息的聚类和岗位推荐。

任务 5.1　使用 Spark 进行就业岗位推荐

PPT:
使用Spark进行
就业岗位推荐

任务描述

1. 学习 Spark 的相关技术知识。
2. 使用 Spark 编程实现对招聘数据的清洗与规格化。

任务目标

1. 学会 RDD 的创建方式和常用操作。
2. 学会使用 RDD 对就业岗位数据进行统计分析。

知识准备

1. Spark

Spark 是一种快速、通用、可扩展的大数据分析引擎，目前，Spark 生态系统已经发展成为一个包含多个子项目的集合：SparkSQL（交互式查询）、Spark Streaming（实时流处理）、GraphX（图计算）、MLlib（机器学习）等。Spark 是基于内存计算的大数据并行计算框架。它基于内存计算，提高了在大数据环境下数据处理的实时性，同时保证了高容错性和高可伸缩性，允许用户将 Spark 部署在大量的低成本硬件之上，形成集群。Spark 是 MapReduce 的替代方案，而且兼容 HDFS、Hive，可融入 Hadoop 的生态系统，以弥补 MapReduce 的不足。Spark 常见的两种应用场景如下：

● 离线场景：可以以时间为维度（几年的数据集）或者以业务为维度，或者某个领域的大数据集等，这种数据一般称为离线数据。

● 实时场景：网站埋点、实时从前端页面传输过来的数据、业务系统或物理硬件实时传输过来的数据、硬件信号或者图像数据等，这些需要实时进行计算处理并且返回结果的数据。

读书笔记

2. Spark 架构

Spark 架构如图 5-1 所示。

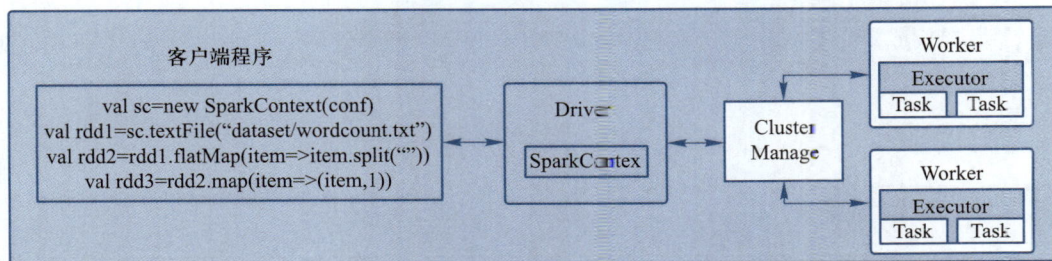

图 5-1　Spark 架构

- 客户端程序：用户提交作业的客户端。
- Driver：运行用户编写的 Spark 应用程序的 main 函数，并创建 SparkContext。应用程序包含一个 Driver 功能的代码和分布在集群中多个节点上的 Executor 代码。
- SparkContext：应用上下文，控制整个生命周期。
- Cluster Manager：指在集群上获取资源的外部服务，即资源管理器。目前主要有 Standalone 和 YARN 两种模式。Standalone 模式是 Spark 原生的资源管理器，由 Master 负责资源的分配，也可以理解为在使用 Standalone 时，Cluster Manager 是 Master 主节点。若使用 YARN 模式，则是由 ResourceManager 负责资源的分配。
- Worker：集群中任何可以运行应用程序的节点，运行一个或多个 Executor 进程。
- Executor：运行在 Worker 的 Task 执行器。Executor 启动线程池运行 Task，且负责将数据保存在内存或磁盘上，每个应用程序都会申请各自的 Executor 来处理任务。
- Task：被送到某个 Executor 的具体工作任务。

3. 在集群上运行 Spark 应用程序

Spark 有 3 种运行模式，包括 Standalone（使用 Spark 自带的简单集群管理器）、YARN（使用 YARN 作为集群管理器）和 Mesos（使用 Mesos 作为集群管理器）。其中，Mesos 和 YARN 模式类似。目前主要使用 Standalone 模式和 YARN 模式，下面将详细介绍这两种模式的启动方式及运行流程。

（1）启动 Spark 集群

（2）Standalone 运行模式

Standalone 模式是 Spark 实现的资源调度框架，其主要的节点有 Client 节点、Master 节点和 Worker 节点。Driver 既可以运行在 Master 节点上，也可以运行在本地 Client 端。

当使用 spark-shell 交互式工具提交 Spark 的 Job 时，可使用 spark-shell 启动脚本，Driver 在 Master 节点上运行，该脚本启动一个交互式的 Scala 命令界面，可供用户来运行 Spark 相关命令。启动 spark-shell 的运行界面如图 5-2 所示。

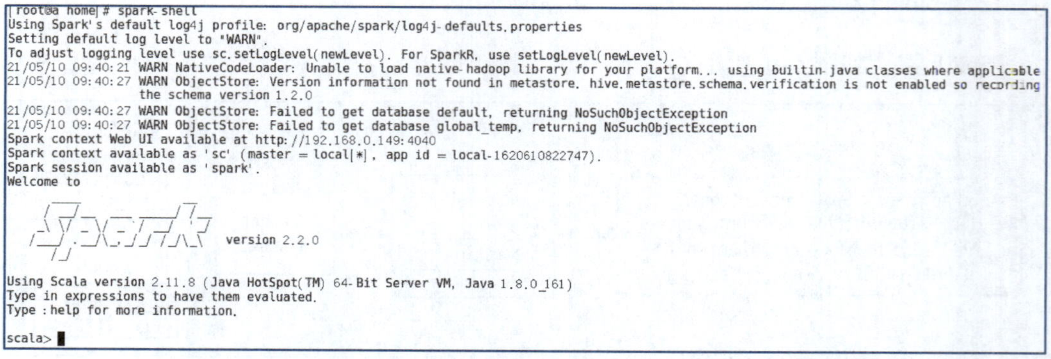

```
[root@home]# spark-shell
Using Spark's default log4j profile: org/apache/spark/log4j-defaults.properties
Setting default log level to "WARN".
To adjust logging level use sc.setLogLevel(newLevel). For SparkR, use setLogLevel(newLevel).
21/05/10 09:40:21 WARN NativeCodeLoader: Unable to load native-hadoop library for your platform... using builtin-java classes where applicable
21/05/10 09:40:27 WARN ObjectStore: Version information not found in metastore. hive.metastore.schema.verification is not enabled so recording
           the schema version 1.2.0
21/05/10 09:40:27 WARN ObjectStore: Failed to get database default, returning NoSuchObjectException
21/05/10 09:40:27 WARN ObjectStore: Failed to get database global_temp, returning NoSuchObjectException
Spark context Web UI available at http://192.168.0.149:4040
Spark context available as 'sc' (master = local[*], app id = local-1620610822747).
Spark session available as 'spark'.
Welcome to

      ____              __
     / __/__  ___ _____/ /__
    _\ \/ _ \/ _ `/ __/  '_/
   /___/ .__/\_,_/_/ /_/\_\   version 2.2.0
      /_/

Using Scala version 2.11.8 (Java HotSpot(TM) 64-Bit Server VM, Java 1.8.0_161)
Type in expressions to have them evaluated.
Type :help for more information.

scala>
```

图 5-2　启动 spark-shell 的运行界面

在 spark-shell 的启动过程中可以看到，Spark 的版本为 2.2.0，Spark 内嵌的 Scala 版本为 2.11.8，Java 版本为 1.8.0_161。同时 spark-shell 在启动的过程中初始化 Spark context 为 sc，以及初始化 Spark session 为 spark。当界面出现"scala>"提示符时，说明 Spark 交互式命令窗口启动成功，并且可以看到默认参数下 spark-shell 是提交本地执行的。在 Spark 的 WebUI 界面（http://master:8080）中查看，Running Applications 和 Completed Applications 都是空的，如图 5-3 所示。

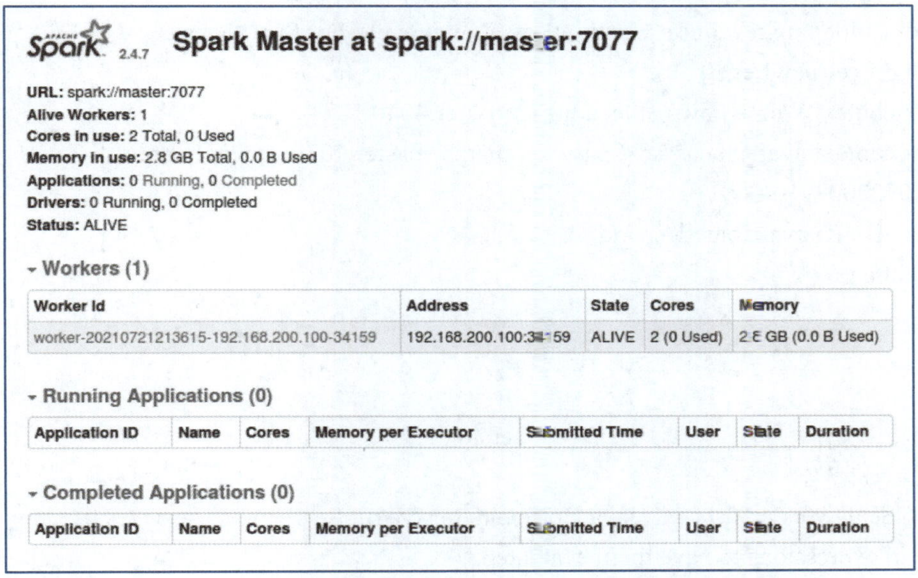

Spark 2.4.7　**Spark Master at spark://master:7077**

URL: spark://master:7077
Alive Workers: 1
Cores in use: 2 Total, 0 Used
Memory in use: 2.8 GB Total, 0.0 B Used
Applications: 0 Running, 0 Completed
Drivers: 0 Running, 0 Completed
Status: ALIVE

— **Workers (1)**

Worker Id	Address	State	Cores	Memory
worker-20210721213615-192.168.200.100-34159	192.168.200.100:34159	ALIVE	2 (0 Used)	2.8 GB (0.0 B Used)

— **Running Applications (0)**

Application ID	Name	Cores	Memory per Executor	Submitted Time	User	State	Duration

— **Completed Applications (0)**

Application ID	Name	Cores	Memory per Executor	Submitted Time	User	State	Duration

图 5-3　Spark 的 WebUI 界面

另外，可以查看"{SPARK_HOME}/bin/spark-shell"脚本，发现该脚本中执行了"${SPARK_HOME}/bin/spark-submit"命令，并且以"-name"标记的值是"spark shell"，这说明 spark-shell 的本质是在后台调用了 spark-submit 脚本来启动应用程序的，执行 spark-shell，其实就是提交运行一个名为"spark shell"的 Spark Application，并以交互式的命令行形式展现给用户。

执行如下命令，退出 Spark 交互式命令行：

```
scala>:quit
root@master:/usr/local/spark/bin#
```

执行如下命令，指定 master 参数：

```
root@master:/usr/local/spark/bin# spark-shell --master spark://master:7077
SLF4J:Class path contains multiple SLF4J bindings
SLF4J:Found binding in [jar:file:/usr/local/spark/jars/slf4j-log4j12-1.7.16.jar!/org/slf4j/impl/StaticLoggerBinder.class]
```

```
SLF45:Found binding in [jar:file:/home/mh/Downloads/hadoop/share /hadoop/common/
lib/slf4j-log4j12-1.7.10. jar !/org/slf4j/impl/StaticLoggerBinder.class]
SLF4J:See http://www.slf4j.org/codes.html#multiple_bindings for an explanation.
SLF4J:Actual binding is of type [org.slf4j.impl.Log4jLoggerFactory]
21/07/22 00:39:03 WARN NativeCodeLoader:Unable to load native-hadoop library for
your platform... using builtin-java classes where applicable
Setting default log level to "WARN".
To adjust logging level use sc.setLogLevel(newLevel). For SparkR, use
setLogLevel(newLevel).
Spark context Web UI available at http://master:4040
Spark context available as 'sc' (master = spark://master:7077, app id = app-
20210722003910-0001) .
Spark session available as 'spark'.
Welcome to
      ____              __
     / __/__  ___ _____/ /__
    _\ \/ _ \/ _ `/ __/  '_/
   /__ / .___/\_,_/ /_/ /__/\_\   version 2.4.7
      /_/
Using Scala version 2.11.12 (Java HotSpot(TM) 64-Bit Server VM, Java_1.8.0131)
Type in expressions to have them evaluated.
Type :help for more information.
scala>
```

📑 读书笔记

　　程序正确运行后，在 Spark 的 WebUI 界面（http：//master：8080）中查看，可以看到 Running Applications 下有一个正在运行的程序信息，如图 5–4 所示。

Application ID	Name	Cores	Memory per Executor	Submitted Time	User	State	Duration
app-20210722002649-0000 (kill)	Spark shell	2	1024.0 MB	2021/07/22 00:28:49	root	RUNNING	10 s

▾ Running Applications (1)

图 5–4　正在运行的程序信息

　　执行命令，退出 Spark 交互式命令行。此时在 Spark 的 WebUI 界面（http：//master：8080）中查看，在 Completed Applications 下显示运行完成的程序信息，如图 5–5 所示。

　　在 spark-shell 启动时，也可以手动指定每个节点的内存和 Executor 使用的 CPU 个数，启动命令如下：

```
spark-shell --master spark://master:7077 --executor-memory 1g --total-executor-cores 1
```

▾ Completed Applications (1)							
Application ID	**Name**	**Cores**	**Memory per Executor**	**Submitted Time**	**User**	**State**	**Duration**
app-20210722002849-0000	Spark shell	2	1024.0 MB	2021/07/22 00:28:49	root	FINISHED	3.1 min

图 5-5　运行完成程序信息

当使用 spark-submit 工具提交 Job 或者在 IDEA 等开发平台上使用 "new SparkConf ().setMaster（spark：//master：7077）" 方式运行 Spark 任务时，Driver 是运行在本地 Client 端上的。

通过 spark-submit 命令提交应用程序，该命令的格式如下：

```
spark-submit
--master <master-url>
--deploy-mode <deploy-mode> # 部署模式
...# 其他参数
<application-file> #python 代码文件
[application-arguments] # 传递给主类的主方法的参数
```

可以执行 "spark-submit --help" 命令，获取完整的选项列表。其中 <master-url> 参数，见表 5-1。

表 5-1　<master-url> 参数及其含义

option	Master URL	含　　义
--master	local	运行 Spark 本地模式，Worker 线程为 1
	Local[n]	运行 Spark 本地模式，Worker 线程为 n，n 一般为所在计算机 CPU 的核心数
	Local[*]	运行 Spark 本地模式，Worker 为所在计算机 CPU 的核心数
	spark：//hostname：port	连接到给定的 Spark Standalone 集群
	mesos：//hostname：port	连接到给定的 Mesos 集群
	yarn	连接到给定的 YARN 集群，通过 --deploy-mode 来设置模式（默认为 Client 模式）
	yarn-client	相当于 --master yarn --deploy-mode client
	yarn-cluster	相当于 --master yarn --deploy-mode cluster

<deploy-mode> 允许选择是否在本地（使用 client 选项），或者在集群内（使用 cluster 选项）的其中一台工作机器上启动，默认值是 client。

使用 spark-submit 工具提交运行系统自带的样例程序，命令如下：

```
root@master:/# spark-submit --master spark://master :7077
/usr/local/spark/examples/src/main/python/pi.py
```

当以 Standalone 模式向 Spark 集群提交作业时，作业的运行流程如图 5-6 所示。

① SparkContext 连接到 Master，向 Master 注册并申请资源。

② Worker 定期发送心跳信息给 Master 并报告 Executor 状态。

③ Master 根据 SparkContext 的资源申请要求和 Worker 心跳周期内报告的信息决定在哪个 Worker 上分配资源，然后在该 Worker 上获取资源，启动 Executor。

④ Executor 向 SparkContext 注册。

⑤ SparkContext 将 Application 代码发送给 Executor，并且 SparkContext 解析 Application 代码，构建 DAG 图，并提交给 DAG Scheduler，分解成 Stage（当碰到 Action 操作时，就会产生 Job，每个 Job 中含有一个或多个 Stage），然后将 Stage（或称为 TaskSet）提交给 Task Scheduler，Task Scheduler 负责将 Task 分配到相应的 Worker，最后提交给 Executor 执行。

⑥ Executor 开始执行 Task，并向 SparkContext 报告，直至 Task 完成。

⑦ 所有 Task 完成后，SparkContext 向 Master 注销，释放资源。

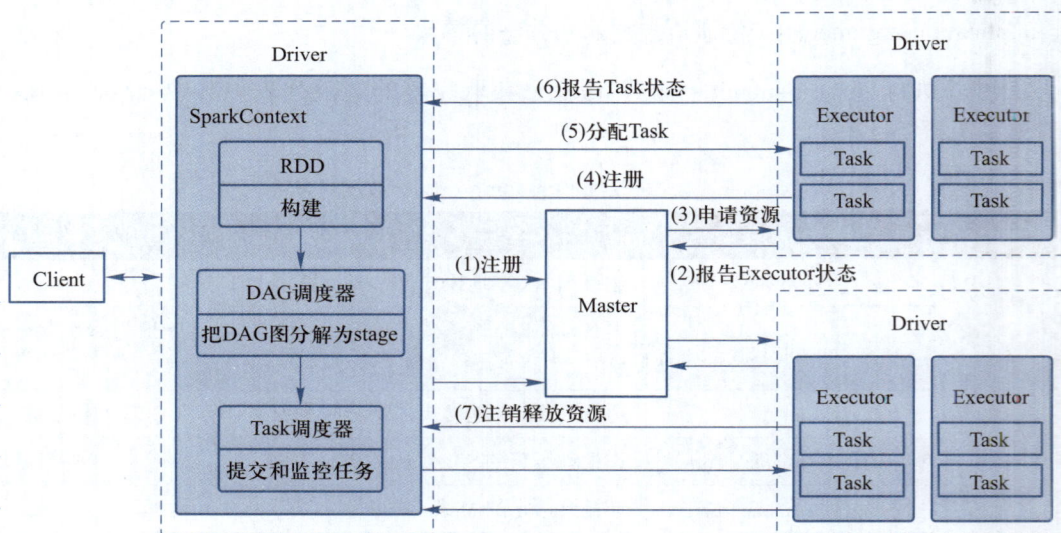

图 5-6　Spark Standalone 模式运行流程

（3）YARN 运行模式

YARN 集群运行 Spark 任务有两种模式，分别是集群模式（Cluster）和客户端模式（Client），两种模式的提交主要通过参数来区分。

在 spark1.x 中，提交 Spark 任务到 YARN 集群的主要参数配置为：

```
spark-submit --master yarn-client
spark-submit --master yarn-cluster
```

在 spark2.x 中，提交 Spark 任务到 YARN 集群的主要配置为：

```
spark-submit --master yarn --deploy-mode client
spark-submit --master yarn --deploy-mode cluster
```

在启动 YARN 集群模式之前，需要手动启动 Hadoop 历史服务，命令如下：

```
mr-jobhistory-daemon.sh start historyserver
```

为保证后续程序的正确执行，可以使用 jsp 命令查看进程，命令及执行信息如下：

```
[root@master hadoop]# jps
    5024 ResourceManager
    6132 Jps
    4854 SecondaryNameNode
    5142 NodeManager
    4681 DataNode
    4539 NameNode
    5483 Master
    6095 JobHistoryServer
```

启动 YARN 集群模式命令，运行如下命令：

```
spark-submit --master yarn --deploy-mode cluster
/usr/local/spark/examples/src/main/python/pi.py
```

命令运行后的部分截图信息，如图 5-7 所示。

```
22/07/17 05:02:12 INFO yarn.Client: Application report for application_1658048407836_000_ (state: RUNNING)
22/07/17 05:02:13 INFO yarn.Client: Application report for application_1658048407836_000_ (state: RUNNING)
22/07/17 05:02:14 INFO yarn.Client: Application report for application_1658048407836_000_ (state: FINISHED)
22/07/17 05:02:14 INFO yarn.Client:
    client token: N/A
    diagnostics: N/A
    ApplicationMaster host: master
    ApplicationMaster RPC port: 41076
    queue: default
    start time: 1658048493739
    final status: SUCCEEDED
    tracking URL: http://master:8088/proxy/application_1627203539532_0011/
    user: root
22/07/17 05:02:14 INFO util.ShutdownHookManager: Shutdown hook called
22/07/17 05:02:14 INFO util.ShutdownHookManager: Deleting directory /tmp/spark-8094de05-cd7b-4eba-aac9-7124fdc5990c
22/07/17 05:02:14 INFO util.ShutdownHookManager: Deleting directory /tmp/spark-856a2971-a05-418e-8d18-e25053cbc693
```

图 5-7　启动 YARN 集群模式

从运行的结果中可以查看到如下信息：

```
tracking URL:http://master:8088/proxy/application_1627203539532_0011/
```

在上述链接信息上使用鼠标右击，在弹出的快捷菜单中选择 "Open Link" 命令，如图 5-8 所示。

在集群 WebUI 中查看应用程序的执行信息，单击"Logs"超链接，如图 5-9 所示。

在上述超链接界面中，单击"STDOUT: Total file length is 23 bytes."超链接，如图 5-10 所示。

查看程序运行结果，如图 5-11 所示。

在集群模式下，Driver 运行在 Application Master 上，Application Master 进程同时负责驱动 Application 和从 YARN 中申请资源。该进程运行在 Container 内，所以启动 Application Master 的 Client 可以立即关闭，而不必持续到 Application 的整个生命周期，如图 5-12 所示。

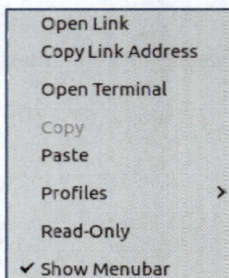

图 5-8　右击菜单

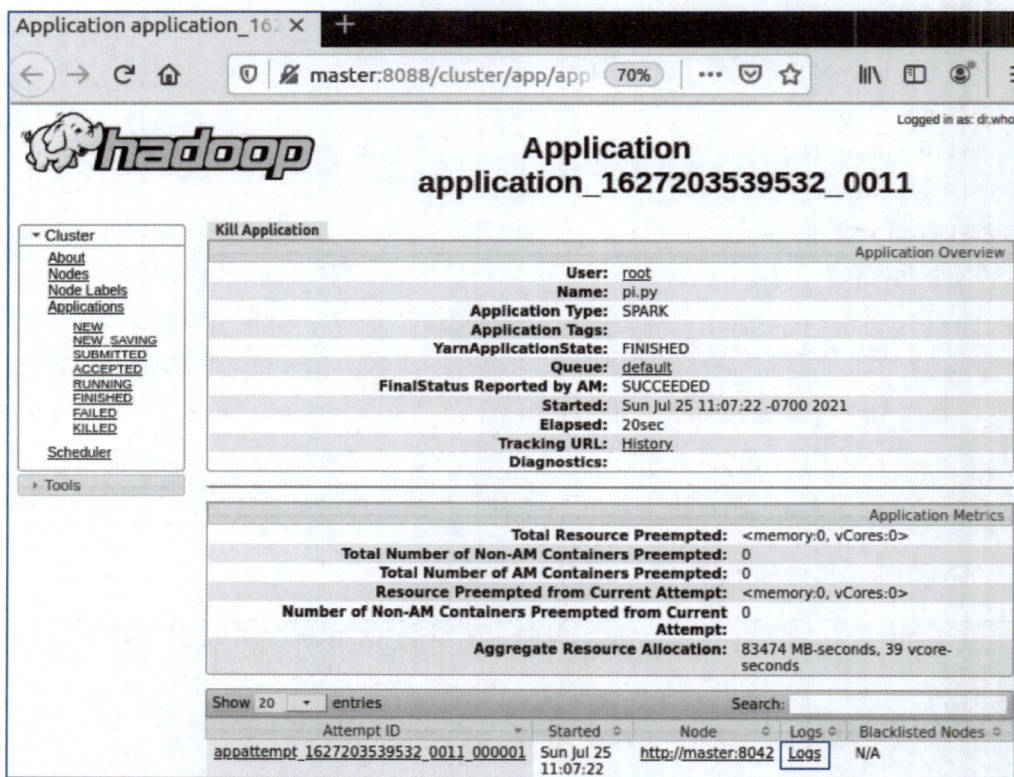

读书笔记

图 5-9　在集群 WebUI 中查看应用程序

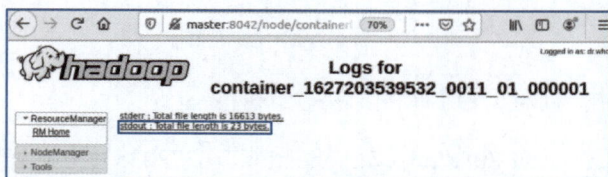

图 5-10　Logs 显示界面

图 5-11　查看集群模式下程序运行结果

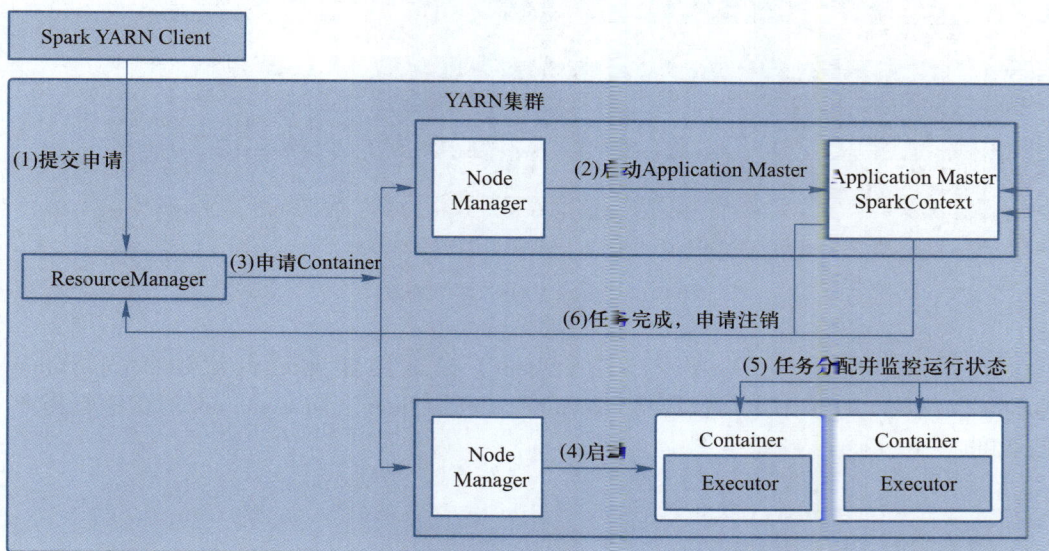

图 5-12　YARN Cluster 模式运行流程

YARN Cluster 模式运行流程如下：

① 客户端生成作业信息提交给 ResourceManager。

② ResourceManager 在某一个 NodeManager（由 YARN 决定）启动 Container，并将 Application Master 分配给该 NodeManager。

③ NodeManager 接收到 ResourceManager 的分配，启动 Application Master 并初始化作业，此时 NodeManager 就称为 Driver。

④ Application 向 ResourceManager 申请资源，ResourceManager 分配资源的同时通知其他 NodeManager 启动相应的 Executor。

⑤ Executor 向 NodeManager 上的 Application Master 注册汇报并完成相应的任务，同时监控运行状态。

⑥ 任务完成后，申请注销。

集群模式（Cluster）：Driver 程序在 YARN 中运行，应用的运行结果不能在客户端显示，所以最好运行那些将结果最终保存在外部存储介质（如 HDFS、Redis、MySQL）而非 stdout 输出的应用程序，客户端的终端显示的仅是作为 YARN 的 Job 的简单运行状况。在 Cluster 模式下，客户端提交任务就可以退出，程序正常在集群中运行，如果 Driver 运行失败，则可以在集群中进行重启。

启动 YARN 客户端（Client）模式命令，运行如下命令：

```
spark-submit --master yarn --deploy-mode client
/usr/local/spark/examples/src/main/python/pi.py
```

命令运行后的部分截图信息，如图 5-13 所示。

```
22/07/14 05:04:58 INFO cluster.YarnScheduler: Killing all running tasks in stage 0: Stage finished
22/07/14 05:04:58 INFO scheduler.DAGScheduler: Job 0 finished: reduce at /usr/local/spark/examples/src/main/python/
pi.py:44, took 15.898573 s
Pi is roughly 3.142720
22/07/14 05:04:58 INFO server.AbstractConnector: Stopped Spark@6a932ca3{HTTP/1.1,[http/1.1]}{0.0.0.0:4040}
22/07/14 05:04:58 INFO ui.SparkUI: Stopped Spark web UI at http://master:4040
22/07/14 05:04:58 INFO cluster.YarnClientSchedulerBackend: Interrupting monitor thread
22/07/14 05:04:59 INFO cluster.YarnClientSchedulerBackend: Shutting down all executors
22/07/14 05:04:59 INFO cluster.YarnSchedulerBackend$YarnDriverEndpoint: Asking each executor to shut down
22/07/14 05:04:59 INFO cluster.YarnClientSchedulerBackend: YARN client scheduler backend Stopped
22/07/14 05:04:59 INFO spark.MapOutputTrackerMasterEndpoint: MapOutputTrackerMasterEndpoint stopped!
22/07/14 05:04:59 INFO memory.MemoryStore: MemoryStore cleared
22/07/14 05:04:59 INFO storage.BlockManager: BlockManager stopped
22/07/14 05:04:59 INFO storage.BlockManagerMaster: BlockManagerMaster stopped
22/07/14 05:04:59 INFO scheduler.OutputCommitCoordinator$OutputCommitCoordinatorEndpoint: OutputCommitCoordinator s
topped!
22/07/14 05:04:59 INFO spark.SparkContext: Successfully stopped SparkContext
```

图 5-13　启动 YARN 客户端模式

如图 5-14 所示是 YARN 客户端（Client）模式的作业运行流程。Application Master 仅仅从 YARN 中申请资源给 Executor，之后 Client 会与 Container 通信进行作业的调度。

读书笔记

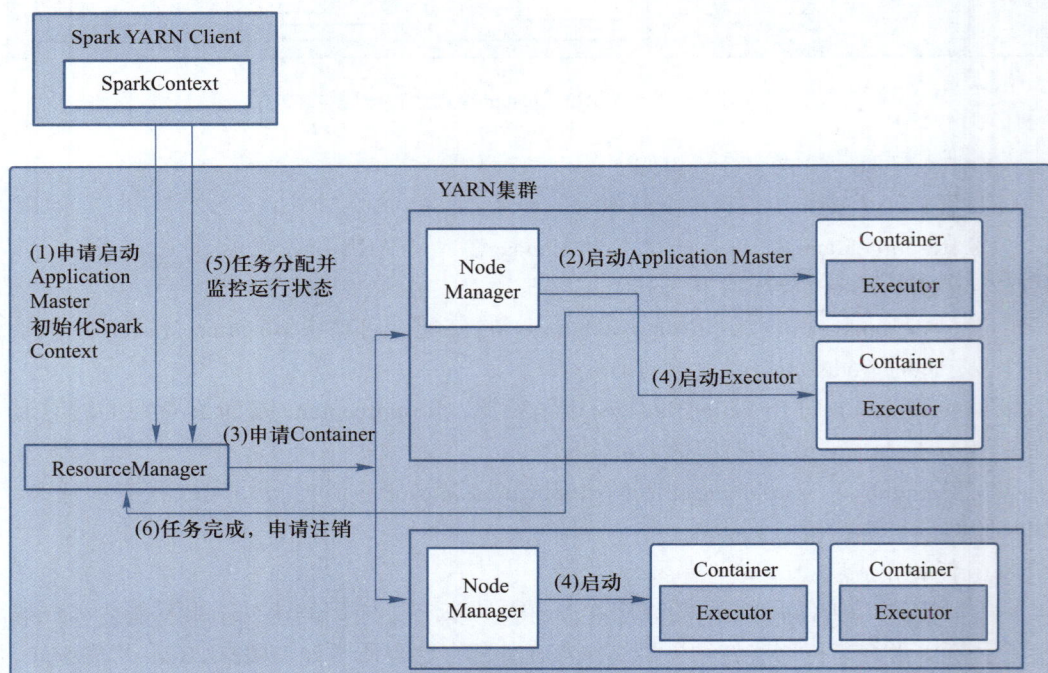

图 5-14　YARN 客户端（Client）模式运行流程

YARN 客户端模式（Client）的作业运行流程描述如下。

① 客户端生成作业信息提交给 ResourceManager。

② ResourceManager 在本地 NodeManager 启动 Container，并将 Application Master 分配给该 NodeManager。

③ NodeManager 接收到 ResourceManager 的分配，启动 Application Master 并初始化作业，此时这个 NodeManager 就称为 Driver。

④ Application 向 ResourceManager 申请资源　ResourceManager 分配资源同时通知其他 NodeManager 启动相应的 Executor。

⑤ Executor 向本地启动的 Application Master 注册汇报并完成相应的任务，同时监控运行状态。

⑥ 任务完成后，申请注销。

客户端模式（Client）：Driver 运行在 Client 上，应用程序运行结果会在客户端显示，所以适合运行结果有输出的应用程序（如 spark-shell），客户端不能提前退出，否则程序会终止。

4. SparkContext 与 SparkConf

每个 Spark 应用程序都需要一个 SparkContext，这是 Spark RDD API 的主要入口点。spark-shell 提供了一个名为 "sc" 的预配置 SparkContext 和一个名为 "spark" 的预配置 SparkSession。在使用 spark-shell 时，其本身是预配置了 sc（即 SparkContext）的，但是在实际使用编辑器编程过程中，则需要编程设置这些配置，代码如下：

（1）创建 SparkContext，示例代码如下：

```
val conf = new SparkConf()
            .setMaster("master")
            .setAppName("appName1")
val sc = new SparkContext(conf)
```

（2）创建 SparkSession，示例代码如下：

```
val spark = SparkSession.builder
            .master("local[6]")
            .appName("appName")
            .getOrCreate()
```

setMaster 主要是连接主节点，如果参数为 "local"，则在本地用单线程运行 Spark；如果参数为 local[n]，则在本地使用 n 核运行；如果将参数设置为 spark：// master：7077，就是作为单节点运行，而 setAppName 就是在 Web 端显示的应用名。

在 Spark 2.0 之前，使用 Spark 必须先创建 SparkConf 和 SparkContext；在 Spark 2.0 中只要创建一个 SparkSession 即可，SparkConf、SparkContext 和 SQLContext 都已经被封装在 SparkSession 当中，它是 Spark 的一个全新切入点。Spark 2.0 允许用户通

过它调用 DataFrame 和 Dataset 相关 API 来编写 Spark 程序。SparkSession 实质上是 SQLContext 和 HiveContext 的组合，所以在 SQLContext 和 HiveContext 上可用的 API，在 SparkSession 上同样是可以使用的。

5. RDD 编程基础

弹性分布式数据集（Resilient Distributed Dataset，RDD）是 Spark 中最基本的数据抽象，它代表一个不可变、可分区、里面的元素可并行计算的集合。RDD 具有数据流模型的特点：自动容错、位置感知性调度和可伸缩性。RDD 允许用户在执行多个查询时显式地将工作集缓存在内存中，后续的查询能够重用工作集，从而极大地提升了查询速度。

（1）RDD 的属性

① 一组分片（Partition），即数据集的基本组成单位。对于 RDD 来说，每个分片都会被一个计算任务处理，并决定并行计算的粒度。用户可以在创建 RDD 时指定 RDD 的分片个数，如果没有指定，则会采用默认值。默认值就是程序所分配到的 CPU Core 的数目。

② 一个计算每个分区的函数。Spark 中 RDD 的计算是以分片为单位的，每个 RDD 都会实现 compute 函数以达到这个目的。compute 函数会对迭代器进行复合，不需要保存每次计算的结果。

③ RDD 之间的依赖关系。RDD 的每次转换都会生成一个新的 RDD，所以 RDD 之间就会形成类似于流水线一样的前后依赖关系。在部分分区数据丢失时，Spark 可以通过这个依赖关系重新计算丢失的分区数据，而不是对 RDD 的所有分区进行重新计算。

④ 一个 Partitioner，即 RDD 的分片函数。当前 Spark 中实现了两种类型的分片函数：一个是基于哈希的 HashPartitioner，另外一个是基于范围的 RangePartitioner。只有对于 key-value 的 RDD，才会有 Partitioner，非 key-value 的 RDD 的 Parit, tioner 的值是 None。Partitioner 函数不但决定了 RDD 本身的分片数量，也决定了 Parent RDD Shuffle 输出时的分片数量。

⑤ 一个列表，存储存取每个 Partition 的优先位置（Preferred Location）。对于一个 HDFS 的文件来说，该列表保存的就是每个 Partition 所在块的位置。按照"移动数据不如移动计算"的理念，Spark 在进行任务调度的时候，会尽可能地将计算任务分配到其所要处理数据块的存储位置。

（2）RDD 的创建方式

① 通过读取文件创建。

由外部存储系统的数据集创建，包括本地的文件系统，还有所有 Hadoop 支持的数据集，如 HDFS、Cassandra、HBase 等。

Spark 采用 textFile（path）方法来从文件系统中加载数据创建 RDD，该方法把文件的 path 作为参数，这个 path 可以是本地文件系统的地址，或者是 Amazon S3 的地址等。textFile () 的源码如下：

```
def textFile(
  path:String,
  minPartitions:Int=defaultMinPartitions):RDD[String]=withScope{assertNotStopped()
  hadoopFile(path, classOf[TextInputFormat], classOf[LongWritable],
  classOf[Text], minPartitions)
  .map(pair => pair._2.toString).setName(path)
}
```

源代码中先执行 hadoopFile，再执行 map，hadoopFile 返回一个 HadoopRDD，传入的参数有 TextInpuFormat、LongWritable（每行数据的偏移量）Text（每行数据的内容），这就是 MapReduce 时 mapper 的参数；然后返回的内容是类似于（1，XXXX）样式，而偏移量是没有用的。接下来再对数据进行"map（pair=>pair._2.toString）"操作，就是获取每行的数据内容。最终执行结果会产生两个 RDD：HadoopRDD 和 MapPartitionsRDD，示例代码如下：

```
scala> val rdd = sc.textFile("file:////usr/local/spark/data/wordcount.txt")
rdd:org.apache.spark.rdd.RDD[String] = file:////usr/local/spark/data/wordcount.txt
MapPartitionsRDD[3] at textFile at <console>:24

scala> rdd.toDebugString
res1:String =
(1) file:////usr/local/spark/data/wordcount.txt MapPartitionsRDD[3] at textFile at
<console>:24 []
 | file:////usr/local/spark/data/wordcount.txt HadoopRDD[2] at textFile at
<console>:24 []

scala>
```

注意：sc.textfile 默认是读取 HDFS 集群上的文件，因此如下代码是等价的。

```
val rdd=sc.textfile("hdfs://master:9000/data/rencai.csv")
val rdd=sc.textfile("/data/rencai.csv")
```

② 通过"parallelize"命令创建 RDD，示例代码如下：

```
scala> val arr = Array(1, 2, 3, 4, 5)
arr:Array[Int] = Array(1, 2, 3, 4, 5)

scala> val rdd = sc.parallelize(arr)
rdd:org.apache.spark.rdd.RDD[Int] = ParallelCollectionRDD[4] at parallelize at
<console>:26
```

```
scala> rdd.partitions.size
res2:Int = 1

scala> val rdd1=sc.parallelize(seq=1 to 10, numSlices=5)
rdd1:org.apache.spark.rdd.RDD[Int] = ParallelCollectionRDD[5] at parallelize at
<console>:24

scala> rdd1.partitions.size
res3:Int = 5

scala>
```

查看"parallelize"的源代码如下：

读书笔记

```
def parallelize[T:ClassTag](
    seq:Seq[T],
    numSlices:Int = defaultParallelism):RDD[T] = withScope {
  assertNotStopped()
  new ParallelCollectionRDD[T](sc=this, seq, numSlices, Map[Int, Seq[String]]())
}
```

在创建 RDD 时，parallelize () 中有个 numSlices 参数，该参数用于指定数据分区数，如果不设定该参数，则数据分区采用系统默认值，该实例中 RDD 的默认分区为 2 个。

③ 其他方式。

通过读取数据库数据创建 RDD 或通过其他的 RDD 转换而来。

（3）RDD 编程 API

Spark 支持两个类型（算子）操作：Transformation 和 Action。

① Transformation：Transformation 算子主要是将一个已有的 RDD 生成另外一个 RDD，其具有 lazy（延迟加载）特性。也就是说，Transformation 算子的代码不会真正被执行，只有当程序里面遇到一个 Action 算子的时候，代码才会真正被执行。这种设计让 Spark 更加有效率地运行。常用的 Transformation 算子见表 5-2。

表 5-2　常用的 Transformation 算子

转　　换	含　　义
map (func)	返回一个新的 RDD，该 RDD 由每一个输入元素经过 func 函数转换后组成
filter (func)	返回一个新的 RDD，该 RDD 由经过 func 函数计算后返回值为 true 的输入元素组成
flatMap (func)	类似于 map，但是每一个输入元素可以被映射为 0 或多个输出元素（所以 func 应该返回一个序列，而不是单一元素）

续表

转　换	含　义
sample (withReplacement，fraction，seed)	根据 fraction 指定的比例对数据进行采样，可以选择是否使用随机数进行替换，seed 用于指定随机数生成器种子
distinct ([numTasks]))	对源 RDD 进行去重后返回一个新的 RDD
groupByKey ([numTasks])	在一个 (k，v) 的 RDD 上调用，返回一个 K，Iterator[v]) 的 RDD
reduceByKey (func，[numTasks])	在一个 (k，v) 的 RDD 上调用，返回一个 k，v) 的 RDD，使用指定的 reduce 函数，将相同 key 的值聚合到一起，与 groupByKey 类似，Reduce 任务的个数可以通过第 2 个可选的参数来设置
aggregateByKey (zeroValue) (seqOp，combOp，[numTasks])	先按分区聚合，再总聚合，每次要跟初始值交流，如 aggregateByKey (0) (_+_，_+_) 对 <k，v> 的 RDD 进行操作
sortByKey ([ascending]，[numTasks])	在一个 (k，v) 的 RDD 上调用，k 必须实现 Ordered 接口，返回一个按照 key 进行排序的 <k，v> 的 RDD
sortBy (func，[ascending]，[numTasks])	与 sortByKey 类似，但是更灵活。第 1 个参数设定根据什么排序；第 2 个参数设定如何排序：取值为 false 表示按照降序排序，取值为 true 表示按照升序排序；第 3 个参数设定排序后分区数，默认与原 RDD 相同
cache	RDD 缓存，可以避免重复计算，从而减少时间。
persist	区别：cache 内部调用了 persist 算子，cache 默认就只有一个缓存级别 (MEMORY ONLY)，而 persist 则可以选择缓存级别

② Action：Action 算子触发代码的运行，一段 Spark 代码里面至少需要有一个 Action 操作，常用的 Action 算子见表 5-3。

表 5-3　常用的 Action 算子

动　作	含　义
reduce (func)	通过 func 函数聚集 RDD 中的所有元素，该功能必须是可交换且可并联的
collect ()	在驱动程序中，以数组的形式返回数据集的所有元素
count ()	返回 RDD 的元素个数
first ()	返回 RDD 的第 1 个元素（类似于 take (1)）
take (n)	返回一个由数据集的前 n 个元素组成的数组
takeSample (withReplacement，num，[seed])	返回一个数组，该数组由从数据集中随机采样的 num 个元素组成，可以选择是否用随机数替换不足的部分，seed 用于指定随机数生成器种子
saveAsTextFile (path)	将数据集的元素以 textfile 的形式保存到 HDFS 文件系统或者其他支持的文件系统，对于每个元素，Spark 将会调用 toString 方法，将其转换为文件中的文本
saveAsSequenceFile (path)	将数据集中的元素以 Hadoop sequencefile 的格式保存到指定的目录下，可以使 HDFS 或者其他 Hadoop 支持的文件系统
foreach (func)	在数据集的每一个元素上，运行函数 func 进行更新

6. jieba 分词

在处理英文文本时，由于英文文本自带分词效果，可以直接通过词之间的空格来分词（但是有些人名、地名等需要考虑作为一个整体）。而对于中文还有其他类似形式的语言，则需要使用一些技术特殊处理分词，如使用 jieba 分词。

读书笔记

（1）jieba 分词的算法原理

① 基于前缀词典实现高效的词图扫描，生成句子中汉字所有可能成词情况所构成的有向无环图（DAG）。

② 采用了动态规划查找最大概率路径，找出基于词频的最大切分组合。

③ 对于未登录词，采用了基于汉字成词能力的 HMM 模型，使用了 Viterbi 算法。

（2）jieba 分词主要功能

① jieba.cut：该方法接受 3 个输入参数：需要分词的字符串、cut_all 参数用来控制是否采用全模式、HMM 参数用来控制是否适用 HMM 模型。

② jieba.cut_for_search：该方法接受两个参数：需要分词的字符串、是否使用 HMM 模型。该方法适用于搜索引擎构建倒排索引的分词，粒度比较细。

待分词的字符串可以是 unicode、UTF-8 或者 GBK 字符串。不建议直接输入 GBK 字符串，可能会导致误解码成 UTF-8。jieba.cut 以及 jieba.cut_for_search 返回的结构都可以得到 generator（生成器），可以使用 for 循环来获取分词后得到的每个词语，或者使用 jieb.lcut 以及 jieba.lcut_for_search 直接返回 list。

③ jieba.Tokenizer（dictionary=DEFUALT_DICT）：新建自定义分词器，可用于同时使用不同字典。jieba.dt 为默认分词器，所有全局分词相关函数都是该分词器的映射。

任务实施

微课 5-1 Spark 数据分析基本环境搭建

对于 Spark 岗位推荐任务，创建 job.csv 和 student.csv 这两个 csv 文件，分别存储岗位信息和学生成绩信息，job.csv 文件前 10 行数据如图 5-15 所示：

	岗位名称	薪资	公司名称	公司地址	工作经验	学历要求	招聘网址	岗位职责	公司介绍
0	云计算工程师	6千-1.2万	河南元冠智能科技有限公司	郑州	1-3年	大专	http://jobs.zhaopin.cc	职责描述：1、负责管理维护客	元冠智能科技公司成立于2018年，
1	云计算实施，运维工程师	5千-1万	江苏汇鸿中天科技有限公司	南京秦淮区	经验不限	本科	http://jobs.zhaopin.cc	岗位职责：1，负责云计算项	江苏汇鸿中天科技有限公司是华东
2	云计算工程师	1.3万-2.6万	西安华讯科技有限责任公司	西安	3-5年	本科	http://jobs.zhaopin.cc	任职要求:1、3年及以上软件	华泰软件（Huatek）是华泰太平洋
3	云计算工程师	5千-7千	广东金宇恒软件科技有限公司	佛山南海区	1-3年	大专	http://jobs.zhaopin.cc	1、熟悉主流云计算技术，精通	广东金宇恒软件科技有限公司始创
4	（西安）云计算开发工程	1万-2万	中电太极	西安高新技术产业开	1-3年	本科	http://jobs.zhaopin.cc	岗位职责:1、负责容器服务底	中电太极（集团）有限公司（简称
5	云计算工程师	1.8万-2.5万	天津神舟通用数据技术有限公司北	北京海淀区	3-5年	本科	http://jobs.zhaopin.cc	基本要求：1、学历要求：计算	天津神舟通用数据技术有限公司（
6	云计算中高级工程师	1万-2万	杭州中港科技有限公司	上海浦东新区	1-3年	大专	http://jobs.zhaopin.cc	岗位职责：1、承担云计算相关	杭州中港科技有限公司成立于2007
7	政企云计算/数通工程师	5千-7千	南京翰华通信技术服务有限公司	武汉江汉区	1年以下	大专	http://jobs.zhaopin.cc	1、计算机、网络专业，大专以	南京翰华通信技术服务有限公司，
8	云计算工程师	7千-1.4万	深圳市讯方技术股份有限公司	武汉武昌区	3-5年	大专	http://jobs.zhaopin.cc	岗位优势：大厂平台+技术提升	深圳市讯方技术股份有限公司（股
9	云计算工程师	1万-2万	嘉环科技股份有限公司	北京丰台区	3-5年	大专	http://jobs.zhaopin.cc	岗位职责：1、交付技术管理	公司是专业从事信息通信技术服务

图 5-15 job.csv 文件数据展示

student.csv 文件前 10 行数据如图 5-16 所示。

			Java基础编程	Java面向对象实训	Java面向对象编程	MySQL 数据库应用	Web前端技术网页设计	Android开发移动应用	JSP动态网站开发	Java高级编程实用技术	Java高级编程实训
1	2010311001	刘明	84	优秀	80	70	66	85	54	88	[illegible]7
2	2010311002	李瑞	62	优秀	87	74	89	78	90	83	[illegible]1
3	2010311003	刘雪瑶	70	优秀	84	73	84	87	67	78	[illegible]6
4	2010311004	马华	62	中等	74	66	70	95	72	30	[illegible]0
5	2010311005	马玉成	81	良好	85	66	88	92	92	76	[illegible]0
6	2010311006	顾健秋	94	优秀	97	81	93	70	42	63	[illegible]3
7	2010311007	韩方伟	85	中等	73	71	67	68	60	81	[illegible]7
8	2010311008	陈红顺	70	良好	80	78	81	64	66	10	[illegible]2
9	2010311009	郎盛	83	良好	79	77	90	85	43	83	[illegible]1
10	2010311010	赵亚丽	91	中等	90	71	81	83	41	60	[illegible]2

图 5-16 student.csv 文件数据展示

编写 Hadoop 集群一键启动的脚本文件"hd1_start.sh"，命令如下：

拓展微课 5–1
PyCharm环境
配置

```
[root@node1~]# vim /onekey/hd1_start.sh
```

新增如下配置：

```
#!/bin/bash

/export/server/hadoop-2.6.0/sbin/start-dfs.sh
/export/server/hadoop-2.6.0/sbin/start-yarn.sh
/export/server/hadoop-2.6.0/bin/mapred --daemon start historyserver
```

读书笔记

编写 Hadoop 集群一键关闭脚本文件，命令如下：

```
[root@node1 ~]# vim /onekey/hd2_stop.sh
```

在新的脚本文件"hd2_stop.sh"文件中新增如下配置：

```
#!/bin/bash

/export/server/hadoop-2.6.0/sbin/stop-dfs.sh
/export/server/hadoop-2.6.0/sbin/stop-yarn.sh
/export/server/hadoop-2.6.0/bin/mapred --daemon stop historyserver
```

修改自定义脚本"hd1_start.sh"和"hd2_stop.sh"的权限，命令如下：

```
[root@node1 onekey]# chmod 777 /onekey/*
```

一键启动 Hadoop 集群，命令如下：

```
[root@node1 onekey]# /onekey/hd1_start.sh
```

使用 jps 命令查看当前运行进程，命令如下：

```
[root@node1 onekey]# jps
2961 JobHistoryServer
2147 DataNode
2790 NodeManager
3068 Jps
1981 NameNode
```

在各个节点 Zookeeper 启动的基础上，在主节点上启动 Spark 集群，命令如下：

```
[root@node1 onekey]# cd /export/server/spark
[root@node1 spark]# sbin/start-all.sh
```

```
[root@node1 spark]# sbin/start-history-server.sh
```

使用 jps 命令查看当前运行进程，命令如下：

```
[root@node1 spark]# jps
2961 JobHistoryServer
3281 Worker
2147 DataNode
3251 Worker
2790 NodeManager
3143 Master
3516 Jps
1981 NameNode
3374 HistoryServer
2435 QuorumPeerMain
```

经过上述操作后，可以看到 Hadoop 和 Spark 集群已经正确启动，接下来将存放在 /tmp 目录下的 job.csv 和 student.csv 文件上传到 HDFS，操作命令如下：

```
[root@node1 hadoop]# hadoop fs -put /tmp/job.csv /pydata/input/job.csv
[root@node1 hadoop]# hadoop fs -put /tmp/student.csv /pydata/input/student.csv
```

目录如果不存在，则可以用以下命令创建：

```
[root@node1 hadoop]# hadoop fs -mkdir -p /pydata/input
```

在 /tmp 目录下新建项目文件，命令如下：

```
[root@node1 ~]# mkdir /tmp/spark
```

进入 spark 目录下启动 jupyter notebook，命令如下：

```
[root@node1 ~]# cd /tmp/spark
[root@node1 spark]# jupyter notebook
```

可以在自动弹出的输出命令中看到程序运行地址，将地址复制到浏览器中可以打开 jupyter notebook，在 jupyter notebook 中新建 spark.ipynb 文件，导入 Spark 包并配置环境，命令如下：

```
import findspark
findspark.init()
from pyspark import SparkConf, SparkContext
import os
os.environ['JAVA_HOME'] = '/export/server/jdk1.8.0_241'
```

os.environ['SPARK_HOME'] = '/export/server/spark'

　　对 job.csv 中的岗位进行中文分词统计相应的学生课程对应的岗位技能需求，具体代码如下：

微课 5-2
使用 Spark 进行岗位信息特征处理

```
## 对岗位信息特征化
def splitJob(line):
import jieba
    word_list = jieba.cut(line.strip().split(", ")[8]) # 对岗位信息中的岗位要求进行中文分词
    ls = []
    num1 = 0
    num2 = 0
    num3 = 0
    num4 = 0
    num5 = 0
    for word in word_list:
        if len(word) > 1:# 过滤掉单音节词
            # 将岗位分为 5 类分别对应学生所学的 5 门课程
            if("java" == word.lower()):
                num1 += 1
            elif("mysql" == word.lower() or "sql" == word.lower() or " 数据库 " == word.lower()):
                num2 += 1
            elif("web" == word.lower() or " 前端 " == word.lower()):
                num3 += 1
            elif ("jsp" == word.lower()):
                num4 += 1
            elif ("android" == word.lower()):
                num5 += 1
    ls.append(line.strip().split(", ")[0])
    ls.append(num1)
    ls.append(num2)
    ls.append(num3)
    ls.append(num4)
    ls.append(num5)
    return ls
```

读书笔记

　　对 student.csv 中学生成绩进行整理，具体代码如下：

拓展微课 5–2
使用 PyCharm
进行岗位特
征展示

```
## 对学生信息特征化
def splitStu(line):
    line = line.strip().split(", ")
    ls = []
    ls.append(line[1])
for i in range(3, 12):
    # 对学生每门课程成绩转化为特征
        if line[i] == " 优秀 ":
            ls.append(90)
        elif line[i] == " 良好 ":
            ls.append(80)
        elif line[i] == " 中等 ":
            ls.append(70)
        elif line[i] == " 及格 ":
            ls.append(60)
        elif line[i] == " 作弊 ":
            ls.append(0)
        else:
            ls.append(line[i])
    return ls
```

配置 Spark 的主节点，并设置应用程序的名称，命令如下：

读书笔记

```
## 配置 Spark
#sc.stop() # 多次运行需要先停止再重新运行
sparkConf = SparkConf().setMaster("spark://node1:7077").setAppName("My App")
#"spark://node1:7077" 为主节点 master 的地址
sc = SparkContext(conf=sparkConf)
```

读取上传到 HDFS 上 job.csv 中的岗位信息并处理为特征值，特征的维度对应学生
的课程，命令如下：

```
## 将岗位信息上传至大数据平台
def preparJobdata(sc):
    rawUserData = sc.textFile("hdfs://node1:8020/pydata/input/job.csv") # 准备数据上传
文件到 hdfs
    jobitem = rawUserData.map(lambda line:line.strip().split(", "))
rawRatings = rawUserData.map(splitJob)
# 将岗位信息特征依次封装
    ratingsRDD = rawRatings.filter(lambda x: x[0] != '').map(lambda x: (x[0], x[1], x[2],
```

```
x[3], x[4], x[5]))
return jobitem, ratingsRDD
jobitem, jobRDD = preparJobdata(sc)
jobRDD.collect() # 岗位信息特征展示
```

　　读取上传到 HDFS 上 job.csv 中的岗位信息并处理为特征值，特征的维度对应学生的课程，执行程序，得到岗位信息特征结果如图 5-17 所示。

　　其中第 1 列为岗位索引，后续为岗位中出现课程信息的次数。

　　读取上传到 HDFS 上 student.csv 中的学生成绩信息并处理为特征值，特征值为成绩对应的分数，命令如下：

图 5-17　岗位信息特征
（特征的维度对应学生的课程）

微课 5-3
使用 Spark 进行学生成绩信息特征处理

```
## 从 HDFS 读取学生课程成绩信息
def preparStudata(sc):
    # 读取学生成绩信息
    rawUserData = sc.textFile("hdfs://node1:8020/pydata/input/student.csv")
    jobitem = rawUserData.map(lambda line:line.strip().split(", "))
    rawRatings = rawUserData.map(splitStu)
    # 将学生九门课程特征依次封装
    ratingsRDD = rawRatings.filter(lambda x: x[0] != '').map(lambda x: [x[0], x[1], x[2],
x[3], x[4], x[5], x[6], x[7], x[8], x[9]))
    return jobitem, ratingsRDD
rawUserData1, studentRDD = preparStudata(sc)
studentRDD.collect() # 学生课程信息特征展示
```

拓展微课 5-3
使用 PyCharm 进行学生成绩特征展示

读书笔记

　　得到的学生成绩信息特征结果如图 5-18 所示。

图 5-18　学生成绩信息特征

其中第 1 列为学生的学号，后续为学生每一门课程的成绩。

将全部的岗位信息和学生信息加载完成后，就可以根据学生成绩进行合适的岗位推荐，首先输入学生的学号和需要匹配的岗位个数，命令如下：

```
## 岗位推荐信息输入
user_id = input(" 请输入学号 :")
num_rec = input(" 请输入最佳匹配职位个数 :")
print("recommending.......")
```

程序执行中输入对应的内容，如图 5-19 所示。

通过输入学生学号查询到该学生的课程成绩，将课程成绩与每个岗位的技能需求相匹配，得到匹配度最高的前 K 个岗位信息的索引和匹配度，命令如下：

```
请输入学号：2010311008
请输入最佳匹配职位个数：5
recommending.......
```

图 5-19　程序执行中输入对应的内容

```
## 计算该学生的课程成绩最为匹配的岗位
def calculate(user_see_item, x1, x2, x3, x4, x5):
    # 每门课程对应一项专业技能 , 计算该学生课程成绩高低与该岗位所需技能的大
小匹配程度
    w = x1 * float(user_see_item[0]) / 100 + x1 * float(user_see_item[1]) / 100 + \
        x1 * float(user_see_item[2]) / 100 + x2 * float(user_see_item[3]) / 100 + \
        x3 * float(user_see_item[4]) / 100 + x5 * float(user_see_item[5]) / 100 + \
        x4 * float(user_see_item[6]) / 100 + x1 * float(user_see_item[7]) / 100 + \
        x1 * float(user_see_item[8]) / 100
    return w
def recommend(studentRDD, jobRDD, user_id, k):
    user_see_item = studentRDD.filter(lambda x: x[0] == user_id).map(lambda x:(x[1],
x[2], x[3], x[4], x[5], x[6], x[7], x[8], x[9]))).collect()[0]
    sim_item = jobRDD.map(lambda x: (x[0], calculate(user_see_item, x[1], x[2], x[3],
x[4], x[5])))) # 计算每个岗位与该学生的匹配度
    recommend_item = sim_item.sortBy(lambda x: x[1], False) # 按匹配度进行排序
    return recommend_item.take(k)
rec = recommend(studentRDD, jobRDD, user_id, int(num_rec)) # 选取与学生匹配度最
高 5 个岗位的 id 和匹配度
rec
```

运行程序，程序执行结果如图 5-20 所示。

遍历列表根据索引找到对应的岗位信息并打印出来。

```
Out[9]: [('133', 24.880000000000003),
         ('1300', 24.0),
         ('3816', 23.22),
         ('3814', 22.440000000000005),
         ('443', 21.65)]
```

图 5-20　"计算学生课程成绩最为匹配的岗位"程序执行结果

拓展微课 5-4
使用 PyCharm
进行岗位推荐

读书笔记

```
## 根据岗位 id 输出对应的岗位信息
print(" 最佳匹配职位 :")
for r in rec:
    print(jobitem.filter(lambda x: x[0] == r[0]).collect()[0][1:8])
    print(" 匹配度为 :" + str(r[1]))
```

运行程序，程序执行结果如图 5-21 所示。

```
最佳匹配职位:
['Java开发人员（初、中和高级）', '1-2万/月', '西安立人行档案文件管理咨询有限公司' '深圳-福田区', '2年经验', '本科', 'https://jobs.51job.co
m/shenzhen-ftq/115166520.html?s=sou_sou_soulb&t=0_0']
匹配度为: 32.75
['高级java后端开发工程师', '2.5-3万/月', '上海联平科技有限公司', '上海-奉贤区', '3-4年经验', '本科', 'https://jobs.51job.com/shanghai-fx/13
6318438.html?s=sou_sou_soulb&t=0_0']
匹配度为: 30.540000000000003
['java开发工程师', '25-40k', '深圳市高邦企业管理咨询有限公司', '佛山', '10年以上' '统招本科', 'https://www.liepin.com/a/30362873.shtml?_sf
rom=search_prime&d_ckId=e98dffba5edb8a5822774d0ef8000b45&d_curPage=8&d_headId=e98dffba5edb8a5822774d0ef8000b45&d_posi=22']
匹配度为: 29.820000000000004
['java开发', '20-40k', '深圳市高邦企业管理咨询有限公司', '佛山', '10年以上', '统招本科', 'https://www.liepin.com/a/30379401.shtml?d_sfrom=se
arch_prime&d_ckId=e98dffba5edb8a5822774d0ef8000b45&d_curPage=40&d_headId=e98dffba5edb8a5822774d0ef8000b45&d_posi=20']
匹配度为: 29.099999999999998
['系统架构师', '3-4万/月', 'Raxtone雷腾', '上海-浦东新区', '5-7年经验', '本科', 'https://jobs.51job.com/shanghai-pdxq/13202250.html?s=sou_s
ou_soulb&t=0_0']
匹配度为: 26.83
```

图 5-21　"岗位 ID 输出对应的岗位信息"程序执行结果

任务 5.2　通过协同过滤实现岗位聚类

PPT：
通过协同过滤
实现岗位聚类

任务描述

1. 学习 Spark 的相关技术知识。
2. 通过协同过滤实现岗位聚类。

任务目标

1. 学会 RDD 的创建方式和常用操作。
2. 学会使用 RDD 对就业岗位数据进行统计分析。

知识准备

聚类是一个将数据集中在某些方面相似的数据成员进行分类组织的过程。聚类就是一种发现这种内在结构的技术，聚类技术经常被称为无监督学习。k-means 算法是最著名的划分聚类算法之一，是一种迭代求解的聚类分析算法，其步骤是预将数据分为 k 组，则随机选取 k 个对象作为初始的聚类中心，然后计算每个对象与各个种子聚类中心之间的距离，计算距离的方法一般按照欧式距离、曼哈顿距离等，把每个对象分配给距离它最近的聚类中心。聚类中心以及分配给它们的对象就代表一个聚类。每分配一个样本，聚类中心会根据聚类中现有的对象重新计算，该过程将不断重复直到满足某个终止条件。终止条件可以是没有（或最小数目）对象被重新分配给不同的聚类、没有（或最小数目）聚类中心再发生变化，或者是误差平方和局部最小。k-means 算法由于原理简单、易于理解、便于实现、效率较高等特点，使得它成为所有聚类算法中应用广泛的算法。但是它也存在一些缺点，主要体现在需要人为确定 k 值，对初始聚类中心点的选择比较敏感，尤其对具有异常值的点较为敏感，因为异常值很大程度会影响聚类中心的位置。

k-means 算法的步骤如下：

① 首先随机挑选 k 个初始聚类中心。

② 计算数据集中每个点到每个聚类中心的距离，然后将这个点分配到离该点最近的聚类中心。

③ 重新计算每个类中所有点的坐标的平均值，并将得到的这个新的点作为新的聚类中心。

重复上面步骤②、③，直到聚类中心点不再变化（精度可以自己设定）或者迭代的总次数达到设定的值。

作为经典的聚类算法，一般的机器学习框架里都会实现 k-means 算法，Spark 中对 k-means 的算法进行了如下优化。

（1）选择合适的 k 值

k 的选择是 k-means 算法的关键。Spark MLlib 在 KMeansModel 中实现了 computeCost 方法，该方法通过计算数据集中所有的点到最近中心点的平方和来衡量聚类的效果。一般来说，同样的迭代次数，cost 值越小，说明聚类的效果越好。但在实际使用过程中，必须还要考虑聚类结果的可解释性，不能一味地选择 cost 值最小的 k。例如，当考虑极限情况时，如果数据集有 n 个点，令 k=n，每个点都是聚类中心，每个类都只有一个点，此时 cost 值最小为 0。但是这样的聚类结果显然是没有实际意义的。

（2）选择合适的初始中心点

大部分迭代算法都对初始值很敏感，k-means 也是如此。Spark MLlib 在初始中心点的选择上，使用了 k-means++ 的算法。

k-means++ 的基本思想是初始中心点的相互距离尽可能远。为了实现这个设想，可采取如下步骤实现：

① 从初始数据集中随机选择一个点作为第一个聚类中心点。

② 计算数据集中所有点到最近一个中心点的距离 D（x），并保存在一个数组里，然后将所有这些距离加起来得到 Sum（D（x））。

③ 再取一个随机值，用权重的方式计算下一个中心点。具体的实现方法为先取一个在 Sum（D（x））范围内的随机值，然后令 Random=D（x），直至 Random≤0，此

时这个 D（x）对应的点为下一个中心点。

④ 重复步骤②、③直到 k 个聚类中心点被找出。

⑤ 利用找出的 k 个聚类中心点，执行标准的 k-means 算法。

该算法的关键是在第③步，需要注意以下两点：

● 不能直接取距离最大的点作为中心点，因为该点很可能是离群点。

● 这种取随机值的方法能保证距离最大的那个点被选中的概率最大。

例如，假设有 4 个点 A、B、C、D，分别离最近中心的距离 D（x）为 1、2、3、4，那么 Sum（D（x））=10。然后假设在 [0，10] 之间取一随机数为 random，利用 random 与 D（x）依次相减，直至 random<0 为止，可知 D 被选中的概率最大。

任务实施

在 Spark 聚类任务实施中需要采用 job.csv 文件，该文件保存的是岗位信息，查看 job.csv 文件前 10 行数据，如图 5-22 所示。

	岗位名称	薪资	公司名称	公司地址	工作经验	学历要求	招聘网址	岗位职责	公司介绍
0	云计算工程师	6千-1.2万	河南元冠智能科技有限公司	郑州	1-3年	大专	ttp://jobs.zhaopin.c	职责描述：1、...	责管理维护者元冠智能科技成立于2018年，...
1	云计算实施，运维工程师	5千-1万	江苏汇鸿中天科技有限公司	南京秦淮区	经验不限	本科	ttp://jobs.zhaopin.c	岗位职责：1、...	及以上软件华泰软件（Huatek）是华泰太平洋...
2	云计算工程师	1.3万-2.6万	西安华讯科技有限责任公司	西安	3-5年	本科	ttp://jobs.zhaopin.c	任职要求：1、...	年及以上软件华泰软件（Huatek）是华泰太平洋...
3	云计算工程师	5千-7千	广东金宇恒软件科技有限公司	佛山南海区	1-3年	大专	ttp://jobs.zhaopin.c	1、熟悉主流云计算技术，精通...	广东金宇恒软件科技有限公司始创...
4	（西安）云计算开发工程师	1万-2万	中电东软	西安高新技术产业开...	1-3年	本科	ttp://jobs.zhaopin.c	岗位职责：1、...	各智器服务商"中电东软（集团）有限公司（简称...
5	云计算工程师	1.8万-2.5万	天津卓朗通用数据技术有限公司北京	北京海淀区	3-5年	本科	ttp://jobs.zhaopin.c	基本要求：1、...	历要求：计算天津卓朗通用数据技术有限公司（...
6	云计算中高级工程师	1万-2万	杭州中港科技有限公司	上海浦东新区	1-3年	大专	ttp://jobs.zhaopin.c	岗位职责：1、...	1、担云计算相关杭州中港科技有限公司成立于2007...
7	政企云计算/数通工程师	5千-7千	南京相华通信技术服务有限公司	武汉江汉区	1年以下	大专	ttp://jobs.zhaopin.c	1、计算机、网...	专业，大专南京相华通信技术服务有限公司...
8	云计算工程师	7千-1.4万	深圳市华大软件股份有限公司	深圳南山区	3-5年	本科	ttp://jobs.zhaopin.c	岗位优势：大厂...	平台+技术提升深圳市讯万技术股份有限公司（股...
9	云计算工程师	1万-2万	嘉环科技股份有限公司	北京丰台区	3-5年	大专	ttp://jobs.zhaopin.c	岗位职责：1、...	文付技术管理 公司属专业从事信息通信技术服务...

图 5-22　job.csv 文件数据展示

首先成功启动 Hadoop、Zookeeper 和 Spark 集群，然后进入 spark 目录下启动 jupyter notebook，命令如下：

```
[root@node1 ~]# cd /tmp/spark
[root@node1 spark]# jupyter notebook
```

可以在自动弹出的输出命令中看到程序运行地址，将地址输入到浏览器中可以打开 jupyter notebook，在 jupyter notebook 中新建 spark_kmeans.ipynb 文件，并导入 Spark 包并配置环境，代码如下：

```
import findspark
findspark.init()
from pyspark import SparkConf, SparkContext
import os
os.environ['JAVA_HOME'] = '/export/server/jdk1.8.0_241'
os.environ['SPARK_HOME'] = '/export/server/spark'
```

对 job.csv 中的岗位进行中文分词统计相应的学生课程对应的岗位技能需求，示例代码如下：

```
## 对岗位信息特征化
def splitJob(line):
import jieba
    # 对岗位信息中的岗位要求进行中文分词
    word_list = jieba.cut(line.strip().split(", ")[8])
    ls = []
    num1 = 0
    num2 = 0
    num3 = 0
    num4 = 0
    num5 = 0
    for word in word_list:
        if len(word) > 1:# 过滤掉单音节词
            # 将岗位分为 5 类分别对应学生所学的 5 门课程
            if("java" == word.lower()):
                num1 += 1
            elif("mysql" == word.lower() or "sql" == word.lower() or " 数据库 " == word.
lower()):
                num2 += 1
            elif("web" == word.lower() or " 前端 " == word.lower()):
                num3 += 1
            elif ("jsp" == word.lower()):
                num4 += 1
            elif ("android" == word.lower()):
                num5 += 1
    ls.append(line.strip().split(", ")[0])
    ls.append(num1)
    ls.append(num2)
    ls.append(num3)
    ls.append(num4)
    ls.append(num5)
    return ls
```

　　配置 Spark 的主节点和名称，示例代码如下：

```
## 配置 Spark
#sc.stop() # 多次运行需要先停止再重新运行
sparkConf = SparkConf().setMaster("spark://node1:7077").setAppName("My App")
#"spark://node1:7077" 为主节点 master 的地址
```

```
sc = SparkContext(conf=sparkConf)
```

读取上传到 HDFS 上的 job.csv 文件，将其中的岗位信息转化为特征信息，得到的特征维度分别对应 Java、数据库、Web 前端、JSP、安卓，并将岗位信息特征依次排序并转换为 array 类型，示例代码如下：

```
## 读取岗位信息
def preparJobdata(sc):
    from numpy import array
    from sklearn import preprocessing
    rawUserData = sc.textFile("hdfs://node1:8020/pydata/input/job.csv")
    jobitem = rawUserData.map(lambda line:line.strip().split(", "))
    rawRatings = rawUserData.map(splitJob)
    # 将岗位信息特征依次排序并转换为 array 类型
    ratingsRDD = rawRatings.filter(lambda x:x[0] != '').map(lambda x:array([float(x[1]),
float(x[2]), float(x[3]), float(x[4]), float(x[5])]))
    return jobitem, ratingsRDD
jobitem, parsedData = preparJobdata(sc)
parsedData.collect() # 岗位信息特征展示
```

得到岗位信息特征结果如图 5-23 所示。

```
[array([0., 0., 0., 0., ■.]),
 array([0., 4., 0., 0., ■.]),
 array([0., 1., 0., 0., ■.]),
 array([0., 0., 0., 0., ■.]),
 array([0., 0., 0., 0., ■.]),
 array([0., 0., 0., 0., ■.]),
 array([0., 1., 0., 0., ■.]),
 array([0., 0., 0., 0., ■.]),
 array([0., 0., 0., 0., ■.]),
 array([0., 0., 0., 0., ■.]),
 array([0., 0., 0., 0., ■.]),
 array([0., 0., 0., 0., ■.]),
 array([0., 1., 0., 0., ■.]),
 array([0., 1., 0., 0., ■.]),
 array([0., 0., 0., 0., ■.]),
 array([0., 1., 0., 0., ■.]),
 array([0., 3., 0., 0., ■.]),
 array([0., 0., 0., 0., ■.]),
 array([0., 0., 0., 0., ■.]),
```

图 5-23　岗位信息特征

使用 Spark 中机器学习 k-means 算法来对数据进行聚类处理，KMeans.train () 中的参数依次为要输入的数据、分类的类别数、最大迭代次数和聚类方式。岗位信息聚类为前端开发、后端开发、安卓开发这 3 类。通过 k-means 聚类算法可得到聚类误差和预测的标签，示例代码如下：

```
## 计算 spark-kmeans 聚类的误差和预测岗位聚类标签
from pyspark.mllib.clustering import KMeans
from math import sqrt
clusters = KMeans.train(parsedData, 10, maxIterations=10, initializationMode="k-
means||") #Spark 聚类算法 (k-means)
# 计算聚类误差
def error(point):
    center = clusters.centers[clusters.predict(point)]
    return sqrt(sum([x**2 for x in (point - center)])), clusters.predict(point)
WSSSE = (parsedData.map(lambda point:error(point)[0]).reduce(lambda x, y: x+y))
pre_label = parsedData.map(lambda point:error(point)[1]) # 聚类预测的标签
print('Within Set Sum of Squared Error = ' + str(WSSSE)) # 打印误差值
pre_label.collect() # 打印预测的标签
```

执行程序得到聚类误差和预测标签如图 5-24 所示。

```
Within Set Sum of Squared Error = 1864.468365063114
[1, 9, 1, 1, 1, 1, 1, 1, 1, 1, 1, 1]
```

图 5-24   聚类误差和预测标签

为了更直观地看到聚类的效果，可采用 "t-sne" 可视化来绘制出在二维空间中的样本分布，不同的标签赋予不同的颜色进行区分。在 t-sne 中将样本降维的技术使用 "pca"，在程序中首先引入 t-sne 所需要的包，代码如下：

```
import matplotlib.pyplot as plt
from sklearn.manifold import TSNE
```

对数据进行 "pca" 降维处理，处理后的数据维度为二维，然后对数据进行归一化预处理，开启一个绘图窗口，将每个样本绘制到窗口，并根据标签赋予不同的颜色。需要注意，在编写图的标题时，如果使用中文字体，应需要引用到字体存放的位置，示例代码如下：

```
from matplotlib.font_manager import FontProperties
import numpy as np
def plot_embedding(data, label, title):
    # 数据标准化
    x_min, x_max = np.min(data, 0), np.max(data, 0)
    data = (data - x_min) / (x_max - x_min)

    fig = plt.figure() # 绘制窗口
    # ax = plt.subplot(111)
```

```
for i in range(data.shape[0]):
    plt.scatter(data[i, 0], data[i, 1], s=10, color=plt.cm.Set1(label[i] / 10.)) # 绘制每一类
的散点图
    plt.xticks([])
    plt.yticks([])
    font2 = FontProperties(fname=r"/usr/share/fonts/simsun.ttc", size= 0) # 定义图中文字
样式
    plt.title(title, fontproperties=font2) # 添加标题
    return fig
def tsne(input, labels):
    input = np.array(input)
    labels = np.array(labels)
    tsne = TSNE(n_components=2, init='pca', random_state=0, n_iter=5000, perplexity=30)
    result = tsne.fit_transform(input)
    fig = plot_embedding(result, labels, 't-SNE 聚类 )
    plt.show()
```

调用上方的 tsne 函数，代码如下：

```
# 使用 TSNE 进行数据降维并展示聚类结果
tsne(parsedData.collect(), pre_label.collect())    #t-sne 图可视化
```

输入数据和聚类得到的标签，即可得到数据聚类的分布图，如图 5-25 所示。

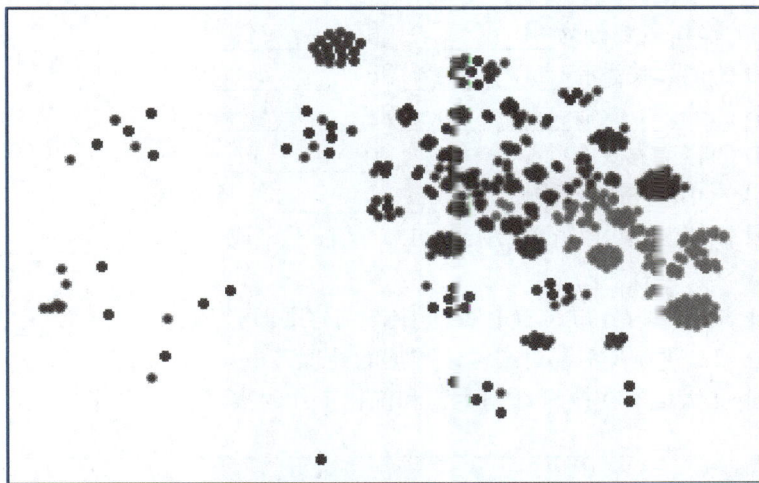

图 5-25 数据 t-sne 聚类的分布图

项目小结

本项目主要介绍了 Spark 架构、k-means 算法、在集群上运行 Spark 应用程序的方法、Spark RDD 的创建和 API 编程、DataFrame 和 DataSet 的创建和 Spark SQL 的 API 编程，然后使用 Spark 编程实现对招聘数据的清洗、规格化，最终通过协同过滤实现岗位聚类和就业岗位推荐。

课后习题

一、填空题

1. 在 Scala 中，声明变量的关键字有_____和_____。

2. 在 Scala 中，获取元组中的值是通过_____来获取的。

3. 在 Scala 中，模式匹配是由关键字_____和_____组成的。

4. Spark 生态系统包含_____、_____、_____、_____、_____以及独立调度器组件。

5. Spark 集群的部署模式有_____模式、_____模式和_____模式。

6. 启动 Spark 集群的命令为_____。

7. Spark 集群的运行框架由_____、_____和_____组成。

8. RDD 是_____的一个抽象概念，也是一个_____并行的数据结构。

9. RDD 的操作主要分为_____和_____。

10. RDD 的依赖关系有_____和_____。

11. RDD 的分区方式有_____和_____。

12. RDD 的容错方式有_____和_____。

13. Spark SQL 是 Spark 用来处理_____的一个模块。

14. 如果要使 Spark 很好地支持 SQL，就需要完成_____、_____、_____三大过程。

15. Spark SQL 作为分布式 SQL 查询引擎，让用户可以通过_____、_____和_____3 种方式实现对结构化数据的处理。

16. Catalyst 优化器在执行计划生成和优化工作时离不开它内部的五大组件，分别为_____、_____、_____、_____、_____。

二、选择题

1. 下列选项中，（   ）是 Scala 编译后文件的扩展名。

　　A. class　　　　　　　　　　　　　　B. bash

C. pyc　　　　　　　　　　　　D. sc

2. 下列方法中，(　　　)方法可以正确计算数组 arr 的长度。

A. count ()　　　　　　　　　　B. take ()

C. tail ()　　　　　　　　　　　D. length ()

3. 下列关于 List 的定义，(　　　)是错误的。

A. val list = List（1,22,3）

B. val list = List（"Hello"，"Scala"）

C. val list : String = List（"A"，"B"）

D. val list = List[Int]（1,2,3）

4. 下列选项中，(　　　)不是 Spark 生态系统中的组件。

A. Spark Streaming　　　　　　B. Mlib

C. Graphx　　　　　　　　　　D. Spark R

5. 下面(　　　)端口不是 Spark 自带服务的端口。

A. 8080　　　　　　　　　　　B. 4040

C. 8090　　　　　　　　　　　D. 18080

6. 下列选项中，针对 Spark 运行的基本流程(　　　)说法是错误的。

A. Driver 端提交任务，向 Master 申请资源

B. Master 与 Worker 进行 TCP 通信，使得 Worker 启动 Executor

C. Executor 启动会主动连接 Driver，通过 Driver→Master→WorkExecutor，从而得到 Driver 在哪里

D. Driver 会产生 Task，提交给 Executor 中启动 Task 去进行真正的计算

7. 下列方法中，用于创建 RDD 的方法是(　　　)。

A. makeRDD　　　　　　　　　B. parallelize

C. textFile　　　　　　　　　　D. testFile

8. 下列选项中，(　　　)不属于转换算子操作。

A. filter (func)　　　　　　　　B. map (func)

C. reduce (func)　　　　　　　　D. reduceByKey (func)

9. 下列选项中，能使 RDD 产生宽依赖的是(　　　)。

A. map (func)　　　　　　　　　B. filter (func)

C. union　　　　　　　　　　　D. groupByKey ()

10. Spark SQL 可以处理的数据源包括(　　　)。

A. Hive 表

B. 数据文件、Hive 表

C. 数据文件、Hive 表、RDD

D. 数据文件、Hive 表、RDD、外部数据库

11. 下列说法正确的是(　　　)。

A. Spark SQL 的前身是 Hive

B. DataFrame 其实就是 RDD

　　　C. HiveContext 继承了 SqlContext

　　　D. HiveContext 只支持 SQL 语法解析器

12. Spark SQL 中，mode 函数可以接收的参数有（　　　）。

　　　A. Overwrite、Append、Ignore、ErrorIfExists

　　　B. Overwrite、Ignore

　　　C. Overwrite、Append、Ignore

　　　D. Append、Ignore、ErrorIfExists

读书笔记

项目 6

就业岗位数据可视化

💡 **学习目标** ••

【知识目标】
- 识记 Flask 框架。
- 识记 ECharts：基于 JavaScript 的开源可视化图表库。

【技能目标】
- 熟悉 ECharts API 代码规范。
- 学会 Flask 前端 Web 框架项目的搭建及部署。
- 掌握 Python API 对数据的读写处理操作。

【素质目标】
- 具有严谨细致的工作态度和工作作风。
- 具有良好的团队协作意识和业务沟通能力。
- 具有良好的表达能力和文档制作能力。
- 具有规范的编程意识和较好的数据可视化能力。

📋 **项目描述** ••

【学习情景】

  小华同学在完成了数据爬取、数据清洗、数据分析等一系列操作后，为了借助于图形化手段，清晰有效地传达与沟通信息，结合自己的知识背景，他决定将数据分析的结果，使用 JavaScript 实现的开源可视化库 ECharts 来对数据进行可视化，该过程主要是使用 JDBC 连接数据库，通过 Servlet 类将数据库查询信息以 JSON 的形式返回给前端页面，前端页面通过 AJAX 获取 JSON 数据进行展示。最后进一步利用企业数据可视化成熟方案："使用 Flask+ECharts 实现数据可视化"，充分利用 Flask 自由、灵活、可扩展性强以及第三方库的选择面广的特性。

任务 6.1　使用 ECharts 进行数据可视化

任务描述

1. 学习 Flask 的相关技术知识。
2. 使用 ECharts 实现对招聘数据分析结果的可视化展示。

任务目标

1. 掌握 ECharts 图形绘制流程及参数配置。
2. 掌握项目程序的安装与部署操作。

知识准备

1. ECharts

ECharts（Enterprise Charts，商业级数据图表）是一个纯 Javascript 的图表库，可以流畅地运行在 PC 和移动设备上，兼容当前绝大部分浏览器（IE6/7/8/9/10/11、Chrome、Firefox、Safari 等），底层依赖轻量级的 Canvas 类库 ZRender，提供直观、生动、可交互、可高度个性化定制的数据可视化图表。创新的拖曳重计算、数据视图、值域漫游等特性大大增强了用户体验，赋予了用户对数据进行挖掘、整合的能力。

ECharts 提供的图表支持任意混搭：折线图（区域图）、柱状图（条状图）、散点图（气泡图）、K 线图、饼图（环形图）、雷达图、地图、和弦图、力导布局图，同时提供标题、图例、值域漫游、数据区域缩放、坐标轴、工具箱等可交互组件，支持多图表、组件的联动和混搭展现。ECharts 架构如图 6-1 所示。

读书笔记

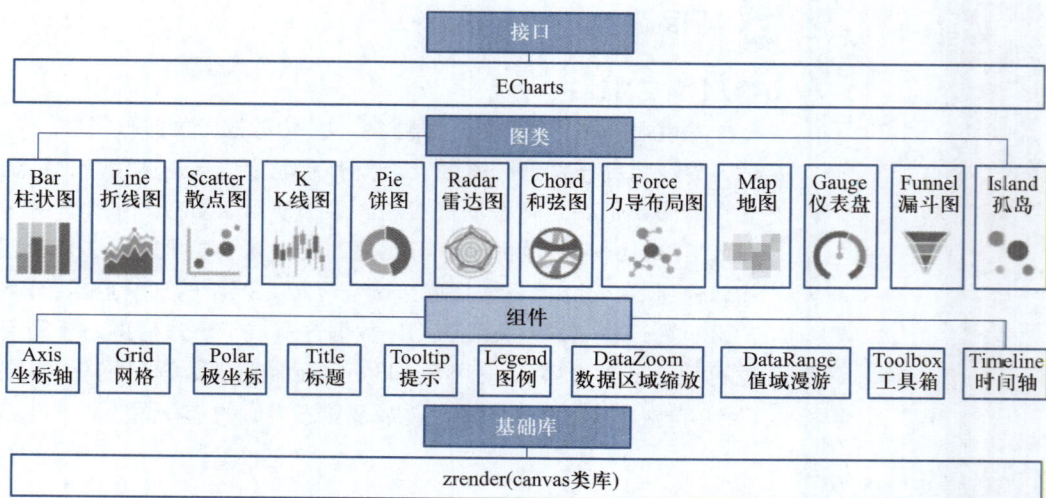

图 6-1　ECharts 架构图

　　用户可以在 ECharts 的官网上下载丰富的版本，并使用 <script> 标签引入，ECharts 的版本包含了不同主题与语言，这些构建好的 ECharts 提供了如下几种定制版本：

读书笔记

- 完全版：echarts.js，体积最大，包含所有的图表和组件。
- 常用版：echarts.common.js，体积适中，包含常见的图表和组件。
- 精简版：echarts.simple.js，体积较小，仅包含最常用的图表和组件。
- 压缩版：echarts.min.js，体积较小，对代码进行了压缩处理。

（1）ECharts 一般创建步骤

① 创建 HTML 页面，引入 echarts.min.js，代码如下：

```
<!DOCTYPE html>
<html>
<head>
  <meta charset="utf-8">
  <!-- 引入 ECharts 文件 -->
<script src="echarts.min.js"></script>
</head>
</html>
```

② 为图表准备一个具有宽和高的 DOM 容器。

实例中 id 为 main 的 div 用于包含 ECharts 绘制的图表，代码如下：

```
<body>
  <!-- 为图表准备一个具有宽和高的 DOM 容器 -->
<div id="main" style="width:600px;height:400px;"></div>
</body>
```

③ 设置配置信息。

ECharts 库使用 JSON 格式来配置，代码如下：

```
echarts.init(document.getElementById('main')).setOption(option);
```

其中的 option 表示使用 JSON 数据格式的配置来绘制图表。步骤如下：

为图表配置标题如下：

```
title:{
  text:' 第一个 ECharts 实例 '}
```

配置提示信息如下：

```
tooltip:{},
```

图例组件展现了不同系列的标记（symbol）、颜色和名字。可以通过单击图例控制哪些系列不显示，示例代码如下：

```
legend:{
  data:[{
    name:' 系列 1',
    // 强制设置图形为圆
    icon:'circle',
    // 设置文本为红色
    textStyle:{
      color:'red'
    }
  }]}
```

配置要在 X 轴显示的项如下 :

```
xAxis:{
data:[" 衬衫 "," 羊毛衫 "," 雪纺衫 "," 裤子 "," 高跟鞋 "," 袜子 "]
}
```

配置要在 Y 轴显示的项如下 :

```
yAxis:{}
```

每个系列通过 type 决定自己的图表类型 :

```
series:[{
  name:' 销量 ', // 系列名称
  type:'bar', // 系列图表类型
data:[5, 20, 36, 10, 10, 20] // 系列中的数据内容 }]type:'bar': 柱状 / 条形图
}]
```

（2）ECharts 的图表类型

ECharts 中图表类型由 type 的取值决定，常用的 type 取值表见表 6–1。

表 6–1　常用的 type 的取值表

图表	描　　述
line	折线图、堆积折线图、区域图、堆积区域图
bar	柱形图（纵向）、堆积柱形图、条形图（横向）、堆积条形图
scatter	散点图、气泡图。散点图至少需要横纵两个数据，当更高维度数据加入时，可以映射为颜色或大小；当映射到大小时，则为气泡图
k	K 线图、蜡烛图。常用于展现股票交易数据
pie	饼图、圆环图。饼图支持两种（半径、面积）南丁格尔玫瑰图模式
radar	雷达图、填充雷达图。高维度数据展现的常用图表
map	地图。内置各国地图数据，可通过标准 GeoJson 扩展地图类型。支持 svg 扩展类地图应用，如室内地图、运动场、物件构造等
heatmap	热力图。用于展现密度分布信息，支持与地图、百度地图插件联合使用
gauge	仪表盘。用于展现关键指标数据，常见于 BI 类系统

（3）ECharts 的组件

ECharts 包含丰富的组件，见表 6-2。

表 6-2　ECharts 组件表

组件	描　　述
axis	直角坐标系中的一个坐标轴，坐标轴可分为类目型、数值型或时间型
xAxis	直角坐标系中的横轴，通常并默认为类目型
yAxis	直角坐标系中的纵轴，通常并默认为数值型
grid	直角坐标系中除坐标轴外的绘图网格，用于定义直角系整体布局
legend	图例，表述数据和图形的关联
dataRange	值域选择，常用于展现地域数据时选择值域范围
dataZoom	数据区域缩放，常用于展现大量数据时选择可视范围
toolbox	辅助工具箱，辅助功能，如添加标线、框选缩放等
tooltip	气泡提示框，常用于展现更详细的数据
timeline	时间轴，常用于展现同一系列数据在时间维度上的多份数据
series	数据系列，一个图表可能包含多个系列，每一个系列可能包含多个数据

（4）ECharts 样式设置

ECharts 可以通过样式设置来改变图形元素或者文字的颜色、明暗、大小等。从 ECharts 4 版本开始，除了默认主题外，还内置了两套主题，分别为 light 和 dark。

使用方式如下：

```
var chart = echarts.init(dom, 'light');
```

或者

```
var chart = echarts.init(dom, 'dark');
```

另外，可以在官方的"主题编辑器"选择自己喜欢的主题下载，目前主题下载提供了 JS 版本和 JSON 版本。

如果使用 JS 版本，则可以将 JS 主题代码保存一个"主题名 .js"文件，然后在 HTML 中引用该文件，最后在代码中使用该主题。例如，选中一个主题，将 JS 代码保存为 test.js，示例代码如下：

```
<!-- 引入主题 -->
<script src="js/test.js"></script>

...
// HTML 引入 wonderland.js 文件后，在初始化的时候调用
var myChart = echarts.init(dom, 'test.js');
```

读书笔记

```
// ...
```

如果主题保存为 JSON 文件，则可以自行加载和注册。例如，选中了一个主题，将 JSON 代码保存为 test.json，示例代码如下：

```
// 主题名称是 wonderland
$.getJSON('test.json', function (themeJSON) {
    echarts.registerTheme('test', themeJSON)
    var myChart = echarts.init(dom, 'test');
});
```

> **注意**：此处使用了 $.getJSON，所以需要引入 jQuery。

可以在 option 中设置调色盘。调色盘给定了一组颜色、图形，系列会自动从其中选择颜色。可以设置全局的调色盘，也可以设置系列自己专属的调色盘，示例代码如下：

```
option = {
  // 全局调色盘
  color:['#c23531', '#2f4554', '#61a0a8', '#d48265', '#91c7ae', '#749f83', '#ca8622',
'#bda29a', '#6e7074', '#546570', '#c4ccd3'],

  series:[{
     type:'bar',
     // 此系列自己的调色盘
     color:['#dd6b66', '#759aa0', '#e69d87', '#8dc1a9', '#ea7e53', '#eedd78', '#73a373',
'#73b9bc', '#7289ab', '#91ca8c', '#f49f42'],
     ...
  }, {
     type:'pie',
     // 此系列自己的调色盘
     color:['#37A2DA', '#32C5E9', '#67E0E3', '#9FE6B8', '#FFDB5C', '#ff9f7f', '#fb7293',
'#E062AE', '#E690D1', '#e7bcf3', '#9d96f5', '#8378EA', '#96BFFF'],
     ...
  }]
}
```

采用直接的样式设置是比较常用设置方式。在 ECharts 的 option 中，有很多地方可以设置 itemStyle、lineStyle、areaStyle、label 等。

itemStyle 参数可以设置诸如阴影、透明度、颜色、边框颜色、边框宽度等，示例代码如下：

读书笔记

```
option = {
  series :[
    {
      name:' 访问来源 ',
      type:'pie',
      radius:'55%',
      data:[
        {value:35, name:' 南京 '},
        {value:30, name:' 杭州 '},
        {value:31, name:' 苏州 '},
        {value:32, name:' 上海 '},
        {value:28, name:' 北京 '}
      ],
      roseType:'angle',
      itemStyle:{
        normal:{
          shadowBlur:100,
          shadowColor:'rgba(0, 0, 0, 0.5)'
        }
      }
    }
  ]
};
```

2. JavaWeb 和 ECharts 环境搭建

　　该任务将采用 Servlet、JavaBean、MySQL 的环境开发，使用 ECharts 进行数据的可视化展示，因此需要创建一个 JavaWeb 项目，使用 IDEA 在主菜单选择"File"→"New"→"Project"命令，如图 6-2 所示。

微误 6-1
使月 ECharts
进行数据可
视化环境搭
建

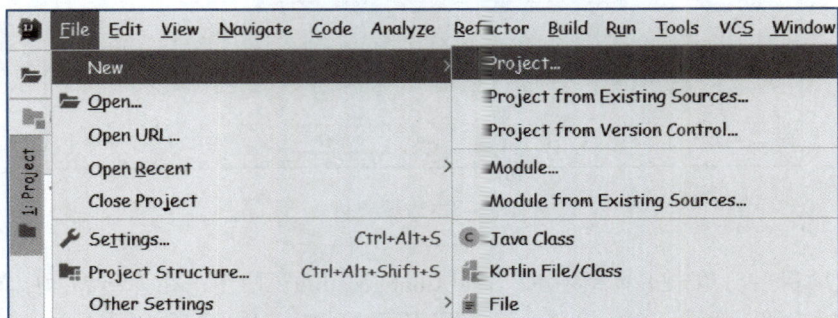

图 6-2　菜单操作

　　在打开的窗口中依次选择"Java""Java EE"→"Web Application"选项，在"Project SDK"下拉按钮中选择 1.8 版本，然后单击"Next"按钮，如图 6-3 所示。

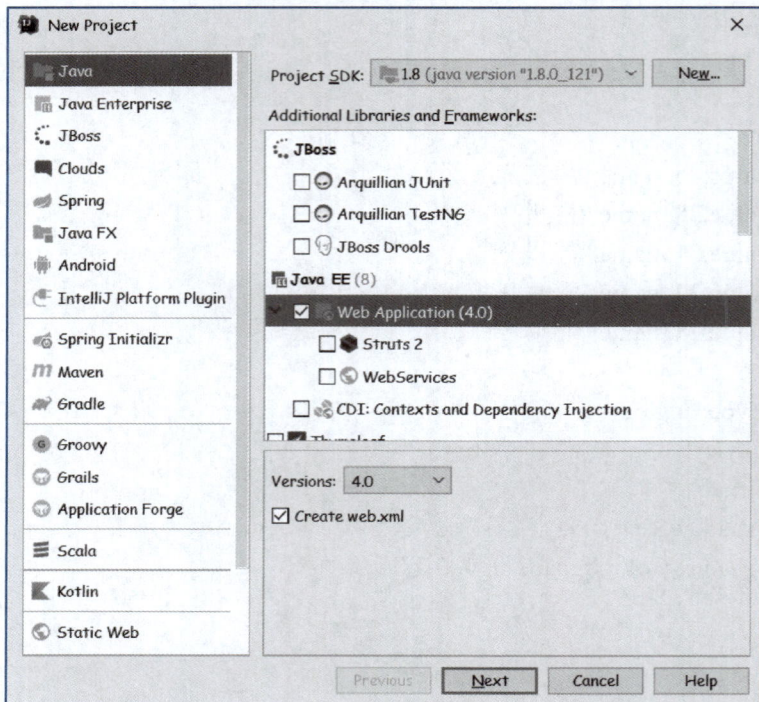

图 6-3　新建项目

　　在打开的窗口中设置"Project name"和"Project Location"后单击"Finish"按钮完成项目创建，如图 6-4 所示。

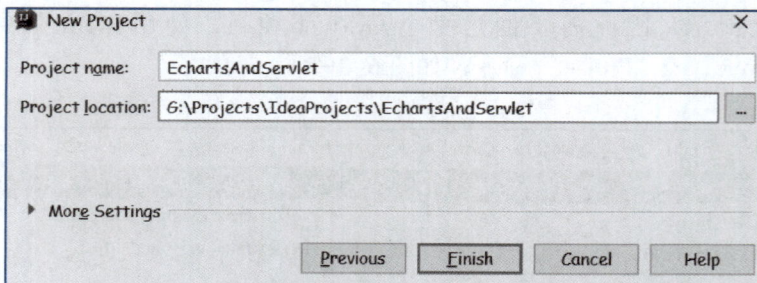

图 6-4　设置项目

　　新建项目后，单击工具栏中的"Add Configuration"按钮，在弹出界面中单击左上角的"+"按钮，选择"Tomcat Server"服务下的"Local"选项，配置本地的 Tomcat 服务，如图 6-5 所示。

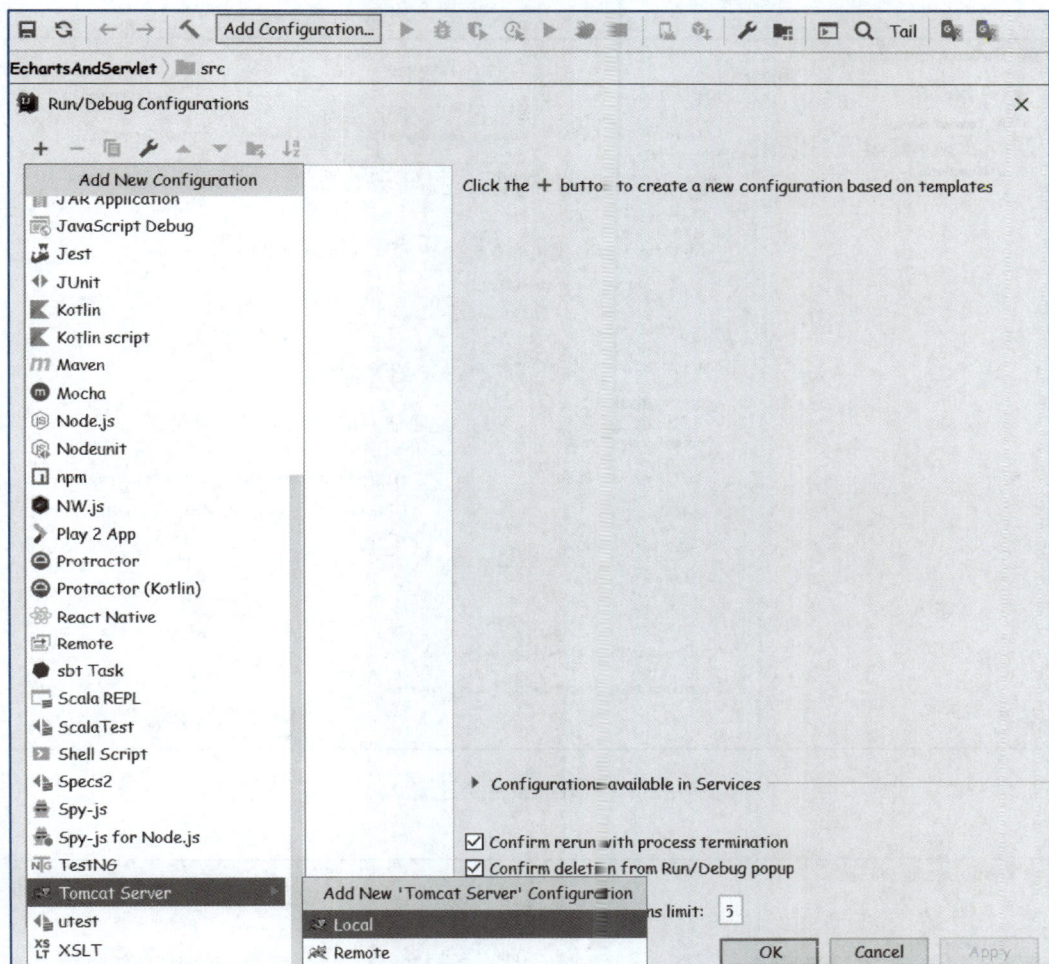

图 6-5　Tomcat 服务配置 1

　　配置"Tomcat"服务时会有一个"Warning"警告，单击"Fix"按钮即可，如图 6-6 和图 6-7 所示。

　　单击"Apply"按钮完成对 Tomcat 的配置。此时还需要导入一个 servlet-api.jar，在主菜单中选择"File"→"Project Structure"命令，在弹出的窗口中找到"Libraries"选项，单击"+"按钮，在下拉菜单中选择"Java"选项，如图 6-8 所示。

　　在弹出的窗口中选择配置的 Tomcat 版本文件夹下 lib 目录中的"servlet-api.jar"，单击"OK"按钮，如图 6-9 所示。

　　在弹出的窗口中选择当前项目，并单击"OK"按钮，如图 6-10 所示。

　　在弹出的窗口中单击"OK"按钮即可完成配置工作，如图 6-11 所示。

　　至此，Tomcat 的配置基本完成。接下来在 web 目录下新建 lib 目录，存放后续程序所需的 jar 包依赖，如图 6-12 所示。

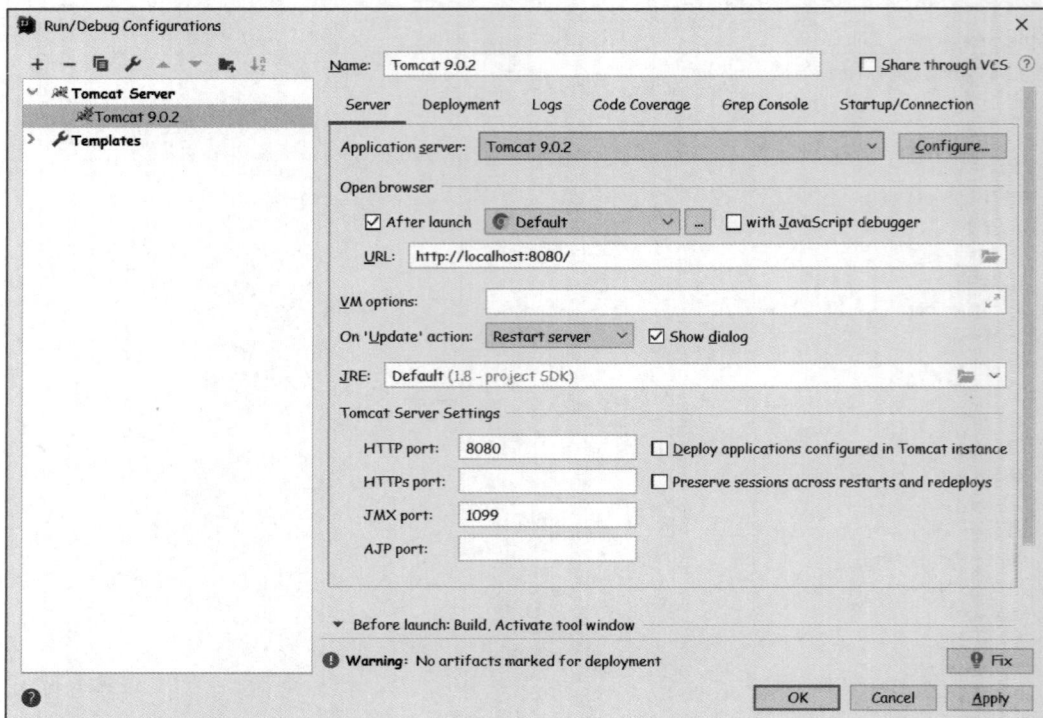

图 6-6　Tomcat 服务配置 2

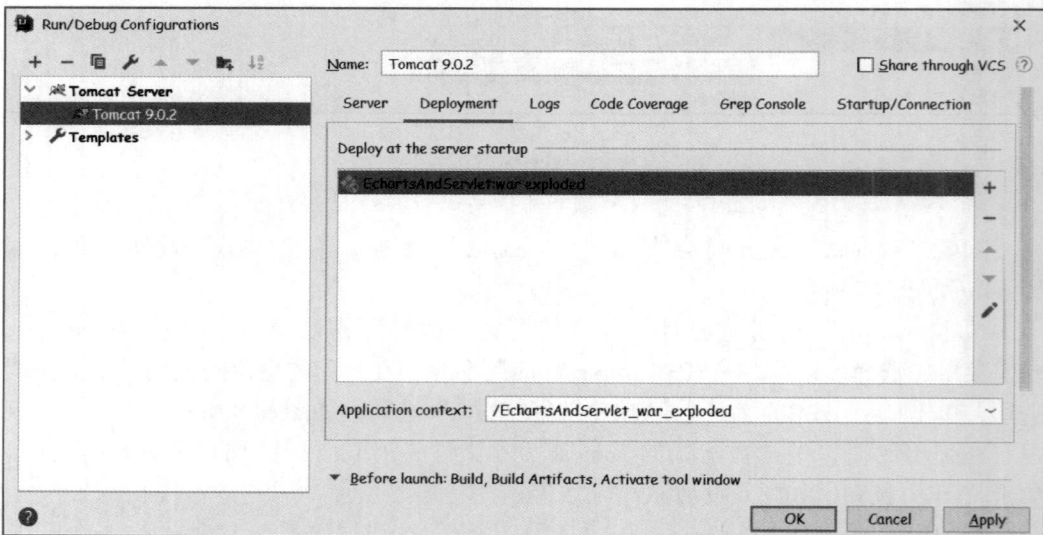

图 6-7　修复 artifacts

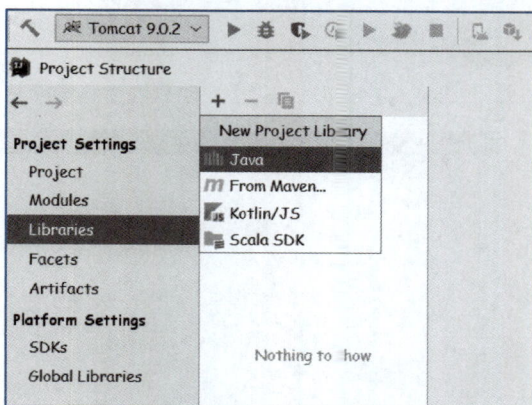

图 6-8　添加 jar 包 1

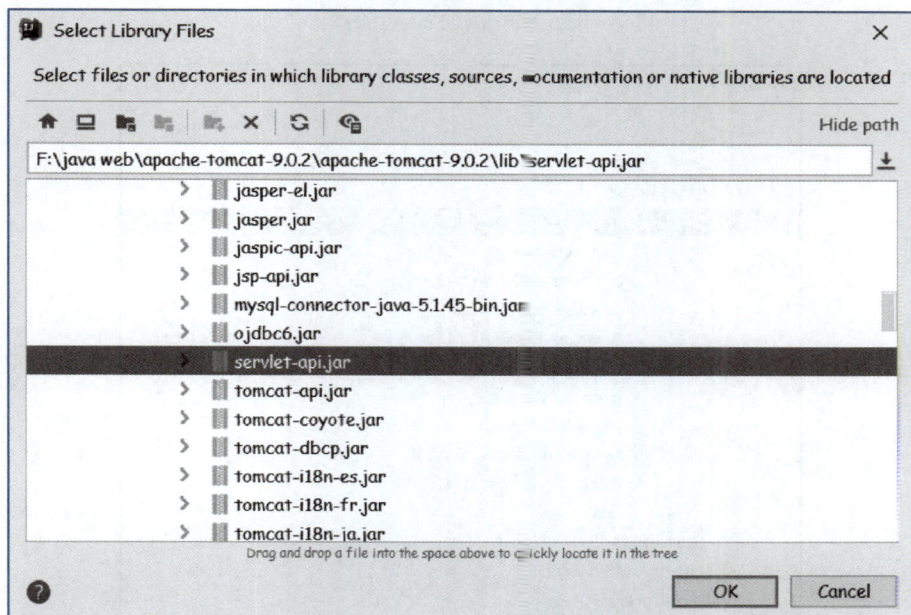

图 6-9　jar 包文件的选取

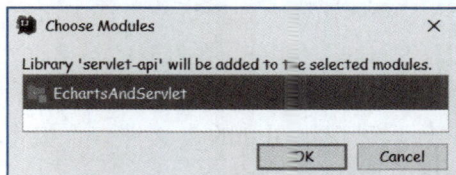

图 6-10　设置项目

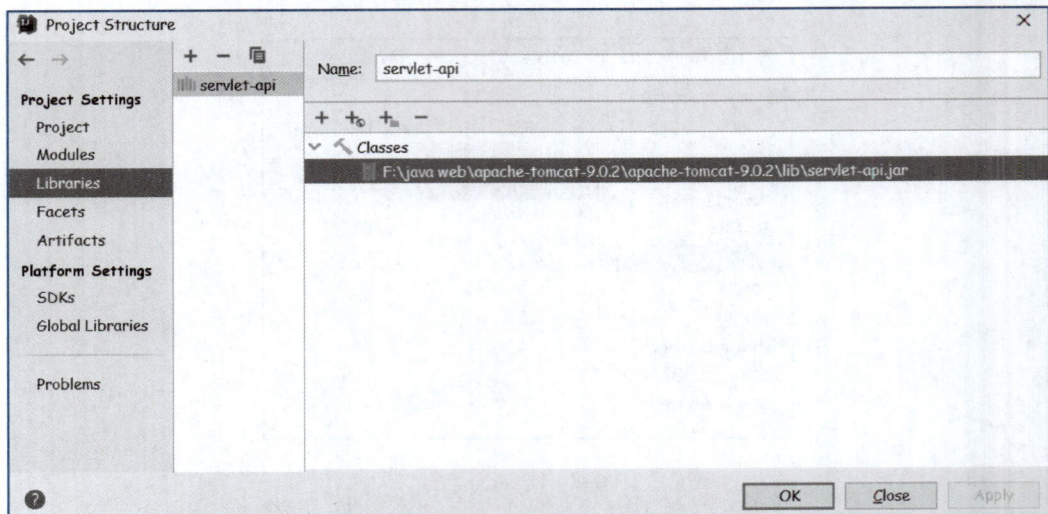

图 6-11　添加 jar 包依赖

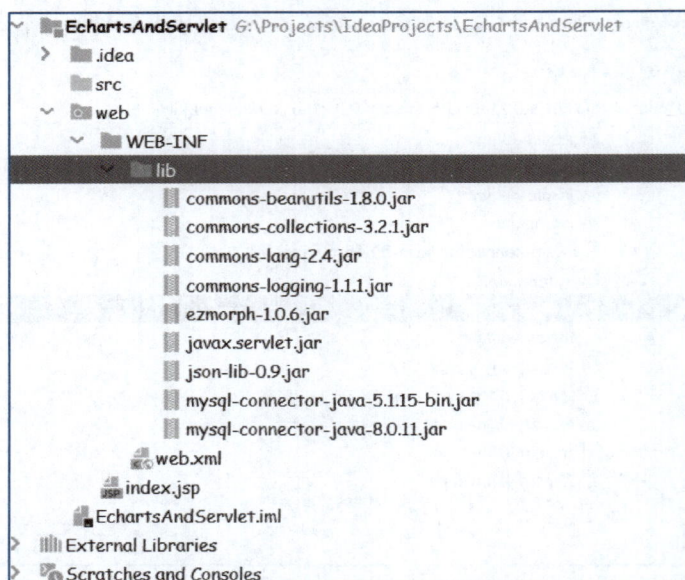

图 6-12　jar 包导入

　　导入 jar 包文件后，还需要将其导入到项目中。选中所有的 jar 包，右击，在弹出的快捷菜单中选择"Add as Library"命令，在打开的对话框中选择模块为本项目（默认即可）并单击"OK"按钮，分别如图 6-13 和图 6-14 所示。

　　添加完成后，还需要导入可视化用到的 js 文件，直接将下载好的 js 文件复制到 web 目录下即可，如图 6-15 所示。

　　完成 js 引入后，在 src 目录下创建 com 目录，在其下面新建 bean、dao、servlet 目录，分别用于后续项目的实体类封装、数据库连接类编写、Servlet 类编写，如图 6-16 所示。

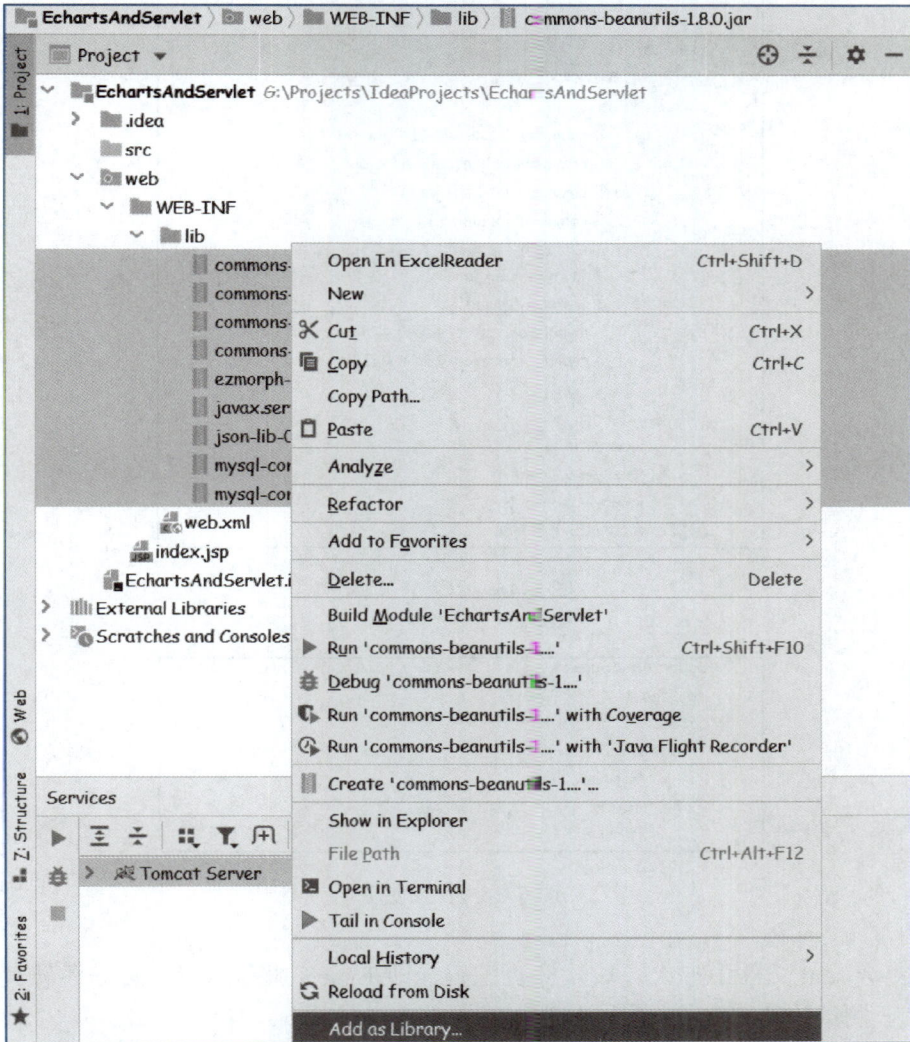

图 6-13 添加 jar 包 2

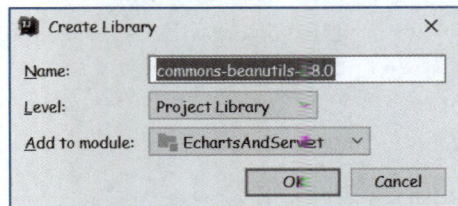

图 6-14 选取目标项目

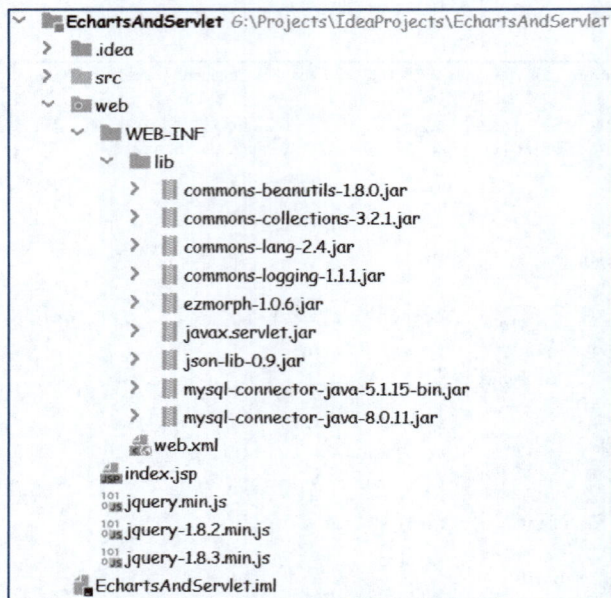

图 6-15   引入 js 文件

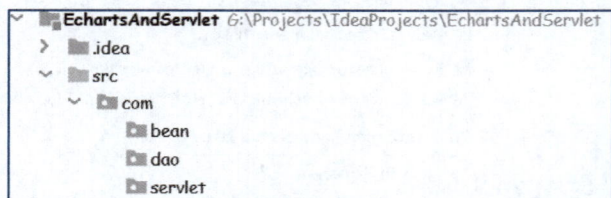

读书笔记

图 6-16   目录创建

在 web.xml 文件中加入一段欢迎页配置，即 Tomcat 服务运行后自动跳转到的页面，用于测试项目的配置情况，示例代码如下：

```
<?xml version="1.0" encoding="UTF-8"?>
<web-app xmlns="http://xmlns.jcp.org/xml/ns/javaee"
     xmlns:xsi="http://www.w3.org/2001/XMLSchema-instance"
     xsi:schemaLocation="http://xmlns.jcp.org/xml/ns/javaee http://xmlns.jcp.org/xml/ns/javaee/web-app_4_0.xsd"
     version="4.0">
  <welcome-file-list>
    <welcome-file>index.jsp</welcome-file>
  </welcome-file-list>
</web-app>
```

配置完成后运行项目，如果自动弹出浏览器界面并显示 index.jsp 页面的内容，即可说明项目配置成功，如图 6-17 所示。

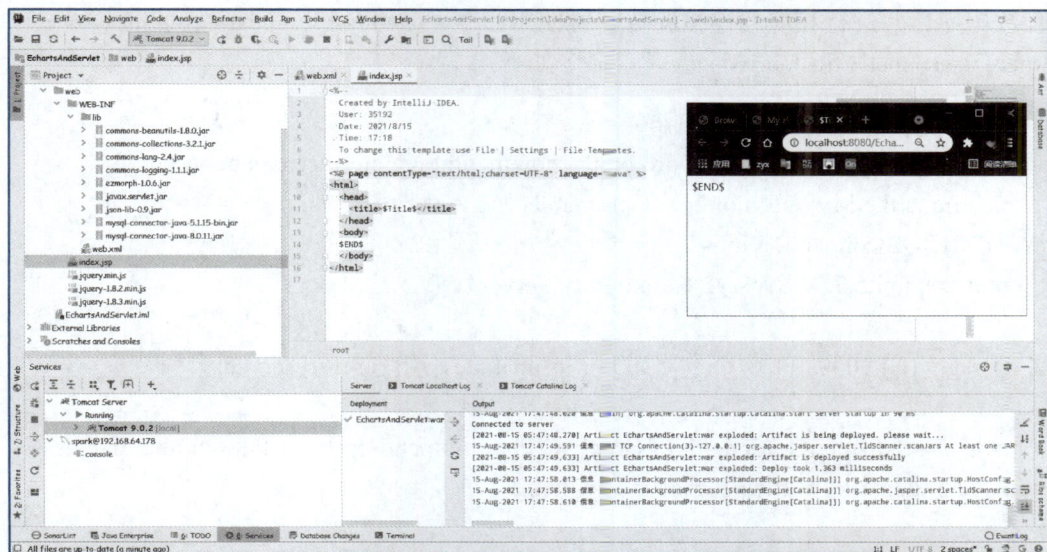

图 6-17   项目部署测试

为了方便后面项目连接数据库，在此还需要配置数据库。在窗口右侧找到并单击 "DataBase" 标签（也可以在主菜单 "View → Tool Windows" 中找到），单击左上角 "+" 按钮，选择 "Data Source" → "MySQL" 选项，如图 6-18 所示。

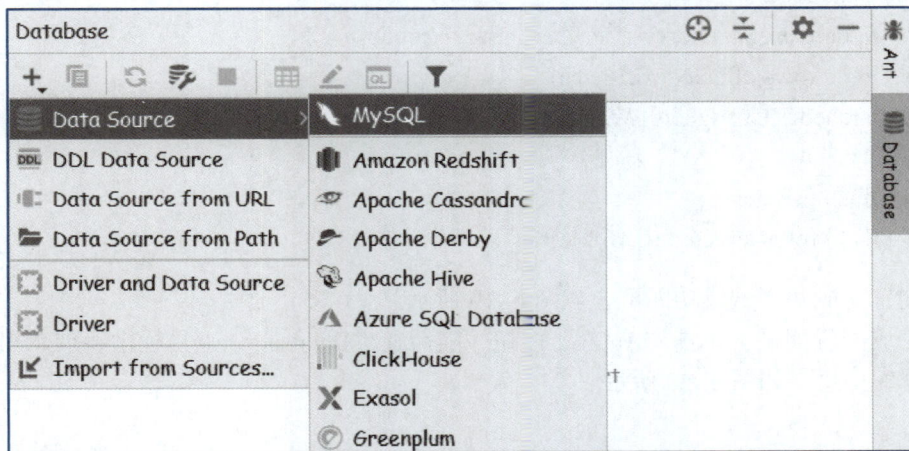

图 6-18   Database 工具使用

　　在打开的窗口中进行数据库的配置，在 "Host" 中填写数据库服务器的 IP 地址，在 "User" 中填写用户名，在 "Password" 中填写数据库连接密码，在 "Database" 中填写所使用的数据库的名称。在测试前，如果需要使用远程数据库，则首先应打开远程数据库，并进行相应的连接配置，可使用命令 "use mysql；update user set host ='%' where user='root'；flush privileges；"，命令如下：

```
[root@d d]# mysql -uroot -p123456
mysql:[Warning] Using a password on the command line interface can be insecure.
Welcome to the MySQL monitor.  Commands end with ; or \g.
Your MySQL connection id is 2
Server version:5.7.31 MySQL Community Server (GPL)

Copyright (C) 2000, 2020, Oracle and/or its affiliates. All rights reserved.

Oracle is a registered trademark of Oracle Corporation and/or its affiliates. Other names
may be trademarks of their respective owners.

Type 'help;' or '\h' for help. Type '\c' to clear the current input statement.

mysql> use mysql;
Reading table information for completion of table and column names
You can turn off this feature to get a quicker startup with -A

Database changed
mysql> update user set host = '%' where user = 'root';
Query OK, 0 rows affected (0.18 sec)
RowS matched:1 Changed:0 Warnings:0

mysql> flush privileges;
Query OK, 0 rows affected (0.16 sec)
```

　　配置完成并测试成功即可，如图 6-19 所示。
　　完成配置测试，单击 "Apply" 按钮，随后在 "Database" 工具栏中将展示出连接的数据库信息，如图 6-20 所示。

读书笔记

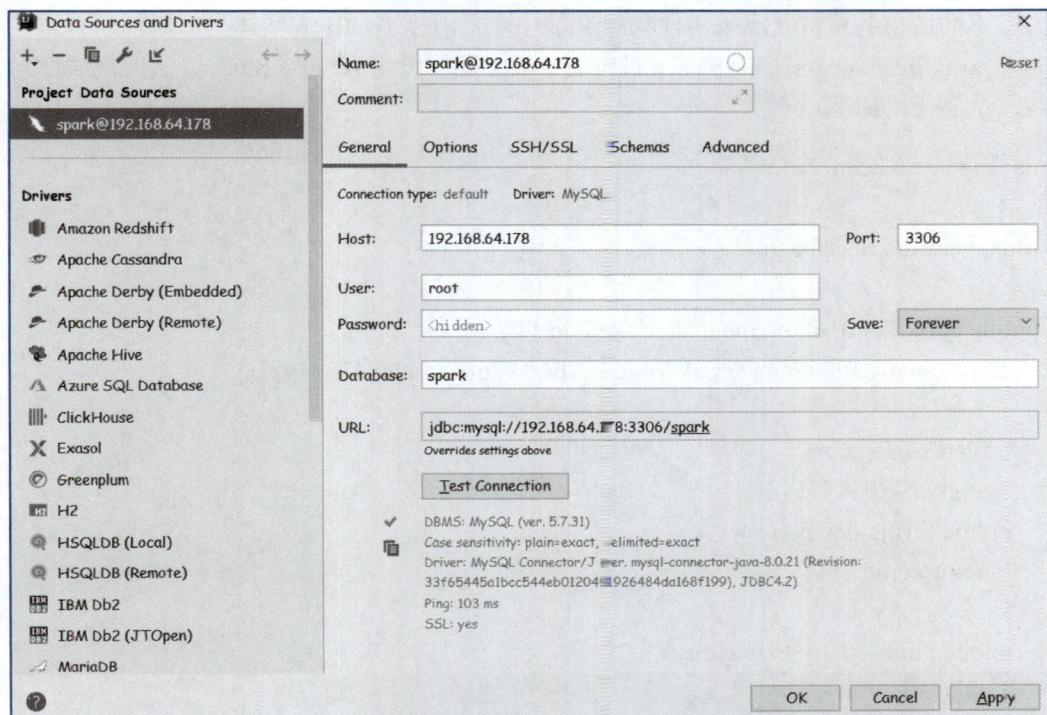

图 6-19　数据库配置

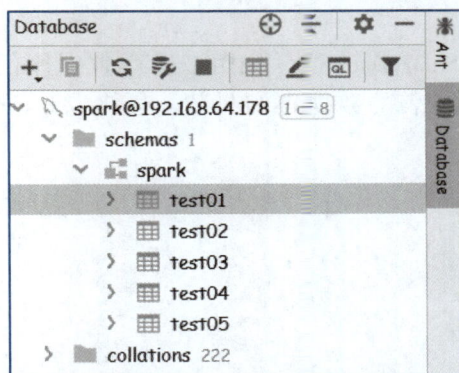

图 6-20　Database 工具栏

任务实施

1. 不同城市的薪资状况可视化

可视化的主要流程：封装数据库表对象存储数据信息，使用 JDBC 连接数据库，通过 Servlet 类将数据库查询信息以 JSON 的形式返回给前端页面，前端页面通过 AJAX 获取 JSON 数据进行展示。

不同城市的薪资状况采用柱状图展示。首先创建 Test01 表实体类，添加私有属性 city、avgMinSalary、avgMaxSalary 对应表字段，同时设定 setter、getter 方法实现属性封装，示例代码如下：

```
package com.bean;

import java.io.Serializable;

public class Test01 implements Serializable {
    private static final long serialVersionUID = 976811549474734148L;

    private String city;
        // 此处省略部分代码
    public String getCity() {
        return city;
    }
    public void setCity(String city) {
        this.city = city;
    }
    // 此处省略部分代码
}
```

在 dao 目录下创建 SalaryDao，使用 JDBC 进行数据库的连接配置，同时定义 listAll () 方法，进行 test01 表的数据查询封装，最终以 list 的形式返回，示例代码如下：

```
package com.dao;

import com.bean.Test01;
import java.sql.Connection;
 // 此处省略部分代码

public class SalaryDao {
    // 构建数据库连接对象
    Connection connection;

    // 定义数据库连接方法
    public Connection getConnection() {
        try {
```

```
        String name = "root"; // 用户名
        String password = "123456"; // 密码
        String url = "jdbc:mysql://192.168.64.178:3306/spark"; // 远程数据库地址
        Class.forName("com.mysql.jdbc.Driver"); // 数据库驱动类
        connection = DriverManager.getConnection(url, name, password); // 创建数据库
连接
    }
// 此处省略部分代码
}
```

在 servlet 目录下，创建 SalaryServlet 类继承 HttpServlet，重写 doPost、doGet 方法，在 doPost 方法中创建 SalaryDao 的对象进行数据库查询操作，并调用 JSONArray.fromObject 方法，将查询结果集 array 中的对象转化为 JSON 格式的数组，最后返回给前端页面，示例代码如下：

微课 6-3
使用 ECharts
进行不同城
市的薪资可
视化(2)

```
package com.servlet;

import com.bean.Test01;
import com.dao.SalaryDao;
// 此处省略部分代码
public SalaryServlet() {
    super();
}
// 此处省略部分代码


public void doPost(HttpServletRequest request, HttpServletResponse response)
    throws ServletException, IOException {
    // 创建了一个 SalaryDao 的对象，SalaryDao 主要是对数据库的连接和对数
// 据库的操作
    SalaryDao salaryDao = new SalaryDao();
    // 调用 SalaryDao 的 select_all() 方法把从数据库中读取所有的数据返回的是
// 一个 ArrayList，ArrayList 里面放的是一个 Test01
    ArrayList<Test01> array = (ArrayList<Test01>) salaryDao.listAll();
    System.out.println("s" + array);
    // 设置返回时的编码格式
    response.setContentType("text/html; charset=utf-8");
    // 调用 JSONArray.fromObject 方法，将 array 中的对象转换为 JSON 格式的数组
    JSONArray json = JSONArray.fromObject(array);
    System.out.println(json.toString());
```

读书笔记

```
// 返回给前端页面
PrintWriter out = response.getWriter();
out.println(json);
out.flush();
out.close();
}
// 此处省略部分代码
}
```

在 web.xml 文件中，需要配置以下内容：

- <servlet-name>：用来定义 Servlet 的名称，该名称在整个应用中必须是唯一的。
- <servlet-class>：用来指定 Servlet 的完全限定的名称。
- <url-pattern>：指定相对于 Servlet 的 URL 的路径，该路径相对于 Web 应用程序上下文的根路径。<servlet-mapping> 将 URL 模式映射到某个 Servlet，即该 Servlet 处理的 URL。

示例代码如下：

```
<servlet>
    <servlet-name>SalaryServlet</servlet-name>
    <servlet-class>com.servlet.SalaryServlet</servlet-class>
</servlet>
<servlet-mapping>
    <servlet-name>SalaryServlet</servlet-name>
    <url-pattern>/salary.do</url-pattern>
</servlet-mapping>
```

在 web 目录下新建 test01.jsp 文件，引入 jquery.min.js 和 echarts.js，并指明需要用到的图形类型模块，这里使用柱状图，即使用 "echarts/chart/bar" 模块，自定义方法 drewEcharts 进行图形绘制。此处利用 AJAX 使用配置的 url-pattern（url: "salary.do"），通过 Servlet 获取后端传过来的数据，在 success 的函数中遍历后端传输的 JSON 数据，横坐标选取不同城市，即获取 result 结果集中每个对象的 city 属性值，而 series 中的 data 分别是 Salary 的平均最小值和平均最大值，即 result 结果集中每个对象的 avgMinSalary、avgMinSalary 属性值，示例代码如下：

```
<%@ page language="java" import="java.util.*" pageEncoding="utf-8" %>
<%
    String path = request.getContextPath();
    String basePath = request.getScheme() + "://"
        + request.getServerName() + ":" + request.getServerPort()
        + path + "/";
```

```
%>

<!DOCTYPE HTML PUBLIC "-//W3C//DTD HTML 4.01 Transitional//EN">
<html>
<head>
    // 此处省略部分代码
    <script type="text/javascript" src="jquery.min.js"></script>
<script type="text/javascript"
        src="http://echarts.baidu.com/build/dist/echarts.js"></script>
    <script type="text/javascript">
        // 路径配置
        require.config({
            paths:{
                echarts:'http://echarts.baidu.com/build/dist'
            }
        });
        // 使用
        require(['echarts', 'echarts/chart/bar' // 使用柱状图加载 bar 模块 , 按需加载
            ],
            drewEcharts
        );
        function drewEcharts(ec) {
            // 基于准备好的 dom, 初始化 ECharts 图表
            var myChart = ec.init(document.getElementById('main'));

            var option = {
                // 此处省略部分代码
                ……

            };
            // 为 ECharts 对象加载数据
            myChart.setOption(option);
        }
    </script>
</head>
<body>
<div id="main" style="height:600px; width:1200px"></div>
</body>
</html>
```

启动项目，在网页中输入 localhost：8080/EchartsAndServlet_war_exploded/test01.jsp 并按 Enter 键，获取最终的结果，如图 6–21 所示。

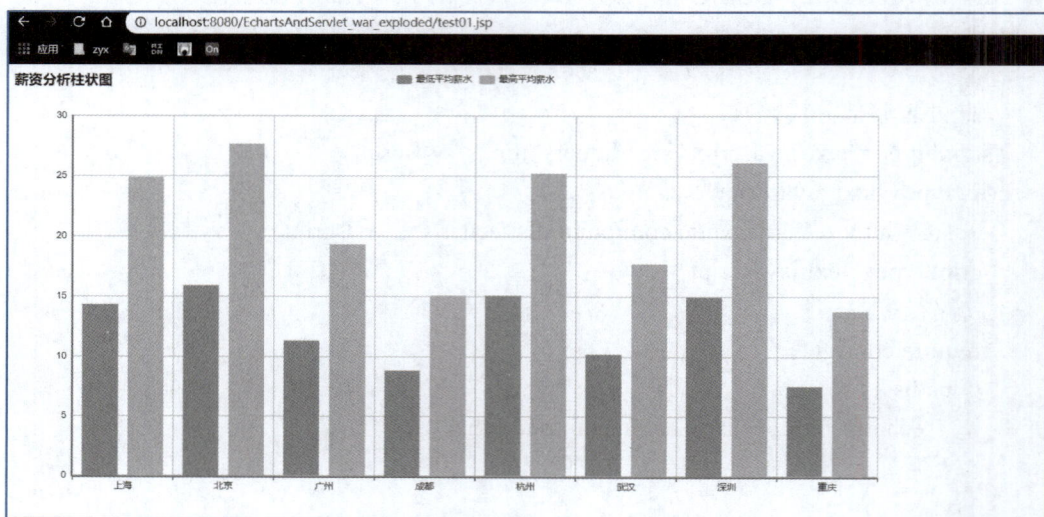

图 6–21　薪资状况可视化

2. 不同城市、不同工作年限的职位需求量可视化

不同城市、不同工作年限的职位需求量可采用"饼图"展示。首先创建 test02 表实体类，添加私有属性 city、workyear、count 对应表字段，同时设定 setter、getter 方法实现属性封装，示例代码如下：

微课 6–4
使用 ECharts 进行不同城市、不同工作年限的职位需求量可视化

```
package com.bean;

import java.io.Serializable;

public class Test02 implements Serializable {
    private static final long serialVersionUID = 552827079441561552L;

    private String city;
    private String workyear;
    private Long count;

    public String getCity() {
        return city;
    }
    public void setCity(String city) {
```

```
    this.city = city;
  }
  // 此处省略部分代码
}
```

在 dao 目录下创建 YearDao，使用 JDBC 进行数据库的连接配置，同时定义 listAll ()方法，进行 test02 表的数据查询封装，最终以 list 的形式返回，示例代码如下：

```java
package com.dao;

import com.bean.Test02;
import java.sql.Connection;
// 此处省略部分代码
public class YearDao {
  // 构建数据库连接对象
  Connection connection;
  // 定义数据库连接方法
  public Connection getConnection() {
    try {
      String name = "root";
      String password = "123456";
      String url = "jdbc:mysql://192.168.64.178:3306/spark";
      Class.forName("com.mysql.jdbc.Driver");
      connection = DriverManager.getConnection(url, name, password);
    } catch (Exception e) {
      e.printStackTrace();
    }
    return connection;
  }
  public void setConnection(Connection connection) {
    this.connection = connection;
  }
  public List<Test02> listAll() {
    // 存储数据库获取的对象
    ArrayList<Test02> list = new ArrayList<>();
    PreparedStatement pstmt = null;
    ResultSet rs = null;
    try {
      pstmt = this.getConnection().prepareStatement("SELECT * FROM test02");
```

```
        rs = pstmt.executeQuery();
        while (rs.next()) {
          // 封装对象
          Test02 test = new Test02();
          test.setCity(rs.getString("city"));
          test.setWorkyear(rs.getString("workYear"));
          test.setCount(rs.getLong("count"));
          list.add(test);
          System.out.println(" 连接数据库成功 ");
        }
      }
      // 此处省略部分代码
      return list;
    }
}
```

在 servlet 目 录 下， 创 建 YearServlet 类 继 承 HttpServlet， 重 写 doPost、doGet 方
法，在 doPost 方法中创建 YearDao 的对象进行数据库查询操作，并调用 JSONArray.
fromObject 方法，将查询结果集 array 中的对象转化为 JSON 格式的数组，最后返回给
前端页面，示例代码如下：

```
package com.servlet;

import com.bean.Test02;
import com.dao.FinanceDao;
 // 此处省略部分代码
public class YearServlet extends HttpServlet {

  public YearServlet() {
    super();
  }
    // 此处省略部分代码
  public void doPost(HttpServletRequest request, HttpServletResponse response)
      throws ServletException, IOException {
    // 创建了一个 YearDao 的对象 , YearDao 主要是对数据库的连接和对数据库的
操作
    YearDao yearDao = new YearDao();
    // 调用 YearDao 的 select_all() 方法 , 把从数据库中读取所有的数据返回的是一
个 ArrayList, ArrayList 里面放的是一个 Test02
```

```
      ArrayList<Test02> array = (ArrayList<Test02>) yearDao.listAll();
      System.out.println("s" + array);
      // 设置返回时的编码格式
      response.setContentType("text/html; charset=utf-8");
      // 调用 JSONArray.fromObject 方法，把 array 中的对象转换为 JSON 格式的数组
      JSONArray json = JSONArray.fromObject(array);
      System.out.println(json.toString());
      // 返回给前端页面
      PrintWriter out = response.getWriter();
      out.println(json);
      out.flush();
      out.close();
   }

   public void init() throws ServletException {
      // 输入用户的相关代码
   }
}
```

在 web.xml 文件中，需要配置以下内容：

```
<servlet>
   <servlet-name>YearServlet</servlet-name>
   <servlet-class>com.servlet.YearServlet</servlet-class>
</servlet>
<servlet-mapping>
   <servlet-name>YearServlet</servlet-name>
   <url-pattern>/year.do</url-pattern>
</servlet-mapping>
```

在 web 目录下新建 test02.jsp 文件，引入 jquery.min.js 和 echarts.js，并指明需要用到的图形类型模块，这里使用"饼图"，即使用"echarts/chart/pie"模块，自定义方法 drewEcharts 进行图形绘制。此处利用 AJAX 使用配置的 url-pattern（url："year.do"），通过 Servlet 获取后端传过来的数据，在 success 的函数中遍历后端传输的 JSON 数据，"饼图"不同于柱状图，其没有 xAxis 和 yAxis，示例代码如下：

```
<%@ page language="java" import="java.util.*" pageEncoding="utf-8" %>
<%
   String path = request.getContextPath();
   String basePath = request.getScheme() + "://"
```

```
        + request.getServerName() + ":" + request.getServerPort()
        + path + "/";
%>


<!DOCTYPE HTML PUBLIC "-//W3C//DTD HTML 4.01 Transitional//EN">
<html>
<head>
    // 此处省略部分代码
    <script type="text/javascript"
        src="http://echarts.baidu.com/build/dist/echarts.js"></script>
    <script type="text/javascript" src="jquery.min.js"></script>
    <script type="text/javascript">
        // 路径配置
        require.config({
            paths:{
                echarts:'http://echarts.baidu.com/build/dist'
            }
        });
        require(['echarts', 'echarts/chart/pie'], drewEcharts1); // 使用饼图加载 pie 模块，按
需加载
        require(['echarts', 'echarts/chart/pie'], drewEcharts2);
        require(['echarts', 'echarts/chart/pie'], drewEcharts3);
        // 此处省略部分代码
        function drewEcharts1(ec) {
            // 基于准备好的 dom, 初始化 ECharts 图表
            var myChart = ec.init(document.getElementById('shanghai'));

            var option = {
                // 此处省略部分代码
                ……


            };
            // 为 Echarts 对象加载数据
            myChart.setOption(option);
        }
        function drewEcharts2(ec) {
            // 基于准备好的 dom, 初始化 ECharts 图表
            var myChart = ec.init(document.getElementById('beijing'));
```

读书笔记

```
        var option = {
            // 此处省略部分代码
            ……


        };
        // 为 Echarts 对象加载数据
        myChart.setOption(option);
    }
    function drewEcharts3(ec) {
        // 基于准备好的 dom, 初始化 ECharts 图表
        var myChart = ec.init(document.getElementById('guangzhou'));

        var option = {
            // 此处省略部分代码
            ……


        };
        // 为 Echarts 对象加载数据
        myChart.setOption(option);
    }
    function drewEcharts4(ec) {
        // 基于准备好的 dom, 初始化 ECharts 图表
        var myChart = ec.init(document.getElementById('chengdu'));

        var option = {
            // 此处省略部分代码
            ……


        };
        // 为 Echarts 对象加载数据
        myChart.setOption(option);
    }
    function drewEcharts5(ec) {
        // 基于准备好的 dom, 初始化 ECharts 图表
        var myChart = ec.init(document.getElementById('hangzhou'));

        var option = {
            // 此处省略部分代码
            ……
```

```
            });
            return arr;
        })()
    }]
};
// 为 Echarts 对象加载数据
myChart.setOption(option);
}
function drewEcharts6(ec) {
    // 基于准备好的 dom, 初始化 ECharts 图表
    var myChart = ec.init(document.getElementById('wuhan'));

    var option = {
        // 此处省略部分代码
        ……

    };
    // 为 Echarts 对象加载数据
    myChart.setOption(option);
}
function drewEcharts7(ec) {
    // 基于准备好的 dom, 初始化 ECharts 图表
    var myChart = ec.init(document.getElementById('shenzhen'));

    var option = {
        // 此处省略部分代码
        ……

    };
    // 为 Echarts 对象加载数据
    myChart.setOption(option);
}
function drewEcharts8(ec) {
    // 基于准备好的 dom, 初始化 ECharts 图表
    var myChart = ec.init(document.getElementById('chongqing'));

    var option = {
        // 此处省略部分代码
        ……
```

```
    };
    // 为 Echarts 对象加载数据
    myChart.setOption(option);
  }

  </script>
</head>
<body>
<div id="shanghai" style="height:50%;width:25%;float:left" ></div>
<div id="beijing" style="height:50%;width:25%;float:left" ></div>
  // 此处省略部分代码
</body>
</html>
```

启动项目，在网页中输入 localhost：8080/EchartsAndServlet_war_exploded/test02.jsp 并按 Enter 键，获取最终的结果，如图 6-22 所示。

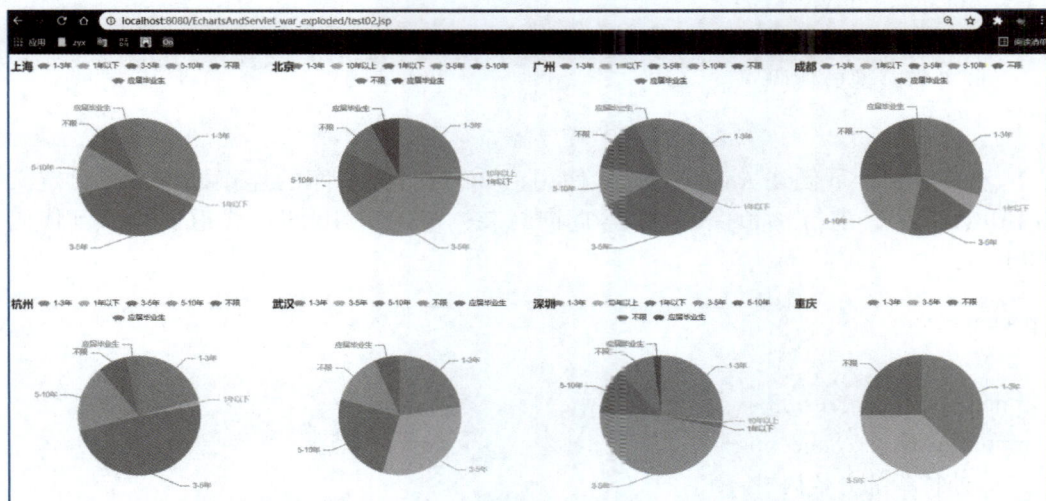

图 6-22　职位需求量可视化

3. "数据分析" 岗位需求可视化

对于特定岗位需求分析结果可以通过柱状图展示。首先创建 test03 表实体类，添加私有属性 city、companyshortname、count、rank 对应表字段，同时设定 setter、getter 方法实现属性封装，示例代码如下：

微课 6-5
使用 ECharts
进行 "数据
分析" 岗位
需求可视化

```
package com.bean;

import java.io.Serializable;

public class Test03 implements Serializable {
    private static final long serialVersionUID = -71243990332947764L;

    private String city;
    private String companyshortname;
    private Long count;
    private Integer rank;

    public String getCity() {
        return city;
    }
    public void setCity(String city) {
        this.city = city;
    }
    // 此处省略部分代码
}
```

在 dao 目录下创建 AnalysisDao，使用 JDBC 进行数据库的连接配置，同时定义 listAll () 方法，进行 test03 表的数据查询封装，最终以 list 的形式返回，示例代码如下：

```
package com.dao;

import com.bean.Test03;
import java.sql.Connection;
// 此处省略部分代码
public class AnalysisDao {
    // 构建数据库连接对象
    Connection connection;
    // 定义数据库连接方法
    public Connection getConnection() {
        try {
            String name = "root";
            String password = "123456";
            String url = "jdbc:mysql://192.168.64.178:3306/spark";
```

```java
        Class.forName("com.mysql.jdbc.Driver");
        connection = DriverManager.getConnection(url, name, password);
    } catch (Exception e) {
        e.printStackTrace();
    }
    return connection;
}
public void setConnection(Connection connection) {
    this.connection = connection;
}
public List<Test03> listAll() {
    // 存储数据库获取的对象
    ArrayList<Test03> list = new ArrayList<>();
    PreparedStatement pstmt = null;
    ResultSet rs = null;
    try {
        pstmt = this.getConnection().prepareStatement("SELECT * FROM test03");
        rs = pstmt.executeQuery();
        while (rs.next()) {
            // 封装对象
            Test03 test = new Test03();
            test.setCity(rs.getString("city"));
            test.setCompanyshortname(rs.getString("companyShortName"));
            test.setCount(rs.getLong("count"));
            test.setRank(rs.getInt("rank"));
            list.add(test);
            System.out.println(" 连接数据库成功 ");
        }
    } catch (Exception e) {
        e.printStackTrace();
    } finally {
        // 此处省略部分代码
    }
    return list;
}
}
```

　　在 servlet 目录下，创建 AnalysisServlet 类继承自 HttpServlet，重写 doPost、doGet 方法，在 doPost 方法中创建 GraduateDao 的对象进行数据库查询操作，并调用

JSONArray.fromObject 方法，把查询结果集 array 中的对象转化为 JSON 格式的数组，最后返回给前端页面，示例代码如下：

```java
package com.servlet;

import com.bean.Test03;
import com.dao.AnalysisDao;
 // 此处省略部分代码
  public AnalysisServlet() {
     super();
  }
  // 此处省略部分代码
  public void doPost(HttpServletRequest request, HttpServletResponse response)
        throws ServletException, IOException {
     // 创建了一个 AnalysisDao 的对象，AnalysisDao 主要是对数据库的连接和对数
据库的操作
     AnalysisDao analysisDao = new AnalysisDao();
     // 调用 AnalysisDao 的 select_all() 方法，把从数据库中读取所有的数据返回的是
一个 ArrayList, ArrayList 里面存放的是一个 Test03
     ArrayList<Test03> array = (ArrayList<Test03>) analysisDao.listAll();
     System.out.println("s" + array);
     // 设置返回时的编码格式
     response.setContentType("text/html; charset=utf-8");
     // 调用 JSONArray.fromObject 方法，把 array 中的对象转换为 JSON 格式的数组
     JSONArray json = JSONArray.fromObject(array);
     System.out.println(json.toString());
     // 返回给前端页面
     PrintWriter out = response.getWriter();
     out.println(json);
     out.flush();
     out.close();
  }

  public void init() throws ServletException {
     // Put your code here
  }
}
```

在 web 目录下新建 test03.jsp 文件，引入 jquery.min.js 和 echarts.js，并指明需要用到的图形类型模块，这里使用柱状图，即使用 "echarts/chart/bar" 模块，自定义方法 drewEcharts 进行图形绘制。此处利用 AJAX 信用配置的 url-pattern（url: "analysis.do"），通过 Servlet 获取后端传过来的数据，在 success 的函数中遍历后端传输的 JSON 数据，这里采用横向柱状图，在原来的柱状图基础上将 xAxis、yAxis 互换即可，示例代码如下：

```jsp
<%@ page language="java" import="java.util.*" pageEncoding="utf-8" %>
<%
  String path = request.getContextPath();
  String basePath = request.getScheme() + "://"
      + request.getServerName() + ":" + request.getServerPort()
      + path + "/";
%>

<!DOCTYPE HTML PUBLIC "-//W3C//DTD HTML 4.01 Transitional//EN">
<html>
<head>
  <base href="<%=basePath%>">
  <title>My JSP 'echart.jsp' starting page</title>
  // 此处省略部分代码
  <script type="text/javascript"
      src="http://echarts.baidu.com/build/dist/echarts.js"></script>
  <script type="text/javascript" src="jquery.min.js"></script>
  <script type="text/javascript">
    // 路径配置
    require.config({
      paths:{
        echarts:'http://echarts.baidu.com/build/dist'
      }
    });
    require(['echarts', 'echarts/chart/bar'], drewEcharts1); // 使用饼图加载 pie 模块, 按需
加载
    require(['echarts', 'echarts/chart/bar'], drewEcharts2);
    require(['echarts', 'echarts/chart/bar'], drewEcharts3);
    // 此处省略部分代码
    function drewEcharts1(ec) {
      // 基于准备好的 dom, 初始化 ECharts 图表
```

```
    var myChart = ec.init(document.getElementById('shanghai'));

    var option = {
      // 此处省略部分代码
      ……

    };
    // 为 Echarts 对象加载数据
    myChart.setOption(option);
}
function drewEcharts2(ec) {
    // 基于准备好的 dom, 初始化 ECharts 图表
    var myChart = ec.init(document.getElementById('beijing'));

    var option = {
      // 此处省略部分代码
      ……

    };
    // 为 Echarts 对象加载数据
    myChart.setOption(option);
}
function drewEcharts3(ec) {
    // 基于准备好的 dom, 初始化 ECharts 图表
    var myChart = ec.init(document.getElementById('guangzhou'));

    var option = {
      // 此处省略部分代码
      ……

    };
    // 为 Echarts 对象加载数据
    myChart.setOption(option);
}
function drewEcharts4(ec) {
    // 基于准备好的 dom, 初始化 ECharts 图表
    var myChart = ec.init(document.getElementById('chengdu'));
```

```
    var option = {
        // 此处省略部分代码
        ……

    };
    // 为 Echarts 对象加载数据
    myChart.setOption(option);
}
function drewEcharts5(ec) {
    // 基于准备好的 dom, 初始化 ECharts 图表
    var myChart = ec.init(document.getElementById('hangzhou'));

    var option = {
        // 此处省略部分代码
        ……

    };
    // 为 Echarts 对象加载数据
    myChart.setOption(option);
}
function drewEcharts6(ec) {
    // 基于准备好的 dom, 初始化 ECharts 图表
    var myChart = ec.init(document.getElementById('wuhan'));

    var option = {
        // 此处省略部分代码
        ……

    };
    // 为 Echarts 对象加载数据
    myChart.setOption(option);
}
function drewEcharts7(ec) {
    // 基于准备好的 dom, 初始化 ECharts 图表
    var myChart = ec.init(document.getElementById('shenzhen'));

    var option = {
        // 此处省略部分代码
        ……
```

```
            }
          ]
        };
        // 为 Echarts 对象加载数据
        myChart.setOption(option);
      }
      function drewEcharts8(ec) {
        // 基于准备好的 dom, 初始化 ECharts 图表
        var myChart = ec.init(document.getElementById('chongqing'));

        var option = {
          // 此处省略部分代码
          ……

        };
        // 为 Echarts 对象加载数据
        myChart.setOption(option);
      }


  </script>
</head>
<body>
<div id="shanghai" style="height:50%;width:25%;float:left" ></div>
  // 此处省略部分代码
</body>
</html>
```

读书笔记

在 web.xml 文件中，需要配置以下内容：

```
<servlet>
  <servlet-name>AnalysisServlet</servlet-name>
  <servlet-class>com.servlet.AnalysisServlet</servlet-class>
</servlet>
<servlet-mapping>
  <servlet-name>AnalysisServlet</servlet-name>
  <url-pattern>/analysis.do</url-pattern>
</servlet-mapping>
```

启动项目，在网页中输入 localhost：8080/EchartsAndServlet_war_exploded/test03.jsp 并按 Enter 键，获取最终的结果，如图 6-23 所示。

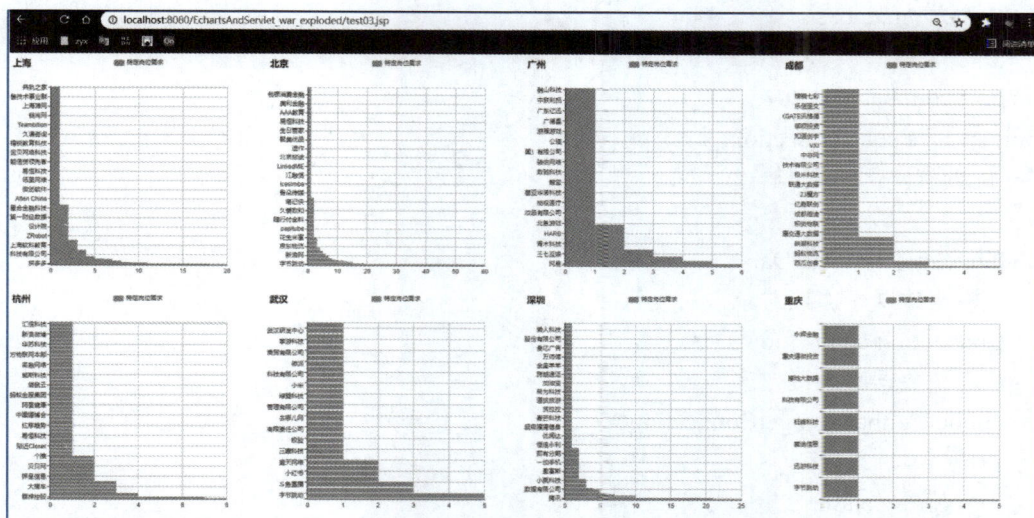

图 6-23　"数据分析"岗位需求可视化

4. 不同学历岗位需求可视化

不同学历岗位需求采用饼图展示。首先创建 Test04 表实体类，添加私有属性 graduate、count 对应表字段，同时设定 setter、getter 方法实现属性封装，示例代码如下：

微课 6-6
使用 ECharts
进行不同学
历岗位需求
可视化

```java
package com.bean;
import java.io.Serializable;

public class Test04 implements Serializable {
    private static final long serialVersionUID = 183153233554094999L;

    private String graduate;
    private Long count;

    public String getGraduate() {
        return graduate;
    }
    public void setGraduate(String graduate) {
        this.graduate = graduate;
    }
    // 此处省略部分代码
}
```

　　　在 dao 目录下创建 GraduateDao 用 JDBC 进行数据库的连接配置，同时定义 listAll ()
方法，进行 test04 表的数据查询封装，最终以 list 的形式返回，示例代码如下：

```
package com.dao;

import com.bean.Test04;
import java.sql.Connection;
 // 此处省略部分代码

public class GraduateDao {
    // 构建数据库连接对象
    Connection connection;
    // 定义数据库连接方法
    public Connection getConnection() {
        try {
            String name = "root";
            String password = "123456";
            String url = "jdbc:mysql://192.168.64.178:3306/spark";
            Class.forName("com.mysql.jdbc.Driver");
            connection = DriverManager.getConnection(url, name, password);
        } catch (Exception e) {
            e.printStackTrace();
        }
        return connection;
    }

    public void setConnection(Connection connection) {
        this.connection = connection;
    }

    public List<Test04> listAll() {
        // 存储数据库获取的对象
        ArrayList<Test04> list = new ArrayList<>();
        PreparedStatement pstmt = null;
        ResultSet rs = null;
        try {
            pstmt = this.getConnection().prepareStatement("SELECT * FROM test04");
            rs = pstmt.executeQuery();
```

读书笔记

```
        while (rs.next()) {
            // 封装对象
            Test04 test = new Test04();
            test.setGraduate(rs.getString("graduate"));
            test.setCount(rs.getLong("count"));
            list.add(test);
            System.out.println(" 连接数据库成功 ");
        }
    } catch (Exception e) {
        e.printStackTrace();
    } finally {
        // 此处省略部分代码
    }
    return list;
    }
}
```

　　在 servlet 目录下，创建 GraduateServlet 类继承自 HttpServlet，重写 doPost、doGet 方法，在 doPost 方法中创建 GraduateDao 的对象进行数据库查询操作，并调用 JSONArray.fromObject 方法，把查询结果集 array 中的对象转换为 JSON 格式的数组，最后返回给前端页面，示例代码如下：

```
package com.servlet;

import com.bean.Test01;
import com.bean.Test04;
import com.dao.GraduateDao;
 // 此处省略部分代码

public class GraduateServlet extends HttpServlet {

  public GraduateServlet() {
    super();
  }
 // 此处省略部分代码
 public void doPost(HttpServletRequest request, HttpServletResponse response)
     throws ServletException, IOException {
   // 创建了一个 GraduateDao 的对象，GraduateDao 主要是对数据库的连接和
  // 对数据库的操作
```

```
    GraduateDao graduateDao = new GraduateDao();
    // 调用 GraduateDao 的 select_all() 方法把从数据库中读取所有的数据返回的
  // 是一个 ArrayList, ArrayList 里面放的是一个 Test04
    ArrayList<Test04> array = (ArrayList<Test04>) graduateDao.listAll();
    System.out.println("s" + array);
    // 设置返回时的编码格式
    response.setContentType("text/html; charset=utf-8");
    // 调用 JSONArray.fromObject 方法，把 array 中的对象转换为 JSON 格式的数组
    JSONArray json = JSONArray.fromObject(array);
    System.out.println(json.toString());
    // 返回给前端页面
    PrintWriter out = response.getWriter();
    out.println(json);
    out.flush();
    out.close();
  }

  public void init() throws ServletException {
    // Put your code here
  }
}
```

在 web.xml 文件中，需要配置以下内容：

```
<servlet>
  <servlet-name>GraduateServlet</servlet-name>
  <servlet-class>com.servlet.GraduateServlet</servlet-class>
</servlet>
<servlet-mapping>
  <servlet-name>GraduateServlet</servlet-name>
  <url-pattern>/graduate.do</url-pattern>
</servlet-mapping>
```

在 web 目录下新建 test04.jsp 文件，引入 jquery.min.js 和 echarts.js，并指明需要用到的图形类型模块，这里使用饼图，即使用 "echarts/chart/pie" 模块，自定义方法 drewEcharts 进行图形绘制。此处利用 AJAX 使用配置 url-pattern（url：" graduate.do"），通过 Servlet 获取后端传过来的数据，在 success 的函数中遍历后端传输的 JSON 数据，示例代码如下：

```
<%@ page language="java" import="java.util.*" pageEncoding="utf-8" %>
<%
```

```
String path = request.getContextPath();
String basePath = request.getScheme() + "://"
    + request.getServerName() + ":" + request.getServerPort()
    + path + "/";
%>

<!DOCTYPE HTML PUBLIC "-//W3C//DTD HTML 4.01 Transitional//EN">
<html>
<head>
  // 此处省略部分代码
  <script type="text/javascript"
      src="http://echarts.baidu.com/build/dist/echarts.js"></script>
  <script type="text/javascript" src="jquery.min.js"></script>
  <script type="text/javascript">
    // 路径配置
    require.config({
      paths:{
        echarts:'http://echarts.baidu.com/build/dist
      }
    });
     require(['echarts', 'echarts/chart/pie' // 使用饼图就加载 pie 模块 按需加载
      ],
      drewEcharts
    );

    function drewEcharts(ec) {
      // 基于准备好的 dom, 初始化 ECharts 图表
      var myChart = ec.init(document.getElementById('main'));

      var option = {
        // 此处省略部分代码
        ......

      };
      // 为 Echarts 对象加载数据
      myChart.setOption(option);
    }
  </script>
</head>
<body>
```

```
<div id="main" style="height:600px; width:1200px"></div>
</body>
</html>
```

启动项目，在网页中输入 localhost：8080/EchartsAndServlet_war_exploded/test04.jsp 并按 Enter 键，获取最终的结果，如图 6-24 所示。

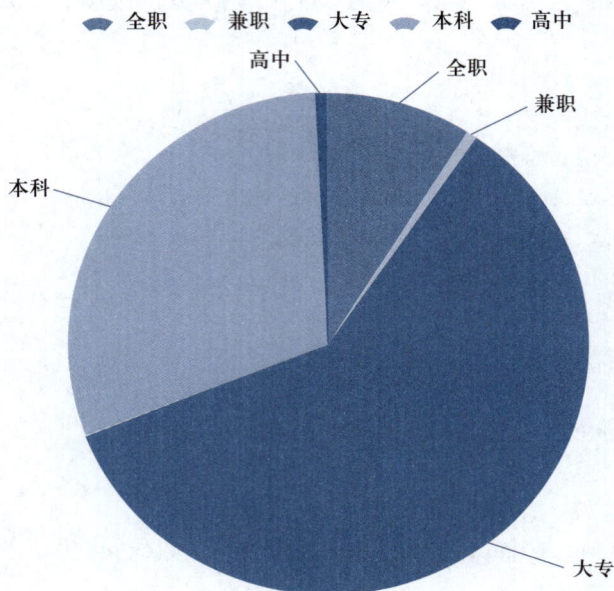

图 6-24   不同学历岗位需求可视化

5. 不同城市、不同融资阶段的岗位需求可视化

对于不同城市、不同融资阶段的岗位需求可以通过折线图展示。首先创建 test05 表实体类，添加私有属性 city、financestage、count、row_number 对应表字段，同时设定 setter、getter 方法实现属性封装，示例代码如下：

```
package com.bean;

import java.io.Serializable;

public class Test05 implements Serializable {
    private static final long serialVersionUID = -95960895167402689L;

    private String city;
    private String financestage;
    private Long count;
```

```java
    private Integer row_number;

    public String getCity() {
        return city;
    }
    public void setCity(String city) {
        this.city = city;
    }
    // 此处省略部分代码
}
```

在 dao 目录下创建 FinanceDao，使用 JDBC 进行数据库的连接配置，同时定义 listAll () 方法，进行 test05 表的数据查询封装，最终以 list 的形式返回，示例代码如下：

```java
package com.dao;

import com.bean.Test05;
import java.sql.Connection;
// 此处省略部分代码

public class FinanceDao {
    // 构建数据库连接对象
    Connection connection;
    // 定义数据库连接方法
    public Connection getConnection() {
        try {
            String name = "root";
            String password = "123456";
            String url = "jdbc:mysql://192.168.64.178:3306/spark";
            Class.forName("com.mysql.jdbc.Driver");
            connection = DriverManager.getConnection(url, name, password);
        } catch (Exception e) {
            e.printStackTrace();
        }
        return connection;
    }
    public void setConnection(Connection connection) {
        this.connection = connection;
    }
```

```java
public List<Test05> listAll() {
    // 存储数据库获取的对象
    ArrayList<Test05> list = new ArrayList<>();
    PreparedStatement pstmt = null;
    ResultSet rs = null;
    try {
        pstmt = this.getConnection().prepareStatement("SELECT * FROM test05");
        rs = pstmt.executeQuery();
        while (rs.next()) {
            // 封装对象
            Test05 test = new Test05();
            test.setCity(rs.getString("city"));
            test.setFinancestage(rs.getString("financestage"));
            test.setCount(rs.getLong("count"));
            test.setRow_number(rs.getInt("row_number"));
            list.add(test);
            System.out.println(" 连接数据库成功 ");
        }
    } catch (Exception e) {
        e.printStackTrace();
    } finally {
        // 此处省略部分代码
    }
    return list;
}
```

在 servlet 目录下，创建 FinanceServlet 类继承自 HttpServlet，重写 doPost、doGet 方法，在 doPost 方法中创建 FinanceDao 的对象进行数据库查询操作，并调用 JSONArray.fromObject 方法，把查询结果集 array 中的对象转化为 JSON 格式的数组，最后返回给前端页面，示例代码如下：

```java
package com.servlet;

import com.bean.Test05;
import com.dao.FinanceDao;
// 此处省略部分代码

public class FinanceServlet extends HttpServlet {
```

```java
    public FinanceServlet() {
        super();
    }
    // 此处省略部分代码
    public void doPost(HttpServletRequest request, HttpServletResponse response)
        throws ServletException, IOException {
        // 创建一个 FinanceDao 的对象，FinanceDao 主要是对数据库的连接和对数据库
的操作
        FinanceDao financeDao = new FinanceDao();
        // 调用 FinanceDao 的 list All() 方法，从数据车中读取所有的数据，返回的是一
个 ArrayList, ArrayList 里面放的是一个 Test05
        ArrayList<Test05> array = (ArrayList<Test05>) financeDao.listAll();
        System.out.println("s" + array);
        // 设置返回时的编码格式
        response.setContentType("text/html; charset=u f-8");
        // 调用 JSONArray.fromObject 方法，把查询结果集 array 中的对象转换为 JSON
格式的数组
        JSONArray json = JSONArray.fromObject(array);
        System.out.println(json.toString());
        // 返回给前端页面
        PrintWriter out = response.getWriter();
        out.println(json);
        out.flush();
        out.close();
    }

    public void init() throws ServletException {
        // Put your code here
    }
}
```

在 web.xml 文件中，需要配置以下内容：

```xml
<servlet>
  <servlet-name>FinanceServlet</servlet-name>
  <servlet-class>com.servlet.FinanceServlet</servlet-class>
</servlet>
<servlet-mapping>
  <servlet-name>FinanceServlet</servlet-name>
  <url-pattern>/finance.do</url-pattern>
</servlet-mapping>
```

在 web 目录下新建 test05.jsp 文件，引入 jquery.min.js 和 echarts.js，并指明需要用到的图形类型模块，这里使用折线图，即使用 "echarts/chart/line" 模块，自定义方法 drewEcharts 进行图形绘制。在此利用 AJAX 使用配置的 url-pattern（url: "finance.do"），通过 Servlet 获取后端传过来的数据，在 success 的函数中遍历后端传输的 JSON 数据。折线图与条形图类似，需要配置 xAxis 和 yAxis。在 series 中 "data" 遍历时按照城市进行了筛选，同时对重庆、武汉的数据进行了缺失数据的补充（视作为 0），利用 arr. splice (position，numberOfItemsToRemove，item) 完成元素添加，其中拼接函数对应参数的含义分别为索引位置、要删除元素的数量、元素，代码如下：

```
<%@ page language="java" import="java.util.*" pageEncoding="utf-8" %>
<%
    String path = request.getContextPath();
    String basePath = request.getScheme() + "://"
        + request.getServerName() + ":" + request.getServerPort()
        + path + "/";
%>

<!DOCTYPE HTML PUBLIC "-//W3C//DTD HTML 4.01 Transitional//EN">
<html>
<head>
    <base href="<%=basePath%>">
    <title>My JSP 'echart.jsp' starting page</title>
    // 此处省略部分代码
    <script type="text/javascript"
        src="http://echarts.baidu.com/build/dist/echarts.js"></script>
    <script type="text/javascript" src="jquery.min.js"></script>
    <script type="text/javascript">
        // 路径配置
        require.config({
            paths:{
                echarts:'http://echarts.baidu.com/build/dist'
            }
        });
        require(['echarts', 'echarts/chart/line' // 使用折线图就加载 line 模块 , 按需加载
            ],
            drewEcharts
        );
```

```
function drewEcharts(ec) {
    // 基于准备好的 dom, 初始化 ECharts 图表
    var myChart = ec.init(document.getElementById('main'));


    var option = {
        // 此处省略部分代码
        ......


    };


    // 为 Echarts 对象加载数据
    myChart.setOption(option);
    }
  </script>
</head>
<body>
<div id="main" style="height:600px; width:1200px"></div>
</body>
</html>
```

　　启动项目，在网页中输入 localhost：8080/EchartsAndServlet_war_exploded/test05.jsp
并按 Enter 键，获取最终的结果，如图 6–25 所示。

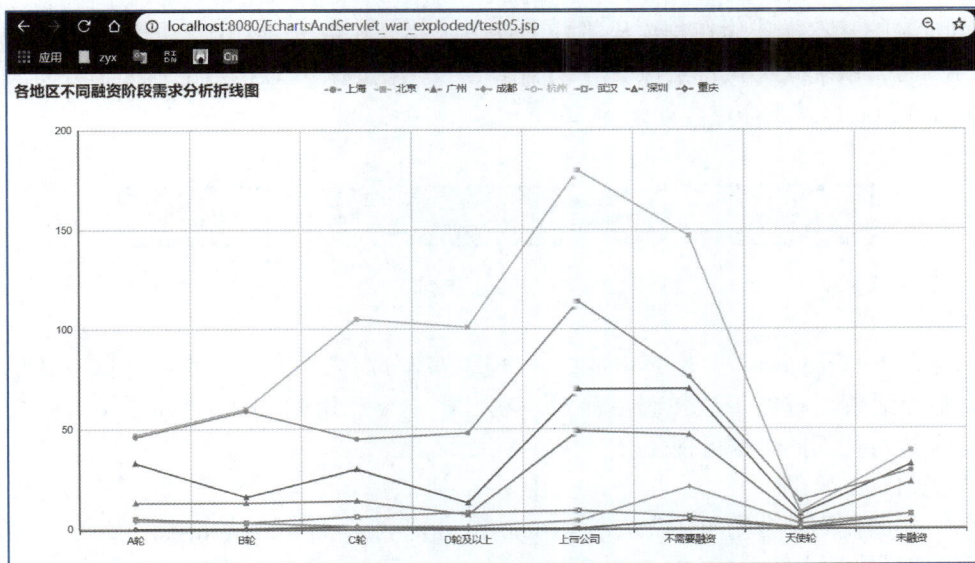

图 6–25　不同城市、不同融资阶段的岗位需求可视化

任务 6.2　使用 Flask、ECharts 进行数据可视化

任务描述

1. 学习 Flask 的相关技术知识。
2. 使用 Flask、ECharts 对数据分析的结果进行可视化展示。

任务目标

1. 学会 Flask 框架定制操作。
2. 学会 ECharts 图形绘制流程及参数配置。

知识准备

1. Flask

　　Web Framework（Web 框架）表示一个库和模块的集合，使 Web 应用程序开发人员能够编写应用程序，而不必担心协议、线程管理等细节。Flask 是一个微型的由 Python 开发的 Web 框架，基于 WSGI（Web Server Gateway Interface）Werkzeug 工具包和 Jinja2 模板引擎。Werkzeug 是一个 WSGI 工具包，它实现了请求、响应对象以及实用函数，这使得能够在其上构建 Web 框架。jinja2 是 Python 的一个流行的模板引擎。Web 模板系统将模板与特定数据源组合以呈现动态网页。Flask 没有默认使用的数据库、窗体验证工具，但是它保留了扩增的弹性，可以使用 Flask-extension 加入以下的功能，如 ORM、窗体验证工具、文件上传、各种开放式身份验证技术等。

读书笔记

　　Flask 的基本模式为在程序里将一个视图函数分配给一个 URL，每当用户访问这个 URL 时，系统就会执行给该 URL 分配好的视图函数，获取函数的返回值并将其显示到浏览器上，其工作过程如图 6-26 所示。

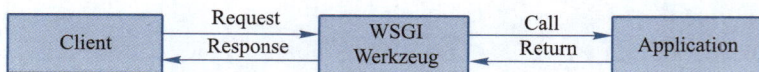

图 6-26　Flask 工作过程

　　装饰器（Decorators）是 Python 的一个重要部分。简单来说，它们是修改其他函数功能的函数，有助于让代码更简短。项目中主要利用 Flask 的装饰器结合前端及 ECharts 进行页面的数据可视化。

（1）Flask 示例

　　Flask 的使用十分简单：先安装 Python 和 pip，然后执行 "pip install Flask" 命令，即可完成环境的安装，"Hello World!" 示例代码如下：

```
from flask import Flask

app = Flask(__name__)

@app.route('/')
def hello_world():
  return 'Hello World!'

if __name__ == '__main__':
  app.run(debug=True, port=9000)
```

保存为"hello.py"，打开控制台，到该文件目录下，执行如下命令：

```
$ python hello.py
```

可以看到如下信息：

```
* Running on http://127.0.0.1:5000/ (Press CTRL+C to quit)
```

说明服务器启动完成，打开浏览器，访问 http: //127.0.0.1：9000/ 并按 Enter 键，如图 6-27 所示。

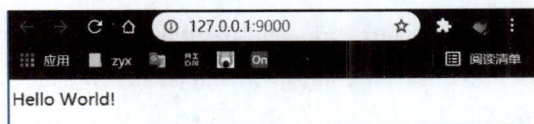

图 6-27　查看 Flask 程序运行结果

首先应引入 Flask 包，并创建一个 Web 应用的实例"app"，实例名称就是该 Python 模块名。然后定义路由规则"@app.route（'/'）"，该函数级别的注解指明了当地址是根路径时，就调用下面的函数，可以定义多个路由规则，其作用类似于 MVC 中的 Controller 控制器。当请求的地址符合路由规则时，就会进入"hello_world ()"函数，可以在里面获取请求的 request 对象，返回的内容就是 response，本例中的 response 就是"Hello World！"。最后启动 Web 服务器，当本文件为程序入口（也就是使用 Python 命令直接执行本文件）时，就会通过 app.run () 启动 Web 服务器。如果不是程序入口，那么该文件就是一个模块。Web 服务器会默认监听本地的 5000 端口，但不支持远程访问。如果想支持远程访问，则需要在 run () 方法传入 host=0.0.0.0，如果要改变监听端口，则可传入"port= 端口号"，还可以设置调试模式。示例代码如下：

```
if __name__ == '__main__':
  app.run(host='0.0.0.0', port=9000, debug=True)
```

注意：Flask 自带的 Web 服务器主要是为开发人员调试用的，在应用环境中，最好通过 WSGI 将 Flask 工程部署到类似 Apache 或 Nginx 的服务器上。

（2）Flask 路由

Flask 路由规则都是基于 Werkzeug 的路由模块的，它还提供了很多强大的功能。

① 带参数的路由。

修改"Hello World"示例并运行程序，代码如下：

```
@app.route('/hello/<name>')
def hello(name):
    return 'Hello %s' % name
```

在浏览器的地址栏中输入 http://localhost：9000/hello/web 并按 Enter 键，将在页面上看到"Hello web"。URL 路径中"/hello/"后面的参数被作为 hello() 函数的 name 参数传了进来。

还可以在 URL 参数前添加转换器来转换参数类型，修改"Hello World"示例并运行程序，代码如下：

```
@app.route('/user/<int:user_id>')
def get_user(user_id):
    return 'User ID:%d' % user_id
```

在浏览器的地址栏中输入 http://localhost：9000/user/web 并按 Enter 键，将会看到 404 错误。再次输入 http://localhost：9000/user/123 并按 Enter 键，页面上就会显示"User ID：123"。参数类型转换器"int："帮助控制传入参数的类型只能是整形。目前支持的参数类型转换器见表 6-3。

表 6-3　参数类型转换器

类型转换器	作　用	类型转换器	作　用
默认	字符型，但不能有斜杠	float：	浮点型
int：	整型	path：	字符型，可有斜杠

另外，需要注意 Flask 自带的 Web 服务器支持热部署。当修改好文件并保存后，Web 服务器自动部署完毕，因此无须重新运行程序。

② 多 URL 的路由。

一个函数上可以设置多个 URL 路由规则，示例代码如下：

```
@app.route('/')
@app.route('/hello')
@app.route('/hello/<name>')
def hello(name=None):
```

```
if name is None:
    name = 'web'
return 'Hello %s' % name
```

本例接受的 URL 规则为："/" 和 "/hello" 都不带参数，函数参数 "name" 值将为空，页面显示 "Hello World"；"/hello/<name>" 带参数，页面会显示参数 "name" 的值。

③ HTTP 请求方法设置。

HTTP 请求方法常用的有 Get、Post、Put、Delete。Flask 路由规则也可以设置请求方法，示例代码如下：

```
from flask import request
@app.route('/login', methods=['GET', 'POST'])
def login():
    if request.method == 'POST':
        return 'This is a POST request'
    else:
        return 'This is a GET request'
```

当请求地址为 http：//localhost：9000/login 时，GET 和 POST 请求会返回不同的内容，其他请求方法则会返回 405 错误。

④ URL 构建方法。

Flask 提供了 "url_for ()" 方法来快速获取及构建 URL，方法的第 1 个参数指向函数名（加过 @app.route 注解的函数），后续的参数对应于要构建的 URL 变量。示例代码如下：

```
url_for('login')    # 返回 /login
url_for('login', id='666')    # 将 id 作为 URL 参数，返回 /login?id=666
url_for('hello', name='web')    # 适配 hello 函数的 name 参数，返回 /hello/web
url_for('static', filename='style.css')    # 静态文件地址，返回 /static/style.css
```

⑤ 静态文件位置。

一个 Web 应用的静态文件包括了 JS、CSS、图片等，Flask 的风格是将所有静态文件放在 static 子目录下，并且在代码或模板中，使用 "url_for ('static')" 来获取静态文件目录。如果想改变这个静态目录的位置，可以在创建应用时，指定 static_folder 参数。

```
app = Flask(__name__, static_folder='files')
```

（3）Flask 模板

Flask 的模板功能是基于 Jinja2 模板引擎实现的。创建一个新的 Flask 运行文件，示例代码如下：

```
from flask import Flaskfrom flask import render_template

app = Flask(__name__)

@app.route('/hello')
@app.route('/hello/<name>')def hello(name=None):
    return render_template('hello.html', name=name)
if __name__ == '__main__':
    app.run(host='0.0.0.0', debug=True)
```

这段代码同多 URL 路由的例子非常相似，区别就是 hello () 函数并不是直接返回字符串，而是调用了 render_template () 方法来渲染模板。方法的第 1 个参数 hello.html 指向需要渲染的模板名称，第 2 个参数 name 是要传入模板中的变量，变量可以传多个。

那么，这个模板 hello.html 在哪里？变量参数又该如何使用呢？在当前目录下，创建一个子目录 templates（注意，一定要使用该名字），然后在 templates 目录下创建文件 hello.html，示例代码如下：

```
<!doctype html><title>Hello Sample</title>
{% if name %}
    <h1>Hello {{ name }}!</h1>
{% else %}
    <h1>Hello World!</h1>
{% endif %}
```

这段代码就是一个 HTML 模板，根据 name 变量的值，显示不同的内容。变量或表达式由 "{{ }}" 修饰，而控制语句由 "{% %}" 修饰。

打开浏览器，输入 http: //localhost: 5000/hello/web 并按 Enter 键，页面上即显示标题 "Hello web!"。接下来查看页面源代码，示例代码如下：

```
<!doctype html><title>Hello Sample</title>
    <h1>Hello web!</h1>
```

模板代码进入了 Hello {{ name }}! 分支，而且变量 {{ name }} 被替换为 "web"。Jinja2 的模板引擎还具有更多强大的功能，包括 for 循环、过滤器等。模板里也可以直接访问内置对象如 request、session 等。

① 模板继承。

一般网站虽然页面多，但是很多部分是重用的，如页首、页脚、导航栏等。Flask 的 Jinja2 模板支持模板继承功能，省去了大量重复代码。在 templates 目录下，创建一个名为 layout.html 的模板，示例代码如下：

```
<!doctype html><title>Hello Sample</title><link rel="stylesheet" type="text/css"
href="{{ url_for('static', filename='style.css') }}">
<div class="page">
    {% block body %}
{% endblock %}
</div>
```

再修改上面的 hello.html，将原来的代码定义在 {% block body %} 中，并在代码一开始"继承"上面的 layout.html，示例代码如下：

```
{% extends "layout.html" %}
{% block body %}
{% if name %}
    <h1>Hello {{ name }}!</h1>
{% else %}
    <h1>Hello World!</h1>
{% endif %}
{% endblock %}
```

打开浏览器，再次查看 http：//localhost：5000/hello/web 页面的源代码，示例代码如下：

```
<!doctype html>
<title>Hello Sample</title>
<link rel="stylesheet" type="text/css" href="/static/style.css">
<div class="page">
    <h1>Hello web!</h1>
</div>
```

虽然 render_template () 加载了 hello.html 模板，但是 layout.html 的内容也一起被加载了，而且 hello.html 中的内容被放置在 layout.html 中 {% block body %} 的位置上，表明 hello.html 继承了 layout.html。

② HTML 自动转义。

示例代码如下：

```
@app.route('/')
def index():
    return '<div>Hello %s</div>' % '<em>Flask</em>'
```

打开页面，会看到"Hello Flask"字样，而且"Flask"是斜体，因为代码中增加

了 <em> 标签。但有时并不想让这些 HTML 标签自动转义，特别是在传递表单参数时，很容易导致 HTML 存在注入的漏洞。因此应修改代码，引入 Markup 类，示例代码如下：

```
from flask import Flask, Markup

app = Flask(__name__)

@app.route('/')
def index():
    return Markup('<div>Hello %s</div>') % '<em>Flask</em>'
```

再次打开页面，<em> 标签显示在页面上了。Markup 还有很多方法，如 escape () 呈现 HTML 标签、striptags () 去除 HTML 标签等。

2. Flask 和 Python 环境搭建

使用 PyCharm 社区版搭建开发环境，首先在导航栏中选择 "File" → "New Project" 选项，新建名为 "Test" 的项目，项目使用 "Anaconda3-2020.02-Windows-x86_64" 的环境，在创建项目时选中 "Previously configured interpreter" 单选按钮，选择 Anaconda 3 的 Python 解析器，如图 6–28 所示。

微课 6–8
Flask 和
Python 环境
搭建

读书笔记

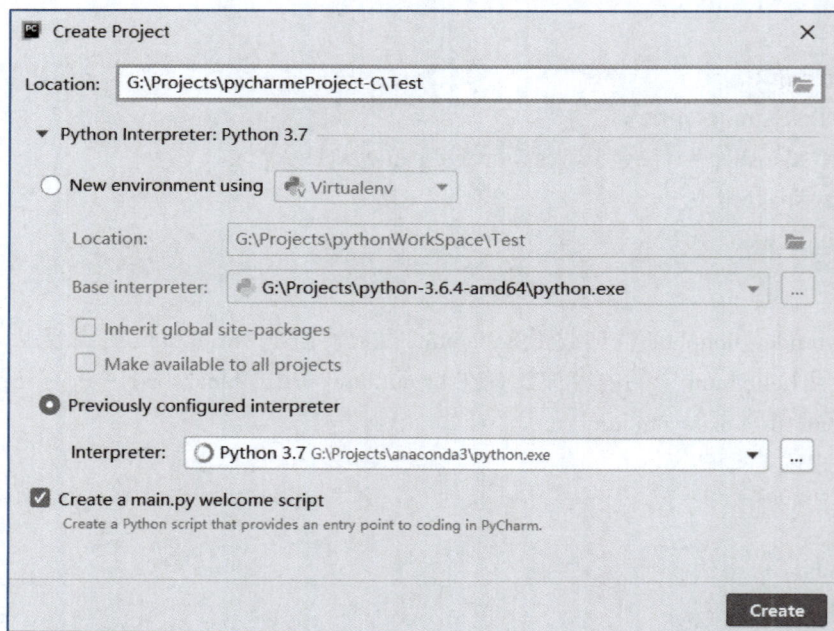

图 6–28　Flask 项目创建

项目创建完成后，再分别创建两个文件夹 "static" 和 "templates"，其中将 "static" 文件夹用于放置资源文件，这里将 echarts.js 文件导入，"templates" 文件夹用于放置 .html 前端文件，如图 6-29 所示。

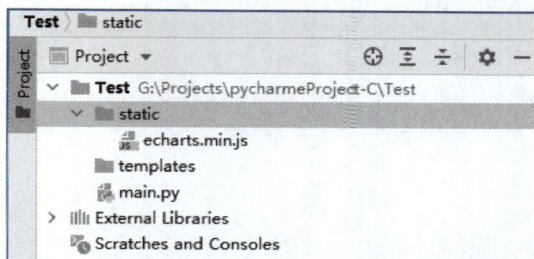

图 6-29　资源配置

任务实施

1. 不同城市的薪资状况可视化

首先需要获取数据集，在 Python 中利用 "sclalchemy" 模块来连接数据库，进而获取数据库中的数据。在 PyCharm 环境中可以直接导入 "sqlalchemy" 模块，示例代码如下：

```
# 导入数据库操作模块
from sqlalchemy import create_engine

# 创建 engine
engine = create_engine("mysql+pymysql://root:123456@192.168.64.178:3306/spark")
# 查询语句
sql = "'select * from test01;'"
# 读取数据库中数据
data = pd.read_sql_query(sql, engine)
```

不同城市的薪资状况采用柱状图展示。在进行可视化时，不同于直接使用 ECharts，这里需要使用 Flask 的一个方法 "render_template"，只需提供模板名称和需要作为参数传递给模板的变量，示例代码如下：

```
from flask import Flask, render_template
import pandas as pd

# 获取数据的列
columns = data.columns
```

微课 6-9
使用 Flask、
ECharts 进行
不同城市的
薪资可视化

```
# 提取数据
cities = data['city'].tolist()
min_salary = data['avgMinSalary'].tolist()
max_salary = data['avgMaxSalary'].tolist()

# 创建 Flask 实例
app = Flask(__name__)

# 创建视图
@app.route("/")
def index():
    # 数据传输到前端
    return render_template("test01.html", min=min_salary, max=max_salary, city_list=cities)

# 运行程序
if __name__ == '__main__':
    app.run(debug=True)
```

接着需要编写渲染的模板页面 test01.html，主要操作就是引入外部的 ECharts 资源，并创建一个 div 容器，用于放置可视化视图。框架搭建好后，就要获取 "render_template" 传递过来的数据，以及 ECharts 图表的基本配置，示例代码如下：

```
<!DOCTYPE html>
 // 此处省略部分代码
<!-- 引入 ECharts 资源 -->
<script src="../static/echarts.min.js"></script>
<script>
 // 获取 div 容器
 var dom = document.getElementById('container');
 // 初始化 ECharts 图像
 var myChart = echarts.init(dom);
 // 从后端获取数据
 var city = [{% for item in city_list %}'{{ item }}', {% endfor %}];
 var min = [{% for item in min %}{{ item }}, {% endfor %}];
 var max = [{% for item in max %}{{ item }}, {% endfor %}];
 // 配置图形参数
 var option = null;
 option  = {
```

```
// 此处省略部分代码
……

};
// 将配置的参数传递给 ECharts 对象
if (option && typeof option == 'object'){
    myChart.setOption(option);
}
</script>
</body>
</html>
```

运行页面，结果如图 6-30 所示。

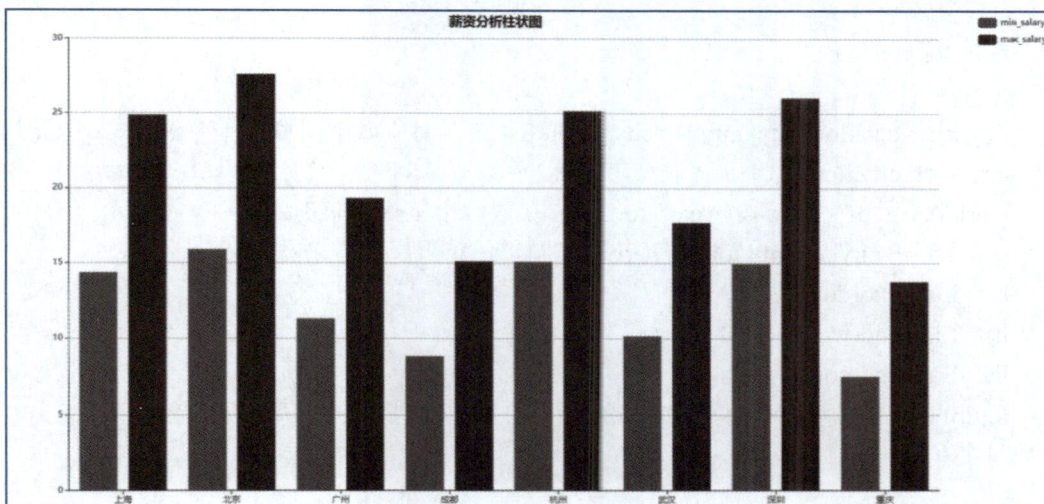

图 6-30　薪资状况可视化

2. 不同城市、不同工作年限的职位需求量可视化

查看不同城市、不同工作年限的职位需求量数据，显示该数据是按照城市分组存储的，采用饼图展示。首先连接数据库获取数据，然后自定义一个"city ()"函数，参数为"city_name"，并在自定义函数中将获取到的 city、workYear、count 封装成一个 list 对象并返回，示例代码如下：

```
from flask import Flask, render_template
import pandas as pd
# 导入数据库操作模块
from sqlalchemy import create_engine
```

```
# 创建 engine
engine = create_engine("mysql+pymysql://root:123456@192.168.64.178:3306/spark")
# 查询语句
sql = '''select * from test02;'''
# 读取数据库中数据
data = pd.read_sql_query(sql, engine)

# 指定列名
data.columns = ['city', 'workYear', 'count']

# 获取数据的列
columns = data.columns

# 自定义函数
def city(city_name):
    list_1 = []
    df_city = data.loc[data['city']==city_name] # 获取对应城市信息
    city = df_city.iloc[0, 0]  # 获取城市名称
    workYear = df_city['workYear'].tolist() # 获取城市工作年限类别
    count = df_city['count'].tolist() # 获取不同工作年限岗位需求数量
    list_1.append(city)
    list_1.append(workYear)
    list_1.append(count)
    return list_1 # 返回城市信息 [ 城市名称 , 工作年限类别 , 不同工作年限岗位需求
数量 ]

# 获取各城市信息
list_sh = city(" 上海 ")
list_bj = city(" 北京 ")
 // 此处省略部分代码

# 创建 Flask 实例
app = Flask(__name__)
# 创建视图
@app.route("/")
def index():
    # 数据传输到前端
    return render_template("test02.html",
```

读书笔记

```
                 list_sh=list_sh , list_bj=list_bj , list_gz=list_gz,
                 list_cd=list_cd, list_hz=list_hz, list_wh=list_wh,
              list_sz=list_sz, list_cq=list_cq)
# 运行程序
if __name__ == '__main__':
app.run(debug=True)
```

在前端进行模板渲染时，需要创建多个 div 容器，用于存放不同城市的视图，示例代码如下：

```html
<!DOCTYPE html>
 // 此处省略部分代码
<script src="../static/echarts.min.js"></script>
<script>
 // 获取 div 容器
 var dom = document.getElementById('shanghai');
 // 初始化 ECharts 图像
 var myChart = echarts.init(dom);
 // 获取数据
 var city = ['{{list_sh.0}}'];
 var workYear = [{% for item in list_sh.1 %}'{{ item }}', {% endfor %}];
 var count = [{% for item in list_sh.2 %}{{ item }}, {% endfor %}];
 // 配置 option
 var option = null;
 option = {
    // 此处省略部分代码
    ……

 };
 // 将配置的参数传递给 ECharts 对象
 if (option && typeof option == 'object'){
     myChart.setOption(option);
 }
</script>
<script>
 // 获取 div 容器
 var dom = document.getElementById('beijing');
 // 初始化 ECharts 图像
 var myChart = echarts.init(dom);
```

```
// 获取数据
var city = ['{{list_bj.0}}'];
var workYear = [{% for item in list_bj.1 %}'{{ item }}', {% endfor %}];
var count = [{% for item in list_bj.2 %}{{ item }}, {% endfor %}];
// 配置 option
var option = null;
option = {
    // 此处省略部分代码
    ……

};
// 将配置的参数传递给 ECharts 对象
if (option && typeof option == 'object'){
    myChart.setOption(option);
}
</script>
<script>
// 获取 div 容器
var dom = document.getElementById('guangzhou');
// 初始化 ECharts 图像
var myChart = echarts.init(dom);
// 获取数据
var city = ['{{list_gz.0}}'];
var workYear = [{% for item in list_gz.1 %}'{{ item }}', {% endfor %}];
var count = [{% for item in list_gz.2 %}{{ item }}, {% endfor %}];
// 配置 option
var option = null;
option = {
    // 此处省略部分代码
    ……

};
// 将配置的参数传递给 echarts 对象
if (option && typeof option == 'object'){
    myChart.setOption(option);
}
</script>
<script>
```

读书笔记

```
// 获取 div 容器
var dom = document.getElementById('chengdu');
// 初始化 ECharts 图像
var myChart = echarts.init(dom);
// 获取数据
var city = ['{{list_cd.0}}'];
var workYear = [{% for item in list_cd.1 %}'{{ item }}', {% endfor %}];
var count = [{% for item in list_cd.2 %}{{ item }}, {% endfor %}];
// 配置 option
var option = null;
option = {
    // 此处省略部分代码
    ......


};
// 将配置的参数传递给 echarts 对象
if (option && typeof option == 'object'){
    myChart.setOption(option);
}
</script>
<script>
// 获取 div 容器
var dom = document.getElementById('hangzhou');
// 初始化 ECharts 图像
var myChart = echarts.init(dom);
// 获取数据
var city = ['{{list_hz.0}}'];
var workYear = [{% for item in list_hz.1 %}'{{ item }}', {% endfor %}];
var count = [{% for item in list_hz.2 %}{{ item }}, {% endfor %}];
// 配置 option
var option = null;
option = {
    // 此处省略部分代码
    ......


};
// 将配置的参数传递给 echarts 对象
if (option && typeof option == 'object'){
```

```
            myChart.setOption(option);
    }
</script>
<script>
    // 获取 div 容器
    var dom = document.getElementById('wuhan');
    // 初始化 ECharts 图像
    var myChart = echarts.init(dom);
    // 获取数据
    var city = ['{{list_wh.0}}'];
    var workYear = [{% for item in list_wh.1 %}'{{ item }}', {% endfor %}];
    var count = [{% for item in list_wh.2 %}{{ item }}, {% endfor %}];
    // 配置 option
    var option = null;
    option = {
        // 此处省略部分代码
        ……

    };
    // 将配置的参数传递给 echarts 对象
    if (option && typeof option == 'object'){
        myChart.setOption(option);
    }
</script>
<script>
    // 获取 div 容器
    var dom = document.getElementById('shenzhen');
    // 初始化 ECharts 图像
    var myChart = echarts.init(dom);
    // 获取数据
    var city = ['{{list_sz.0}}'];
    var workYear = [{% for item in list_sz.1 %}'{{ item }}', {% endfor %}];
    var count = [{% for item in list_sz.2 %}{{ item }}, {% endfor %}];
    // 配置 option
    var option = null;
    option = {
```

读书笔记

```
    // 此处省略部分代码
    ……

};
// 将配置的参数传递给 echarts 对象
if (option && typeof option == 'object'){
    myChart.setOption(option);
}
</script>
<script>
// 获取 div 容器
var dom = document.getElementById('chongqing');
// 初始化 ECharts 图像
var myChart = echarts.init(dom);
// 获取数据
var city = ['{{list_cq.0}}'];
var workYear = [{% for item in list_cq.1 %}'{{ item }}', {% endfor %}];
var count = [{% for item in list_cq.2 %}{{ item }}, {% endfor %}];
// 配置 option
var option = null;
option = {
    // 此处省略部分代码
    ……

};
// 将配置的参数传递给 echarts 对象
if (option && typeof option == 'object'){
    myChart.setOption(option);
}
</script>
</body>
</html>
```

运行页面，结果如图 6-31 所示。

3. "数据分析"岗位需求可视化

对于特定岗位需求分析结果可以通过柱状图展示。首先连接数据库获取数据，然后自定义一个"city ()"函数，参数为"city_name'，然后在自定义函数中将获取到的 city、companyShortName、count 封装成一个 list 对象并返回，示例代码如下：

微课 6-11
使用 Flask、ECharts 进行 "数据分析" 岗位需求可视化

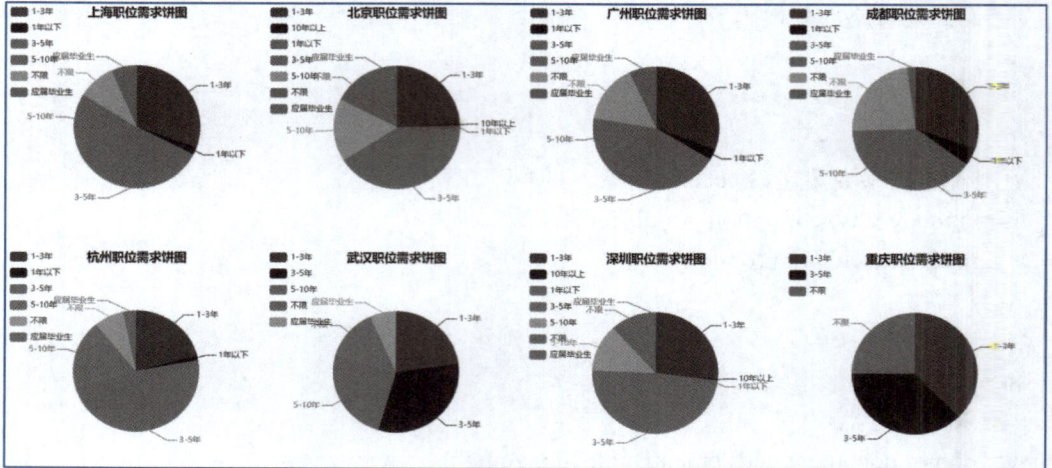

图 6-31   职位需求量可视化

```python
from flask import Flask, render_template
import pandas as pd
# 导入数据库操作模块
from sqlalchemy import create_engine

# 创建 engine
engine = create_engine("mysql+pymysql://root:123456@192.168.64.178:3306/spark")
# 查询语句
sql = "'select * from test03;'"
# 读取数据库中数据
data = pd.read_sql_query(sql, engine)

# 获取数据的列
columns = data.columns

# 自定义函数
def city(city_name):
    list_1 = []
    df_city = data.loc[data['city']==city_name]  # 获取对应城市信息
    city = df_city.iloc[0, 0]  # 获取城市名称
    companyShortName = df_city['companyShortName'].tolist()  # 获取城市工作年限类别
    count = df_city['count'].tolist()  # 获取不同工作年限岗位需求数量
    list_1.append(city)
    list_1.append(companyShortName)
```

读书笔记

```
        list_1.append(count)
    return list_1 # 返回城市信息 [ 城市名称 , 工作年限类别 , 不同工作年限岗位需求
数量 ]
# 获取各城市信息
list_sh = city(" 上海 ")
list_bj = city(" 北京 ")
    // 此处省略部分代码

# 创建 Flask 实例
app = Flask(__name__)

# 创建视图
@app.route("/")
def index():
    # 数据传输到前端
    return render_template("test03.html",
                list_sh=list_sh , list_bj=list_bj , list_gz=list_gz,
                list_cd=list_cd, list_hz=list_hz, list_wh=list_wh,
                list_sz=list_sz, list_cq=list_cq)

# 运行程序
if __name__ == '__main__':
    app.run(debug=True)
```

在前端进行模板渲染时，需要创建多个 div 容器，用于存放不同城市的视图，这里使用横向柱状图展示，需要把柱状图的 xAxis 与 yAxis 互换位置即可，示例代码如下：

```
<!DOCTYPE html>
    // 此处省略部分代码
<script src="../static/echarts.min.js"></script>
<script>
    // 获取 div 容器
    var dom = document.getElementById('shanghai');
    // 初始化 ECharts 图像
    var myChart = echarts.init(dom);
    // 获取数据
    var city = ['{{list_sh.0}}'];
    var companyShortName = [{% for item in list_sh.1 %}'{{ item }}', {% endfor %}];
```

```
var count = [{% for item in list_sh.2 %}{{ item }}, {% endfor %}];
// 配置 option
var option = null;
option = {
    // 此处省略部分代码
    ……

};
// 将配置的参数传递给 echarts 对象
if (option && typeof option == 'object'){
    myChart.setOption(option);
}
</script>
<script>
// 获取 div 容器
var dom = document.getElementById('beijing');
// 初始化 ECharts 图像
var myChart = echarts.init(dom);
// 获取数据
var city = ['{{list_bj.0}}'];
var companyShortName = [{% for item in list_bj.1 %}'{{ item }}', {% endfor %}];
var count = [{% for item in list_bj.2 %}{{ item }}, {% endfor %}];
// 配置 option
var option = null;
option = {
    // 此处省略部分代码
    ……

};
// 将配置的参数传递给 echarts 对象
if (option && typeof option == 'object'){
    myChart.setOption(option);
}
</script>
<script>
// 获取 div 容器
var dom = document.getElementById('guangzhou');
// 初始化 ECharts 图像
```

```
var myChart = echarts.init(dom);
// 获取数据
var city = ['{{list_gz.0}}'];
var companyShortName = [{% for item in list_gz.1 %}'{{ item }}', {% endfor %}];
var count = [{% for item in list_gz.2 %}{{ item }}, {% endfor %}];
// 配置 option
var option = null;
option = {
    // 此处省略部分代码
    ......

};
// 将配置的参数传递给 echarts 对象
if (option && typeof option == 'object'){
    myChart.setOption(option);
}
</script>
<script>
// 获取 div 容器
var dom = document.getElementById('chengdu');
// 初始化 ECharts 图像
var myChart = echarts.init(dom);
// 获取数据
var city = ['{{list_cd.0}}'];
var companyShortName = [{% for item in list_cd.1 %}'{{ item }}', {% endfor %}];
var count = [{% for item in list_cd.2 %}{{ item }}, {% endfor %}];
// 配置 option
var option = null;
option = {
    // 此处省略部分代码
    ......

};
// 将配置的参数传递给 echarts 对象
if (option && typeof option == 'object'){
    myChart.setOption(option);
}
</script>
```

```
<script>
  // 获取 div 容器
  var dom = document.getElementById('hangzhou');
  // 初始化 ECharts 图像
  var myChart = echarts.init(dom);
  // 获取数据
  var city = ['{{list_hz.0}}'];
  var companyShortName = [{% for item in list_hz.1 %}'{{ item }}', {% endfor %}];
  var count = [{% for item in list_hz.2 %}{{ item }}, {% endfor %}];
  // 配置 option
  var option = null;
  option = {
    // 此处省略部分代码
    ……

  };
  // 将配置的参数传递给 echarts 对象
  if (option && typeof option == 'object'){
      myChart.setOption(option);
  }
</script>
<script>
  // 获取 div 容器
  var dom = document.getElementById('wuhan');
  // 初始化 ECharts 图像
  var myChart = echarts.init(dom);
  // 获取数据
  var city = ['{{list_wh.0}}'];
  var companyShortName = [{% for item in list_wh.1 %}'{{ item }}', {% endfor %}];
  var count = [{% for item in list_wh.2 %}{{ item }}, {% endfor %}];
  // 配置 option
  var option = null;
  option = {
    // 此处省略部分代码
    ……

  };
  // 将配置的参数传递给 echarts 对象
```

```
    if (option && typeof option == 'object'){
        myChart.setOption(option);
    }
</script>
<script>
    // 获取 div 容器
    var dom = document.getElementById('shenzhen');
    // 初始化 ECharts 图像
    var myChart = echarts.init(dom);
    // 获取数据
    var city = ['{{list_sz.0}}'];
    var companyShortName = [{% for item in list_sz.1 %}'{{ item }}', {% endfor %}];
    var count = [{% for item in list_sz.2 %}{{ item }}, {% endfor %}];
    // 配置 option
    var option = null;
    option = {
        // 此处省略部分代码
        ……

            }
        ]
    };
    // 将配置的参数传递给 echarts 对象
    if (option && typeof option == 'object'){
        myChart.setOption(option);
    }
</script>
<script>
    // 获取 div 容器
    var dom = document.getElementById('chongqing');
    // 初始化 ECharts 图像
    var myChart = echarts.init(dom);
    // 获取数据
    var city = ['{{list_cq.0}}'];
    var companyShortName = [{% for item in list_cq.1 %}'{{ item }}', {% endfor %}];
    var count = [{% for item in list_cq.2 %}{{ item }}, {% endfor %}];
    // 配置 option
    var option = null;
```

```
option = {
    // 此处省略部分代码
    ……

};
// 将配置的参数传递给 echarts 对象
if (option && typeof option == 'object'){
    myChart.setOption(option);
}
</script>
</body>
</html>
```

运行页面，结果如图 6-32 所示。

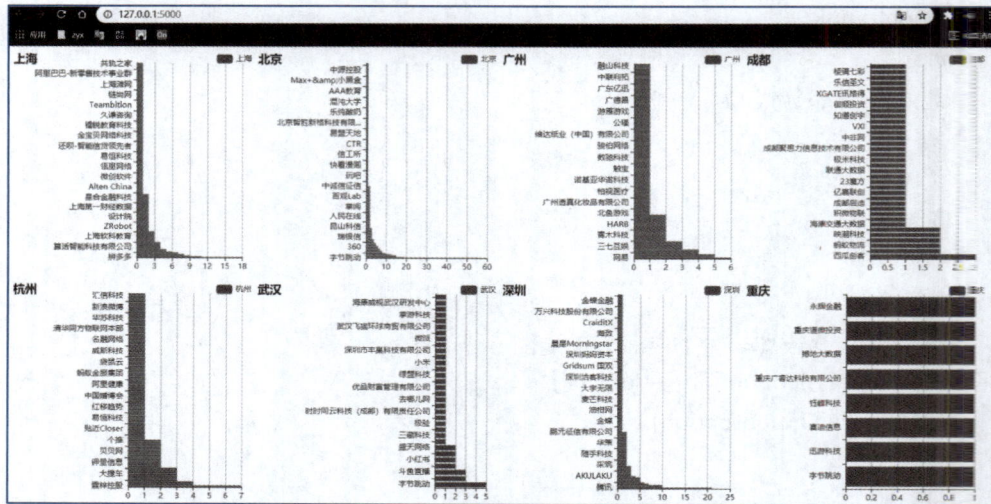

图 6-32 "数据分析"岗位需求可视化

4. 不同学历岗位需求可视化

不同学历岗位需求采用饼图展示。饼图可以有效地呈现出各学历招聘需求占比，示例代码如下：

```
from sqlalchemy import create_engine

# 创建 engine
engine = create_engine("mysql+pymysql://root:123456@192.168.64.178:3306/spark")
# 查询语句
```

```python
sql = '''select * from test04;'''
# 读取数据库中数据
data = pd.read_sql_query(sql, engine)

# 获取数据的列
columns = data.columns
# 提取数据
graduate_list = data['graduate'].tolist()
count_list = data['count'].tolist()

# 创建 Flask 实例
app = Flask(__name__)

# 创建视图
@app.route("/")
def index():
    # 数据传输到前端
    return render_template("test04.html", count=count_list, graduate=graduate_list)

# 运行程序
if __name__ == '__main__':
    app.run(debug=True)
```

　　在前端进行模板渲染时，需要创建单个 div 容器，用于存放不同学历需求统计，饼图的参数通过 series 下的 data 属性配置即可，示例代码如下：

```html
<!DOCTYPE html>
  // 此处省略部分代码
<!-- 引入 ECharts 资源 -->
<script src="../static/echarts.min.js"></script>
<script>
  // 获取 div 容器
  var dom = document.getElementById('container');
  // 初始化 ECharts 图像
  var myChart = echarts.init(dom);

  // 从后端获取数据
  var graduate = [{% for item in graduate %}'{{ item }}', {% endfor %}];
  var count = [{% for item in count %}{{ item }}, {% endfor %}];
```

```
option = {
// 此处省略部分代码
……

};
// 将配置的参数传递给 echarts 对象
if (option && typeof option == 'object'){
    myChart.setOption(option);
}
</script>
</body>
</html>
```

读书笔记

运行页面，结果如图 6-33 所示。

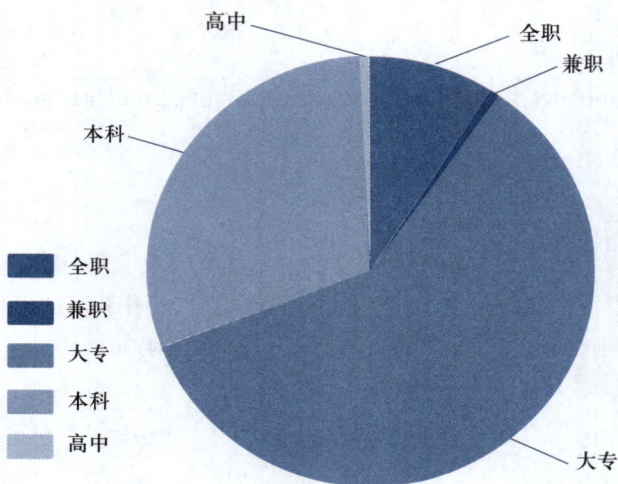

图 6-33   不同学历岗位需求可视化

5. 不同城市、不同融资阶段的岗位需求可视化

对于不同城市、不同融资阶段的岗位需求可以通过折线图展示，示例代码如下：

```
from flask import Flask, render_template
import pandas as pd
# 导入数据库操作模块
from sqlalchemy import create_engine

# 创建 engine
```

微课 6-13
使 用 Flask、
ECharts 进 行
不 同 城 市、
不同融资阶
段的岗位需
求可视化

```
engine = create_engine("mysql+pymysql://root:123456@192.168.64.178:3306/spark")
# 查询语句
sql = '''select * from test05;'''
# 读取数据库中数据
data = pd.read_sql_query(sql, engine)

# 提取有效数据
data_use = data[['city', 'financeStage', 'count']]
cities = []
# 自定义函数
def city(city_name):
    list_1 = []
    df_city = data_use.loc[data['city']==city_name] # 获取对应城市信息
    city = df_city.iloc[0, 0]  # 获取城市名称
    cities.append(city)
    financeStage = df_city['financeStage'].tolist() # 获取城市工作年限类别
    count = df_city['count'].tolist()  # 获取不同工作年限岗位需求数量
    list_1.append(city)
    list_1.append(financeStage)
    list_1.append(count)
    return list_1 # 返回城市信息 [ 城市名称 , 工作年限类别 , 不同工作年限岗位需求
数量 ]
# 获取各城市信息
list_sh = city(" 上海 ")
list_bj = city(" 北京 ")
 // 此处省略部分代码
financeStage = list_bj[1]
def fill(lists):
    for i in range(len(financeStage)):
        if financeStage[i] not in lists[1]:
            lists[1].append(financeStage[i])
            lists[2].append(0)
    # 重排
    count = []
    for j in range(len(financeStage)):
        for k in range(len(financeStage)):
            if financeStage[j] == lists[1][k]:
                count.append(lists[2][k])
```

```
        lists[1] = financeStage
        lists[2] = count
        return lists
list_cq = fill(list_cq)
list_wh = fill(list_wh)

# 创建 Flask 实例
app = Flask(__name__)

# 创建视图
@app.route("/")
def index():
    # 数据传输到前端
    return render_template("test05.html",
                    list_sh=list_sh , list_bj=list_bj , list_gz=list_gz,
                    list_cd=list_cd, list_hz=list_hz, list_wh=list_wh,
                    list_sz=list_sz, list_cq=list_cq, cities=cities, financeStage=
 financeStage)

# 运行程序
if __name__ == '__main__':
    app.run(debug=True)
```

读书笔记   通过自定义函数可以获取到每个城市的相关信息（城市名称、融资阶段、招聘需求），并以 list 的形式进行存储，如图 6-34 所示。

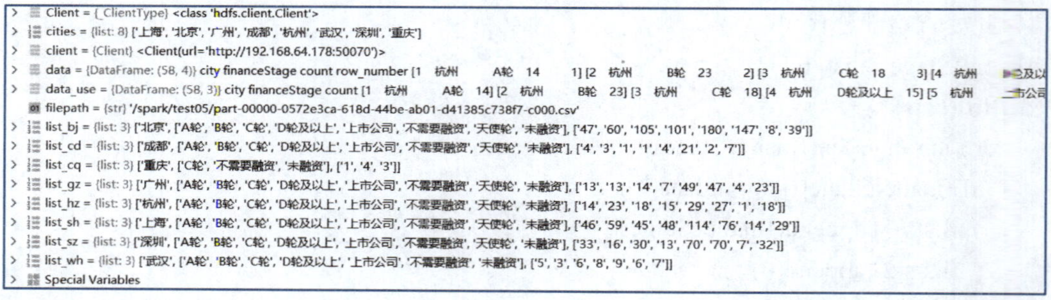

图 6-34　查看数据

通过查看数据可以发现部分地区数据存在缺失现象，例如重庆，在融资阶段只存在 c 轮、不需要融资、未融资，与其他城市数据相比缺少了部分信息。缺少的信息会导致 ECharts 绘制图表错位，所以需要采取填补方式将信息补全，将缺少的融资阶段暂设定为 "0"，如图 6-35 所示。

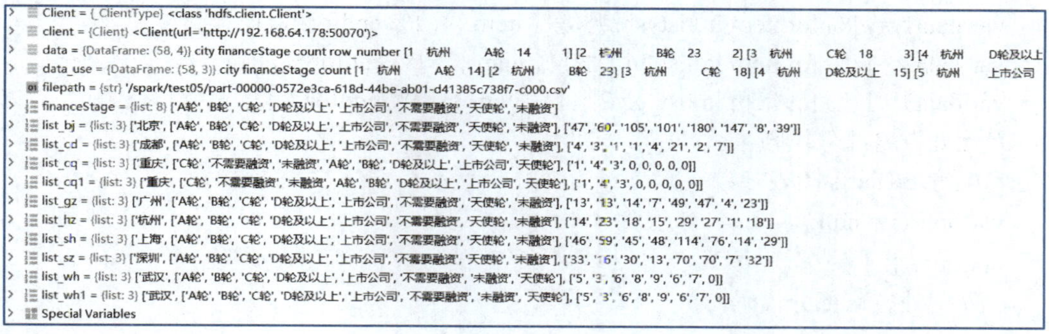

图 6-35 预处理数据

经过前期预处理后，还需要对数据进一步进行"排序"处理，同时将对应的需求量进行对应的变换，结果如图 6-36 所示。

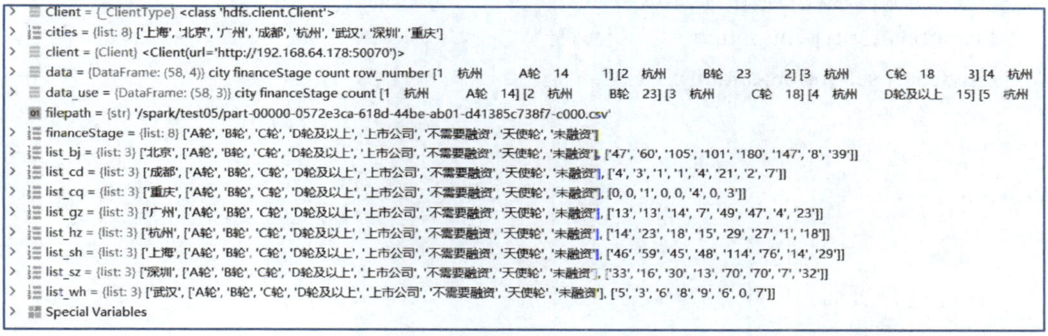

图 6-36 重排数据处理

在前端进行模板渲染时，需要创建单个 div 容器，用于存放不同城市、不同融资阶段的岗位需求视图，示例代码如下：

```html
<!DOCTYPE html>
 // 此处省略部分代码
<!-- 引入 ECharts 资源 -->
<script src="../static/echarts.min.js"></script>
<script>
  // 获取 div 容器
  var dom = document.getElementById('container');
  // 初始化 ECharts 图像
  var myChart = echarts.init(dom);

  // 获取后端数据
  var cities = [{% for item in cities %}'{{ item }}', {% endfor %}];
  var financeStage = [{% for item in financeStage %}'{{ item }}', {% endfor %}];
```

```
var data1 = [{% for item in list_sh.2 %}{{ item }}, {% endfor %}];
var data2 = [{% for item in list_bj.2 %}{{ item }}, {% endfor %}];
var data3 = [{% for item in list_gz.2 %}{{ item }}, {% endfor %}];
// 此处省略部分代码
// 配置 ECharts 图表参数
var option = null;
option = {
    // 此处省略部分代码
    ……


};


// 将配置的参数传递给 echarts 对象
if (option && typeof option == 'object'){
    myChart.setOption(option);
}
</script>
</body>
</html>
```

最终运行页面，结果如图 6-37 所示。

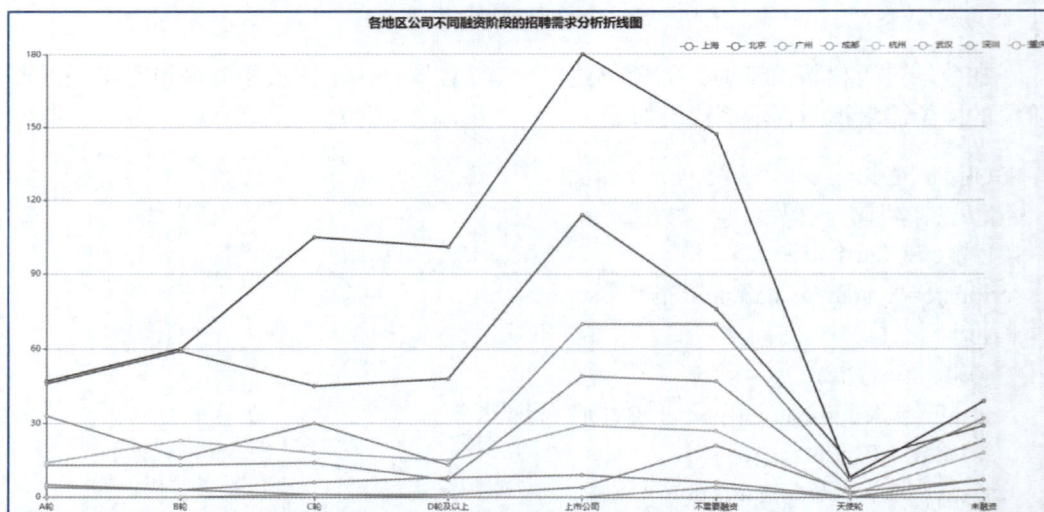

图 6-37   不同城市、不同融资阶段的岗位需求可视化

项目小结

本项目主要介绍了 ECharts 的环境搭建、图表类型、丰富的组件和样式设置以及 Flask 工作过程、Flask 路由、参数类型转换器、Flask 模板和 Flask 环境搭建等内容，并分别使用"ECharts"和"Flask+ECharts"进行数据可视化。

课后习题

一、填空题

1. ECharts（Enterprise Charts，商业级数据图表）是一个纯_____的图表库，可以流畅地运行在 PC 和移动设备上。

2. 随着 ECharts 的引入，可以在 ECharts 的官网上下载丰富的版本，并使用_____标签引入，ECharts 的版本包含了不同主题与语言。

3. ECharts 一般创建步骤为_____、_____、_____。

4. _____的基本模式为在程序里将一个视图函数分配给一个_____，每当用户访问这个 URL 时，系统就会执行给该 URL 分配好的视图函数，获取函数的返回值并将其显示到浏览器上。

5. 在 Flask 框架中，Web 服务器会默认监听本地的_____端口，但不支持远程访问。如果想支持远程，则需要在_____方法传入_____；如果想改变监听端口，则需要传入_____=端口号，还可以设置调试模式。

二、选择题

1. ECharts 是（　　）技术。
   A. 商业产品图表库　　　　　　　　B. 商业聊天软件
   C. 商业图片编辑软件　　　　　　　D. 商业办公软件

2. ECharts 是（　　）开发的产品。
   A. 阿里巴巴　　　　B. Apache　　　　C. 百度　　　　D. 腾讯

3. ECharts 是基于（　　）技术的。
   A. Java　　　　　　　　　　　　　B. Python
   C. C++　　　　　　　　　　　　　D. JavaScript

4. 以下不属于 ECharts 图表类型的是（　　）。
   A. bar　　　　　　B. line　　　　　　C. map　　　　　　D. legend

5. 以下属于直角坐标系类型的图表是（　　）。
   A. bar　　　　　　B. line　　　　　　C. pie　　　　　　D. map

6. 以下（　　）类型的图表设置为南丁格尔图。
   A. scater　　　　　B. bar　　　　　　C. pie　　　　　　D. map

7. 从 ECharts 4 开始，提供了（　　　）主题样式。

A. 默认主题风格　　　　　　　　　　B. 暗黑主题风格

C. 明亮主题风格　　　　　　　　　　D. 棕色主题风格

8. 补全如下代码，制作一个柱状图表

```
<div id="main" style="width:600px; height:400px;"></div>
<script type="text/ javascript">
    (                              )
var option={
//略
 xAxis:{
data:[ 衬衫 " 羊毛衫 " 雪纺衫 " 裤子 " 高跟鞋 " 袜子 "]
    },
 yAxis:{},
    series:[{
name: 销 ( 亿 ),
    type:(        ),
data[5,20,36,10,10,20]
    }]
    (                              )
</script>
```

A. var myChart= echarts.init (document.getElementById ("main")); , line, main. setOption (option);

B. var myChart= echarts.init ("main"); , line, myChart.setOption (option);

C. var myChart= echarts.init ("main"); , bar, main.setOption (option);

D. var myChart= echarts.init (document.getElementById ("main")); , bar, myChart. setOption (option);

9. Web 服务器会默认监听本地的 5000 端口，假设修改监听端口为 9000，下列（　　　）选项可以匹配。

A. app.run (debug=True，port=9000)　　　　B. app.run (debug=True，host=5000)

C. app.run (debug=True，host=9000)　　　　D. app.run (debug=True，port=5000)

10. 假设前端 Flask 框架传输到指定页面的代码如下：

```
# 创建视图
@app.route("/")
def index():
    # 数据传输到前端
    return render_template("test1.html", list1=min_salary, list2=max_salary, city_list=cities)
```

则页面中获取后端数据正确的是（　　　）。

    A.　var city = [{% for item in cities %}'{{ item }}'，{% endfor %}];

    B.　var min= [{% for item in list1 %}'{{ item }}'，{% endfor %}];

    C.　var min = [{% for item in min_salary %}'{{ items }}'，{% endfor %}];

    D.　var max = [{% for item in max_salary %}'{{ item }}'，{% endfor %}];

参 考 文 献

［1］迟殿委 .Hadoop+Spark 大数据分析实战［M］.北京：清华大学出版社，2022.

［2］刘彬斌 .Hadoop 大数据技术基础（Python 版）［M］.北京：清华大学出版社，
    2022.

［3］张立辉，李明革 .Hadoop+HBase 技术项目教程［M］.北京：机械工业出版社，
    2022.

［4］朱尔斯·S. 达米吉，布鲁克·韦尼希，泰瑟加塔·达斯，丹尼·李 .Spark 快速大
    数据分析［M］.2 版 .王道远，译 .北京：人民邮电出版社，2021.

［5］迈克尔·鲍尔斯 .Spark 和 Python 机器学习实战：预测分析核心方法［M］.
    2 版 .沙瀛，胡玉雪，译 .北京：人民邮电出版社，2022.

［6］张学建 .Flask Web 开发入门、进阶与实战［M］.北京：机械工业出版社，2021.

［7］米格尔·格林贝格 .Flask Web 开发：基于 Python 的 Web 应用开发实战［M］.2
    版 .安道，译 .北京：人民邮电出版社，2018.

读者意见反馈

为收集对教材的意见建议，进一步完善教材编写并做好服务工作，读者可将对本教材的意见建议通过如下渠道反馈至我社。

咨询电话　400-810-0598

反馈邮箱　gjdzfwb@pub.hep.cn

通信地址　北京市朝阳区惠新东街 4 号富盛大厦 1 座
　　　　　高等教育出版社总编辑办公室

邮政编码　100029